Verrechnungspreise und die Aufzeichnungspflicht im brasilianischen und
deutschen Steuerrecht

Bochumer Schriften zum Steuerrecht

Herausgegeben von Roman Seer

Band 14

PETER LANG

Frankfurt am Main · Berlin · Bern · Bruxelles · New York · Oxford · Wien

Napoleão Dagnese

Verrechnungspreise und die Aufzeichnungspflicht im brasilianischen und deutschen Steuerrecht

PETER LANG
Internationaler Verlag der Wissenschaften

Bibliografische Information der Deutschen Nationalbibliothek
Die Deutsche Nationalbibliothek verzeichnet diese Publikation in
der Deutschen Nationalbibliografie; detaillierte bibliografische
Daten sind im Internet über <http://www.d-nb.de> abrufbar.

Zugl.: Bochum, Univ., Diss., 2008

Abbildung auf dem Umschlag:
Siegel der Universität Bochum.

Abdruck mit freundlicher Genehmigung der
Universität Bochum.

Gedruckt auf alterungsbeständigem,
säurefreiem Papier.

D 294
ISSN 1613-939X
ISBN 978-3-631-58838-3
© Peter Lang GmbH
Internationaler Verlag der Wissenschaften
Frankfurt am Main 2008
Alle Rechte vorbehalten.

Printed in Germany 1 2 3 4 5   7
www.peterlang.de

Vorwort

Die vorliegende Arbeit wurde im Wintersemester 2006 von der Juristischen Fakultät der Ruhr-Universität Bochum als Dissertation zur Erlangung des akademischen Grades eines Doktors der Rechte zugelassen. Die Ausarbeitung der Dissertation wurde zuerst durch ein Stipendium des Katholischen Akademischen Ausländer-Diensts (KAAD) und anschließend durch ein Stipendium der Heinrich und Alma Vogelsang Stiftung ermöglicht, wofür ich mich sehr bedanke. Die vorliegende Arbeit berücksichtigt die Gesetzgebung, Rechtsprechung und Literatur bis Juli 2006.

Mein besonderer Dank gilt Herrn Prof. Dr. iur. Roman Seer, Leiter des Lehrstuhls für Steuerrecht der Ruhr-Universität Bochum und Erstberichterstatter sowie Herrn Prof. Dr. iur. Heinz-Klaus Kroppen, LL.M. als Honorarprofessor der Ruhr-Universität Bochum, Partner der Deloitte & Touche GmbH Wirtschaftsprüfungsgesellschaft in Düsseldorf und Zweitberichterstatter. Herr Prof. Dr. Seer hat unermüdliche Begeisterung und Bereitschaft gezeigt, pragmatische Lösungsansätze für die Verwirklichung des Promotionsprojekts zu finden. Herr Prof. Dr. Kroppen hat meine berufliche Entwicklung gefördert und inspiriert. Bedanken möchte ich mich auch bei Prof. Dr. Luiz Eduardo Schoueri als Professor der Universidade de São Paulo, dessen Unterstützung seitens der brasilianischen Forschung unentbehrlich war.

Danksagung gebührt Herrn Dr. Diethard Römheld für die Korrekturarbeit und - zusammen mit Anke Kreutz, Francesca d'Amicis, Lisiane Braecher, Dr. Carsten Bachert-Schneider, Markus Bachert und Daniel Schade - für das Vertrauen und für die uneingeschränkte Unterstützung in meiner deutschen Saga.

Diese Arbeit widme ich meinen Eltern Eleni und Raimundo Dagnese, deren unbegrenzter Beitrag die Erreichung vieler Ziele meines Lebens erst ermöglicht hat: muito obrigado!

Novo Hamburgo, Brasilien/Zürich, Schweiz

Juni 2008   Napoleão Dagnese

Inhaltsüberblick

Inhaltsverzeichnis

Abkürzungen

a. F.	alte Fassung
A&FO	Amministrazione & Finanza Oro (Zeitschrift)
Abb.	Abbildung
Abs.	Absatz
Ac.	Acórdão (Zusammenfassung von Entscheidung oder Urteil)
ADIn	Ação Direta de Inconstitucionalidade (Verfassungswidrigkeitsklage)
ALADI	Associação Latino-Americana de Desenvolvimento e Integração (Lateinamerikanische Assoziierung für Entwicklung und Integration)
ALALC	Associação Latino-Americana de Livre Comércio (Freihandelsassoziierung Lateinamerikas)
AO	Abgabenordnung
APA	Advance Pricing Agreement – Vorwegauskunft
Art.	Artikel
AStG	Außensteuergesetz
ATO	Australian Tax Office, australische Finanzverwaltung
Aufl.	Auflage
Bacen	Brasilianische Zentralbank (Banco Central do Brasil)
BB	Betriebsberater (Zeitschrift)
BC	Bilanzbuchhalter und Controller (Zeitschrift)
Beschl.	Beschluss
BFH	Bundesfinanzhof
BGBl	Bundesgesetzblatt
BIAC	Business and Advisory Committee der OECD
BMF	Bundesministerium der Finanzen
BStBl.	Bundessteuerblatt
BVerfG	Bundesverfassungsgericht
BVerfGE	Amtliche Sammlung von Entscheidungen des Bundesverfassungsgerichts
CAP	„Akquisitions- oder Produktionskosten-zuzüglich-Steuer-und-Gewinn"-Methode (Método do Preço de Aquisição ou Produção mais Impostos e Lucro)
c. c.	codice civile (Bürgerliches Gesetzbuch)
CC.	Conselho dos Contribuintes (Oberverwaltungsgericht in Steuersachen)
CCA	Cost contribution Arrangement
CF	Constituição Federal da República Federativa do Brasil (Brasilianische Verfassung von 5.10.1988)
CFC	controlled foreign company

CIDE	Contribuição de Intervenção sobre o Domínio Econômico (Beitrag des Angriffs auf die wirtschaftliche Vorherrschaft, gem. Gesetz 10.168/00)
CM	Circolare Ministeriale (Verwaltungshinweis)
COSIT	Coordenação-Geral do Sistema de Tributação (Koordinierungsamt des Besteuerungsystems; erste Verwaltungsinstanz)
CTN	Código Tributário Nacional (brasilianische Abgabenordnung von 25.10.1966)
CPL	„Produktionskosten-zuzüglich-Gewinn"-Methode (Método do Custo de Produção mais Lucro)
CUP	Comparable Uncontrolled Prices
D. Lgs.	Decreto Legislativo
DB	Der Betrieb (Zeitschrift)
DBA	Doppelbesteuerungsabkommen
DBA-Brasilien	bezieht sich auf das DBA vom 27.6.1975 BGBl. II S. 2246; gekündigt am 7.4.2005 mit Wirkung ab 1.1.2006
Dec.	Decisão (Entscheidung)
DIPJ	Declaração de Imposto de Renda Pessoa Jurídica (Steruerklärung juristischer Person)
Diss.	Dissertation
DO	Diário Oficial (offfizielle Zeitung)
DOU	Diário Oficial da União (brasilianisches Bundesblatt)
DPR	Decreto Presidenziale
DPTI	Diritto e Pratica Tributaria Internazionale (Zeitschrift)
DStR	Deutsches Steuerrecht (Zeitschrift)
DTC	Double Tax Convention
EG	Europäische Gemeinschaft
EGAO	Einführungsgesetz zur AO
EGV	Vertrag zur Gründung der EG
EMRK	Europäische Konvention zum Schutze der Menschenrechte und Grundfreiheiten (Europäische Menschenrechtskonvention)
EGMR	Europäischer Gerichtshof für Menschenrechte
Ent.	Entscheidung
EStG	Einkommensteuer
EStG	Einkommensteuergesetz
EU	Europäische Union
EU15	Die EU vor der Osterweiterung von 2004
EU25	Die EU nach der Osterweiterung von 2004
EuGH	Europäischer Gerichtshof
EUV	Vertrag zur Gründung der EU
EuZW	Europäische Zeitschrift für Wirtschaftsrecht (Zeitschrift)
EWG	Europäische Wirtschaftsgemeinschaft

EWR	Europäischer Wirtschaftsraum
F&E	Forschung und Entwicklung
FGO	Finanzgerichtsordnung
FR	Finanz-Rundschau (Zeitschrift)
FWB	Flick/Wassermeyer/Baumhoff
GAufzV	Verordnung zu Art, Inhalt und Umfang von Aufzeichnungen im Sinne des § 90 Abs. 3 der Abgabenordnung (Gewinnabgrenzungsaufzeichnungsverordnung - GAufzV) endgültige Fassung von 13.11.2003 in Bundesgesetzblatt 2003 Teil I S. 2296.
GDP	Gross Domestic Product
GET	Guide to European Taxation – IBFD
GG	Grundgesetz
GmbHR	GmbH-Rundschau (Zeitschrift)
GmbHStB	Der GmbH-Steuer-Berater (Zeitschrift)
Gr.	Gruppe
grds.	grundsätzlich
h. M.	herrschende Meinung
Hrsg.	Herausgeber
i. e. S.	im engeren Sinn
i. d. H.	in der Höhe
i. d. H. v.	in der Höhe von
i. d. R.	in der Regel
i. d. S.	in diesem Sinn
i. R.	im Rahmen
i. R. d.	im Rahmen des/der
i. S.	in Sinne
i. S. d.	in Sinne des/der
i. V.	in Verbindung
i. V. m.	in Verbindung mit
IBFD	International Bureau of Fiscal Documentation
ICMS	Imposto sobre circulação de mercadorias (Umsatzsteuer)
IFA	International Fiscal Association
IN SRF	Instrução Normativa da SRF (brasilianische Verwaltungsanweisung)
INPI	Instituto Nacional de Propriedade Industrial (Nationalinstitut für industrielles Eigentum; Patentenamt)
Int'l	International
IRC	Internal Revenue Code der USA
IRPF	Imposto de renda pessoa física (Einkommensteuer)
IRPJ	Imposto de renda pessoa jurídica (Köperschaftsteuer)
IRS	Internal Revenue Service (US Finanzverwaltung)

IStR	Internationales Steuerrecht (Zeitschrift)
IT	Informationstechnologie
ITD	Informativo Tributário Deloitte (Zeitschrift)
ITJ	International Tax Journal (Zeitschrift)
ITPJ	International Transfer Pricing Journal, IBFD (Zeitschrift)
ITR	International Tax Review (Zeitschrift)
IWB	Internationale Wirtschafts-Briefe (Zeitschrift)
JEP	The Journal of Economic Perspectives (Zeitschrift)
JTPF	Joint Transfer Pricing Forum der EU
k. A.	keine Angabe
KStG	Körperschaftsteuergesetz
Lfg.	Lieferung
LIBOR	London Interbank Offered Rate
Losebl.	Lose-Blatt-Sammlung
LTC	Método da Lucratividade Transacional Comparável („Transaktionsbezogene-Vergleichsrentabilität"-Methode)
MA	Musterabkommen zur Vermeidung der Doppelbesteuerung
MCP	Método Combinado de Preços (Kombinierte Preis-Methode)
Mercosul	Mercado Comum do Sul (Gemeinsamer Markt des Südens, auf Spanisch „Mercosur")
MF	Ministério da Fazenda (Finanzministerium)
MNE	Multinational Enterprise
n. F.	neue Fassung
n. v.	nicht vorhanden
NAFTA	North American Free Trade Area
NCM	Nomenclatura Comum do Mercosul (gemeinsame Zollklassifizierung Mercosuls)
OECD	Organization for Economic Cooperation and Development
OECD-MA	OECD-Musterabkommen zur Vermeidung von Doppelbesteuerung
OECD-RL	OECD-Verrechnungspreisrichtlinien
p. a.	per annum
PATA	Pacific Association of Tax Administrations
PIC	Methode der unabhängigen Vergleichspreise (Método dos Preços Independentes Comparados)
PIStB	Praxis Internationale Steuerberatung (Zeitschrift)
PPP	Purchasing Power Parity
PRL	„Wiederverkaufspreis-abzüglich-Gewinn"-Methode (Método do Preço de Revenda menos Lucro - PRL)
PStR	Praxis Steuerstrafrecht (Zeitschrift)
PVA	„Großhandelspreis-im-Zielland-abzüglich-Gewinn"-Methode (Método do Preço de Venda por Atacado no País de Destino)

PVEx	Exportverkaufspreis-Methode (Método do Preço de Venda nas Exportações)
PVV	„Einzelhandelpreis-im-Zielland-abzüglich-Gewinn"-Methode (Método do Preço de Revenda a Varejo no País de Destino menos Lucro)
RDDT	Revista Dialética de Direito Tributário (Zeitschrift)
RDT	Rivista di Diritto Tributario (Zeitschrift)
RDTI	Revista de Direito Tributário Internacional (Zeitschrift)
RE	Recurso Extraordinário (STF)
Rel.	Relator (Verfasser)
REsp.	Recurso Especial (STJ)
RIR	Regulamento do Imposto de Renda - versão: Decreto n° 3.000 de 26.3.1999 - RIR/99 (Einkommensteuerregelung - Version: Erlass Nr. 3.000 von 26.3.1999 - RIR/99)
RL	Richtlinien
RJV	Revista Jurídica Virtual (Zeitschrift)
Rn.	Randnummer
RPE	Rivista di Politica Economica (Zeitschrift)
Rspr.	Rechtsprechung
Rz.	Randziffer
S.	Seite/Satz
s.	siehe
Sol.	Solução (Lösung)
SRF	Secretaria da Receita Federal (brasilianische Finanzverwaltung)
StÄndG	Steueränderungsgesetz
Stbg	Die Steuerberatung (Zeitschrift)
StBp	Die steuerliche Betriebsprüfung (Zeitschrift)
STF	Supremo Tribunal Federal (oberster Bundesgerichtshof Brasiliens)
STJ	Superior Tribunal de Justiça (oberster Gerichtshof Brasiliens)
StuW	Steuer und Wirtschaft (Zeitschrift)
StVergAbG	Steuervergünstigungsabbaugesetz
Suppl.	Supplement
TEC	Tarifa Externa Comum (Einheitlicher Außenzoll)
TMIJ	Tax Management International Journal (Zeitschrift)
TMTR	Tax Management Transfer Pricing Report (Zeitschrift)
TNMM	Transactional Netto Margin Method
TNI	Tax Notes International, WTD (Zeitschrift)
TPD	EU Transfer Pricing Documentation
TPIR	Tax Planning International Review (Zeitschrift)
TPTP	Tax Planning International Transfer Pricing (Zeitschrift)

TP, IBFD	The Tax Treatment of Transfer Pricing, IBFD (Zeitschrift)
TRF	Tribunal Regional Federal
TTTTP	s. TP, IBFD
TUIR	Testo Unico Sulle Imposte sui Redditi (Einkommen- und Körperschaftsteuergesetz)
Tz.	Textziffer
UK	United Kingdom
US / USA	United States of America
vE	verdeckte Einlage
vGA	verdeckte Gewinnausschüttung
VO	Verordnung
VO-E	Verordnungsentwurf
Vol.	Volume
WTD	Worldwide Tax Daily, von Tax Notes International (Zeitschrift)
Ziff.	Ziffern
z. Z.	zur Zeit

Erstes Kapitel: Einleitung

§ 1 Vorbemerkungen

Die Vielfalt des internationalen Handelsverkehrs von Waren, Dienstleistungen und immateriellen Wirtschaftsgütern bildet eine kaum erfassbare Zahl von täglichen grenzüberschreitenden Transaktionen. Gegenwärtige Schätzungen deuten daraufhin, dass über 60% der internationalen Transaktionen durch Unternehmen getätigt werden, die untereinander nicht wirtschaftlich oder rechtlich selbstständig sind.[1] Vielmehr besteht das internationale Verhältnis Anbieter vs. Nachfrager oft zwischen untereinander verbundenen Unternehmen i. R. eines internationalen Konzerns.[2]

Die Preise, die diese Unternehmen für ihre konzerninternen Handelsgeschäfte untereinander einsetzen, die sog. Verrechnungspreise, spiegeln nicht unbedingt die entsprechenden marktüblichen Preise wider.[3] Stattdessen können sie zweckorientiert festgelegt werden und eine Funktionsvielfalt verfolgen.[4] Beispielsweise können Verrechnungspreise, die durch starr vorgegebene Preise anstelle von schwankenden Marktpreisen gebildet werden, der Vereinfachung der innenbetrieblichen Leistungsverrechnung dienen. Steuerrechtlich relevant wird dies dann, wenn die Verrechnungspreise als Instrument zur steuerlichen Gewinnverlagerung zwischen Unternehmen unter unterschiedlichen Steuerhoheiten eingesetzt werden. Das stellt eine internationale „Erfolgsverlagerung", d. h. eine „Verlagerung" des Ertragsgewinnes dar, die zu vollständigen Steuerausfällen führen kann, wenn beispielsweise der Gewinn von Hoch- in Niedrigsteuerländer

---

1   OECD-Schätzungen, in *EU-Commission.* Towards an International Market without Tax Obstacles. A Strategy for Providing Companies with a Consolidated Corporate Tax Base for Their EU-wide Activities. COM 2001, 582 final, v. 23.10.2001 S. 23. Vgl. *H. Becker/H.-K. Kroppen,* Handbuch der Verrechnungspreise. 1999 Vorwort S. 1; *D. Schneider,* Wider Marktpreise als Verrechnungspreise in der Besteuerung internationaler Konzerne. DB 2003 Heft 2 S. 53.

2   OECD-RL Einf. Nr. 1 ff. Zu den positiven Effekten der MNE in nationalen Wirtschaften s. ferner *G. B. Navaretti,* Multinazionali: effetti nei paesi di destinazine. RPE Maggio-Giugno 2004, Fascicolo V-VI, S. 279-310.

3   *S. Schnorberger/J. Willmanns,* Eichel will Preissysteme kontrollieren. Handelsblatt Nr. 214 2002 S. 2.

4   *A. Xavier,* Direito tributário internacional do Brasil. 6ª. Ed. 2004, S. 388 ff.; *L. Schmidt,* Angemessene Verrechnungspreise bei konzerninternen Transaktionen. PIStB 2/2002 S. 40; OECD-RL 2001 S.1 Tn. 1.2; *A. Musselli/A. C. Musselli,* Transfer pricing: i prezzi di trasferimento internazionali. 2003 S. 3; *M. Bolzoni,* Politiche di transfer pricing nella pianificazione fiscale e nelle strategie aziendali. A&FO 5/2003 S. 15 f.; *F. Balzani,* in *V. Uckmar,* Corso di diritto tributario internazionale. 2002 S. 414; *S. Borkowski,* Transfer Pricing Documentation and Penalties: How Much is Enough? ITJ Vol. 29 Nr. 2 2003 S. 3 f.

umgelenkt wird.[5] Dieses Praxis führt zum einem zum direkten Nachteil für den Fiskus des Hochsteuerlandes, zum anderen zum unfairen internationalen Wettbewerb zwischen verbündeten und nicht verbündeten Unternehmen, je nachdem, ob sog. controlled und uncontrolled transactions eingesetzt werden. Um dieser Entwicklung entgegenzuwirken, werden von den Steuerbehörden Marktpreise angesetzt, die mit dem Instrument des Fremdvergleichs sowie dem sog. arm's length Prinzip über die Angemessenheit oder Korrekturbedürftigkeit der Verrechnungspreise entscheiden.

Hinter dem System der Verrechnungspreise stehen zwei verschiedene Varianten von Verteilungskämpfen: Erstens ist das Verhältnis Steuerpflichtiger und Finanzverwaltung zu analysieren. Einerseits werden die multinationalen Unternehmen aus rein ökonomischer Sicht mit ihrer rechtlichen Gestaltung versuchen, ihre internationale Gewinnsteuerbemessungsgrundlagen soweit zu ihren Gunsten einzurichten, wie sie Einfluss auf ihre verbündeten Unternehmen mit Sitz im Ausland haben. Andererseits wird sich die Finanzverwaltung bemühen, u. a. mittels immer komplizierterer Dokumentationspflichten zur Überprüfung des Fremdvergleichs zu verhindern, dass die Gewinne ins Ausland verlagert werden. Zweitens ist nach dem Interessenkonflikt der beteiligten Steuerhoheiten zu fragen. Jede nationale Steuerhoheit wird versuchen, Erträge eines im Inland tätigen Unternehmens so festzusetzen, *dass ihr ein „angemessen" erscheinendes Steueraufkommen verbleibt.*[6] Da die internationalen Gewinnermittlungsvorschriften nicht einheitlich sind, entsteht die Gefahr steuerlicher Mehrfachbelastung und sogar der Festsetzung von Steuerschätzungen und Strafmaßnahmen. Beide oben erwähnte Konstellationen im Verteilungskampf evozieren erhebliche juristische Streitigkeiten, u. a. auf dem Gebiet der Vorschriften, die die Mitwirkungspflichten des Steuerpflichtigen bestimmen.

Ferner ist die Gestaltung eines international orientierten, d. h. zwischen den Finanzverwaltungen kompatibel und doppelbesteuerungsvermeidenden und handelsfördernden Vorschriftennetzwerks von erheblicher Bedeutung für die Entfaltung des internationalen Handels. Diesbezüglich gewinnt die Untersuchung des brasilianischen Rechts an Bedeutung, soweit dieses wirtschaftlich starke Land[7]

---

5   *L. Schmidt,* Angemessene Verrechnungspreise bei konzerninternen Transaktionen. PIStB 2/2002 S. 40; OECD-RL Tn. 1.2.

6   D. Schneider, Wider Marktpreise als Verrechnungspreise in der Besteuerung internationaler Konzerne. DB 2003 Heft 2 S. 55.

7   Brazil is the 10th largest economy in the world, representing 75% of Mercosul's GDP and accounting for around 1.5 % of world trade over the last 20 years. It is the main player in South America, with over half of the region's GDP and population (ca. 177 Mio. Einwohner). Brazil has very divergent levels of prosperity. While overall per capita GDP adjusted for PPP was US$ 6,971 in 1997, it varied between US$ 13,533 and US$ 1,789 for different states in the country. As such Brazil contains both the First

sich erst in der jüngeren Vergangenheit stärker dem Welthandel zugewandt hat und mittels wettbewerbsfördernder oder -verzerrender Vorschriften den künftigen eigenen und regionalen juristischen sowie wirtschaftlichen Entwicklungsweg erheblich beeinflussen wird. Deutschland übernimmt in diesem Zusammenhang zwei wichtige Rollen. Erstens besteht eine traditionell enge wirtschaftliche Beziehung zu Brasilien sowohl aus öffentlicher als auch privater Initiative, die schon aus der Zeit der protektionistischen Handelspolitik Brasiliens stammt. Es ist somit nicht schwer zu prognostizieren, dass in der Zukunft solch enge Zusammenarbeit sich noch stärker entfalten wird. Zweitens genießen die juristischen Konstruktionen[8] Deutschlands in dem akademischen Milieu Brasiliens eine hohe Akzeptanz.[9] Das erleichtert die vergleichende Untersuchung von Rechtsinstituten, allerdings nicht, weil sie ähnlich wären, sondern weil die Grundrechtsprinzipien beider Länder sehr nah beieinander stehen. Dabei kann die hoch entwickelte juristische Forschung in Deutschland wesentlich zur Optimierung des brasilianischen Rechts beitragen. Der Vergleich von Verrechnungspreisregeln eines in deren Komplexität hoch entwickelten und großen CD-komformen Landes (Deutschland) mit den „einzelgängerischen" Verrechnungspreisregeln des brasilianischen Rechtes soll die jeweiligen Besonderheiten beider Systeme herausarbeiten, wobei der Schwerpunkt dieser Studie auf der brasilianischen Seite liegt.

Es ist nicht zu verkennen, dass die Grundprinzipien beider Staaten (Brasilien und Deutschland) ähnlich sind, vor allem die Prinzipien der Rechtsstaatlichkeit (Republik, Demokratie, Sozialstaat), des Föderalismus und der Grundrechte (Menschenwürde, Freiheit, Gleichheit, Eigentum). Obwohl in der – nicht so wichtigen – Form verschieden (mehr explizite Prinzipien in der brasilianischen Verfassung und mehr implizite Prinzipien im Grundgesetzt), haben sie ähnliche Inhalte und Wirkung.[10]

Es muss zumindest auf den ersten Blick erstaunen, wie die brasilianischen Verrechnungspreisregeln in ihrer gegenwärtigen Form und Praxis entstehen konnten. Diese Studie soll einen Beitrag dazu leisten, die Verfassungskonformität solcher Regeln wiederzufinden und darzustellen, wie dies in ähnlichen verfas-

---

World and the Third World, in EU-Commission. Brazil - Country Strategy Paper 2001-2006. 13.6.02, S. 8.

8   Über die Führungsposition der umfänglichen deutschen Verrechnungspreisvorschriften (neben denen der USA) s. *M. van Herksen,* European Transfer Pricing Law and Developments. TMTR 14.9.2005 Vol. 14 No. 10 S. 3.

9   Umgekehrt, über die mangelnde Rezeption ausländischer Wissenschaftsdiskurse in der deutschen Literatur s. *K. Vogel,* Transnationale Auslegung von Doppelbesteuerungsabkommen. IStR 15/2003 S. 525.

10 *H. B. Ávila,* Materiell verfassungsrechtliche Beschränkungen der Besteuerungsgewalt in der brasilianischen Verfassung und im deutschen Grundgesetz. 2001, S. 33.

sungsrechtlichen Rahmen systematisch erfolgen kann.[11] Ferner ist die Durchführung einer angemessenen Steuerplanung entscheidend für den gegenwärtigen internationalen Erfolg international tätiger Unternehmen.[12] Die in dieser Arbeit durchgeführte Vergleichsuntersuchung soll einen kleinen Beitrag für diese Optimierung leisten.

I. Aufzeichnungsforderung in Brasilien

Durch das Gesetz 9.430 wurden 1996 Verrechnungspreisvorschriften in die brasilianische Rechtsordnung eingefügt, die sowohl die Dokumentationspflichten als auch die Bestimmung fester Gewinnsätze für Transaktionen zwischen verbundenen Geschäftsparteien beinhalten. Dies führte zu einer heftigen Kritik am neuen System.[13] Bis zur Einführung des Gesetzes war die Einhaltung des Fremdvergleichsprinzips für Transaktionen zwischen verbundenen Parteien durch die Vorschriften der verdeckten Gewinnausschüttung geregelt.[14] Diese Vorschriften bezogen sich jedoch nicht direkt auf grenzüberschreitende Transaktionen. Dies war jedoch das erklärte Ziel der neuen Regelung, obwohl dem Gesetzeswortlaut nach die Bedeutung des Fremdvergleichs erheblich eingeengt wurde.

Obgleich die in Brasilien gesetzlich anerkannten Verrechnungspreismethoden ähnlich zu den ersten drei seitens der OECD empfohlenen transaktionsbezogenen Methoden (Preisvergleich, Wiederverkauf, Kostenaufschlag) betitelt sind, sind die brasilianischen Preisvergleichsmethoden die einzigen Methoden, die in der Anwendung gewissermaßen den OECD-Methoden ähneln. In diesem Zusammenhang ist zwischen Preisvergleichsmethoden im Hinblick auf Export- und

---

11   In diesem Zusammenhang werden gelegentlich Hinweise auf deutsche Quellen gegeben, die u. a. dazu dienen, den Stand der Materie aus deutscher Sicht zu beschreiben. Darüber hinaus beabsichtigen solche Hinweise auch gelegentlich deutsche Lösungsansätze hervorzuheben, die in Deutschland i.d.R. entwickelter sind als die brasilianische Lage des Rechts oder der fachlichen Diskussion und somit zur Entwicklung des Themas beitragen können. Diese Hinweise sollen den Vergleich unterstützen.

12   Ausführlich über die kontroverse Legitimität des rechtlichen Rahmens der Steuerplanung im brasilianischem Recht *V. Rocha*, Planejamento fiscal: teoria e prática, 2° Vol. 1998. Vgl. im deutschen Recht u. a. *J. Hey*, Steuerplanungssicherheit als Rechtsproblem, 2002, S. 13 ff.; *T. Menck*, in *J. Mössner*, Steuerrecht international tätiger Unternehmen. 2. Auflage, 1998, Rz. A 57 ff.

13   U. a. *L .E. Schoueri*, Preços de transferência no direito tributário brasileiro. 2ª Edição, 2006, S. 101 ff.; *F. J. de Carvalho/M. I. Murgel*, in *V. O. Rocha*, Tributos e preços de transferência. Vol. 2. 1999, S. 148 ff.; *R. M. de Oliveira*, in *V. O. Rocha*, Tributos e preços de transferência. Vol. 1, 1997 , S. 77 ff.; *A. Xavier*, Direito tributário internacional do Brasil. 6ª. Ed. 2004, S. 388 ff.

14   Vgl. *L. R. Galhardo*, in *Schoueri/Rocha*, Tributos e preços de transferência, 1999, S. 248.

auf Import-Transaktionen zu unterscheiden. Für alle anderen möglichen Methoden verlangt das Gesetz vorbestimmte Bruttogewinnsätze, was gegen den Fremdvergleichgrundsatz verstößt. Das Gesetz von 1996 wurde durch zahlreiche Regelungen (Verwaltungsanweisungen sowie Gesetze) nachgebessert, welche die Gesetzesanwendung nicht nur haben klären sollen, sondern teilweise auch den Gesetzesinhalt erweitert und in bestimmten Aspekten sogar geändert haben; dies führte jedoch nicht zu einer Vereinfachung der gesetzlichen Regelungen.

Die Tatsache, dass nunmehr starre Gewinnsätze per Gesetz verlangt werden, könnte zu der falschen Annahme verleiten, dass die Verrechnungspreispraxis zwar rechtlich fraglich ist, aber dennoch vereinfacht worden ist. Nichtsdestotrotz fordert die Einhaltung der komplizierten und teilweise in sich widersprüchlichen brasilianischen Verrechnungspreisvorschriften die uneingeschränkte Aufmerksamkeit des Steuerpflichtigen.[15] Schließlich führt die brasilianische Verrechnungspreispolitik und ihre erhebliche Abweichung von der international anerkannten Systematik zur potentiellen Doppelbesteuerung sowie zur geringen Rechtssicherheit und ruft ernsthafte Zweifel an ihrer Vereinbarkeit mit verfassungsrechtlichen Grundsätzen hervor.

II. Aufzeichnungsforderung in Deutschland

Zur Prüfung der Angemessenheit von Verrechnungspreisen wird in Deutschland die Mitwirkungspflicht des Steuerpflichtigen in ihren Varianten des § 90 AO von der Finanzverwaltung angewendet.[16] Insbesondere die Mitwirkungspflicht des § 90 Abs. 3 AO hat entscheidende Bedeutung, soweit dadurch die Nachweis- und Dokumentationspflichten geregelt werden. In den letzten Jahren hat die Diskussion um die Breite der Mitwirkungspflicht an Kraft gewonnen.[17] Die

---

15 *N. Dagnese/C. E. Ayub*, An Approach to Brazilian Transfer Pricing Practice. TMTR 27.10.2004 Vol. 13, No. 12, S. 701 ff.

16 *R. Seer*, in Tipke/Kruse, Kommentar zu AO. 2006 bzw. 2004, §§ 90 bzw. 162 AO.

17 U. a. *H. Baumhoff*, Die Verrechnung von Leistungen zwischen verbundenen Unternehmen mit Hilfe von Konzernumlagen. IStR Heft 23 2000 S. 731; *H.-K. Kroppen/A. Eigelshoven*, Keine Dokumentationspflichten bei der Bestimmung von Verrechnungspreisen? IWB Nr. 12 27.6.2001 Fach 3 Gr. 1 S. 1745; *B. Kaminski/G. Strunk*, Pflicht zur Dokumentation als Bestandteil der allgemeinen Mitwirkungsplichten der AO? IWB 14 25.7.2001 Fach 3 Gr. 1 S. 1749; *H. Becker*, Neues Gesetz zur Dokumentationspflicht? IWB 18 26.9.2001 Fach 3 Gr. 1 S. 1765; *H.-K. Kroppen/S. Rasch/A. Roeder*, Bedeutende Entscheidung des BFH in Verrechnungspreisfragen. IWB 23 12.12.2001 Fach 3 Gr. 1 S. 1787; *K.-M. Wilke*, Internationale Verrechnungspreise aus der Sicht der Rechtsprechung. PIStB Nr. 5 1.5.2002 S. 143; *O. Wehnert/P. Stalberg*, Grundsatzentscheidung des BFH zur Bestimmung von Verrechnungspreisen im internationalen Konzern. IStR Heft 04 2002 S. 141; *R. Seer*, Kodifikation von Dokumentationspflichten über Verrechnungspreisgestaltung in multinationalen Konzernen? FR 7/2002 S. 380; *G. Crezelius*,

Rechtsprechung[18] hatte keine Dokumentationspflicht bei Verrechnungspreisen im deutschen Recht anerkannt. Das hat den Gesetzgeber, unter Druck der Finanzverwaltung und im Einklang mit der internationalen Tendenz[19], dazu bewogen, weitergehende Regelungen[20] zu treffen, die außer der schon in Kraft getretenen allgemeinen und erhöhten Mitwirkungspflicht des § 90 Abs. 1 und 2 AO die Dokumentationspflicht bei Verrechnungspreisen vorschreibt.[21] Voraussetzungen, Inhalt und Umfang der neuen Vorschrift sind Teil des Gegenstandes dieser Arbeit.

III. Multilarale Harmonisierungsinitiativen

1. OECD-RL

Die Entwicklung *polyzentrischer Steuerrechtsquellen* (z. B. nationale Vorschriften, OECD, UN, PATA, EU, Mercosul) führt besonders i. R. d. Besteuerung grenzüberschreitender Transaktionen zur Suche nach einer noch lange nicht erreichten koordinierten Anpassung der Regeln an die *ever-changing*

Grenzüberschreitungen bei steuerrechtlichen Dokumentationspflichten. BB 22 2002, S. 1121.

18   BFH, Beschl. v. 10.5.2001, IS 3/01, NV 2001; BFH, Urteil v. 17.10.2001, IR 103/100, 2001.

19   *G. Ossi/K. Chung/S. Sidher,* The Search for Consistency: a Global Approach to Transfer Pricing. TMIJ Vol. 32 No. 6 13.6.2003 S. 283-284.

20   Art. 9, 10 und 11 StVergAbG v. 16.5.2003 i. V. m. § 90 Abs. 3 und § 162 Abs. 3 und 4 AO.

21   *S. Waldens/F. Balmes,* Neue Dokumentationsvorschriften für Verrechnungspreise und ihre Folgen. PIStB Nr. 5 1.5.2003 S. 124; *S. Rasch/A. Roeder,* Neues Verrechnungspreisgesetz in Deutschland. IWB 9 14.5.2003 Fach 3 Gr. 1 S. 1933; *S. Schnorberger,* Verrechnungspreis-Dokumentation und StVergAbG - Offene Fragen und Probleme. DB Heft 23 6.6.2003 S. 1241; *K. Henselmann,* German Firms Get Acquainted with Transfer Pricing Documentation Rules. TNI 31 7.7.2003 S. 41; *F. Wassermeyer,* Dokumentationspflichten bei internationalen Verrechnungspreisen: Zum zweiten Entwurf einer Verordnung zu § 90 Abs. 3 AO. DB Heft 29 18.7.2003 S. 1535; *U. Andersen,* Germany Adopts Legislative Requirements to Prepare Transfer Pricing Documentation and Penalty Provisions, and Issues Draft Documentation Regulations. TNI 28.7.2003 S. 327; *H. Baumhoff,* Aktuelle Entwicklungen bei den internationalen Verrechnungspreisen. IStR Heft 1 2003 S. 1; *H. Hahn/U. S-Hahn,* Mitwirkungspflichten bei Auslandssachverhalten europarechtswidrig? IStR 03 2003 S. 84; *Y. Hervé/L. v. Jesche,* Praxishinweise zu den neuen Dokumentationspflichten bei Verrechnungspreisen. BC Heft 6 2003 S 125; *A. Vögele/F. Vögele,* Vorschriften zur Verrechnungspreisdokumentation im SteVergAbG. IStR Heft 13 2003 S. 466; *W. Schmidt/J. Gröger,* Neue Dokumentationspflichten und „Strafzuschläge" bei Geschäftsbeziehungen mit Auslandsbezug oder: „Zuckerbrot und Peitsche". FR 16/2003 S. 813; *J. Melchior,* DStR Heft 18 2003 S. 709; *U. Moebus,* Neue Dokumentationspflichten bei Transferpreisen - Irrweg und/oder Irrglaube? BB Heft 27/2003 S. 1413.

corporate reality.[22] In diesem Zusammenhang ist die OECD-Initiative, allgemeine Verrechnungspreisrichtlinien zu verabschieden i. R. d. Vermeidung der Doppelbesteuerung und auf der Suche nach internationaler Konsistenz, für das Thema sehr bedeutend. Die Richtlinien werden je nach internationaler Entwicklung der Materie regelmäßig ergänzt.[23] Gegenwärtig wird z. B. über die Änderung des Kapitels III über die Anwendung von profitorientierten Methoden diskutiert, insbesondere über den Einsatz der TNMM und ihre Vergleichbarkeitskriterien, da diese Methode immer häufiger angewandt wird, sowie auch über die Assoziierungsmöglichkeit von Nicht-OECD-Ländern mit den Richtlinien und die Erweiterung der Richtilinien auf Funktionsverlagerungen. Die Finanzverwaltungen, die international zusammenarbeiten, und das *Business and Advisory Comittee* (BIAC) der OECD, das die Unternehmensseite vertritt, beobachten und dokumentieren, wie die Richtlinien eingesetzt werden.[24] Ähnlich zum BIAC wurden sowohl die PATA[25] als auch das JTPF[26] gebildet, um die Vertretung beider Parteien, Finanzverwaltungen und Unternehmen, zu gewährleisten.

Die Entstehung des US-amerikanischen § 482 IRC vom 8.7.1994 stellte eine Katalysatorfunktion für die Formulierung der OECD-RL zur Verrechnungspreisdokumentation dar. Dieser Paragraph hat die Macht des IRS zur Durchführung von Preiskorrekturen unter dem arm's lenght Prinzip erweitert, und i. V. m. § 6662 IRC wurden erhebliche Bußgelder für den Fall unangemessener Verrechnungspreise festgesetzt. Zur Befreiung bzw. Reduzierung des Sanktionsrisikos schreibt §§ 6662 ff. IRC eine aufwendige Dokumentationsmaßnahme vor.[27] Beispielsweise muss die Dokumentation *contemporaneously* erstellt und innerhalb von 30 Tagen nach Anfrage der Verwaltung geliefert werden. Eine Analyse über *the best method* und die *reasonable efforts* des Steuerpflichtigen bei der Erfüllung des arm's lenght Prinzips wird verlangt. Dies kommt dem *ernsthaften Bemühen* des § 1 Abs. 1 Satz GAufzV nahe. Der Steuerpflichtige muss begründen, warum die angewendete Methode ausgewählt wurde, und muss ausführlich klären, warum andere Methoden abgelehnt wurden. Als erstes Land, das die Do-

---

22 *J. M. Calderón,* European Transfer Pricing Trends and the Crossroads: Caught Between Globalization, Tax Competition and EC Law. Intertax Vol. 33 Issue 3 2005 S. 103 f.

23 *M. Setchell,* OECD Transfer Pricing Guidelines Likely to Be Modified, Officials Says. TNI 12.4.2002.

24 *R. Hammer,* Monitoring the OECD transfer pricing guidelines. TMIJ 2003, S. 315 f.

25 *G. Ossi/K. Chung/S. Sidher,* The Search for Consistency: A Global Approach to Transfer Pricing Documentation. TMIJ 2003, S. 290. Kritik dazu in JTPF. Draft Discussion Paper on Documentation Requirements. 11.12.2003, S. 6 Rz. 17.

26 European Commission Announces Transfer Pricing Forum Participants. TNI WTD 19.7.2002.

27 Dazu ausführlich G. Ossi/K. Chung/S. Sidher, The Search for Consistency: A Global Approach to Transfer Pricing Documentation. TMIJ 2003, S. 284 ff.

kumentationspflicht bei Verrechnungspreisen unter Androhung erheblicher Strafen eingeführt hat, haben die USA andere Länder dazu angeregt, ihre internen Verrechnungspreisvorschriften zu aktualisieren und eine ähnliche Dokumentationspflicht in Kraft zu setzen, deren Sanktionen häufig sogar härter als die US-amerikanischen waren, wie z. B. Australien, Kanada, Korea, Mexiko.[28] Das lässt sich mit der Tatsache erklären, dass ein Wettbewerb zwischen den unterschiedlichen Steuerhoheiten um die Allokation der Gewinne multinationaler Konzerne entstanden ist. Wie zu erwarten war, haben empirische Untersuchungen bestätigt, dass *fear of audits and penalties had a large influence on the choice of the transfer pricing policy.*[29]

Als Folge des oben beschriebenen Prozesses entstand 1995 das Kapitel V der OECD-RL mit der Absicht, eine internationale Koordination der Dokumentationsvorschriften bei Verrechnungspreisen einzuführen. Grds. binden solche Richtlinien nur die Finanzverwaltung[30] und empfehlen bezüglich der Dokumentation eine Serie von Standardbehandlungen, aber teilweise auch allgemeine Dokumente, die von den Steuerpflichtigen verlangt werden könnten bzw. sollten, verschweigen jedoch Sanktionsvorschläge bei der Nicht-Erfüllung der Pflicht. Statt spezifische Unterlagen zu diktieren, wie es etwa die US-amerikanischen Vorschriften und auch das „PATA Documentation Package" tun, bewegen sich die OECD-RL auf allgemeiner Ebene,[31] was einerseits zu ihrer breiteren Akzeptanz zwischen den unterschiedlichen Steuerhoheiten führen kann,[32] andererseits den multinationalen Unternehmen eine unangemessene und belastende Anzahl verschiedener Vorschriften zumutet.

2. Das PATA Documentation Package

---

28 Ausführlich s. *S. Rasch*, in *Becker/Kroppen*, Handbuch der Verrechnungspreise. 2003 O Vorbemerkungen Tz. 1 ff. Vgl. *G. Ossi/K. Chung/S. Sidher*, The Search for Consistency: A Global Approach to Transfer Pricing Documentation. TMIJ 2003, S. 288.

29 *M. Cools*, Increased Transfer Pricing Regulations: What About the Managerial Role of Transfer Pricing? ITPJ July/August 2003, S. 137.

30 Zur Position des OECD_Fiscal Committee, dass die Nichtbeachtung der OECD-RL durch OECD-Länder eine "harmful tax practice" darstellt, *J. M. Calderón*, European Transfer Pricing Trends and the Crossroads: Caught Between Globalization, Tax Competition and EC Law. Intertax Vol. 33 Issue 3 2005 S. 104. Ferner *K. Vogel*, Transnationale Auslegung von Doppelbesteuerungsabkommen. IStR 15/2003 S. 527.

31 *S. Borkowski*, Transfer Pricing Documentation and Penalties: How Much is Enough? ITJ Vol. 29 Nr. 2 2003, S. 13.

32 Wichtig dabei ist auch die Einbeziehung von Nicht-OECD-Mitgliederstaaten, die den Richtlinien teilweise folgen (u. a. Argentinien, Südafrika, Indien, Thailand). Vgl. *OECD/CCNM*. Borderless Co-operation: The Role and Programmes of the OECD`s Centre for Co-operation with Non-Members, S. 13 f. und *OECD*, Estudo Econômico do Brasil. OECD 2001, Tz. 13, 16.

Die PATA hat 2003 durch die Verabschiedung eines „Documentation Package" versucht, die Verwaltungsschwierigkeiten zu minimieren, die durch die unzähligen Vorschriften unterschiedlicher Steuerhoheiten entstehen.[33] Die Finanzverwaltungen der USA, Australiens, Kanadas und Japans haben versucht, vier unterschiedliche Dokumentationsvorschriften zu einer harmonisierten Vorschrift zusammenzuführen und damit Rechtssicherheit und eine Reduzierung von Verwaltungskosten in Bezug auf Dokumentationspflichten bei Verrechnungspreisen zu erreichen.

Eine verbindliche Zusicherung für den Steuerpflichtigen gibt es nicht, da die Vorschriften des Documentation Package weder für den Steuerpflichtigen noch für die Finanzverwaltung verbindlich sind. Nichtsdestotrotz müssen die Steuerpflichtigen in den PATA-Staaten drei Prinzipien folgen, um Sanktionen zu vermeiden:

• Unter Berücksichtigung der nationalen Vorschriften muss der Steuerpflichtige mit angemessenem Aufwand (*reasonable effort*) den Fremdvergleich durch die Sammlung von vergleichbaren Daten ermöglichen und die Auswahl und Anwendung einer bestimmten Methode begründen und dokumentieren;
• Die Dokumentation über Transaktionen zwischen international verbundenen Unternehmen muss zeitnah und in ausreichender Qualität erstellt werden;
• Auf Anfrage der Betriebsprüfung muss eine zusätzliche zeitnahe Dokumentation erstellt werden.[34]

Obwohl das Package eine bemerkenswerte Harmonisierungsinitiative darstellt, bleiben manche Fragen zu seiner Effektivität offen. Beispielsweise werden die Definitionen von *reasonable effort* und *sufficient quality*[35] nicht geklärt und müssen somit durch die nationalen Vorschriften ausgelegt werden. Das Documentation Package listet 10 Kategorien, 48 spezifische und allgemeine, noch im „background" zu erstellende Dokumente auf,[36] deren vollständige Erstellung keineswegs den administrativen Aufwand der Unternehmen erleichtert, sondern

---

33 *Focus on the IRS*. TNI 17.3.2003, S. 1672.
34 *J. Hobster/C. Thilbeault/R. Tomar/D. Wright*, Practical Implications of the PATA Documentation Package. ITPJ, IBFD 2003, S. 83; *G. Ossi/K. Chung/S. Sidher*, The Search for Consistency: A Global Approach to Transfer Pricing Documentation. TMIJ 2003, S. 291; *H.-K. Kroppen/S. Reis*, Neuer Entwurf zu Dokumentationsvorschriften für Verrechnungspreise innerhalb der PATA-Länder. IWB 25.9.2002 Gr. 2 S. 1623.
35 Über die Führungsrolle der australischen Finanzverwaltung innerhalb der PATA-Staaten bei der Bemessung der Dokumentationsqualität s. *S. Borkowski*, Transfer Pricing Documentation and Penalties: How Much is Enough? ITJ Vol. 29 Nr. 2 2003, S. 15 ff. und *ATO*, Tax Ruling 98/11, 1998, S. 19.
36 *J. Hobster/C. Thilbeault/R. Tomar/D. Wright*, Practical Implications of the PATA Documentation Package. ITPJ, IBFD 2003, S. 83.

sogar den Aufwand der nationalen Dokumentationsvorschriften übersteigt, und zwar durch das Verlangen von Aufzeichnungen, die in den Dokumentationsvorschriften der Mitgliedstaaten gar nicht erwähnt werden.[37] Letztlich macht das PATA-Package den Eindruck, *dass sich nicht kritisch genug um eine Reduzierung der Dokumentationslast bemüht wurde, vielmehr eine Einigung auf dem höchsten Dokumentationsniveau gefunden wurde.*[38] Seitens der EU wird ein derartiges *race to the top* ausdrücklich von der JTPF abgelehnt.[39]

Es ist nicht verwunderlich, dass es fraglich bleibt, ob das PATA-Documentation Package das Ziel einer Harmonisierung der Steuervorschriften erreicht und Schutz gegen Sanktionen und Preiskorrekturen darstellen wird. Letztlich wäre dafür auch eine Harmonisierung der allgemeinen Verrechnungspreisregeln notwendig. Dennoch stellt das Package *a departure from local rules* (...) dar.[40] Mit der PATA-Initiative hat die Entwicklung der Dokumentationsthematik eine neue Ebene betreten, *first between individual territories and now it seems between different trade blocks and other supranational forums.*[41]

3. Das EU Joint Transfer Pricing Forum

Obwohl der gemeinsame Markt der EU eine bedeutende internationale Größe darstellt, vergleichbar mit dem der USA, stellt die große Anzahl ihrer nationalen Steuerhoheiten gewisserweise ein Problem für die internationale Wettbewerbsfähigkeit der Union dar.[42] In Folge dieser Feststellung hat die EU-Kommission die Initiative ergriffen und u. a. die Gründung des JTPF initiiert. Dort nehmen Vertreter sowohl von Seiten der Unternehmen als auch der nationalen Finanzverwaltungen teil. Dieses supranationale Forum beabsichtigt die Diskussion um eine entsprechende nicht-gesetzliche Erarbeitung von Problemlösungen in

---

37 *G. Ossi/K. Chung/S. Sidher,* The Search for Consistency: A Global Approach to Transfer Pricing Documentation. TMIJ 2003, S. 291.

38 *H.-K. Kroppen/S. Reis,* Neuer Entwurf zu Dokumentationsvorschriften für Verrechnungspreise innerhalb der PATA-Länder. IWF 25.9.2002 S. 1625.

39 *JTPF,* Report on the Activities of the EU Joint Transfer Pricing Forum in the Field of Documentation Requirements. EU JTPF 27.5.2005 Tz. 4.4.6.

40 *G. Ossi/K. Chung/S. Sidher,* The Search for Consistency: A Global Approach to Transfer Pricing Documentation. TMIJ 2003, S. 291.

41 *J. Hobster/C. Thilbeault/R. Tomar/D. Wright,* Practical implications of the PATA Documentation Package. ITPJ, IBFD 2003, S. 89.

42 *EU-Commission.* Towards an International Market without Tax Obstacles. A Strategy for *Providing* Companies with a Consolidated Corporate Tax Base for Their EU-wide Activities. COM 2001, 582 final, v. 23.10.2001. Ausführlich über die Entwicklung der Diskussion um die EU-Steuerharmonisierung und den Ruding-Bericht s. *S. Rasch,* Konzernverrechnungspreise im nationalen, bilateralen und europäischen Steuerrecht. 2001 S. 252 ff.

hauptsächlich drei Bereichen: das Verfahren der EU-Schiedskonvention,[43] die Erfahrungen und Verbreitung von APA und die Einigung über eine gemeinsame Dokumentationsforderung in den Mitgliedsstaaten.[44] Mit dem letzten Bereich folgt die EU dem PATA-Beispiel, ohne jedoch das PATA Documentation Package als Anregung zu nehmen.[45] Vielmehr soll die EU sich auf die Schwachstellen konzentrieren, die eine EU-weit funktionierende systematische Verrechnungspreisdokumentation behindern. Fris fasst die Hauptprobleme wie folgt zusammen:

- *fragmentation of compliance requirements by tax authorities;*
- *lack of transparency of policies applied by MNEs; and*
- *relative lack of experience in dealing with transfer pricing, to be found on both sides* (Finanzverwaltung und Steuerpflichtige).[46]

Obwohl die Analyse eines Modells für eine EU-weite Verrechnungspreisdokumentation die Ziele dieser Arbeit weit überschreitet, sollen einige Grundlinien skizziert werden. Die JTPF hat über vier Alternativen für eine Lösung der Probleme diskutiert, die sich mit den unterschiedlichen Dokumentationsvorschriften ergeben:

- a code of best practice;
- a set of EU-wide standardized documentation rules;
- a master file concept, i.e. standardized and centralized documentation (integrated global documentation);
- the EU Transfer Pricing Documentation (EU TPD).[47]

---

43 Vgl. *M. Züger*, Conflict Resolution in Tax Treaty Law. Intertax Vol. 30 Issue 10 2002 S. 346.
44 U. a. *E. Zach*, European Joint Transfer Pricing Forum Holds First Meeting. WTD, Tax Analysts v. 11.10.2002, 200-6; *K. Bell*, EU Joint Transfer Pricing Forum to Report on Arbitration Convention, Mutual Agreement Procedures. TNI v. 21.7.2003, S. 207; *J. D. B. Oliver*, Transfer Pricing and the EC Arbitration Convention. Intertax Vol. 30 Issue 10 2002 S. 340 f.
45 Kritische Bemerkungen über das PATA-Agreement s. *JTPF*, Report on the Activities of the EU Joint Transfer Pricing Forum in the Field of Documentation Requirements. EU JTPF 27.5.2005 Tz. 25-28.
46 *P. Fris*, The Transfer Pricing Agenda for Europe. ITPJ, IBFD, July/August 2003, S. 133.
47 *EU-Commission*. Proposal of a Code of Conduct on transfer pricing documentation for associated enterprises in the EU. 7.11.2005 COM 2005, 543 final S. 15. Ausführlich über Pro und Contra, *JTPF*, Report on the Activities of the EU Joint Transfer Pricing Forum in the Field of Documentation Requirements. EU JTPF 27.5.2005 Tz. 64-132.

Der *code of best practice* wäre laut Empfehlung des Forums die Lösung mit den geringsten Auswirkungen auf die benachteiligende Fragmentierung der Dokumentationsvorschriften und würde für die Mitgliedsstaaten das am besten geeignete Verfahren angesichts der Vielfalt unterschiedlicher nationalen Vorschriften und der Praxis bedeuten. Auch wenn manche Harmonisierungsprobleme dabei nicht tangiert würden, wie etwa die Anpassung der fast 30 unterschiedlichen Steuersysteme, wäre das Problem trotzdem nicht gelöst, da die Steuerpflichtigen immer noch unterschiedliche Dokumente vorbereiten müssten. Diese Lösung scheint eher eine Verschiebung des Problems als eine wirkliche Lösung zu sein.

Die Alternative einer standardisierten starren Dokumentationsliste stellt eine Zwischenlösung für die Dokumentationsharmonisierung dar. Auf diese Weise würden die Steuerpflichtigen EU-weit eine standardisierte, aber nicht zentralisierte, d. h. in jedem Mitgliedsstaat separat vorzubereitende Dokumentation erstellen. Für die Unternehmen würde dies einerseits einen Gewinn an Sicherheit und eine Senkung der Verwaltungskosten bedeuten, andererseits jedoch den Verlust an Entscheidungsflexibilität mit sich bringt.[48] Den Finanzverwaltungen würde dies eine viel größere Zusammenarbeit ermöglichen, und gleichzeitig würde man den Unternehmen mit einer einheitlichen Dokumentationsvorschrift den Anreiz nehmen, EU-interne Gewinnverschiebung vorzunehmen.

Darüber hinaus würde eine „zentralisierte" oder „integrierte" Dokumentation eine Erweiterung der standardisierten Dokumentation darstellen. Dadurch wären die internationalen Konzerne in der Lage, ein einziges zentralisiertes „master file" zu erstellen, das es den Finanzverwaltungen zwar nicht verbietet, weitergehende Aufzeichnungen zu verlangen, das aber eine konsistente Informationsbasis der Unternehmensgruppe darstellen würde.[49] Auf diese Weise könnte die niedrigste Belastung des Steuerpflichtigen durch die Dokumentationsprozeduren und eine höhere Qualität der Aufzeichnungen erreicht werden, soweit eine zentralisierte Gruppe von Spezialisten innerhalb der international tätigen Konzerne sich mit der Problematik beschäftigen würde anstelle von für jedes Steuerhoheitsgebiet getrennten Gruppen von Fachleuten.

Letztendlich hat keines der drei oben beschriebenen Modelle das EU JTPF überzeugt, kompatibel mit der gewünschten gemeinsamen EU-weiten Verrechnungspreisdokumentation zu sein.[50] Deswegen entschied sich das Forum und

---

48 *JTPF,* Report on the Activities of the EU Joint Transfer Pricing Forum in the Field of Documentation Requirements. EU JTPF 27.5.2005 Tz. 82 ff.

49 *JTPF,* Report on the Activities of the EU Joint Transfer Pricing Forum in the Field of Documentation Requirements. EU JTPF 27.5.2005 Tz. 86 ff.

50 *Forum Moving Toward Two-Part System as Preferred EU Documentation Approach.*

anschließend der EU-Kommission und -Rat[51], das TPD-Modell zu unterstützen. Diese Variante orientiert sich sowohl an einer standardisierten als auch an einer teilweise zentralisierten Dokumentation und schlägt eine EU-Dokumentation vor, die zwei Arten von Aufzeichnungen zusammenschließt. Demnach würden die Konzerne einen „master file" mit relevanten Auskünften für alle Unternehmen der Gruppe aufzeichnen. Zusätzlich würde in jedem Land eine landesspezifische Dokumentation vorbereitet werden müssen. Diese landesspezifische Dokumentation würde einem standardisierten Modell folgen und alle Unternehmen einer Gruppe in einem spezifischen EU-Land einbeziehen. Das „mastefile" würde eine Art „blue print" der Gruppe sein, indem das gesamte Verrechnungspreiskonzept der Konzerne wiedergegeben wird. Dafür listet der JTPF-Bericht folgende Aufzeichnungen auf:[52]

a) a general description of the business and business strategy, including changes in the business strategy compared to the previous tax year;

b) a general description of the MNE group's organizational, legal and operational structure (including an organization chart, a list of group members and a description of the participation of the parent company in the subsidiaries);

c) the general identification of the associated enterprises engaged in controlled transactions involving enterprises in the EU;

d) a general description of the controlled transactions involving associated enterprises in the EU, i.e. a general description of:

(i) flows of transactions (tangible and intangible assets, services, financial);

(ii) invoice flows; and

(iii) amounts of transaction flows;

e) a general description of functions performed, risks assumed and a description of changes in functions and risks compared to the previous tax year, e.g. change from a fully fledged distributor to a commissionaire;

f) the ownership of intangibles (patents, trademarks, brand names, know-how, etc.) and royalties paid or received;

g) the MNE group's inter-company transfer pricing policy or a description of the group's transfer pricing system that explains the arm's length nature of thecompany's transfer prices;

h) a list of cost contribution agreements, APAs and rulings covering transfer pricing aspects

---

TMTR 30.3.2005 Vol. 3 Nr. 22 S. 1130; *JTPF*, Report on the Activities of the EU Joint Transfer Pricing Forum in the Field of Documentation Requirements. EU JTPF 27.5.2005 Tz. 94.

51 *EU-Rat.* Entschließung des Rates und der im Rat vereinigten Vertreter der Regierungen der Mitgliedstaaten zu einem Verhaltenskodex zur Verrechnungspreisdokumentation für verbundene Unternehmen in der Europäischen Union. 10509/1/06 REV 1, 20.06.2006, 17 S.

52 *EU-Commission.* Proposal of a Code of Conduct on transfer pricing documentation for associated enterprises in the EU. 7.11.2005 COM 2005, 543 final S. 15 ff.

as far as group members in the EU are affected; and

i) an undertaking by each domestic taxpayer to provide supplementary information upon request and within a reasonable time frame in accordance with national rules.

Die landesspezifischen Aufzeichnungen stellen eine Art supplement des master file dar und beinhalten zusätzlich folgende standardisierte Aufzeichnungen:[53]

a) a detailed description of the business and business strategy, including changes in the business strategy compared to the previous tax year; and

b) information, i.e. description and explanation, on country-specific controlled transactions including:

(i) flows of transactions (tangible and intangible assets, services, financial);

(ii) invoice flows; and

(iii) amounts of transaction flows;

c) a comparability analysis, i.e.:

(i) characteristics of property and services;

(ii) functional analysis (functions performed, assets used, risks assumed);

(iii) contractual terms;

(iv) economic circumstances; and

(v) specific business strategies;

d) an explanation about the selection and application of the transfer pricing method[s], i.e. why a specific transfer pricing method was selected and how it was applied;

e) relevant information on internal and/or external comparables if available; and

f) a description of the implementation and application of the group's intercompany transfer pricing policy.

Abgesehen von formellen Kleinigkeiten, wie z. B. die Frage, ob die Darstellung der Geschäftsstrategie, der Vertragsvereinbarungen oder die Funktions- und Risikoanalyse wirklich zur Vergleichbarkeitsanalyse[54] (s. Buchst. c oben) gehören, erlaubt der Zusammenhang von „master file" vs. landesspezifischer Dokumentation eine tiefer greifende und angemessenere Darstellung der Verrechnungspreiskonstellationen von EU-weit agierenden Konzernen. Dieses Modell soll als soft law[55] statt durch Richtlinien implementiert werden. Da aber jedes Land frei entscheiden kann, wie das Modell auf nationaler Ebene zu implementieren ist, stellt dies die größte Herausforderung für die tatsächliche Umsetzung des Mo-

---

53 *EU-Commission.* Proposal of a Code of Conduct on transfer pricing documentation for associated enterprises in the EU. 7.11.2005 COM 2005, 543 final S. 16 f.

54 Vgl. *W Finan/I. The/T. Tontcheva,* Practical Issues in Preparing EU Transfer Pricing Documentation Applying TNMM on a Pan-European Basis. TMTR Special Report 12.10.2005 Vol. 14 No. 12 S. 5 ff.

55 Vgl. *A. Grau/P. Herrera,* The Link between Tax Coordination and Tax Harmonization: Limits and Alternatives. EC Tax Review 2003/1 S. 34 f.

dells dar. Erst in Zukunft wird sich feststellen lassen, ob es nicht effektiver gewesen wäre, das Modell für alle Länder rechtlich verbindlich zu gestalten.

Nichtsdestotrotz gibt das EU TPD das *race to the top* der PATA-Lösung nicht wieder, sondern schlägt ein ausgeklügeltes, wesentlich „schlankeres" und günstigeres Dokumentationsmodell vor, das – soweit die Mitgliedsstaaten es befolgen werden – Wettbewerbsvorteile für den EU-Block nach sich ziehen würde. Darüber hinaus trägt das JTPF-Konzept dazu bei, dass Konzerne, die auf angemessene Weise die TPD befolgen, von Sanktionen verschont bleiben sollen.[56] Die EU TPD ist im Einklang mit der OECD-RL, spezifiziert allerdings näher, was unter der Dokumentation zu verstehen ist und wie sie innerhalb des EU-Blocks zu gestalten ist. Damit kann von einer *Vergemeinschaftung (communitarization)*[57] der OECD-RL gesprochen werden, die letztendlich zur allgemeinen Normenkonvergenz beiträgt. Diese Maßnahme gleicht einer auf höherer Ebene funktionierenden Normenkonstellation innerhalb der EU, ist allerdings viel zu bescheiden, um steuerrechtliche Hindernisse des Binnenmarkts ausreichend zu beseitigen. Trotzdem ist diese spezifische Maßnahme zu begrüßen. Sie ist unentbehrlich, zeitgemäß und wird zu mehr Transparenz und Konsistenz der Thematik beitragen. Ferner stellt sie einen weiteren Schritt auf dem langen Weg zu einem gewünschten und konsistenten EU-Steuersystem dar.[58]

§ 2 Eingrenzung des Themas

Der Schwerpunkt dieser Arbeit ist es, Parallelen zu analysieren zwischen der in Brasilien und in Deutschland verlangten Dokumentation hinsichtlich der Verrechnungspreissachverhalte. Dazu ist eine Darstellung der brasilianischen Vorschriften unabdingbar, um den Leser mit den Besonderheiten der brasilianischen Verrechnungspreisregeln vertraut zu machen. Damit kann eine bessere Nachvollziehbarkeit erreicht werden. Auf einen ähnlichen Exkurs über das deutsche Verrechnungspreissystem wird verzichtet, soweit ausführliche und hochwertige Beiträge das Thema schon analysiert haben.[59]

---

56 *JTPF,* Report on the Activities of the EU Joint Transfer Pricing Forum in the Field of Documentation Requirements. EU JTPF 27.5.2005 Annex 1 Tz. 38.

57 *J. M. Calderón,* European Transfer Pricing Trends and the Crossroads: Caught Between Globalization, Tax Competition and EC Law. Intertax Vol. 33 Issue 3 2005 S. 106.

58 Kritisch zur Lösungen der Kommission, die ein nicht ausreichendes allgemeines Steuersystem des Binnenmarktes fördern, *J. M. Calderón,* European Transfer Pricing Trends and the Crossroads: Caught Between Globalization, Tax Competition and EC Law. Intertax Vol. 33 Issue 3 2005 Fn. 8, S. 105.

59 Dazu u. a.: *H. Schaumburg,* Internationale Verrechnungspreise zwischen Kapitalgesellschaften, 1994; *S. Schnorberger,* Das Problem unangemessener Verrechnungspreise in internationalen Konzernen, 1998; *S. Rasch,* Konzernverrechnungspreise im nationalen, bilateralen und europäischen Steuerrecht, 2001; *F. Wassermeyer/H. Baumhoff,*

Praktisch alle Länder, die in den letzten Jahren ihre Verrechnungspreiskontrolle verschärft haben, beziehen sich, grob gesagt, auf die OECD-RL. Eine Untersuchung ihrer Vorgaben erlaubt somit den Hinweis auf das international anerkannte Prozedere (OECD-RL), allerdings mit nationalen Abweichungen. Analoges lässt sich für das von der OECD-RL abweichende brasilianische System nicht sagen. Vielmehr verlangt die Darstellung eine kritische Analyse des brasilianischen Systems, wenn nicht ausführlich, so doch mindestens in Hinsicht auf seine relevantesten Aspekte. Dies erfolgt im zweiten Kapitel und führt zu einer umfassenderen Betrachtung des sozusagen exotischen und deswegen klärungsbedürftigen brasilianischen Verrechnungspreissystems im Vergleich mit dem Deutschlands. Die Untersuchung fokussiert anfänglich auf die Voraussetzungen, Inhalt und Umfang der Dokumentationspflicht bei Verrechnungspreisen in Brasilien. Die Dokumentation spielt eine wichtige Rolle im System, und ihre Untersuchung rechtfertigt sich durch mehrere Argumente. Bei der Erstellung von Aufzeichnungen ist es für die Unternehmen strategisch günstiger, sowohl aus der Sicht der Kostensparsamkeit als auch aus der Perspektive der Rechtssicherheit gegen Einkommenskorrekturen, dass die aufgezeichneten Informationen nicht nur für eine Steuerhoheit einsetzbar sind, sondern mindestens zur Teilerfüllung von Aufzeichnungsforderungen anderer Steuerhoheiten dienen können. Dieses Ziel kann nur erreicht werden, soweit beide Systeme zumindest vergleichbar und seitens des Steuerpflichtigen bekannt sind. Wie diese Forschung darstellt, ist die Vergleichbarkeit nur begrenzt möglich, und damit sinken die Chancen einer Vereinheitlichung der Dokumentationsforderungen zwischen Deutschland und Brasilien und dementsprechend die Erstellung von doppeleinsatzfähigen Aufzeichnungen. Nichtsdestotrotz bestätigt sich die Wichtigkeit der Forschung, soweit es trotz alledem dem Steuerpflichtigen gelingt, eine angemessene Preis- bzw. Steuerplanung durchzuführen, wenn die unterschiedlichen Facetten der Systeme ihm offen liegen. Anderseits ist die Annäherung der brasilianischen Vorschriften an die international anerkannten Praxis früher oder später zu erwarten. I. d. S. umfasst die Untersuchung auch den Gesetzentwurf zur Änderung der Verrechnungspreisvorschriften, der z. Z. dem brasilianischen Kongress vorliegt. Darüber hinaus wird die Untersuchung auch die strittigen brasilianischen Regelungen sowohl in dem Licht der brasilianischen verfassungsrechtlichen Postulate als auch prinzipiell in dem Licht der DBA, die Brasilien ratifiziert hat, überprüfen. Bei der verfassungsrechtlichen Problematik ist insbesondere die Frage zu beantworten, inwieweit die Verrechnungspreisvorschriften mit den verfassungsrechtlichen Beschränkungen der Besteuerungsgewalt (nicht) harmonieren. Auf der Seite des deutschen Rechtes beschränkt sich die Untersuchung punktuell auf die seit kurzem geltende Aufzeichnungspflicht.

Verrechnungspreise international verbundener Unternehmen, 2001; *H. Becker/H.-K. Kroppen*, Handbuch der Verrechnungspreise, 1997/2004; *A. Vögele/T. Borstell/G. Engler*, Handbuch der Verrechnungspreise, 2004.

Hier wird Art, Inhalt und Umfang der Aufzeichnungsforderung berücksichtigt. Schließlich schlägt die Untersuchung den Aufbau eines Dokumentationssystems vor.

Gelegentlich werden teils wirtschaftsgeschichtliche, teils politikgeschichtliche Elemente en passant angesprochen werden. Obwohl solche Kommentare eher einen „para-juristischen" Charakter[60] besitzen und deswegen grundsätzlich nicht zu dem wissenschaftlichen Gegenstand dieser Untersuchung gehören und auch keinen ausreichenden wissenschaftlichen Anspruch haben, sind sie für das Verständnis der Rahmenbedingungen des juristischen Geschehens einer Materie mit weitgehend interdisziplinärer Natur nützlich.

§ 3 Anmerkungen zur Untersuchungsmethode

Die Untersuchung konzentriert sich grds. nicht auf die Erklärung von Grundbegriffen und -konzepten des Themas. Zu diesem Zwecke werden gelegentlich Quellen vorgeschlagen. Die am häufigsten verwendeten Nachschlagewerke sind Schoueri[61] und Schoueri/Rocha[62] auf der brasilianischen Seite und die Werke von Becker/Kroppen[63] und von Vögelle/Borstell/Engler[64] auf der deutschen Seite. Die Arbeit versucht vielmehr, auf Kriterien aufmerksam zu machen, die die Kernprobleme darstellen.

Der Aufbau des zweiten und dritten Kapitels wurde so konzipiert, dass ein Vergleich zwischen den unterschiedlichen Verrechnungspreissystemen erleichtert wird. Zu diesem Zweck laufen die Gliederungen beider Kapitel bis auf der zweiten Gliederungsebene (Kennzeichnung §) parallel.

Die Untersuchung basiert primär auf den Texten der Vorschriften (Gesetze, Rechtsverordnungen, Verwaltungshinweise, etc.) in originaler Sprache. Für die Zitate brasilianischer Rechtsvorschriften wurde auf die portugiesisch Version i. d. R. verzichtet und ihre englische Übersetzung zitiert. In Falle von kürzeren Zitaten wurde eine deutsche Übersetzung durchgeführt.[65]

---

60 Über das Wechselspiel zwischen dem Recht und anderen Wissenschaftsgebieten s. *C. A. Mello,* Direito constitucional internacional. 2ª Edição, 2000, S. 20 ff.; und *H. Tôrres,* Pluritribitação internacional sobre as rendas de empresas. 2ª Edição, 2001, S. 424.
61 *L. E. Schoueri,* Preços de transferência no direito tributário brasileiro. 2ª Edição, 2006, 319 S.
62 *L. E. Schoueri, Luís Eduardo/V. O. Rocha,* Tributos e preços de transferência. 1999, 350 S.
63 *H. Becker/H.-K. Kroppen,* Handbuch der Verrechnungspreise, 1997/2004.
64 *Vögele/Borstell/Engler,* Handbuch der Verrechnungspreise. 2004, 2.336 S.
65 Die hier verwendete englische Übersetzung (nicht offiziell, unverbindlich) der Hauptverrechnungspreisvorschriften Brasiliens sind unter: https://tpsweb.deloitte.com.br ab-

Die Sekundärliteratur besteht wesentlichen aus Kommentierungen der Materie in Fachbüchern und -zeitschriften. Zitate und Hervorhebungen des Autors sind kursiv gedruckt. Sinngemäße Literaturwiedergaben sind nicht im Druckbild hervorgehoben und ausschließlich über die Fußnoten identifizierbar. Zitate aus fremdsprachigen Quellen sind, falls nicht anders vermerkt, Übersetzungen des Verfassers. Kurze Zitate aus fremdsprachigen Rechtsvorschriften tragen den originalen Text als Fußnote, solange sie nicht aus Vorschriften abstammen, deren englische Übersetzung als Anhang in dieser Arbeit zu finden sind.

---

rufbar und teilweise hier als Anhang zu finden.

Zweites Kapitel: Das brasilianische Recht

§ 1 Entwicklungsgeschichte der Verrechnungspreisvorschriften und der Dokumentationspflicht

I. Allgemein

Anders als in Deutschland, dessen Verrechnungspreisvorschriften sich seit langer Zeit aus mehreren Stellen der Gesetztexte wie z. B. § 1 AStG und § 8a KStG ableiten und sich grundsätzlich der verdeckten Gewinnausschüttung zuweisen lassen,[66] ist die brasilianische Version hauptsächlich durch die Einführung des Gesetzes Nr. 9.430 von 27. Dezember 1996 mit Wirkung vom 1. Januar 1997 entstanden.[67] In vorherigen Perioden, in denen das Institut der verdeckten Gewinnausschüttung[68] und mit ihm das Verlangen des Fremdvergleichs de jure schon vorhanden war, konnte seiner Anwendung in der Praxis bezüglich grenzüberschreitender Transaktionen zwischen verbundenen Parteien eher ein sehr eingeschränkter Erfolg bescheinigt werden.[69] Der brasilianische Gesetzgeber hat, statt auf der verdeckten Gewinnausschüttung aufbauend zu arbeiten, vielmehr sich dafür entschieden, der Verrechnungspreisekontrolle eine innovative Institutsgestaltung zu verschaffen.[70] Der Fremdvergleich ist auf zwei eng umgrenzte Methoden reduziert und das Verlangen nach fester, gesetzlich determinierter Rohgewinnsätze für Verrechnungspreissachverhalte geschaffen worden.

Zusammen mit dem erwähnten Gesetz wurde nicht nur eine enge Kontrolle der Preise zwischen verbundenen Parteien ermöglicht, sondern auch ein erheblicher Aufwand bezüglich der Aufzeichnungspflicht verursacht. Abweichend von der deutschen Erfahrung mit der Einführung der Aufzeichnungspflicht, für die - obwohl in der Literatur stark kritisiert[71] - die relevantesten Dokumente und Sach-

---

66 Vgl. s. drittes Kapitel. U. a. *H. Schaumburg*, Internationales Steuerrecht. 2. Auflage, 1998 Rn. 18.66 und 18.89; *H. Baumhoff*, in *J. Mössner*, Steuerrecht international tätiger Unternehmen. 2. Auflage, 1998, Rz. C 233 ff.; und *A. Vögele/W.-W. Fischer*, in *Vögele/Borstell/Engler*, Handbuch der Verrechnungspreise, 2004 Kap. A Rz. 13 ff. *A. Crüger/R. Bodenstein*, Fremdergleich im Rahmen der deutschen Thin-Capitalization-Rules des § 8a KStG sowie der Dokumentationsvorschriften nach § 90 Abs. 3 AO. RIW 7/2005 S. 500 ff.

67 Englische Übersetzung s. Anhang I, S. 309.

68 In Kraft seit 1964 und erweitert in 1977.

69 U. a. *M. Wolff/A. Almeida*, Brazil: Transfer Pricing Policy Moving in Line with the OECD. ITPJ January/February 2002, S. 9.

70 Vgl. *R. N. Guerreiro/E. O. Andrade Filho*, in *V. O. Rocha*, Tributos e preços de transferência, 1997, S. 108; Gegenmeinung *A. V. Bertolucci*, Preços de transferência: Aspectos fiscais. Caderno de estudos, FIPECAFI, vol. 12 n° 23, Jan./Junho 2000, S. 34.

71 Vgl. s. drittes Kapitel.

verhalte für eine systematische, verwertbare Dokumentation im Gesetztext aufgelistet werden, verlangt die brasilianische Systematik, dass der Steuerpflichtige lediglich seine gefundenen und in der Steuererklärung ausgelegten Ergebnisse durch angemessene Aufzeichnungen untermauern kann. Sachliche Hinweise
über bestimmte aufzubewahrende oder zu erstellende Dokumente sind in den
brasilianischen Vorschriften kaum zu finden.

Um dies dem Leser besser nachvollziehbar machen zu können, wird das System
der Verrechnungspreiskontrolle Brasiliens dargestellt, ohne dabei tief greifende
Analysen vorzunehmen.

II. Gesetz Nr. 9.430/96

Das Gesetz 9.430/96 mit Wirkung vom 1. Januar 1997 hat Brasilien auf die Ebene der ersten Länder weltweit katapultiert, die ausdrücklich Verrechnungspreis-
vorschrift und entsprechende Dokumentationsverlangen eingeführt haben. Der
Prozess wurde von den USA 1994 initiiert, und ab 1995 folgten die meisten In-
dustrieländer nach (s. Tabelle 1).[72]

Die meisten Länder haben die Vorschläge der OECD-RL (erste Auflage aus
dem Jahr 1995) mit dem Vorbehalt kleiner Abweichungen befolgt.[73] Der brasilianische Gesetzgeber hat zwar schnell reagiert, hat sich jedoch erheblich von
dem arm's length Prinzip und der OECD-RL entfernt.[74] Obwohl die OECD-RL
auch für OECD-Mitgliedsstaaten i. d. R. keine gesetzesähnliche Bindungswirkung haben, dienen sie u. a. als Richtschnur sowohl für die Steuerpflichtigen als
auch für die nationalen Finanzverwaltungen. Das führt zu einer Richtigkeitsvermutung, wenn diese Richtlinen von den Steuerpflichtigen in solchen Länder
angemessen befolgt werden, und die OECD-RL schaffen damit einigermaßen
Rechtssicherheit. Nicht-OECD-Länder haben teilweise auch die erwähnte Orientierung gewählt und OECD-konforme Vorschriften eingeführt.[75]

---

72 *S. Rasch,* in *Becker/Kroppen,* Handbuch der Verrechnungspreise. 2003 O Vorbemerkungen Tz. 1 ff.

73 Für ein Länderüberblick s. *Deloitte Touche Tohmatsu,* Strategy Matrix for Global Transfer Pricing, 2005-2006 68 S.

74 Gegenmeinung s. *R. L. Torres,* O princípio arm's length, os preços de transferência e a
teoria da interpretação no direito tributário. RDDT, setembro 1999, S. 122-135.

75 Z. B. Argentinien, China, Colombia, Ecuador, India, Peru, Venezuela.

Tabelle 1

Einführung von Dokumentationspflicht bei
Verrechnungspreisen in bestimmten Länder

1994	1995	1996	1997	1998	1999	2000	2001	2002	2003	2004	2005	2006	2007***

Finnland,
Schweden,
Turkey,
Uruguay *
Singapur, Spanien
Taiwan*, Ecuador*,
Vietnam *
Kolumbien *
Costa Rica*, Dänemark,
Deutschland, Malaysia *, Ungar
Portugal, Russland *, Thailand *
Indien *, Japan, Niederlande, Peru *, Polen,
Venezuela *
Italien
Argentinien *, Belgien, Kanada, Vereinigte Königreich
China *
Brasilien * **, Slowakische Republik
Frankreich, Mexiko, Neuseeland, Südkorea
Australien, (OECD-RL), Südafrika *
Vereinigten Staaten

* Nicht-OECD-Länder
** Erhebliche Abweichungen des Fremdvergleichsprinzips
*** geplant
Quellen: Deloitte, 2005-2006; TMTR, 2004-2006; und OECD, 2005.
Stand: Juli 2006

Das lässt sich vor allem dadurch erklären, dass letztlich eine annähernde internationale Systemharmonisierung nicht nur die Kosten der Implantierung senkt und die Verständlichkeit steigert, sondern damit auch die Vermeidung von Doppelbesteuerung[76] fördert und sich schließlich positiv auf die Wettbewerbsfähigkeit und Investitionslandschaft eines Landes auswirkt.[77] Laut Begründung des Ge-

---

76 Vgl. *H. Tôrres*, Pluritribitação internacional sobre as rendas de empresas. 2ª Edição, 2001, S. 67 f. und 379 ff.

77 *N. Dagnese/D. A. C. Marchant*, Preços de transferência e sua harmonização no direito comunitário europeu e mercosulino. RDTI 3/2006 S. 164 ff.

setzes von 1996, die vom Finanzminister Pedro Malan unterzeichnet wurde, sol-
le die neue Regelung u. a. zu der *Modernisierung*[78] der brasilianischen Besteuerung beitragen. Weiterhin sollten nach dem Gesetz Regelungen geschaffen werden, die *konform zu den Regeln von OECD-Ländern*[79] sind und deren *effizienter
und geschickter Prüfungsmechanismus* der *gegenwärtigen Marktpraxis einer
immer mehr globalisierten Wirtschaft*[80] entspricht.

Der Finanzminister hat sich jedoch grotesk verheddert und den Gesetzgeber zu
Missgeschicken verleitet. Statt die Modernisierung durch ein Gesetz am Rande
der Rechtsstaatlichkeit zu schaffen, hätte sich diese Modernisierung viel erfolg-
reicher erreichen lassen durch die Anwendungsverbesserung des dem Steuerpflichtigen bekannten und fremdvergleichskonformen - und damit sowohl der
nationalen als auch der internationalen Praxis näheren - Rechtsinstituts der verdeckten Gewinnausschüttung.[81] Soweit jedoch die brasilianische Fremdvergleichsprüfung sich lediglich auf eine von der OECD empfohlene Methode (Methode der unabhängigen Vergleichspreise) beschränkt, deren Anwendung wegen
mangelnder Vergleichsdaten sich in der Praxis als kaum durchführbar erweist,
möchte der Gesetzgeber vielmehr ein Sondersystem für Brasilien schaffen, das
sich alles andere als konsequent gegenüber einer immer mehr globalisierten
Wirtschaft zeigt. Das Gesetzt hat sich von jeder Konformität zu der Praxis der
OECD-Länder verabschiedet. Weitere Verstöße gegen den OECD-Standard
werden im Laufe der Untersuchung erwähnt. Obwohl Brasilien kein OECD-
Land ist und deswegen sich nicht verpflichtet fühlt, sich der OECD-RL anzu-
schließen, folgen die brasilianischen DBA grundsätzlich dem OECD-MA der
Organisation.[82] Weniger zynisch und konformer mit den Erwartungen an die

78   *P. Malan*, Exposição de Motivos da Lei n°. 9.430/96, Tz. 2 f.
79   *P. Malan*, Exposição de Motivos da Lei n°. 9.430/96, Tz. 12.
80   *P. Malan*, Exposição de Motivos da Lei n°. 9.430/96, Tz. 3.
81   Vgl. *R. N. Guerreiro/E. O. Andrade Filho*, in *V. O. Rocha*, Tributos e preços de
     transferência, 1997, S. 105 ff.
82   Für das Thema Verrechnungspreis besonders kritisch sind das Fremdvergleichsprinzip
     des OECD-MA (s. S. 139 ff.) und die unterschiedlichen Normadressate (s. S. 65 ff.).
     Ferner wurde jüngstens stark über die Hierarchie zwischen Abkommen und nachfolgen-
     den Gesetzen diskutiert (ausführlich s. S. 119 ff.). In der Literatur s. u. a. *A. Xavier*,
     Direito tributário internacional do Brasil. 6° Edição, 2004, S. 149 ff.; *L. E. Schoueri*,
     Preços de transferência no direito tributário brasileiro. 2ª Edição, 2006, S. 260 ff.; *S.
     Duarte*, Transfer Pricing – análise das questões relativas às limitações constitucionais.
     ITD 11/2003, S. 1-5. Darüber hinaus hat Brasilien in mehreren Foren der OECD und
     UNO hinsichtlich DBA teilgenommen und sich nicht gegen das Fremdvergleichsprinzip
     nach dem internationalen Modell ausgesprochen, *an interpretation of Brazilian DTCs
     deviating entirely from the background and context of the OECD Model Convention and
     UN Model Convention would constitute a manifest lack of good faith and a breach of
     the principle pacta sunt servanda*, in *J. L. Peña/J. van Staden*, The Treatment of
     Outbound Service Fee Payments under the Brazilian Double Tax Conventions. Part

Regierungsvertreter eines demokratischen Systems wäre die Begründung des Ministers - und ferner des Gesetzgebers - gewesen, wenn erklärt worden wäre, warum ein solches, von der internationalen Praxis abweichender System eingeführt wurde,[83] obwohl Brasilien so stark mit der internationalen (immer mehr *globalisierten*, um das Wort des Ministers anzuwenden) Wirtschaft verknüpft ist. Eine solche Erklärung fehlt bislang, und Inkonsequenzen des brasilianischen Systems, zu denen „Kinderkrankheiten" zu Beginn des Prozesses gehören könnten, gelten nach zehn Jahren weiterhin.

Verrechnungspreiskonstellationen umfassen grundsätzlich grenzüberschreitende Transaktionen mit Gütern, Dienstleistungen und Rechten, die mindestens zwei verschiedenen Steuerhoheiten unterstehen und direkt oder indirekt zwischen verbundenen Parteien stattfinden.[84] Soweit unter dem Begriff *globalisierte Wirtschaft* nicht nur der seit langem praktizierte internationale Handel, sondern ein immer größerer Abhängigkeitsfaktor erkannt wird,[85] erscheint es konsequenter, dass die nationalen Vorschriften den Vorschriften der anderen Handelspartner entgegenkommen. Damit sollten die internationalen Geschäfte, von denen das Land entscheidend abhängt, wenn nicht gefördert, so doch zumindest nicht oder nur so wenig wie möglich eingeschränkt werden. Das war nicht der Fall gewesen bei der Entstehung der brasilianischen Vorschriften.

Geschickt und *effizient* mag der brasilianische Prüfungsmechanismus für die Staatseinnahmeerhöhung gewesen sein. Nichtsdestotrotz war es durch einen unzumutbaren Aufzeichnungs- und Kontrollaufwand und durch andauernd geänderte Vorschriften sowie durch de facto unwiderlegbare und wirklichkeitsfremde Vermutungen von Bruttogewinnsätzen keine freiheitsschonende Vorgehensweise für die Steuerpflichtigen. Somit ist m. E. jede Effizienzuntermauerung bezüglich der Norm auszuschließen. Letztlich *hat [ein systematisiertes Steuerrecht], nach der Lehre von Tipke/Lang über die Effizienz des Systemgedankens, gegenüber einem nichtsystematisierten Steuerrecht auch nicht nur den Vorteil größerer Stimmigkeit, Übersichtlichkeit, Klarheit, Durchsichtigkeit, Verständlichkeit, Praktikabilität, Lehr- und Lernbarkeit, Prüfbarkeit und Übersetzbarkeit. Fehlt das innere System, die rechts-ethische Prinzipienordnung, so ist das*

One. Intertax 2000 Vol. 28 Issue 10 S. 379. Vgl. *Five Developing Nations Reserve Position on OECD Policy on Correlative Adjustments.* TMTR 14.1.1998 Vol. 6 Nr. 19.

83 In dieser Richtung *A. R. Pires*, in *Schoueri/Rocha*, Tributos e preços de transferência, 1999, S. 11.

84 In Europa wächst die Tendenz, Verrechnungspreisvorschriften auch bezüglich innenstaatlicher Transaktionen anzuwenden, um sich an europarechtliche Vorschriften halten zu können (hier insbesondere Portugal, Vereinigte Königreiche und Dänemark). Ausführlicher s. drittes Kapitel.

85 Vgl. über den Kontrollverlust der Staaten in Zeiten der Globalisierung s. *K. Ipsen*, Völkerrecht. 5. Auflage, 2004, Rz. 3.23 ff.

Steuerrecht auch keine **Gerechtigkeitsordnung.** *Systematisches Denken, eine systematische Konzeption ist daher unentbehrliche Voraussetzung für eine gute* **Steuergesetzgebung.**[86] Bedauerlicherweise kommt die Abwesenheit solcher Qualitäten bei der brasilianischen Verrechnungspreispolitik häufig vor und wird im Laufe dieser Arbeit geschildert.

Das Gesetz 9.430/96 bezieht sich nicht nur auf Verrechnungspreisvorschriften, sondern führt vielmehr gründliche Änderungen in das brasilianische Steuerrecht ein, die jedoch nicht Gegenstand dieser Arbeit sind. Verrechnungspreisrelevant sind grds. die Artikel 18 bis 24,[87] die die Systematik darstellen. Ferner sind Maßnahmen mit Strafcharakter in den Artikeln 33, 34, 44 und 61 des gleichen Gesetzes geregelt worden. Das neue „System" lässt sich eventuell dadurch verteidigen, dass sein Entstehungsformat absichtlich einfach gestaltet ist, um für eine spätere, noch zu entwickelnde Reife offen zu sein.[88] Das Rechtssystem darf sich m. E. jedoch nicht leisten, für einen undefinierten Zeitraum Normen in Kraft zu setzen, die wegen Unvollständigkeiten und verfassungsrechtlich bedenklicher Dispositionen voraussichtlich vorprogrammierte Verstöße gegen das Steuerrecht des Landes verursachen werden. Davon abgesehen erweist sich bei der Analyse der nachgekommenen Ergänzungsvorschriften bezüglich des Gesetzes Nr. 9.430/96 dieser Reifeprozess sich als sehr problematisch.

III. Nachfolgende Vorschriften

Ergänzungsvorschriften zum Gesetz 9.430/96 wurden reichlich nachgeliefert. Grundsätzlich sind bis jetzt diverse Gesetze, noch zahlreichere Verwaltungshinweise (Instrução Normativa da Secretaria da Receita Federal – IN SRF), eine Verwaltungsentscheidung (Ato Declaratório - AD) über Bruttogewinnmargenänderungsanträge und mehrere Verwaltungserklärungen über von Steuerpflichtigen gestellte Frage erschienen (s. Tabelle 2). Die nachfolgenden Vorschriften haben ihre Vorläufer nicht nur ergänzt, sondern auch häufig geändert oder außer Kraft gesetzt. Gelegentlich haben solche Änderungen auch gegen die Normhierarchie verstoßen. Diese Änderungs- und Verstoßfälle werden gegebenenfalls in passenden Textstellen erwähnt.

---

86 *K. Tipke/J. Lang,* Steuerrecht, 17. Aufl., 2002, § 4, Tz. 26.

87 S. englische Übersetzung, Anhang I, S. 309.

88 *A. V. Bertolucci,* Preços de transferência: aspectos fiscais. Caderno de Estudos, FIPECAFI, vol. 12 n° 23, Jan./Junho 2000, S. 23.

Tabelle 2

Synopse der brasilianischen Hauptverrechnungspreisvorschriften

Hauptvorschriften/Erscheinungsjahr) \\ Hauptbezug des Inhaltes	Methodenanwendung	Zinsen	60% Gewinnmarge für PRL-Methode	Einschränkung des Normadressaten	Änderungsantrag der Bruttogewinnsätze	Bezug auf Gebiete mit begünstigter Besteuerung	Bezug auf Gebiete/Länder, die Informationsaustausch nicht gewährleisten	Auflistung der Gebiete/Länder mit begünstigter Besteuerung	Dokumentationshinweise	Sichere Hafen	Betriebsprüfungshinweise	Sanktionen	Ersetzt/Nicht länger in Kraft
Gesetz 9.430/96	x	x		x	x	x			x	x		x	
IN SRF 95/97			x						x				x
IN SRF 38/97	x	x		x					x		x		x
Portaria MF 38/97					x				x				x
IN SRF 164/99						x							x
RIR/99	x	x		x	x	x			x	x			
Gesetz 9.959/00	x	x	x										
IN SRF 68/00						x							x
IN SRF 32/01	x	x	x	x	x	x	x		x	x	x		x
IN SRF 33/01								x					x
Gesetz 10.451/02							x						
AD Nr. 37/02					x								
IN SRF 188/02								x					
IN SRF 243/02	x	x	x	x	x	x	x		x	x	x		
Gesetz 10.637/02	x												
Gesetz 10.684/03			x										
Gesetz 10.833/03					x	x	x				x		
IN SRF 321/03	x												
IN SRF 382/04	x									x			
Gesetz 11.196/05	x									x			
IN SRF 602/05	x									x			
Portaria MF	x												
Gesetz 11.281/06					x								

Stand: Juli 2006

Nichtsdestotrotz überschreitet die ausführliche Untersuchung so einer Vor-schriftenüberflutung die Möglichkeiten dieser Forschung. In der Tabelle 2 wird ein Inhaltsüberblick der Vorschriften gewährt, die direkten Bezug auf die Ver-rechnungspreispraxis haben und am relevantesten sind.die Texte dieser Vor-schriften sind nicht selten sehr kompliziert, unpräzise[89] und umfassen umfang-reiche Bereiche des Steuerrechts. Für die Erstellung der Tabelle sind lediglich die Kernelemente der Texte bezüglich des Themas Verrechnungspreis berück-sichtigt worden. Dennoch kann diese Vorschriftenüberschwemmung evtl. da-durch erklärt werden, dass das brasilianische Steuerrecht die enge Auslegung des Gesetzmäßigkeitsprinzips (princípio da reserva legal) verlangt, wodurch ausschließlich mittels Gesetz Steuerschulden (obligatio ex lege) entstehen dür-fen (nullum tributum sine lege).[90] Allerdings bleiben Rechts- und Steuerpla-nungssicherheit bei solch andauernden Änderungen der Vorschriften zweifellos auf der Strecke, obgleich in Wirklichkeit gerade diese Sicherheit u. a. Ziele[91] des Legalitätsprinzips darstellen. Bei der Befugnis, Steuerschulden zu erweitern, sind jedoch die IN SRF nicht eingeschlossen und verbleiben bezüglich ihrer Zahl kaum rechtfertigbar. Weiter sind inhaltliche Verstößen der IN SRF gegen verfassungsverankerte Rechte und Regeln nicht selten.

Bei der praktischen Anwendung der Verrechnungspreisvorschriften ist außer dem teilweise durch nachkommende Gesetze ergänzten Gesetz 9.430/96 auch die z. Z. geltende IN SRF 243/02[92] von wesentlicher Bedeutung und wird bei der Untersuchung grundsätzlich stärker berücksichtigt. Die Einstufung der Verwal-tungshinweise in der Form der IN SRF in der brasilianischen Normenhierar-chie[93] steht im Vergleich mit den deutschen Vorschriften zwischen der Rechts-

---

89   Vgl. *A. R. Pires*, in *Schoueri/Rocha,* Tributos e preços de transferência, 1999, S. 11.
90   Art. 150 I CF, Art. 97 I, II CTN.
91   *H. B. Machado,* Curso de direito tributário. 21. Ed. 2002, S. 236 ff. und in Deutschland: *K. Tipke/J. Lang,* Steuerrecht, 17. Aufl., 2002, § 4, Tz. 151 ff.
92   Englische Übersetzung s. Anhang II, S. 315.
93   Anders als in Deutschland, wo in Falle der Bundesgesetze zwischen Verfassungsgeset-zen und einfachen Gesetzen unterschieden wird, ist in der brasilianischen Gesetzeshi-erarchie zwischen Verfassung (Constituição Federal), Ergänzungsgesetz (leis comple-mentares) und einfachen Gesetzen (leis ordinárias) zu unterscheiden (Art. 59 CF). Er-gänzungsgesetze benötigen für ihre Abstimmung absolute Mehrheit (Art. 69 CF). Sie regeln i. d. R. Materien, deren Nachregelung in der Verfassung vorgesehen wurde, und „ergänzen" damit die Verfassung (Art. 146 CF). Obwohl der CTN (aus dem Jahr 1966) als einfaches Gesetz verabschiedet wurde, regelt es Materien, die nach der CF (aus dem Jahr 1988) ausschließlich durch Ergänzungsgesetze geregelt werden dürfen. D. h. der CTN verbleibt in dem Status eines einfachen Gesetzes, darf jedoch inhaltlich bezüglich Materien, deren Ergänzung in der Verfassung vorgesehen wird, ausschließlich mittels Ergänzungsgesetzen geändert werden. Diesbezüglich gilt der CTN als Mantelgesetz des brasilianischen Steuerrechts und steht, obwohl er de jure einfaches Gesetz ist, dem Rang nach de facto über nachkommenden einfachen Gesetzen wie das Gesetz 9.430/96.

verordnung und den Verwaltungsgrundsätzen. Zum einen wird die IN SRF ausschließlich durch die Finanzverwaltung formuliert und erlassen, d. h. ohne die Beteiligung und die Kontrolle etwa des Rates wie es in Deutschland[94] im Fall der GAufzV gewesen ist, was der IN SRF eher den Charakter der deutschen Verwaltungsgrundsätze gibt. Zum anderen sind die IN SRF systemergänzende Normen[95] und gelten dem Steuerpflichtigen gegenüber als verbindlich, soweit ihre Anweisung hochrangigere Normen nicht angreift. Es ist wichtig zu betonen, dass ein Innovationsverbot der IN SRF gibt, wonach keine Änderungen, sondern lediglich ergänzende Erklärungen über hochrangigere Normen erlaubt sind.

Die ergänzenden Normen [u. a. die IN SRF] *sind formellrechtlich Verwaltungsakten, materiellrechtlich jedoch* **Gesetze***. Damit kann gesagt werden, dass sie Gesetze* **latu sensu** *sind und den Steuerrechtvorschriften angehören, wie Art. 96 CTN sogar ausdrücklich betont.*[96]

Die rechtsstaatlich bedenklichen Folgen der überdosierten „Vorschriftenschwemme" erinnern an geschichtliche Aspekte, wie etwa *die Notverordnungsmißstände der Weimarer Republik und das Ende des Parlamentarismus durch den nationalsozialistischen Missbrauch der Ermächtigungsgesetzgebung (...),*[97] die letztlich zu dem rechtsstaatlichen Bestimmtheitsgebot des Art. 80 GG geführt hat. Demgemäß wirken die von der deutschen Exekutive erlassenen Rechtsverordnungen erst dann, wenn:

- die wesentlichen Merkmale des Steuertatbestandes und
- eine Verordnungsermächtigung gesetzlich verankert sind,
- die Verordnung ihren Inhalt, Zweck und Ausmaß hinreichend bestimmt,
- die Verordnung ihre Ermächtigungsgrundlagen gegeben und
- ordnungsmäßig verkündet wird.[98]

Ferner ist für die meisten Steuerrechtsverordnungen die Zustimmung des Bundesrates nötig,[99] dessen Mitwirkungsrecht bei der themenbezogenen GAufzV

Ausführlicher über die Steuerrechtnormhierarchie in Brasilien s. *H. B. Machado,* Curso de direito tributário. 21. Ed. 2002, S. 72 ff. und (mit Vorschriftübersetzungen auf Deutsch) *H. B. Ávila,* Materiell verfassungsrechtliche Beschränkungen der Besteuerungsgewalt in der brasilianischen Verfassung und im deutschen Grundgesetz. 2001, S. 90 ff.; und in Deutschland s. *K. Tipke/J. Lang,* Steuerrecht, 17. Aufl., 2002, § 5, Tz. 3 ff.

94   Art. 80 II i. V. m. Art. 150 III; 108 GG.
95   Art. 100 I CTN.
96   *H. B. Machado,* Curso de direito tributário. 21. Ed. 2002, S. 80.
97   *K. Tipke/J. Lang,* Steuerrecht, 17. Aufl., 2002, § 5, Tz. 7.
98   *K. Tipke/J. Lang,* Steuerrecht, 17. Aufl., 2002, § 5, Tz. 7-9.
99   Art. 80 II i. V. m. Art 150 III; 108 GG.

ausgenützt wurde.[100] Diese Kontrollbedürfnisse begründet die deutsche Rechtsprechung wie folgt:

Das Parlament soll sich seiner Verantwortung als gesetzgebende Körperschaft nicht dadurch entschlagen können, dass es einen Teil der Gesetzgebungsmacht der Regierung überträgt, ohne genau die Grenzen dieser übertragenen Kompetenzen bedacht und bestimmt zu haben. Die Regierung soll nicht, gestützt auf unbestimmte Ermächtigungen zum Erlass von Verordnungen, an die Stelle des Parlaments treten.[101]

Das parlamentarische Verfahren zur Einführung und Erhöhung von Abgaben gilt ausdrücklich auch in Brasilien, obwohl das Land eine Präsidialdemokratie besitzt und dadurch der Exekutive erhöhte und konzentrierte Funktionen zugewiesen werden.[102] Das Land hat auch eine lange Geschichte von diktatorischen Regimen[103] hinter sich mit ihren gewöhnlich gravierenden Verstößen gegen die rechtsstaatlichen, demokratischen und menschenrechtlichen Prinzipien. All diese Erfahrungen veranlassten 1988, dass der brasilianische sozial-demokratische[104] Verfassungsgeber materielle und formelle Besteuerungsbeschränkungen im Grundgesetz verankerte.[105] Solche verfassungsverankerten Besteuerungsbeschränkungen werden bei der gegenwärtigen Verrechnungspreispolitik Brasiliens - zum einem durch die Vorschriftsschwemme seitens der Exekutive, zum anderen durch den Verstoß gegen höherrangige (inklusive verfassungsrechtliche) Normen und Prinzipien – auf bedrohliche Weise missachtet.

Als Nebeneffekt einer solch unangemessenen Vorschriftenproduktion kommt hinzu, dass sich Wirtschaftssubjekte (Steuerpflichtige, Steuerwissenschaftler, etc.) in so kurzen Änderungszeiträumen nicht aktiv an der Entwicklung des Leitgedankens beteiligen und Stellung nehmen können. Erschwerend kommt hinzu, dass in der Öffentlichkeit nur zaghafte Maßnahmen zur Gegensteuerung i. S. einer Auseinandersetzung mit dem Thema ergriffen werden.[106] Dazu trägt

---

100 Ausführlich s. drittes Kapitel.
101 BVerfGE 1, 14, 60, zitiert in *K. Tipke/J. Lang,* Steuerrecht, 17. Aufl., 2002, § 5, Tz. 8.
102 Art. 76 i. V. m. 84 II CF.
103 Abgesehen von dem ersten und zweiten Imperium im 19. Jahrhundert, die als Verfassungsmonarchien bis 1889 galten, ist im republikanischen Zeitalter auf zwei Diktaturen hinzuweisen: das faschismusähnliche Regime von Getúlio Vargas, Präsident und Diktator nach Putsch zwischen 1930 und 1945, demokratisch wiedergewählter Präsident von 1950 bis1954; und die ebenfalls durch Putsch an die Macht gekommene Militärdiktatur zwischen 1964 und 1985.
104 Art. 1 CF ff.
105 Art. 145-154 CF. Ausführlich *H. B. Ávila,* Materiell verfassungsrechtliche Beschränkungen der Besteuerungsgewalt in der brasilianischen Verfassung und im deutschen Grundgesetz. 2001, 398 S.
106 Vgl. *F. J. Calazans,* Brazil. Transfer Pricing Rules: Application to Financial Institutions.

auch bei, dass keine Art Entwurf zur öffentlichen Debatte vor der Abschiebung von IN SRF, die erhebliche Bedeutung in der Verrechnungspreispraxis haben, veröffentlicht wurde. Vielmehr wurde die Öffentlichkeit von der Erlassung der IN SRF überrascht. Währenddessen setzt sich in Deutschland die Fachöffentlichkeit mittels Stellungnahmen nicht nur bei der Erstellung der Gesetze und Verordnungen sondern sogar der Verwaltungsgrundsätze in der Entwurfsphase auseinander. Das sollte als Beispiel in Brasilien dringend übernommen werden.[107] Diese brasilianische Wirklichkeit untermauert bedauerlicherweise die Kritik, dass [*in mehr entwickelten Ländern*] *die Stimme der Steuerpflichtigen mehr gehört wird als in Brasilien. Die Gesellschaft stezt sich aus „Bürgern" und nicht aus „Verwalteten" zusammen.*[108]

Dieser systembenachteiligende Effekt kann auf die geringe Zahl der tief greifenden methodischen Kritisierungen des Themas in der brasilianischen Literatur zurückgeführt werden,[109] obwohl seit langem die Steuerpflichtigen die Relevanz begriffen und versucht haben, Kontrollmaßnahmen einzuführen.[110] Vielmehr sind häufig lediglich kurze Vorschriftwiderspiegelungen als „Kommentare" zu finden. Eine öffentliche Diskussion über Vorschriftenentwürfe wie etwa in Deutschland, die zu einem positiven und ausgeglichenerem Ergebnis der endgültigen Vorschriften führt und dadurch den Gesetzgeber vor Willkür bewahrt, findet m. E. in Brasilien nicht statt.

ITPJ September/October 2005 S. 228.

107 Dazu im dritten Kapitel die jüngste öffentliche Auseinandersetzung i. R. d. Verabschiedung der GAufzV und der Verwaltungsgrundsätze-Verfahren.

108 I. G. S. Martins, in V. O. Rocha, Tributos e preços de transferência, 1997, S. 33. Im Original: [nos países mais desenvolvidos] a voz do contribuinte [é] mais ouvida que no Brasil. A sociedade, por fim, é constituída de "cidadãos" e não de "administrados".

109 Die bedeutendsten brasilianischen Werke über das Thema sind: *V. O. Rocha*, Tributos e preços de transferência, 1997, 127 S.; *L. E. Schoueri*, Preços de transferência no direito tributário brasileiro. 2ª Edição, 2006, 319 S.; *L. E. Schoueri/V. O. Rocha*, Tributos e preços de transferência - Vol. 2, 1999, 350 S.; *F. Matos*, Preços de transferência no Brasil: interpretação e prática da legislação, 1999, 158 S.; *A. Xavier*, Direito tributário internacional do Brasil. 6° Edição, 2004, S. 354-422. Über den Gesetzentwurf, der erhebliche Änderungen der brasilianischen Verrechnungspreisvorschriften vorsieht (Projeto de Lei 4.695, der 2001 veröffentlicht wurde), sind kurze und kaum kritische Bemerkungen in wenigen Artikel zu finden (s. *M. Wolf/A. Almeida*, Brazil: Transfer Pricing Policy Moving in Line with the OECD. ITPJ January/February 2002, S. 13 ff.; *M. Lira, Derenusson/E Marques*, Analysis of Transfer Pricing Rules in Connection to Legislation on Taxation of Profits of Foreign Subsidiaries of Brazilian Parent Companies. ITPJ March/April 2002, S. 65f. Ausfürlicher s. Exkurs zum zweiten Kapitel.

110 *L. E. Schoueri/V. O. Rocha*, Tributos e preços de transferência, 1999, S. 7.

Um zur Verbesserung dieses Szenarios beizutragen, folgt im Exkurs zu diesem Kapitel ein Kommentar hinsichtlich des Gesetzentwurfs[111] zur Anpassung der Verrechnungspreispolitik Brasiliens, der seit 18. Mai 2001 im brasilianischen Kongress zur Beratung vorliegt.

IV. Rechtsprechung

Die Rechtsprechung muss in zwei Kategorien geteilt werden. Einerseits sind die Verwaltungsentscheidungen und anderseits die Gerichtsentscheidungen zu berücksichtigen. Bei dem Thema Verrechnungspreise haben bis dato eher die Ersteren eine relevante Rolle gespielt. Da die Materie nach dem Zeitmaßstab der Rechtsprechung relativ neu ist,[112] sind Entscheidungen auf der Verwaltungsebene als erstes zu finden. Gerichtsurteile hinsichtlich ähnlicher Verstöße gegen verfassungsrechtliche Besteuerungsbeschränkungen können allerdings als Tendenz der Judikative gedeutet werden. Diese werden im Laufe der Arbeit in geeigneten Textstellen erwähnt.

Relevant ist es auch zu bemerken, dass das brasilianische öffentliche Recht *primär* geschichtlich und analytisch, auf Basis einer Dogmatik hinsichtlich der Anwendung der Grundbegriffe des Steuerrechts (Rechtsnormen, Rechtsquellen, Rechtssubjekte, Rechtssystem) interpretiert wird. Die steuerrechtliche Rechtsprechungsdogmatik *katalogisiert* lediglich Entscheidungen sowohl aus erster als auch aus letzter Instanz (STF), ohne sie eingehend zu untersuchen. Das stellt einen erheblichen Unterschied im Vergleich zum deutschen öffentlichen Recht dar, das in seiner Konkretisierung durch die Rechtsprechung interpretiert wird.[113] Schließlich spielt die Rechtsprechungsanalyse in Brasilien bedauerlicherweise eine sekundäre Rolle. Dieses Phänomen lässt sich evtl. dadurch erklären, dass in der brasilianischen Rechtsprechungsgeschichte kaum eine „Verfassungsevolution" i. S. d. Entwicklung von Doktrinen stattfand.[114]

Diesbezüglich ist eine umfassende Kritik sowohl der brasilianischen Rechtslehre als auch des brasilianischen Rechtssystems fällig, soweit die Rolle der Rechtsprechung deutlich vernachlässigt wird. Das Rechtssystem ist strukturiert auf das Prinzip der Unabhängigkeit des Gerichts, das grundsätzlich Entscheidungen von anderen oder oberen Gerichten zwar berücksichtigen kann, jedoch kaum

---

111 Projeto de Lei Nr. 4.695/01, s. Exkurs zum zweiten Kapitel.

112 Als Ausgangpunkt wurde die Verabschiedung des Gesetzes Nr. 9.430/96 angenommen.

113 *H. Ávila,* Materiell verfassungsrechtliche Beschränkungen der Besteuerungsgewalt in der brasilianischen Verfassung und im deutschen Grundgesetz. 2001, S. 29.

114 *J. L. M. do Amaral Júnior,* Os tratados no ordenamento jurídico brasileiro. RJV N°. 11 Abril/2000 S. 4. Vgl. *A. C. C. Ferraz,* Processos informais de mudança da constituição: mutações constitucionais e mutações inconstitucionais. 1986, S. 133.

bindende Wirkung i. S. eines bindenden Präzedenzfalls hat. Somit wird in Brasilien die Chance verspielt, die Rechtsanwendungsgleichheit durch die Ausnutzung von Präjudizien in der Verwaltungspraxis zu optimieren. Das deutsche Beispiel kann zur Verbesserung dieses Szenarios als Orientierung dienen, indem *die Rechtsprechung im Steuerrecht als Massenfallrecht eine dominierende Rolle* (einnimmt). *(...) Das Bundesfinanzministerium verfolgt mit seiner Veröffentlichungspraxis im BStBl. II den Zweck, Rechtsanwendungsgleichheit zu gewährleisten, indem es zentral mittels seiner Entscheidung über die Veröffentlichung die allgemeine Anwendung des BFH-Judikats für das gesamte Bundesgebiet dirigiert.*[115]

Das operative Problem seitens der Rechtsprechung verschlimmerte sich, als die neue demokratische Verfassung (1988) die breite Anerkennung von Rechten erklärte. Die demokratische Verfassung öffnete zwar den Bürgern die Möglichkeit, ihr Recht vor Gericht einzuklagen, der Staat versäumte es aber, die Justizorgane so auszubauen, dass sie nun den folgenden Ansturm bewältigen können. Darum trug und trägt der materiell (jedoch weniger finanziell) unterdimensionierte Justizapparat zum Problem bei, wobei sich häufig justizinterne Stimmen gegen Reformen zur Effizienzsteigerung erheben.[116] Die schlimmste Folge des Zusammenhangs solcher Faktoren ist die Überschwemmung des obersten Gerichts mit Klagen - zwischen 2000 und 2004 sind durchschnittlich 109.000 Klageschriften jährlich eingegangen; zwischen 1980 und 1989 waren es durchschnittlich 16.000 pro Jahr. Der STF verfügt gem. Art. 101 CF über 11 „Minister" (Richter).[117]

---

115 *R. Seer,* Verständigung in Steuerverfahren. 1996, S. 250 f.
116 Vgl. *L. Gordon,* A segunda chance do Brasil a caminho do primeiro mundo, 2002, S. 227 f. Vgl. *J. Wheatley,* Brazilian business caught in a judicial web. Financial Times, FT.com 23.5.05.
117 Statistische Daten des STF in http://www.stf.gov.br/bndpj/stf/MovProcessos.asp (10.4.05).

§ 2 Vorbemerkungen zu den Methoden[118]

Der offizielle Beweggrund für den Erlass des Gesetzes 9.430 lag darin, OECD-*konforme* Verrechnungspreisregeln einzuführen. Das Gesetz sieht dennoch eine Reihe hybrider Methoden vor. Diese Methoden sind teilweise an die Methoden der OECD-RL angelehnt, teilweise sehen sie jedoch starre Bruttogewinnmargen für Transaktionen vor, die mit dem Fremdvergleichsgrundsatz folglich nicht zu vereinbaren sind. Durch fest bestimmte Gewinnmargen sowie eine beschränkte Zahl anwendbarer transaktionsbezogener Methoden führen die Vorschriften i. d. R. zum Vorliegen präziser Verrechnungspreiskennziffern, die vom Steuerpflichtigen berücksichtigt werden müssen.

Dennoch führt dieser verrechnungspreispolitische Ansatz nicht selten zu folgenden Phänomenen:
- gelegentlich gibt es keine anwendbare Methode, die im Hinblick auf bestimmte Transaktionseinzelheiten einsetzbar ist bzw. aus der sich konsistente Ergebnisse ableiten lassen;[119]
- das Konzept einer Bandbreite anwendbarer Verrechnungspreise wird stark eingeschränkt;[120]
- die Gefahr der Doppelbesteuerung erhöht sich, soweit ein in einem anderen Land auf dem Marktpreis basierender Verrechnungspreis die gesetzlich verlangten Bruttomargen für ein brasilianisches Unternehmen nicht erfüllt;
- soweit die tatsächlichen Bruttomargen unterhalb der gesetzlich verankerten Margen bleiben, führt dies zu einer Einkommensanpassung, die eine Besteuerung nach sich zieht, die nicht mehr auf dem tatsächlichen Einkommen (Vermögenswachstum) basiert, deren Definition ebenfalls gesetzlich festgelegt ist (höherrangiges Recht) und dem Eigentumsrecht zuwider läuft.[121]

118 Die Bemerkungen dieses Abschnittes beabsichtigen, anders als eine tief greifende Untersuchung, vielmehr einen Überblick über das brasilianische Verrechnungspreisverfahren sui generis zu verschaffen, der zum Verständnis der nachfolgenden Untersuchung dienen und Kritik erleichtern soll. Diese Bemerkungen beziehen sich überwiegend auf Erläuterungen des Autors in *N. Dagnese/C. E. Ayub,* Besonderheiten der brasilianischen Verrechnungspreispraxis. IWB Nr. 6 v. 23.3.2005 F. 8 Gr. 2 S. 167-180. Vgl. *Imposto de Renda/Contribuição Social,* in Boletim IOB N° 47/2003 und 48/2003, S. 1-12 bzw. 1-9. Über die Anwendung der Verrechungspreisvorschriften s. *S. Mattos,* Transfer Pricing in Brazil. 1999, S. 22 ff. und *A. Tebechrani/F. B. Campos et ali.* Regulamento do imposto de renda, 2004, S. 665-684.
119 Vgl. *F. J. Calazans,* Brazil. Transfer Pricing Rules: Application to Financial Institutions. ITPJ September/October 2005 S. 234.
120 Ausführlich s. S. 132 ff.
121 Art. 43 I, II CTN i. V. m. Art. 153 III CF. Vgl. *R. M. de Oliveira,* in *Schoueri/Rocha,* Tributos e preços de transferência, 1999, S. 82 ff.; und *L. E. Schoueri,* Preços de transferência no direito tributário brasileiro. 2ª Edição, 2006, S. 10, 102 ff. Ausführli-

Dieses Problem soll dadurch gelöst werden, dass de jure die gesetzlich verlangten Gewinnsätze Vermutungen juris tantum sein sollen und damit geändert werden könnten. In der Praxis hat sich dies jedoch als extrem schwierig -
wenn nicht als unmöglich - erwiesen.[122]

Hinter den brasilianischen Verrechnungspreisvorschriften verbirgt sich vermutlich die Absicht, Betriebsprüfungen für die Finanzverwaltung zu erleichtern,
den Spielraum für Interpretationen von Marktpreisen, Funktionen und Risiken
auf Null zu reduzieren sowie dadurch dem Staat einen Mindeststeuerertrag zu
sichern. Anderseits bedeuten sie für den Steuerpflichtigen, abgesehen von einem hohen Doppelbesteuerungsrisiko, einen immensen Verwaltungsaufwand, da
jede Transaktion eines jeden Handelsguts dokumentiert werden muss und Bußgelder bei der Nichterfüllung dieser Vorschriften drohen. Die Aggregation der
Transaktionen, die nach der OECD Praxis[123] nach der Ähnlichkeit der Transaktionen und Produkten erfolgt, muss in Brasilien pro Produktsorte und pro Transaktionsart während des Geschäftsjahres erfolgen.
Das Gesetz 9.430/96 und seine nachfolgenden Vorschriften unterteilen die gesetzlich anerkannten Methoden in zwei Gruppen: Methoden für Importgeschäfte
und Methoden für Exportgeschäfte.

I. Importsachverhalte

1. Methode der unabhängigen Vergleichspreise

Da keine andere Methode den Vergleich von Importpreisen unabhängiger Dritter einbezieht, ist diese (Método dos Preços Independentes Comparados – PIC)
die einzige Methode, die den Fremdvergleichsgrundsatz für Importsachverhalte
gestattet.[124] Diese Methode umfasst das arithmetische Mittel der Preise von Gütern, Dienstleistungen und Rechten am Ende eines Geschäftsjahres im Vergleich
zu gleichwertigen oder ähnlichen Gütern, Dienstleistungen und Rechten, die auf
dem brasilianischen Markt oder in anderen Ländern unter ähnlichen Zahlungs-
bedingungen ausgewählt worden sind. Der Preis von Importgütern, -
dienstleistungen und -rechten, der mit einer verbundenen Person ausgehandelt
worden ist, muss mit dem Marktpreis ähnlicher Güter, Dienstleistungen und
Rechte übereinstimmen. Für den Vergleich sind sowohl konzerninterne als auch
konzernexterne Preisvergleiche erlaubt. Das Ähnlichkeitskonzept umfasst laut
Art. 28 IN SRF 243/02 Güter gleicher Natur oder gleichen Zwecks, die sich ge-
geneinander ersetzen lassen und äquivalente Spezifizierungen (i. d. R. nach der

---

cher s. S. 64.
122 Ausführlich s. S. 64 ff.
123 OECD-RL Tz. I-18; in Deutschland § 2 (2) GAufzV.
124 Art. 18 I Gesetz 9.430/96 und Art. 8 bis 11 IN SRF 243/02.

NCM) haben. Die von der NCM definierten Kategorien helfen jedoch nur bedingt weiter, da dort diverse Unterklassifizierungen fehlen. Darüber hinaus, bleibt die Frage „ähnlicher" Dienstleistungen und Rechte in der NCM weitgehend ungelöst.

Preisanpassungen mit dem Ziel, die Auswirkungen von unterschiedlichen Geschäftsbedingungen zu reduzieren, sind erlaubt, soweit sie sich ausschließlich innerhalb der gesetzlich erlaubten Kriterien bewegen; hierbei sind folgende Kriterien zu beachten:

- Zahlungsfrist;
- gehandelte Menge;
- Gewährleistung für Funktionen von Gütern oder Ansetzbarkeit von Dienstleistung oder Recht;
- Werbung;
- Qualitäts-, Standard- und Hygienekontrolle;
- Vermittlungskosten bei unabhängigen Vergleichstransaktionen;
- Verpackung sowie
- Fracht und Versicherung.[125]

Damit sind Preisanpassungen i. R. d. geforderten Vergleichbarkeit auf die gesetzlich beschränkten Möglichkeiten angewiesen; aber eine ausführliche Berücksichtigung der übernommenen Funktionen und Risiken der einbezogenen Unternehmen findet nicht statt. Auf diese Weise zeigt sich ein Verstoß gegen die OECD-RL unvermeidbar.

Abgesehen von außergewöhnlichen Situationen sollte die Steuerverwaltung daher die tatsächlichen Geschäfte nicht unberücksichtigt lassen oder diese durch andere Geschäfte ersetzen.[126] Und weiter: *Man sollte nichts unversucht lassen, um Daten so anzupassen, dass sie für die Preisvergleichsmethode verwendbar werden.[127]*

Kriterien über jene hinaus, die in der IN SRF aufgelistet sind, z. B. die Kundenbetreuung, Treuerabatte, Produktlebenszyklus, Einkauf, Finanzierung, F&E, wirtschaftliche Umstände, etc.,[128] werden nicht mit einbezogen. Das führt dazu, dass sogar diese Methode, die innerhalb der brasilianischen Vorschriften dem Fremdvergleichsprinzip am nächsten steht, die Vervollständigung des Fremdvergleichsgrundsatzes nicht gewährleistet.[129] Ferner werden auch die oben zitier-

125 Art. 9 IN SRF Nr. 243/02.
126 OECD-RL Tz. 1.36.
127 OECD-RL Tz. 2.9.
128 Ausführlicher *A. Vögele/J. Raab*, in *Vögele/Borstell/Engler*, Handbuch der Verrechnungspreise, 2004 Kap. D Tz 14-96; OECD-RL Tz. 1.15 – 1.35.
129 Vgl. s. S. 139.

ten Anpassungskriterien in dem gleichen Artikel teilweise detaillierter erklärt. Besondere Aufmerksamkeit erregt Art. 9 § 3 II IN SRF 243/01, wonach wegen unterschiedlicher Zahlungsfristen für eine Preisanpassung, die nicht *konsistent*[130] alle Transaktionen des Unternehmens abbildet, der LIBOR-Satz für sechsmonatige US-Dollar Anlagen zuzüglich 3% jährlich gilt. Im Falle der Methode der Gelddarlehen[131] sind hier willkürlich Zinsen festgelegt worden, die einer unwiderlegbaren Richtigkeitsvermutung gleichzustellen sind, soweit eine Änderungsmöglichkeit des Gewinnsatzes ausgeschlossen bleibt. Damit verschärft sich die Steuerrechtswidrigkeit der Vorschriften.[132] Gleichwohl bleibt diese Methode die einzige, die Marktpreise für Importtransaktionen in näherem Maße berücksichtigt. Die Anwendung dieser Methode führt jedoch häufig zu dem auch bei der international anerkannten Preisvergleich-Methode üblichen Problem, dass keine Vergleichstransaktionen zu finden sind.

2. „Wiederverkaufspreis-abzüglich-Gewinn"-Methode

Diese Methode (Método do Preço de Revenda menos Lucro – PRL)[133] bedarf einer ausführlicheren Analyse, da sie in der Praxis eine entscheidende Rolle spielt und am häufigsten angewendet wird. Obgleich ihr Name der Wiederverkaufspreis-Methode[134] ähnelt, hört diese Ähnlichkeit dort auf, wo der brasilianische Gesetzgeber einen festen Gewinnsatz für Erträge von Importtransaktionen zwischen verbundenen Personen vorschreibt. Anfangs wurde ein Pauschal-Bruttogewinnsatz von 20% des von dem unbeschränkt Steuerpflichtigen gegenüber unabhängigen Dritten eingesetzten Wiederverkaufspreises verlangt.[135] Diese Preismarge galt sowohl für Produkte, die direkt wiederverkauft wurden, als auch für Rohstoffe, die etwa einem inländischen Herstellungsprozess von Produkten des unbeschränkten Steuerpflichtigen dienten.[136] Ab dem 1.1.2000 wurde der 20%ige Bruttogewinnsatz nur auf Transaktionen beschränkt, deren Produkte

---

130 In den Vorschriftentexten fehlt jedoch eine Definition für diese wiederholt verwendeten Adjektive.
131 Art. 22 Gesetz 9.430/96 und Art. 27 IN SRF 243/01.
132 Ausführlich s. S. 62 ff.
133 Art. 18 II Gesetz 9.430/96 und Art. 12 IN SRF 243/02.
134 OECD-RL Tz. 2.14.
135 Art. 18 II Gesetz 9.430/96, a. F.
136 Jüngere COSIT-Entscheidung Nr. 101-94.628 von 7.7.2004; Vgl. J. Goulart, Novartis e Bristol ganham causa contra União. Valor Econômico 8.7.04 E1; Appeal Panel Says Drug Affiliates May Use More Flexible Method for Pre-2000 Returns. TMTR 29.9.2004 Vol. 13, No. 10 S. 573; Appeals Council Says Drug Firms May Apply More Flexible Method for Imported Product. TMTR 11.5.2005 Vol. 14 No. 1 S. 13; Entschedungen dagegen: COUNCIL Rules Against Pharma Company's Use of RPM for Pre-2000 Ingredient Imports. TMTR 20.7.2005 Vol. 14. No. 6 S. 230.

zum direkten Wiederverkauf bestimmt sind.[137] Für Importprodukte, die als Rohstoffe dienen, gilt der neue Bruttogewinnsatz von 60% des von dem unbeschränkt Steuerpflichtigen gegenüber unabhängigen Dritten angesetzten Wiederverkaufspreises.[138] Nach dem Gesetzestext sieht diese Methode folgende Berechnung vor:

(...) das arithmetische Mittel der Wiederverkaufspreise von Gütern, Dienstleistungen und Rechten abzüglich:

a) unbedingter Ermäßigungen;

b) Steuern und Beiträge auf Verkaufserträge;

c) bezahlte Kommissions- und Vermittlungsgebühren und

d) einer Gewinnmarge von:

60 Prozent, errechnet auf Basis des Wiederverkaufspreises nach Abzug der oben erwähnten Leistungsgegenstände sowie des inländischen Mehrwertes für Fälle von Importgütern, die in der Produktion eingesetzt werden; oder

20 Prozent, errechnet auf Basis des Wiederverkaufspreises in allen anderen Fällen.[139]

Beide Margen gelten für alle Wirtschaftssektoren unabhängig von ihren Produktunterschieden oder Marktverhältnissen. Dies muss bei der Formulierung von Geschäftsstrategien, die auf „Produkt-Körben" basieren, besonders berücksichtigt werden, soweit Angleichungen zwischen unterschiedlichen Produkten ausgeschlossen bleiben. Abgesehen von der festen Gewinnmarge, die wiederholt i. R. dieser Untersuchung kritisiert wird,[140] ist ein frontaler Verstoß gegen die OECD-RL bei dieser Pauschalierung fester Margen unabhängig von branchen- oder produktspezifischen Einzelheiten unvermeidbar gegeben.[141]

Die im Rahmen des Gesetzes nicht immer klar gefassten Definitionen von Begriffen und Ausdrücken wie z. B. „Wiederverkauf", „in der Produktion eingesetzt werden" und „Vertrieb" wurden in Frage gestellt. Ein häufig verwendetes Beispiel bezieht sich auf Pharmakonzerne, die in Brasilien chemische Konzentrate lediglich aufbereiten (z. B. verdünnen) oder einfach in kleinere Produktmengen verpacken und wieder verkaufen.[142]

---

137 Art. 18 II Gesetz 9.430/96 n. F., geändert durch Art. 2 Gesetz 9.959/00.

138 U. a. *C. S. Romero/A. Almeida/C. Derenusson,* Brazil. New Rules on the Resale Minus Method. ITPJ July/August 2001 S. 133 ff.

139 Art. 18 II Gesetz 9.430/96 n. F. Über die irreführende Ungenauigkeit des brasilianischen Textes s. *L. E. Schoueri,* Preços de transferência no direito tributário brasileiro. 2ª Edição, 2006, S. 172 ff.

140 U. a. s. S. 113 ff.

141 U. a. OECD-RL Tz. 1.20 - 1.35.

142 *L. E. Schoueri,* Preços de transferência no direito tributário brasileiro. 2ª Edição, 2006, S. 141 ff.

Entscheidungen der brasilianischen Finanzverwaltung haben häufig ergeben, dass in solchen Fällen die Güter als Rohstoffe verwendet werden und deswegen die 60%ige Bruttomarge erzielt werden muss.[143]

Die Debatte hat in diesem Zusammenhang an Intensität gewonnen, als 2002 eine Verwaltungsvorschrift die Berechnung der 60%igen Marge änderte.[144] Anders als im Gesetzestext, wo das Ergebnis der Anwendung der 60%igen Marge von der Größe des inländischen summierten Mehrwertes abhängt, verlangt die neue Regelung nach einer starren 60%igen Bruttomarge auf die Rohstoffbeteiligung im Produktendpreis. Nach dem Gesetz sind die Chancen von Einkunftskorrekturen daher umso geringer, je größer der inländische addierte Mehrwert ist (s. Abbildung 1). Genau diese Gestaltungsvariante ist durch die Verwaltungsvorschrift abgeschafft worden (s. Abbildung 2). Ferner stellt sich, wie schon untersucht,[145] die Forderung nach einer starren Gewinnmarge i. H. v. 60% als äußerst unrealistisch dar. Die Problematik lässt sich an einem Beispiel wie im Vergleich zwischen Abbildung 1und Abbildung 2 darstellen.

Die ergangenen Verwaltungsvorschriften weichen also von den Regelungen des Gesetzes ab, weil der inländische Mehrwert (C in der Abbildung 1) für die Errechnung der Bruttogewinnmarge (F) weniger Bedeutung hat. Die Berechnung (F) erfolgt vielmehr direkt durch eine direkte Prozent-Beteiligung der Importkosten am Verkaufspreis (E in der Abbildung 2). Letztlich führt dies zu einer größeren Auswirkung auf den Parameterpreis (G).

Nach dem Gesetz ist der Parameterpreis (G) umgekehrt proportional zum inländischen Mehrwert (C in der Abbildung 1). Das unterstützt den Ersatz importierter Stoffe durch inländische Rohstoffe und ließe sich durch eine protektionistische Gesinnung erklären. Die Verwaltungsvorschrift hat allerdings die Absicht des Gesetzgebers, die letztlich zur Erhöhung der Investitionen im Land sowie zur Schaffung von Arbeitsplätzen führen sollte, neutralisiert.

Der Vorrang des Gesetzes vor der Verwaltungsvorschrift ist juristisch unzweifelhaft; die Wirkung des Gesetzes darf weder durch nachrangige Rechtsvorschriften geändert werden, noch dürfen IN SRF Steuerschulden kreieren.[146] Nichtsdestotrotz ist die ergangene Verwaltungsvorschrift für den Steuer-

---

143 Ausführlich *L. E. Schoueri*, Preços de transferência no direito tributário brasileiro. 2ª Edição, 2006, S. 142-166.
144 Art. 12 IN SRF 243/02. Vgl. *A. Borges*, /*G. Cezaroti*, O método PRL de cálculo dos preços de transferência e a IN SRF N°. 243/02. RDDT, dezembro 2003, S. 20-27.
145 Vgl. *Gross Profit Margin of Brazilian Companies*. Deloitte, São Paulo, May 2003 Survey, S. 5-7.
146 Vgl. s. S. 44 und 85 ff.

Abbildung 1

PRL im Gesetz 9.430/96 (geändert durch das Gesetz 9.959/00)

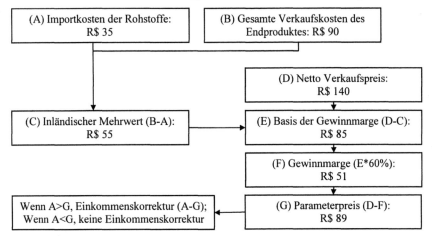

(A) Importkosten der Rohstoffe:
R$ 35

(B) Gesamte Verkaufskosten des
Endproduktes: R$ 90

(D) Netto Verkaufspreis:
R$ 140

(C) Inländischer Mehrwert (B-A):
R$ 55

(E) Basis der Gewinnmarge (D-C):
R$ 85

(F) Gewinnmarge (E*60%):
R$ 51

Wenn A>G, Einkommenskorrektur (A-G);
Wenn A<G, keine Einkommenskorrektur

(G) Parameterpreis (D-F):
R$ 89

Abbildung 2

PRL in der Verwaltungsvorschrift IN SRF 243/02

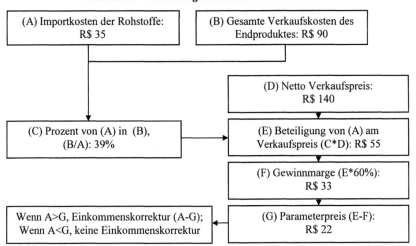

(A) Importkosten der Rohstoffe:
R$ 35

(B) Gesamte Verkaufskosten des
Endproduktes: R$ 90

(D) Netto Verkaufspreis:
R$ 140

(C) Prozent von (A) in (B),
(B/A): 39%

(E) Beteiligung von (A) am
Verkaufspreis (C*D): R$ 55

(F) Gewinnmarge (E*60%):
R$ 33

Wenn A>G, Einkommenskorrektur (A-G);
Wenn A<G, keine Einkommenskorrektur

(G) Parameterpreis (E-F):
R$ 22

pflichtigen äußerst unbequem. Als ob es nicht schon genügen würde, vom Steuerpflichtigen die Dokumentation jeglicher Transaktionen für jede einzelne Produktart zu verlangen sowie das Regime fester Bruttomargen zur Vermeidung von Gewinnkorrekturen während des Geschäftsjahres einzuhalten, hat der Steuerpflichtige nunmehr noch zusätzlich mit einer erhöhten Rechtsunsicherheit zu rechnen, da die IN SRF der Finanzverwaltung troz Gesetzwidrigkeitscharakter bindend ist. Mit der bisherigen Verwaltungsinitiative ist die Verrechnungspreispraxis Brasiliens noch komplizierter geworden; ein Konflikt zwischen Steuerpflichtigen und Finanzverwaltung ist vorprogrammiert.

3. „Produktionskosten-zuzüglich-Gewinn"-Methode

Diese andere mögliche Methode, die für Importsachverhalte verwendet werden kann (Custo de Produção mais Lucro - CPL), ist der Kostenaufschlagsmethode ähnlich.[147] Die CPL, die die letzte der brasilianischen Vorschriften für Importsachverhalt ist, bezieht auf das arithmetische Mittel der Produktherstellungskosten während eines Geschäftsjahres in dem jeweiligen Herstellungsland abzüglich Steuern. Zu diesem Betrag wird eine feste, gesetzlich verankerte Bruttomarge i. H. v. 20% summiert. In diesem Zusammenhang anerkannte Kosten sind:

- Rohstoffe,
- Verpackung,
- Arbeitskräfte,
- Miete, Instandhaltungen,
- Reparaturen,
- Abschreibungen und
- Amortisierungen in Bezug auf das zu betrachtende Geschäftsjahr.

Die Anwendung dieser Methode ist in ihrem Bestimmungsbereich stark eingeschränkt, da sich die Informationsbeschaffung bei ausländischen verbundenen Personen regelmäßig als äußerst schwierig erweist. Darüber hinaus stehen im Mittelpunkt dieser Methode lediglich die Produktionskosten. Kosten, die z. B. für die Zwischenschaltung von Händlern entstehen, müssten infolgedessen innerhalb der anzusetzenden Marge von 20% liegen.

---

147 Art. 18 III Gesetz 9.430/96 und Art. 13 IN SRF 243/02; OECD-RL Tz. 2.32.

II. Exportsachverhalte

Im Rahmen der bestehenden Vorschriften sind – abgesehen von den oben erwähnten Preisanpassungen für Importsachverhalte – noch Anpassungen im Hinblick auf die Exportpreisrisiken gestattet.[148] Im Fall einer Preisanpassung werden das arithmetische Mittel der Exportpreise eines bestimmten Produktes und die inländischen Preise desselben Produktes und desselben Unternehmens – sofern vorhanden – über ein Geschäftsjahr verglichen. Erst wenn der Durchschnitt der Exportpreise 90% des inländischen Preisdurchschnitts übersteigt, muss eine der vorgesehenen Verrechnungspreismethoden zur Anwendung gelangen.

1. Exportverkaufspreis-Methode

Diese Methode (Método do Preço de Venda nas Exportações – PVEx) ist die einzige Verrechnungspreismethode, die den Fremdvergleichsgrundsatz zur Anwendung kommen lässt,[149] wobei der Ähnlichkeitsvoraussetzung und den Preisanpassungsmöglichkeiten die gleiche oben ausgedrückte Kritik zuteil wird. Diese Methode berücksichtigt das arithmetische Mittel der Exportpreise eines Unternehmens im Verhältnis zu unabhängigen Parteien für einen bestimmten Vergleichszeitraum. Hierbei sind sowohl interne, als auch externe Fremdvergleichsprüfungen gestattet; es gelten überdies bestimmte Regeln über bestimmte Produkt-, Transaktions- und Periodenähnlichkeit als Anknüpfungspunkte für einen Vergleich. Für börsennotierte Rohstoffe können teilweise die Börsenpreise angewendet werden.

Auch bei dieser Methode ist das größte Anwendungsproblem darin zu sehen, vergleichbare Daten zu beschaffen.

2. „Großhandelspreis-im-Zielland-abzüglich-Gewinn"-Methode

Analog zur Konzeption der PRL-Methode für Importsachverhalte wird bei dieser Methode (Método do Preço de Venda por Atacado no País de Destino – PVA)[150] als sog. Parameterpreis das arithmetische Mittel der Großhandelspreise eines bestimmten Zeitraumes im Zielland der exportierten Produkte gewählt; hiervon werden Steuern sowie eine Bruttogewinnmarge von 15% abgezogen. Dies kann wie in der Abbildung 3 dargestellt werden.

---

148   Art. 19 Gesetz 9.430/96 und Art. 15 bis 22 IN SRF 243/02.
149   Art. 19 § 3 I Gesetz 9.430/96 und Art. 23 IN SRF 243/02.
150   Art. 19 § 3 II Gesetz 9.430/96 und Art. 24 IN SRF 243/02.

Abbildung 3

**Schematische Darstellung der Methode
Großhandelspreis im Zielland abzüglich Gewinn**

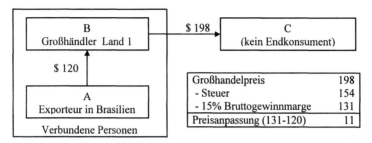

3. „Einzelhandelpreis-im-Zielland-abzüglich-Gewinn"-Methode

Diese Methode (Método do Preço de Revenda a Varejo no País de Destino menos Lucro – PVV) ist eine Variante des PVA, bestimmt jedoch eine Bruttogewinnmarge von 30% der Verkaufspreise im Zielland für diejenigen Fälle, in denen kein Zwischenhändler eingeschaltet wird und die Produkte direkt an die Endkonsumenten geliefert werden.[151]

4. „Akquisitions- oder Produktionskosten zuzüglich Steuer und Gewinn"-
   Methode

Diese Methode ist gewissermaßen als „Exportversion" der CPL-Methode für Importsachverhalte anzusehen. Nach dieser Methode (Método do Preço de A-quisição ou Produção mais Impostos e Lucro - CAP) wird zur Berechnung des Parameterpreises das arithmetische Mittel der Anschaffungskosten der Exportprodukte während eines Geschäftsjahres berücksichtigt. Zu diesen Kosten werden fällige Steuern und Gebühren sowie eine Gewinnmarge von 15% hinzuaddiert.[152] Unberücksichtigt bleibt bei dieser Betrachtung die Einschaltung von Zwischenhändlern, unabhängig davon, ob sie hierbei „verbundene" oder „unverbundene" Personen verkörpern. Darüber hinaus darf kein Gewinnaufschlag bezüglich Zwischenhändler hinzugerechnet werden. Akquisitionskosten umfassen sowohl Fracht- als auch Versicherungskosten.

---

151 Art. 19 § 3 III Gesetz 9.430/96 und Art. 25 IN SRF 243/02.
152 Art. 19 § 3 IV Gesetz 9.430/96 und Art. 26 IN SRF 243/02.

III. Methodenvergleich

In Brasilien gibt es keine bestimmte Methodenpräferenz. Vielmehr ist der Steuerpflichtige frei, diejenige Verrechnungspreismethode auszuwählen, die zu einer möglichst geringen Preiskorrektur führt; eine best-method-rule existiert also nicht.

Beim Vergleich der gesetzlich geregelten Verrechnungspreismethoden können Vergleichskriterien zwischen Import- und Exportsachverhalten wie in der Abbildung 4 dargestellt werden.

Abbildung 4

Vergleichbarkeitskriterien bezüglich der Methoden

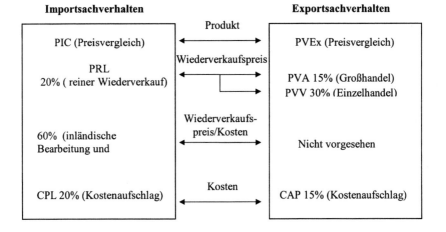

IV. Sonderfall: Zinsen

Zinsen, die von verbundenen Personen sowohl gezahlt, als auch erhalten werden können, werden in zwei Kategorien unterteilt:[153]
- Zinsen aus Darlehensvereinbarungen, die bei der brasilianischen Zentralbank (Banco Central do Brasil - Bacen) registriert wurden (i. d. R. Marktzinsen); und
- Zinsen aus Darlehensvereinbarungen, die unregistriert sind.

---

153 Art. 22 Gesetz 9.430/96 und Art. 27 IN SRF 243/02.

Die Zinsen der ersten Gruppe sind als Betriebsausgaben vollständig abzugsfähig, verlangen für die Registrierung ihrer Vereinbarung jedoch ein Sonderverfahren bei der Bacen. Die zweite Gruppe muss hingegen aus Verrechnungspreissicht näher geprüft werden. Auch hier legt das Gesetz eine starre Gewinnmarge fest. Abzugsfähig sind gezahlte Zinsen, die die Vergleichsgröße LIBOR für sechsmonatige Anlagen in U.S. Dollar zuzüglich eines jährlichen Aufschlages i. d. H. v. 3% nicht übersteigen. Die gleichen Berechnungskriterien gelten für Zinsen, die von ausländischen verbundenen Personen erhalten worden sind. Hierbei dürfen die vom Ausland aus erfolgenden Zinszahlungen nicht unterhalb des durch die angewendete Verrechnungspreismethode errechneten (Mindestzins-) Betrages liegen.

Die Richtigkeitsvermutung, die durch die feste Gewinnmarge dargestellt wird, ist im Fall der Zinsen de jure eine unwiderlegbare Vermutung, solange die gesetzlich fixierte Marge absolut ist. D. h. die Möglichkeit der Margenänderung des Art. 20 und 21 Gesetz 9.430/96 und Art. 32 bis 34 IN SRF 243/02 schließen die Möglichkeiten der Zinssatzänderung nicht ein. Absolute Vermutungen (presunções absolutas) schließen jeden Bezug auf die wirtschaftliche Lage und auf die wirkliche Transaktions- und Marktbedingungen aus, setzen vielmehr eine unbewegliche Abzugsgrenze bzw. ein Grundniveau des Einkommens fest, ohne die verfassungsverankerte Prinzipien der Einkommenbesteuerung zu berücksichtigen.[154] Demgemäß müsste die Einkommensbesteuerung (i. S. d. Körperschaftsteuern) u. a. *den erwirtschafteten und realisierten Vermögenszuwachs*[155] berücksichtigen. Ohne die gesetzliche Möglichkeit, tatsächliche wirtschaftliche Bedingungen gegen die Vermutung einzusetzen, ist eine angemessene Bemessung des Vermögenszuwachses ausgeschlossen. Übrig bleibt eine willkürliche Besteuerung, die unbeschränkt nicht nur auf die evtl. erwirtschaftete Einkommen, sondern auch auf das längst bestehende und schon besteuerte Eigentum zugreift.

Unklar bleibt allerdings, ob die verbliebene Möglichkeit abzugsfähiger und nicht gesetzlich starrer Zinssätze durch Vereinbarung mit der Bacen die unwiderlegbare Vermutung umgeht. Da bei der - i. d. R. zeitaufwendigen - Bacen-Vereinbarung grundsätzlich Marktzinsen berücksichtigt werden, könnte dies für eine Relativierung der gerade erwähnten Willkür sprechen. Die starren Zinssätze

---

154 Art. 145 § 1° CF i. V. m. Art. 43, 44 und 45 CTN. Vgl. *R. M. de Oliveira,* in *Schoueri/Rocha,* Tributos e preços de transferência, 1999, S. 82 ff.; *L. E. Schoueri,* Preços de transferência no direito tributário brasileiro. 2ª Edição, 2006, S. 102 ff., 214 f; *P. A. Barreto,* Imposto e tributos e preços de transferência, 2001, S. 66 und 156 f.; und *H. Tôrres,* Pluritribitação internacional sobre as rendas de empresas. 2ª Edição, 2001, S. 122 ff.

155 *K. Tipke/J. Lang,* Steuerrecht, 17. Aufl., 2002, § 8, Tz. 34.

würden dann zu einer Art sicherer Hafen für den Steuerpflichtigen reduziert, wenn eine Bacen-Vereinbarung ungünstig wäre.

V. Gewinnorientierte Methoden

Die gegenwärtigen brasilianischen Verrechnungspreisvorschriften kennen keine Anwendung von gewinnorientierten Methoden, die sich auf Nettomargen (etwa die Gewinnaufteilungsmethode oder die transaktionsbezogene Netto-Margen-Methode) beziehen. Vielmehr gelten ausschließlich die oben beschriebenen Methoden.

Nichtsdestotrotz ist es zu erwarten, dass eine Nettomargen-Methode[156] durch den Gesetzentwurf 4.695/01 dieses Szenario ändern wird. Laut diese Methode wird die Nettomarge ähnlicher Geschäftseinheiten („unidades de negócio") mit einer Bezugsbasis (Vermögen, Umsätze oder Kosten) verglichen.

VI. Die gesetzlich determinierten Gewinnsätze

Die Festsetzung von starren Bruttogewinnmargen führt nach h. M. zum Rechtsinstitut der widerlegbaren Vermutung,[157] soweit laut Art. 20 i. V. m. Art. 21 § 2° Gesetz 9.430/96 die Änderung der Gewinnsätze de jure erstattet. Die brasilianischen Verrechnungspreisvorschriften erlauben der Finanzverwaltung die gesetzlich festgelegten Gewinnsätze sowohl ex officio als auch nach Anfrage zu ändern, soweit bestimmte Sonderumstände vorliegen (Art. 20 und 21 Gesetz 9.430/96 und Art. 32 bis 34 IN SRF 243/02). Der Steuerpflichtige oder eine Branchenorganisation (z. B. die Industriekammer) dürfen einen entsprechend begründeten Gewinnsatz-Änderungsantrag vorlegen. Dabei muss u. a. eine Übersicht vorgelegt werden, aus der die jährlichen Ein- und Verkaufssachverhalte ersichtlich werden, deren Margen geändert werden sollen; entsprechende Aufwendungen für Fracht- und Versicherungsbeträge müssen ebenfalls dargelegt werden. Der angestrebte Gewinnsatz muss überdies gerechtfertigt sein und entsprechend dokumentiert sein. Dafür sind nach den einschlägigen Rechtsvorschriften mehreren Aufzeichnungen zu besorgen.[158]

Art. 21 § 2° Gesetz 94.30/96 ist eine Muss-Vorschrift. D. h. wenn der Steuerpflichtige beweisen kann, dass andere Sätze marktüblich sind, müssen solche Sätze eingesetzt werden. Bedauerlicherweise existiert bis dato kein Beispiel eines erfolgreichen Antrags auf Änderung der Gewinnsätze. In der Realität er-

---

156 Art. 20, Methode der transaktionsbezogenen Vergleichsrentabilität (Método da Lucratividade Transacional Comparável – LTC).

157 Vgl. s. S. 81 und 113 ff.

158 Darüber s. S. 160.

weist sich für den Steuerpflichtigen ein entsprechender Änderungsantrag vor allem als hoch riskant, da i. d. R. der Antrag erst nach Durchführung sämtlicher Transaktionen gestellt werden kann, wenn alle benötigten Dokumente vorliegen. Dies schließt grds. die Möglichkeit eines „simultanen Verrechnungspreismanagements" während eines Geschäftsjahres aus. Vielmehr hängt der Steuerpflichtige von einer Entscheidung der SRF ab, ob seine Marktpreisuntersuchung bewilligt wird oder nicht. Falls das Ergebnis negativ sein sollte, wird die SRF die gesetzlich fixierten Margen für eine Einkommenskorrektur anwenden.

§ 3 Voraussetzungen der Dokumentationspflicht

I. Tatbestandmerkmale des Gesetzes 9.430/96 i. V. m. nachträglichen Verordnungen

1. Normadressat

a. Verbundene Person oder Pessoa Vinculada

Das Konzept der verbundenen Parteien (pessoas vinculadas) umfasst Personen (Art. 23 Gesetz 9.430/96), die sowohl direkt als auch indirekt in die Transaktionen verwickelt sind.[159] Das Gesetz beschreibt hierbei auch bestimmte Beteiligungs- und Abhängigkeitskonstellationen im Hinblick auf Verrechnungspreisfragen.

Die üblichen direkten und indirekten Beteiligungskonstellationen am Firmenkapital sind breit auszulegen und umfassen Beteiligungen ab 10% des Kapitals an dem anderen Unternehmen. Im internationalen Vergleich nimmt dieser Satz der brasilianischen Vorschriften eine Spitzenposition ein. In Deutschland ist eine Beteiligung i. H. v. 25% gem. § 1 AStG verlangt. In Japan beispielsweise ist das gesamte Konzept von verbundenen Personen mit einem Beteiligungsverlangen von 50% bedeutend zurückhaltender, wobei das Vorhandensein eines beherrschenden Einflusses eine große Rolle spielt.[160] Diesbezüglich betont z. B. auch die italienische Sichtsweise die Wichtigkeit der Abhängigkeitsbindung, die durch den beherrschenden Einfluss (influenza dominante) entsteht. Das ist nicht nur i. R. d. Entscheidungsfindung zu verstehen, sondern auch in Zusammenhang der Kapital-, Technologie- oder Produktabhängigkeit zu berücksichtigen, wobei fraglich ist, wie diese Abhängigkeit festgestellt und bemessen werden

159 Ausführlich über die subjektiven Aspekte s. *L. E. Schoueri,* Preços de transferência no direito tributário brasileiro. 2ª Edição, 2006, S. 44 ff., 304

160 Ausführlicher s. *J. Hülshorst/N. Dagnese,* Japan erweitert Definition des verbundenen Unternehmens im Rahmen grenzüberschreitender Transaktionen. IWB Transfer Pricing News, Nr. 6 v. 23.3.2005 S. 266 f.

soll.[161] Die italienische Rechtsprechung hat sich nicht direkt bei der Auseinandersetzung über die Kontrollen geäußert. Nichtsdestotrotz hat ein berühmtes Urteil[162] eine Kontrollkonstellation berücksichtigt, in der es um ein englisches joint venture-Unternehmen ging, an dem mit 50% eine italienische Gesellschaft beteiligt war und 50% zu einer englischen Gesellschaft gehörten, die dafür ein Darlehen der italienischen Gesellschaft bekommen hatte. Die Aufgabe der englischen Gesellschaft umfasste ausschließlich den Warenverkauf für die italienische Gesellschaft im Ausland. Die Finanzverwaltung war der Meinung, dass die Verrechnungspreise niedriger als der normale Preis und damit nicht arm's lengthkonform waren. Anstatt sich auf Beteiligungsverhältnisse zu orientieren, wurde argumentiert, dass das englische jointventure Unternehmen unter der Kontrolle der italienischen Gesellschaft lag, da ausschließlich mit ihren Waren gehandelt wurde und die englische Gesellschaft von dem italienischen Unternehmen durch das Darlehen abhängig war. Das Gericht erster Instanz[163] entschied und wurde darin bei der zweiten Instanz bestätigt,[164] dass keine Abhängigkeitsüberprüfung durchzuführen war, da die Preise innerhalb des arm's length Prinzips lagen, wie die Angemessenheitsanalyse dargestellt hat. Die Urteilsbegründungen stellten dar, dass eine breit ausgelegte Kontrolle gem. den Verwaltungshinweisen lediglich Indizien, nicht Beweise einer Kontrolle liefern. Darüber hinaus betonen - ebenso Muselli/Muselli, dass auch eine 51%ige Beteiligung nicht automatisch eine Kontrolle bedeutet, wenn beispielsweise vertraglich vereinbart wurde, dass eine bestimmte Minderheit der Beteiligten ein gewisses Bestimmungsrecht, wie etwa z. B. eine Sperrminorität, genießt.[165] So gesehen erlauben die brasilianischen Vorschriften nicht den Betracht des Verbundenheitskonzepts. Vielmehr müssen die breit ausgelegten gesetzlichen Kriterien überprüft werden.

Anderseits gehören zum brasilianischen Konzept von verbundenen Personen Verhältnisse, in den eine Kontrolle i. S. eines beherrschenden Einflusses einer

---

161 Circolare Ministeriale Nr. 32.9.2267 v. 22.9.1980, englische Übersetzung in *G. Maisto*, Italy. TTTTP, IBFD Suppl. No. 29, September 2001, S. 14.

162 U. a. *G. Maisto*, Italy. TTTTP, IBFD Suppl. No. 29, September 2001, S. 14 ff; *G. Giardina*, Transfer Pricing and the Traditional Methods: A Comparative Analysis. DPTI 2002 S. 742; *A. Musselli/A. C. Musselli*, Transfer pricing: i prezzi di trasferimento internazionali, 2003 S. 32 ff.; *G. Rolle,* Il quadro normativo nazionale e internazionale. A&FO 5/2003 S. 24.

163 Commissione Tributaria di I Grado Alessandria, Sezione I, Sentenza Nr. 170 v. 11.9.1995, in Boll. Trib., 1996, S. 240.

164 Commissione Tributaria Regionale del Piemonte, Camera XXXV, 18.1.1999, Nr. 164 in Boll. Trib., 2000, S. 377.

165 *A. Musselli/A. C. Musselli*, Transfer pricing: i prezzi di trasferimento internazionali, 2003 S. 34; Vgl. *F. Balzani*, in *V. Uckmar*, Corso di diritto tributario internazionale. II Edizione, 2002, S. 424 ff.; ferner *H. Tôrres*, Pluritribitação internacional sobre as rendas de empresas. 2ª Edição, 2001, S. 270 ff.

Person auf das andere Unternehmen ausgeübt werden kann. Auch sog. joint ventures werden damit erfasst, die trotz fehlenden Beteiligungsverhältnisses mittels eines Vertrags ein gemeinsames Ziel oder Interesse verfolgen. D. h. Partnerschaften, die lediglich für einen beschränkten Zeitraum für die Durchführung eines Projektes (z. B. ein Bauprojekt) eingegangen werden, werden unabhängig von ihren Beteiligungsverhältnissen i. R. d. Teileigentums (copropriedade) einbezogen.[166]

Darüber hinaus gehören zu den verbundenen Parteien auch natürliche Personen bis zur Verwandtschaft dritten Grades sowie der/die Ehegatte/-in oder Lebensgefährte/-in des Geschäftsführers oder eines direkten oder indirekten Anteilseigners. Das Konzept umfasst schließlich auch Handelsvertreter (Agenten), Eigenhändler sowie Kommissionäre außerhalb der sonstigen Verbundenheitskriterien, die über exklusive Vertriebsrechte für das Produkt des anderen Unternehmens in einem bestimmten Gebiet verfügen. Hier entsteht allerdings das gemeinsame Interesse lediglich aus Handelsverhältnissen und das Kriterium erscheint übertrieben. Wenn die Vertriebsperson vorteilhafte Geschäftsbedingungen aushandelt, hängen diese grundsätzlich nicht von einem Abhängigkeitsverhältnis, sondern von den eigenen Handelsinteressen des Vertriebspartners ab.[167]

Jede Geschäftsbeziehung oder Transaktion mit beschränkt Steuerpflichtigen, die unter eine der oben erwähnten Beteiligungsmöglichkeiten fällt, muss am Ende des Fiskaljahres dokumentiert und in der Steuererklärung näher umschrieben werden.

aa) Verhältnis zur verdeckten Gewinnausschüttung

Obwohl die brasilianischen Verrechnungspreisvorschriften autonom im Verhältnis zum verdeckten Gewinnausschüttung sind, ist i. R. d. Vergleichs mit den deutschen Vorschriften bemerkenswert welche Unterschiede zwischen beiden Konzepten bestehen. Das Rechtsinstitut der verdeckten Gewinnausschüttung basiert im brasilianischen Recht (gesetzlicher Erlass (Decreto-Lei) 1.598/77 und 2.065/83) auf einem anderen Konzept zur Bezeichnung der Verbundenheit zwischen den Parteien. I. R. d. verdeckten Gewinnausschüttung ist die Abhängigkeit mit dem Begriff „pessoas ligadas" bezeichnet, während i. R. d. Verrechnungspreisvorschriften der Begriff „pessoas vinculadas" gebraucht wird.[168] Der Unter-

---

166 Vgl. *L. E. Schoueri,* Preços de transferência no direito tributário brasileiro. 2ª Edição, 2006, S. 58 f.
167 *L. E. Schoueri,* Tributos e preços de transferência no direito tributário brasileiro, 1999, S. 59 f.
168 Eine genaue Übersetzung beider Begriffe „ligadas" und „vinculadas" würde zum deutschen Begriff „verbunden" zurückführen. In der Tat gibt es rein sprachlich keinen we-

schied liegt grundsätzlich darin, dass für die verdeckte Gewinnausschüttung die Kriterien der Partnerschaften lediglich zur Durchführung eines bestimmten Projektes (consórcio ou condomínio), Lebensgefährten (lediglich Verwandtschaft bis zum dritten Grades), und Vertriebsexklusivität aunberücksichtigt bleiben.[169] Ferner trägt die verdeckte Gewinnausschüttung einen viel subjektiveren - obwohl fremdvergleichsnah - Charakter, soweit danach überprüft wird, ob „bedeutende" Werte über- oder unterhalb des Marktwertes gehandelt wurden. Obwohl ohne große Klangfülle, schlägt ein Teil der Literatur die Subsidiarität der verdeckten Gewinnausschüttung für jene Fälle vor, in den die objektiven Verrechnungspreisvorschriften technisch nicht anwendbar sind[170] oder für Fälle, bei denen die Verrechnungspreisvorschriften für rechtswidrig (Fiktionen, Vermutungen, Beschränkung von Beweismittelanwendung, usw.) zu halten sind.[171] M. E. würde die erste Alternative zu noch höherer Rechtsunsicherheit führen, soweit eine Fülle von ungeklärten Fragen offen bleiben würde und genauso ungeklärte Prozeduren zu erfüllen wären. Die zweite Alternative könnte übernommen werden, wobei es die Durchführung von Fremdvergleichen und einen langen und unsicheren gerichtlichen Weg bedeuten würde. Schließlich erlaubt das Steuerrecht eine solche Unbestimmtheit hinsichtlich der Steuererhebung nicht. Allein das spricht schon für die Revision der gegenwärtigen Vorschriften.

bb) Verhältnis zum DBA

Ferner muss die Begrifflichkeit der Verrechnungspreisvorschriften bezüglich den „verbundenen Personen" (pessoas vinculadas) von dem Begriff der laut DBA „assoziierten Personen" (pessoas associadas) unterschieden werden. Obwohl die offizielle deutsche Übersetzung des DBA-Brasilien für pessoas associadas „verbundenen Personen" heißt, überschreitet das Konzept der Verrechnungspreisvorschriften das abkommensrechtliche Konzept. Dies führt zur Debatte über die Geltungssphäre der Abkommen und ob die Sachverhalte, die zwischen Personen geschehen, die in Staaten ansässig sind, mit denen Brasilien ein geltendes DBA hat, gegen das erweiterte interne Verrechnungspreiskonzept geschützt sind. Grundsätzlich tendiert die Rechtsprechung zur Anerkennung der Sperrwirkung des Abkommens gegenüber dem nationalen Recht, dies ist aber

---

sentlichen semantischen Unterschied zwischen „ligada" und „vinculada". Der Bedeutungsunterschied liegt vielmehr in ihrer juristischen Definitionen. Deswegen wurden hier die Begriffe in der Originalsprache wiedergegeben. Wenn nichts anders gesagt wird, gilt der Begriff „verbunden" i. R. d. Untersuchung ausschließlich in Bezug auf die Verrechnungspreisvorschriften.

169 *A. Xavier,* Direito tributário internacional do Brasil. 6° Edição, 2004, S. 373 f.

170 *L. R. Galhardo,* in *Schoueri/Rocha,* Tributos e preços de transferência, 1999, S. 250.

171 *P. A. Barreto,* Imposto sobre a renda e preços de transferência, 2001, S. 161.

juristisch-geschichtlich äußerst strittig gewesen und wird unten noch untersucht werden.[172]

b. Transaktionen mit Unternehmen in Niedrigsteuerländern

Darüber hinaus werden auch Personen als „verbundene Personen" qualifiziert, wenn keines der oben genannten Beteiligungskriterien vorliegt, aber der Geschäftspartner in einem Gebiet mit niedriger Besteuerung ansässig ist und dessen maximaler Einkommenssteuersatz weniger als 20% beträgt[173] oder nach dessen innerstaatlichen Rechtsvorschriften der Informationsaustausch über Anteilsbesitz von Unternehmen der Geheimhaltung unterliegt.[174] D. h. diejenigen Personen werden *fiktiv* - weil es keinen Bezug auf die größtmögliche Wahrscheinlichkeit hat[175] - als verbundene Persons qualifiziert. Diese Länder und Gebiete werden von der Finanzverwaltung speziell aufgelistet und regelmäßig aktualisiert (am aktuellsten IN SRF 188/02).

Diese willkürliche gesetzliche Festsetzung eines Einkommensteuersatzes i. d. H. v. 20% stellt einen schweren Angriff in der Planungsfreiheit des Steuerpflichtigen dar und verlangt, soweit die offizielle Liste solcher Gebiete nicht erschöpfend ist, von dem Steuerpflichtigen einen Kontrollaufwand am Rand der Unzumutbarkeit. Obwohl der Steuersatz die Summe der Gewinnbesteuerung der Gesellschaft und der Ausschüttungsbesteuerung berücksichtigt, verlangt Art. 39 § 3° IN SRF 243/02, dass die vergleichbare ausländische Gewinnermittlung nach der brasilianische Vorschriften erfolgen muss. D. h. ein Steuerpflichtiger mit Transaktionen in solche Gebiete sollte, um überhaupt diese Gebiete zu erkennen, quasi von seinem – gleichgültig ob verbundenen oder nicht verbundenen - Geschäftspartner eine parallele Buchführung nach brasilianischen Vorschriften verlangen, um genau feststellen zu können, ob er die brasilianische Verbundenheitsfiktion erfüllt und damit die Transaktionen der Gewinnverschiebungsvermutung unterworfen sind. Diese Regelung (Art. 39 § 3° IN SRF 243/02) besteht nicht Kraft Gesetz. Sie entstand vielmehr Kraft IN SRF und ist, abgesehen von ihrer Unverhältnismäßigkeit, ohne gesetzliches Ermessen. Darüber hinaus überschreitet die IN SRF ihre verfassungsrechtliche begrenzte Funktion, Gesetze i. e. S. zu vollziehen (Art. 84 IV CF).

---

172 Dazu s. S. 119 ff.
173 Art. 24 Gesetz 9.430/96 und Art. 39 IN SRF 243/02.
174 Vgl. *C. Herbst/M. Brehm,* Tax Information Exchange Agreement Model - Informationsaustausch mit Steueroasen. IWB 14 v. 27.7.2005 Fach 10 Gr. 2 S. 1853 ff.
175 Ausführlich s. S. 113 f.

2. Auslandsbezug

Das „grenzüberschreitende" Element der Transaktionen, die unter der Verrechnungspreiskontrolle stehen, lässt sich von den Begriffen „Import" und „Export" ableiten. Hier besteht eine Parallele zu den deutschen Vorschriften, soweit indirekte Ketten von Transaktionen zwischen verbundenen Unternehmen einbezogen sind. Die Einschaltung z. B. von Zwischengesellschaften beseitigt nicht die Dokumentationspflicht, d. h. der mittelbare Auslandsbezug (Inland/Inland/Ausland) ist eingeschlossen.

3. Geschäftsbeziehung

a. Gegenstand

Art. 18 Gesetz 9.430/96 bezieht sich auf die Abziehbarkeit von Kosten und Ausgaben für Güter, Dienstleistungen und Rechte. Solche Konzepte sind breit auszulegen und umfassen sämtliche Transaktionen der brasilianischen Partei mit der ausländischen verbundenen Partei, gleichgültig, ob die grenzüberschreitenden Transaktionen üblich oder außergewöhnlich sind. Diesbezüglich erfasst das Konzept nach Auffassung der Finanzverwaltung sogar den Verkauf von Kapitalbeteiligungen.[176]

Komplizierter wird allerdings die Behandlung von immateriellen Gütern,[177] wobei gegebenenfalls ein *Transfer Pricing-Schutz*[178] im Falle von Technologietransfer eintritt. Nichtsdestotrotz verfügt die Besteuerung immaterieller Güter in Verrechnungspreissachverhalten über einen äußerst unsystematischen und häufig widersprüchlichen Zusammenhang von Rechtsvorschriften und Rechtsprechungen.[179]

---

176 Perguntas e Respostas Pessoa Jurídica 2003 – Preços de transferência, N°. 860, in www.receita.fazenda.gov.br.

177 Ausführlich über immaterielle Wirtschaftsgüter i. R. d. OECD-RL, s. *A. Roeder*, in *Becker/Kroppen*, Handbuch der Verrechnungspreise. 2004 O Tz. 6.

178 *N. Fischbach*, Die steuerliche Behandlung von Lizenzgebühren und Vergütungen für technische Dienstleistung in Brasilien aus deutscher Sicht. IWB Nr. 16 22.8.01, Fach 8 Gr. 2 S. 144; bezüglich Art. 18 § 9 Gesetz 9.430/96.

179 Kritisch *G. F. Leonardos*, Tributação da transferência de tecnologia, 2001, S. 190 ff. Zum Zweck dieser Forschung überschneiden sich die Ansichten der Verrechnungspreisbehandlung von immateriellen Gütern mit der Behandlung von Kostenumlage und beide Themen werden gemeinsam unter dem Titel „Kostenumlage" bearbeitet.

b. Kostenumlage

Die Verrechnungspreisvorschriften in Brasilien sehen keine speziellen Regelungen für Kostenumlagen[180] vor. Die Systematik für die Durchführung von Kostenumlagen drückt sich nicht mittels klaren Vorschriften aus, sondern lässt sich vielmehr von diversen Rechtsquellen ableiten. Das kann schließlich zu einem häufig undurchschaubaren Ergebnis im konkreten Fall führen.[181]

Die Analyse der Kostenumlage in den brasilianischen Verrechnungspreis- und Steuerrechtvorschriften stellt im Vergleich zum deutschen und internationalen Modell[182] ein Modell sui generis dar (s. Abbildung 5). Sie verlangt grds. die Unterscheidung zwischen abzugsfähigen und nicht abzugsfähigen Kosten; die Feststellung, ob ein Technologietransfer stattfand; gegebenenfalls die Einsetzung der Verrechnungspreisregeln und schließlich die Besteuerungsüberprüfung, die je nachdem aus der DBA Brasiliens zu interpretieren sind.

aa) Abziehbarkeitsüberprüfung

Zunächst sollte geprüft werden, ob abziehbare oder nichtabziehbare Kosten vorliegen (Abbildung 5(A)), da nichtabziehbare Kosten für Verrechnungspreisfragen grundsätzlich irrelevant sind. Um die Kosten abziehbar, also steuerlich geltend machen zu dürfen, muss der brasilianische Steuerpflichtige ernsthaft dokumentieren können, dass derartige Kosten handelsüblich (usuais ou normais) und notwendig (necessárias) sind, damit die Unternehmensziele erreicht werden können (Art. 299 § 1° Erlass 3.000/99). Hier ist insbesondere der Zusammenhang zwischen den betrachteten Kosten und ihrer Entstehung bei der Herstellung und Wertschöpfung des Produktes darzustellen. Klare Aufzeichnungsvorschriften gibt es nicht, vielmehr sollte der Steuerpflichtige den Zusammenhang erklären können.

Darüber hinaus sollte der Steuerpflichtige anhand von konkreten Beweisen demonstrieren, dass die bezogenen Dienstleistungen tatsächlich geleistet wurden.[183] Fiskalische Dokumente wie z. B. Rechnungen dienen als Ausgangspunkt für die Aufzeichnung, müssen aber eine genaue Beschreibung der Leistungen tragen und sollten von anderen Beweismitteln (Verträge, interne Ein- und Aus-

---

180 Vgl. *H. Schaumburg*, Internationales Steuerrecht. 2. Auflage, 1998 Rn. 18.130 ff.
181 Vgl. *G. F. Leonardos*, Tributação da transferência de tecnologia, 2001, S. 98 und 201 f.
182 Vgl. *O. H. Jacobs*, Internationale Unternehmensbesteuerung, 2002, S. 1063 ff.
183 Dagegen kommt es in Deutschland beispielsweise nicht darauf an, ob eine tatsächliche Nutzung bei der Überlassung immaterieller Wirtschaftsgüter eingetreten ist oder nicht, vgl. *H. Baumhoff*, in *J. Mössner*, Steuerrecht international tätiger Unternehmen. 2. Auflage, 1998, Rz. C 387.

gangskontrollen von Waren, Lagerkontrollen und -berichte, usw.) unterstützt werden. Ferner können die zahlreichen Verwaltungsentscheidungen zum Thema dem Steuerpflichtigen als Richtschnur für die Interpretation von für den Abzug gestatteten bzw. nicht gestatteten Kosten dienen.[184]

Abbildung 5

Behandlung der grenzüberschreitenden Kostenumlage in Brasilien

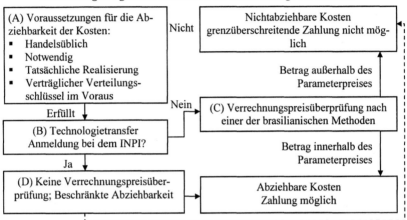

(A) Art. 299 §§ 1 und 2 RIR/99; und Verwaltungsentscheidungen u. a.: CC. Ac. 103 – 10.440 von 19.6.90 DO 16.7.92; CC. Ac. 101 – 73 -708 von 14.9.82 DO 15.05.84; CC. Ac. 1P 107 – 3960/97 – DO 06.02.98; CC. Ac. tP 105 – 11.939/97 – DO 27.01.98; CC. Ac. tP 101 – 91.719 und 91.720197 – DO 12.02.98; CC. Ac. 19 101 – 92.565199 – DO 28.04.99; CC. Ac. 19 101 – 93013100 – DO 20.03.00.
(B) Art. 211 Gesetz 9.279/96 (Anmeldung von Verträge über Technologietransfer bei dem INPI); Art. 22 Gesetz 4.506/64 (Konzept von Technologietransfer), s. ferner Zusage der Finanzverwaltung (Resposta a Consulta) Nr. 847.
(C) Grds. Art. 18 bis 24 Gesetz 9.430/96.
(D) Befreiung der Verrechnungspreisprüfung gem. Art. 18 § 9 Gesetz 9.430/96; Art. 43 IN SRF 243/02; Abzugsfähigkeitsbeschränkungen gem. Art. 12 § 1°, 13 Gesetz 4.131/62; Art. 352 und 355 RIR/99 (bis auf 5 Jahre jährliche Abzugssätze zwischen 1 und 5% der Netto-einkunft aus dem Verkauf des hergestellten oder weiterverkauften Produktes).

Schließlich muss ein entsprechender Verteilungsschlüssel[185] im Voraus vertraglich bestimmt sein. Für die Kostenverteilung innerhalb einer Gruppe verbunde-

184 Für eine umfassende Auflistung von Entscheidungszusammenfassungen (acórdãos) der Finanzverwaltung s. *A. Tebechrani/F. B. Campos et ali.* Regulamento do imposto de renda, 2004, S. 859 ff.
185 Vgl. *H. Schaumburg,* Internationales Steuerrecht. 2. Auflage, 1998 Rn. 18.134 ff.

ner Unternehmen wird ein objektives Kriterium verlangt.[186] Es muss klar gestellt werden, dass kein Unternehmen Vorteile auf Kosten eines anderen Teilnehmers der Kostenumlage hat.[187] Diesbezüglich gilt: je konsistenter der Zusammenhang zwischen den geteilten Kosten eines bestimmten Gutes und dem wirtschaftlichen Ergebnis eines teilnehmenden Unternehmens dargestellt wird, desto höher ist die Akzeptanz der Verteilungsschlüssel. Ein allgemeiner Verteilungsschlüssel, ohne jede kalkulatorische Korrektur wie beispielsweise der Mitarbeiterzahl kann Interpretationsverzerrungselemente tragen, soweit die Unternehmen z. B. in Ländern mit unterschiedlichen Arbeitsverhältnissen ansässig sind. Die Verwaltungsentscheidungen sind zwar klar bei der Anerkennung von Kostenumlagen, sind jedoch unklar, wenn es um die anerkannten Verteilungskriterien geht.[188] I. d. R. wird ein Verteilungsschlüssel auf Basis der Bruttoeinkommen der Unternehmen weitgehend anerkannt.[189] Sofern immer ein subjektives Element bei der Diskussion über Verteilungsschlüssel vorhanden ist, besteht für den Steuerpflichtigen Spielraum für die Formulierung von konsistenten Kriterien.

Um die Methode zu bestimmen, welche die Höhe des Abzuges feststellen wird, ist eine Überprüfung nötig, ob ein Technologietransfer stattfand.

bb) Technologietransferüberprüfung

Es muss geprüft werden, ob sich die Kosten auf Lizenzzahlungen oder auf technische, administrative, wissenschaftliche oder ähnliche technologische Assistenz (Dienstleistung)[190] beziehen (Abbildung 5 (B)), die mit einem Technologietransfer verbunden sind. Derartige Fälle müssen bei dem Nationalen Institut für Industrielles Eigentum (Instituto Nacional de Propriedade Industrial - INPI) archi-

186 U. a. CC. Ac. 1° 107-3.960/97 – DO 6.2.98; CC. Ac. 1° 101-92.565/99 - DO 28.4.98; CC. Ac. 1° 101-93.716/02 – DO 14.3.03.
187 U. a. CC Ac. 1° 105-11.939/97 - DO 27.1.98.
188 *A. Xavier*, Aspectos fiscais de "Cost Sharing Agreements". RDDT, Agosto 1997, S. 19.
189 U. a. CC. A.c. 1° 101-93.013/00 – DO 29.3.00 und *A. Xavier*, Aspectos fiscais de "Cost Sharing Agreements". RDDT, Agosto 1997, S. 19.
190 Über die unklare Unterscheidung zwischen den Begriffen "technische Dienstleistung" und "technische Assistenz" s. *J. L. Peña/J. van Staden*, The Treatment of Outbound Service Fee Payments under the Brazilian Double Tax Conventions. Part Two. Intertax 2000 Vol. 28 Issue 11 S. 445 f. I. R. dieser Untersuchung werden beide Begriffe als synonym verwendet. Über die teilweise unpassenden Konzepte von Technologietransfer und Dienstleistungen s. *A. Xavier*, Direito tributário internacional do Brasil. 6° Edição, 2004, S. 770 ff.; ferner s. *F. J. Calazans*, Treaty of Offshore Remittances of Consideration for Technical Services. ITPJ September/October 2005 S. 243; *R. Haddad/B. Carramaschi*. Taxes Rise for Bringing Talent into Brazil. ITR June 2004, S. 36. Für eine Marktübersicht s. *C. Escorel/J. Paul*, Patent and Technology Licensing in Latin America. Les Nouvelles, June 2005 S. 81 ff.

viert und bei der Zentralbank Brasiliens (Bacen) registriert werden und sind im Hinblick auf die Höhe ihrer steuerlichen Abzugsfähigkeit beschränkt (Abbildung 5 (D)). Die Abzugssätze variieren zwischen 1 und 5% der Nettoeinkünfte aus dem Verkauf des hergestellten oder weiterverkauften Produktes.[191] Die Zahlung ins Ausland ihrerseits darf 5% der Nettoeinkünfte aus dem Verkauf des hergestellten oder weiterverkauften Produktes nicht übersteigen. Falls ein Lizenzvertrag z. B. 8% royalties vorsieht, können die überschreitenden 3% weder abgezogen noch ins Ausland überwiesen werden.[192] Allerdings darf diese Zahlung in brasilianischer Währung, z. B. von einer in Brasilien ansässigen Gesellschaft, geleistet werden.[193]

Solche starren Sätze stammen aus dem Jahr 1958 (Art. 97 Gesetz 2.354/54) und bezogen sich allgemein auf die Zahlung für Lizenzen und technische, wissenschaftliche und verwaltungsbezogene Assistenz. In dieser Zeit wuchs die brasilianische Industrie rasch, und die Verwaltung war nicht in der Lage, den tatsächlichen Technologietransfer zu überprüfen. Allerdings drücken sich Peña/van Staden zutreffend aus:

The limitation of the deductibility of royalties from Brazilian taxable income have undergone many changes during the years. In our opinion the Brazilian royalty deductibility limitation is not appropriate. Know-how and technology, along with valuable trademarks and authorial rights, constitute key assets for enterprises in order to obtain a competitive edge in their markets. Instead of applying artificial rules, that may have a discriminatory impact in many cases, Brazil should seek for sophisticated transfer pricing regulations and mechanisms in order to discourage inter-company (licensing) transactions that do not comply with arm's length tests.[194]

---

191 Art. 355 RIR/99.
192 Eines der bekanntesten gegenwärtigen Verständigungsverfahren bezieht sich auf eine Einkommensanpassung einer japanischen Muttergesellschaft i. H. v. 25,4 Milliarden Yen (ca. 183 Millionen Euro) wegen unterbezahlter Royalties durch eine brasilianische Tochtergesellschaft auf Grund offizieller Auszahlungssperren (Fall Honda Motor Co.); dazu: *T. Aritake,* Japan, Brazil Competent Authorities Poised to Take Up Honda Motor Co. Case. TMTR 9.11.2005 Vol. 14 No. 14 S. 537.
193 Einzelheiten über die Abziehbarkeit von Kosten immaterieller Güter und ihre Abhängigkeit der Qualifikation der Parteien (z. B. Nichtabziehbarkeit von royalties, die an Geschäftsführer oder Anteilseigner und ihre Familienmitglieder bezahlt werden, gem. Art. 71 einzelner Absatz, d) Gesetz 4.506/64) s. *G. F. Leonardos,* Tributação da transferência de tecnologia, 2001, S. 198 ff.
194 *J. L. Peña/J. van Staden.* The Treatment of Outbound Service Fee Payments under the Brazilian Double Tax Conventions. Part Two. Intertax 2000 Vol. 28 Issue 11 S. 445 Note 33.

Solange diese Rechtsanpassung nicht passiert, ist für die Bestätigung eines Technologietransfers nach den geltenden Regeln entscheidend, dass das Know-how, die Erklärung und Verfügbarkeit einer bestimmten Technik übertragen wird.[195] Es reicht dafür nicht, dass z. B. eine innovative Software lizenziert oder vertrieben wird, welche ohne weiteres lediglich als eine Ware und damit unter Art. 7 OECD-MA zu behandeln ist. Vielmehr muss die Systemkodierung und die ausführliche Dokumentation getauscht werden, um nach Art. 12 OECD-MA einen Technologietransfer zu verkörpern.[196] Die Identifizierung eines Technologietransfers wird noch schwerer auszudrücken, wenn es sich um verwaltungsbezogene Hilfe (sog. management fees) handelt, die als technische Dienstleistung verstanden werden kann, jedoch i. d. R. den Verrechnungspreisvorschriften unterworfen ist.[197]

Whether the expression „technical services" at all times relates to a transfer of technology under Brazilian law remains questionable.[198]

Darüber hinaus ist in der Praxis zu empfehlen, dass auf jeden Fall das INPI um eine Stellungnahme gebeten wird, um gegen eine abweichende Interpretation der Finanzverwaltung geschützt zu sein. Die Befreiung von der Verrechnungspreis-

---

195 Über das *breite, nebelige* und *elastische* Konzept von Technologietransfer zwischen steuerlichen und devisenrechtlichen Interessen s. *A. Xavier,* Direito tributário internacional do Brasil. 6ª Edição, 2004, S. 770 ff.

196 Vgl. die Auflistung von Aktivitäten, die von der Registrierung bei dem INPI befreit sind, weil sie keinen Technologietransfer darstellen, im Art. 211 Gesetz 9.279/96 (Código de Propriedade Industrial).
Ferner, über die erheblichen Kontroversen einerseits zwischen dem Verständnis der brasilianischen Finanzverwaltung, der der Meinung ist, dass die Zahlung von Dienstleistungen ohne Technologietransfer unter eine breite Auslegung von Art. 21 OECD-MA fällt (grds. Quellenbesteuerung), und andererseits dem internationalen Verständnis, dass solche Zahlungen unter Art. 7 OECD-MA fallen (grds. Wohnsitzstaatbesteuerung), s. *J. L. Peña/J. van Staden,* The Treatment of Outbound Service Fee Payments under the Brazilian Double Tax Conventions. Part One. Intertax 2000 Vol. 28 Issue 10 S. 374 ff.; *N. Fischbach,* Die steuerliche Behandlung von Lizenzgebühren und Vergütungen für technische Dienstleistung in Brasilien aus deutscher Sicht. IWB Nr. 16 22.8.01, Fach 8 Gr. 2 S. 127-147; *R. Haddad,* How Brazil Taxes International Services. ITR October 2003 S. 38-41; und *L. E. Schoueri/R. P. Ribeiro,* Brazil. New Witholding Taxes on Imported Services. ITPJ September/October 2004, S.196-205.

197 Vorschriften des Bacen Nr. 2.685/96 Kapitel II, Titel 13, Nr. 22 und 23 V. Vgl. *C. H. T. Bechara,* Brazil. The Tax Treatment of Management Fees. ITPJ, November/December 1998, S. 271 ff.

198 *J. L. Peña/J. van Staden,* The Treatment of Outbound Service Fee Payments under the Brazilian Double Tax Conventions. Part Two. Intertax 2000 Vol. 28 Issue 11 S. 446.
Ferner über die Auslegung von Abkommensvorschriften und Qualifikationsproblemen s. *K. Vogel,* Transnationale Auslegung von Doppelbesteuerungsabkommen. IStR 15/2003 S. 525 und 528 f.

prüfung gem. Art. 18 § 9 Gesetz 9.430/96 bezieht sich auf Lizenzzahlungen und technische, administrative, wissenschaftliche oder ähnliche technologische Hilfe (Dienstleistung), soweit solche Zahlung auf Verträgen beruhen, die bei dem IN-PI registriert sind. Alle anderen Fälle unterstehen den Verrechnungspreisvorschriften.

cc) Verrechnungspreisüberprüfung

Mit der Anwendung der brasilianischen Verrechnungspreisvorschriften (Abbildung 5 (C)) entsteht ein beschränktes Gewinnelement, das zu den Kosten hinzuzurechnen ist. Somit ist nicht länger von Kostenumlage sondern von Preiszahlung die Rede. In diesem Punkt sehen die brasilianischen Vorschriften allgemein vor, dass Importpreise unterhalb des Parameterpreises zu keiner Einkommenskorrektur führen.[199] Anders gesehen „duldet" die brasilianische Verrechnungspreissystematik nicht eine Kostenbeteiligung, soweit die vorherigen Voraussetzungen erfüllt sind, sondern eine Kostenbeteiligung mit zusätzlicher Gewinnmarge. Andererseits, und m. E. besonders misslungen, unterdrückt das System die vorteilhafte Durchführung von zentralen Tätigkeiten - inklusiv von F&E - in Brasilien, soweit ein Gewinnaufschlag - der i. d. R. der internationalen Praxis nicht entspricht - bei der internationalen Verteilung der Dienstleistung zwischen den verbundenen Personen verlangt wird.

Diesbezüglich erkennt Xavier[200] zutreffend, dass in solchen Pool-Konstellationen, wo die Durchführung von Funktionen zentralisiert wird und ihre Risiken von allen Teilnehmern getragen werden, kein Gewinnaufschlag zu Gunsten eines der Teilnehmer zu rechtfertigen ist. Vielmehr sollten die Verrechnungspreisvorschriften des Gesetzes 9.430/96 nicht verwendet werden. Nichtsdestotrotz sieht das Gesetz diese Abweichung nicht vor, und damit bestehen die benachteiligenden Effekte fort.

dd) Kostenumlage i. R. d. F&E

Problematischer sind hingegen Fälle, bei denen sich die Kostenumlage auf die Finanzierung von künftigen Vorgängen bezieht, wie z. B. die zentrale F&E im Rahmen von Konzernverbänden, bei denen die F&E betreibende Gesellschaft im Ausland ansässig ist. Da mit der Forschung das Risiko der Schaffung oder Nichtschaffung von Entdeckung oder Entwicklung eines nutzbaren Wissens

---

199   Art.18 § 5° Gesetz 9.430/96.
200   *A. Xavier*, Direito tributário internacional do Brasil. 6° Edição, 2004, S. 409 f.; Vgl. *H. Baumhoff*, in *J. Mössner*, Steuerrecht international tätiger Unternehmen. 2. Auflage, 1998, Rz. C 388 und C 439 ff.; und Vgl. *O. H. Jacobs*, Internationale Unternehmensbesteuerung, 2002, S. 1075 ff.

verbunden ist, ist die Voraussetzung der tatsächlichen Realisierung der Leistung im engeren Sinn, wie von der Finanzverwaltung verlangt,[201] nicht zu erfüllen. Diesbezüglich berücksichtigt das brasilianische Recht nicht den Sonderfall einer Kostenumlage i. S. einer Rechtsgestaltung für die Kostenumlage von ausländischer F&E mit künftigen, risikogebundenen Ergebnissen.[202] Darüber hinaus sind F&E-Kosten in Brasilien nicht sofort abziehbar.[203] Das ist m. E. eine groteske Unvollkommenheit nicht nur der brasilianischen Verrechnungspreispolitik, sondern auch der brasilianischen Forschungspolitik. Ob es „para-juristische" - da interdisziplinär[204] - oder eher latu sensu juristisch - da letztlich eine verfassungsrechtliche Verbindung erstellt wird - Argumente sind, die Notwendigkeit ihrer Entwicklung spielt eine entscheidende Rolle i. S. der künftigen Richtung der Verrechnungspreispolitik des Landes, und dazu trägt diese Untersuchung bei.[205]

Da sich die brasilianische Gesellschaft bei der risikogebundenen konzerninternen F&E nicht beteiligen darf, bleibt lediglich der künftige Import der schon entwickelten Technologie übrig, deren Preis logischerweise nicht ohne einen risikodeckenden Gewinnaufschlag zu haben ist. Wenn dieses Gewinnelement durch die o. g. Kontrolle (feste Gewinnsätze bei Verrechnungspreiskontrolle (s. Abbildung 5 (C)) oder feste Abzugssätze bei Technologietransfer (s. Abbildung 5 (D)) einbezogen wird, bleibt dem unbeschränkten Steuerpflichtigen lediglich die Alternative, sekundäre, teilweise abgeschriebene und veraltete Technologie zu importieren, deren Preis innerhalb der Beschränkungen bleibt.[206] Das verhindert jedoch zum einen die Einfuhr von Spitzentechnologie und zum anderen die Zahlung des geringsten Preises, d. h. lediglich der Kostenbeteiligung. Solange im Inland keine alternative Technologie angeboten wird, kann diese kontraproduktive Systematik nicht zu Gunsten der inländischen Industrie und Wirtschaft

---

201 U. a. CC. Ac. 1° 101-80.329/90 – DO 26.9.90.

202 Der Normative Akt (Ato Normativo) 116/93 des INPI (durch den Normativen Akt 135/97 allerdings außer Kraft gesetzt) sah jedoch die Kostenumlage durch Risikoverträge bezüglich künftiger Ergebnissen von Forschungen vor, soweit die beteiligte brasilianische Gesellschaft, ohne Lizenzgebühren zahlen zu müssen, von den Ergebnissen profitieren könnte. Vgl. *A. Xavier,* Aspectos fiscais de "Cost Sharing Agreements". RDDT, Agosto 1997, S. 20 f. und *G. F. Leonardos,* Tributação da transferência de tecnologia, 2001, S. 100 f.

203 COSIT-Entscheidung N° 4/98 von 20.10.98 DOU 27.1.99.

204 Vgl. *H. Tôrres,* Pluritribitação internacional sobre as rendas de empresas. 2ª Edição, 2001, S. 424 ff.

205 Über die entscheidende Rolle von F&E für die wirtschaftliche Entwicklung und die Lage der brasilianischen Wirtschaft, F&E zu fördern s. *N. Mulder/J. O. Martins,* Trade and Competitiveness in Argentina, Brazil and Chile: not as easy as A-B-C. OECD, 2004, S. 55 ff.

206 Vgl. *L. Gordon,* A segunda chance do Brasil a caminho do primeiro mundo, 2002, S. 169.

wirken und lässt sich nicht rechtfertigen. Wäre das Risikoelement bezüglich der Durchführung von F&E prohibitiv, würden es auch andere ausländischen Gesellschaften nicht übernehmen. Dagegen zu argumentieren hieße letztlich, gegen die aktuelle Weltwirtschaftsordnung zu sprechen, deren Spitzenunternehmen von ihrer technologischen Spitzenposition gestützt werden. Weiter unterstützt diese Maßnahme nicht die inländische Durchführung von Forschung und Entwicklung, soweit die Effizienz einer weltweiten Ressourcenallokation grds. die Effizienz einer lokalen übersteigt.[207]

Des Weiteren lässt sich weder die Entwicklung noch die Wettbewerbsfähigkeit der einheimischen Technologie mittels protektionistischer Maßnahmen auf dem internationalen Stand halten und schon gar nicht zum internationalen technologischen Niveau aufholen.[208] Obwohl die 50er und 60er Jahre von der Abkehr vom „natürlichen" Agrarvorteil des Landes hinzu der Industrialisierung durch die Importersatzpolitik erfolgreich geprägt waren, kam das protektionistische Modell in den 80er Jahre an seine Grenze. Das Protektionismus-Fiasko der Computer-Politik Brasiliens aus dieser Zeit ist das berühmteste Beispiel. Brasilien zahlt bis heute den Preis für eine Politik, die zu kaum einem Fortschritt der nationalen IT-Branche führte und die Verantwortung für die gravierende Verspätung des Einzugs Brasiliens in das IT-Zeitalter trägt.[209] Vielmehr kann die Verspätung des im Vergleich zu den entwickelten Staaten zurückgebliebenen[210] Forschungsstandorts Brasilien durch die internationale Zusammenarbeit und moderne Verrechnungspreismechanismen für die dort durchgeführte F&E aufgeholt werden.

Die aktuellen Verrechnungspreisvorschriften erlauben keine Kostenumlageverträge, wonach die Lieferung von Lizenzen auf Basis ihrer Kosten erlaubt und die Beteiligung der ausländischen verbundenen Partei an den Risiken anerkannte wäre. Das zu erlauben würde ferner dazu beitragen, die so erwünschte internationale Investition[211] auch i. R. d. F&E ins Land zu lenken.

---

207 Über Auslagerung von F&E Vgl. *O. H. Jacobs*, Internationale Unternehmensbesteuerung, 2002, S. 1075.

208 Für einen Überblick der teilweise zu bürokratischen Maßnahmen zur Förderung von F&E in Brasilien s. *D. R. S. da Silva*, Brazil's Industrial Sector Asks Government to Amend Tax Incentives. 15.2.05, TNI, WTD 30-2.

209 Vgl. *P. A. Samuelson/W. D. Nordhaus*, Economics. 18th Edition, 2005, S. 312; und *L. Gordon*, A segunda chance do Brasil a caminho do primeiro mundo, 2002, S. 172 ff.

210 Vgl. *L. Gordon*, A segunda chance do Brasil a caminho do primeiro mundo, 2002, S. 165 ff.

211 Für eine wirtschaftliche Analyse der Investitionslandschaft s. *N. Mulder/J. O. Martins*, Trade and Competitiveness in Argentina, Brazil and Chile: Not as Easy as A-B-C. OECD, 2004, S. 96 ff. Ferner über die bedenkliche Wirkung von ausländischer Direktinvestition auf die Reduzierung der Armut, weil tendenziell eher die besser ausgebilde-

Selbstverständlich ist seitens der Finanzverwaltung die Kontrolle nach der gegenwärtigen Rechtslage „weniger" kompliziert und ermöglicht genauere Ergebnisse und höhere Besteuerungsgrundlagen, obwohl es auf Kosten des günstigsten technologischen Fortschritts erfolgt. Die aktuelle rechtliche Gestaltung von F&E-bezogenen Kostenumlagen stellt eine viel zu simple Lösung dar, die keinem - und schon gar nicht dem Wohlstand des Landes - außer einem kleinkarierten und kurzsichtigen Fiskus zugutekommt. Instrumente für die Kontrolle der Durchführung von konzerninterner Kostenumlage i. R. d. F&E würden sich mittels einer adäquaten Dokumentationspflicht - wie es die internationale Praxis zeigt - bereitstellen lassen.

Die Ablehnung dieser gegenwärtigen kurzsichtigen Politik lässt sich ohne weiteres sowohl wirtschaftlich als auch rechtswissenschaftlich rechtfertigen. Wirtschaftlich, weil auf der Kostenebene mit sinkenden Technologiekosten zu rechnen ist. Die Kapitalkosten aus den Risikofaktoren, wie z. B. die Zeit zwischen Zahlungsanfang und Nutzung der neuen Technologie, lassen sich i. R. des Kostenumlagevertrages regeln. In diesem Zusammenhang ist die Gestaltung von Bedingungen oder Verrechnungsfaktoren möglich, die das Kapitalimportverhältnis Brasiliens berücksichtigen. Beispielsweise können Mechanismen formuliert werden, die eine evtl. größere Beteiligung der brasilianischen Gesellschaft bei den Ergebnissen der F&E vorsehen oder die Beteiligung von brasilianischen Forschungseinrichtungen einbeziehen. Ferner können die Beteiligungen an den Ergebnissen der F&E zu Lizenzeinahmensquellen führen. Rechtswissenschaftlich würde die Modernisierung der Kostenumlagepolitik den Entwicklungsabsichten hin zu einer international orientierten[212] Verfassung in mehreren Hinsichten näher kommen. Die aktuelle Unmöglichkeit von Kostenumlage bei F&E mit Risikoelement entfernt sich kurz gesagt von den Grundzielen der Republik laut Art. 3° II und II CF, die die Absicherung der nationalen Entwicklung und die Abschaffung der Armut und Marginalisierung vorsehen. Beide sind m. E. durch den verkehrten Erwerb von (veralteter) Technologie nicht zu erreichen - in einer Weltwirtschaftsordnung, in der die Anschaffung und der Besitz von Spitztechnologie ein entscheidendes Unterscheidungsmerkmal zwischen entwickelten und unterentwickelten Länder ist. Vielmehr würde eine Annährung oder gar eine Angleichung an die internationale Kostenumlagepraxis Brasilien nicht länger in eine kontraproduktive Richtung steuern, sondern den Forschungsstandort Brasilien fördern.

---

ten Arbeitskräften des Empfängerlandes beschäftigt werden s. *R. Jenkins*, Globalization, Corporate Social Responsability and Poverty. International Affairs Vol. 81 No. 3, May 2005, 531 ff.

212 *C. A. Mello*, Direito constitucional internacional. 2ª Edição, 2000, S. 20 f.

II. Zeitpunkt der Dokumentation

Eine ausdrückliche Vorschrift über die Vorlagefrist wie im deutschen Recht § 90 III AO gibt es in den brasilianischen Vorschriften nicht. Damit der Steuerpflichtige am Ende des Geschäftsjahres seine Körperschaftsteuer selber berechnen und spontan die Körperschaftsteuer und den Sozialbeitrag auf den Nettogewinn zahlen kann, ist spätestens bis Ende des Geschäftsjahres die Durchführung von Verrechnungspreiskontrollen unabdingbar. Die Finanzverwaltung kann innerhalb einer Frist, die sie selber festsetzt, Erklärungen über die Informationen der Steuererklärung verlangen. Obwohl das Gesetz keinen genauen Hinweis über die Dauer der Frist gibt, die somit innerhalb des Ermessensspielraumes der Finanzverwaltung liegt, umfasst sie i. d. R. ca. 30 Tage und kann grundsätzlich für eine neue Periode verlängert werden.

Darüber hinaus kann gesagt werden, dass de jure der Steuerpflichtige mit der Dokumentation solange warten könnte, bis eine Frist zur Erklärung von der Finanzverwaltung eingeräumt wird - er muss jedoch in der Lage sein, die Steuererklärung selbständig ausfüllen zu können. De facto ist die Dokumentation vielmehr zeitnah zu erstellen. Das lässt sich auch in mehreren Hinsichten untermauern. Erstens besteht das Risiko, von einer Entscheidung der Finanzverwaltung bezüglich der Länge der Frist abhängig zu sein. Die Möglichkeit einer angemessenen Kontrolle der Verrechnungspreise, die jede Transaktion jeder Produktart zur Berechnung der arithmetischen Preismitte für die Periode und ihre Überprüfung mit einem bestimmten Parameterpreis verlangt, kann nur erfolgen, wenn schon vor dem Jahresende Kontrollmaßnahmen ergriffen werden. Der erhebliche Aufwand, die Informationen zu sammeln und zu bearbeiten, wird noch größer, wenn nachträglich, nach Jahresende, die Informationen unter Zeitdruck gesammelt werden müssen. Das gleiche gilt für die Untermauerung der Steuererklärung bei dem Informationsverlangen i. R. einer Nachprüfung der Finanzverwaltung. Hier besteht die Möglichkeit der Vermeidung ungünstiger Einkommenskorrekturen durch Verrechnungspreisanpassungen, wenn die richtigen Informationen zum Untermauerung vorhanden sind. Nichtsdestotrotz bleibt es im Ermessensspielraum des Steuerpflichtigen, zu entscheiden, ob er die Dokumentation zeitnah oder nachträglich durchführen will, solange er der Finanzverwaltung rechtzeitig die Steuererklärungsauskünfte nach Anfrage belegen kann.

III. Mitwirkungspflicht

1. Allgemein

Die Beweislast bei der Steuerermittlung in Brasilien liegt ausdrücklich bei der Finanzverwaltung.[213] Die Notwendigkeit dieser Bestimmung lässt sich nicht nur leicht aus rechtsstaatlichen Gründen erklären, sondern auch durch historisch-juristische Faktoren. Diesbezüglich sollte wiederholt werden, dass in Brasilien die Stimme des Steuerpflichtigen während des Gesetzgebungsverfahrens und der Entstehung von IN SRF kaum berücksichtigt wird und es ferner in der brasilianischen Geschichte wiederholt einen autoritären Staat gab.[214] Das brasilianische Steuerrechtsystem wird durch eine enge, absolute Anwendung des Prinzips der Legalität geprägt. Dem Gesetz muss formalrechtlich absolut gefolgt werden.[215] D. h. es ist verboten, Abgaben durch Analogie einzuführen.[216] I. d. S. verlangt das brasilianische Steuerrecht auch von den Verrechnungspreisvorschriften Präzision. Mit der Absicht, mathematisch genaue Ergebnisse zu ermöglichen, beschreiben die brasilianischen Verrechnungspreisvorschriften eine aufwendige Prozedur zur Berechnung von Parameterpreisen. Die Zuständigkeit für die Durchführung dieser Prozedur wurde an den Steuerpflichtigen delegiert, der in der Lage sein muss, künftig diese Durchführung offenzulegen. Obwohl der Versuch, Verrechnungspreisregeln genau und ausführlich zu beschreiben, gescheitert ist und obwohl die beschränkten Methoden sich häufig als ungeeignet und das System der widerlegbaren Vermutungen sich als unpraktikabel erwiesen haben, entstand eine erhöhte Aufzeichnungslast und die Verletzungen von verfassungsverankerten Prinzipien. Nichtsdestotrotz soll nicht ohne weiteres gemeint werden, dass die Beweislast umgekehrt worden sei.

---

213 Art. 142 CTN.
214 Vgl. s. Fn. 103.
215 Kritik an den Regierungsanweisungen an die Finanzverwaltung, mehr Kleinigkeiten bei der Interpretation von Vorschriften zu diskutieren, als *echte Steuerbetrüger* zu verfolgen, s. *I. G. S. Martins*, in *V. O. Rocha*, Tributos e preços de transferência, 1997, S. 37. Ferner über das teilweise unterentwickelte Verständnis der Rechtsstaatsprinzipien im brasilianischen Steuerrecht s. *H. Ávila*, Materiell verfassungsrechtliche Beschränkungen der Besteuerungsgewalt in der brasilianischen Verfassung und im deutschen Grundgesetz. 2001, S. 168 ff.
216 Bestätigung durch die Rechtsprechung u. a. s. Recursos Extraordinários: Nr. 79.159, DJ 22.11.74; Nr. 79.753 DJ 22.11.74; Nr. 80.471-PR, DJ 26.09.75; Nr. 78871-SP, DJ 6.5.77; Nr. 76114-SP, DJ 22.5.81; Nr. 158891-SP, DJ 1.12.95, S. 41690; Nr. 182314, DJ 18.8.95, S. 24980; und Nr. 188.107-SC, DJ 30.05.97, S. 23193. Ausführlicher Kommentar in *H. Ávila*, Materiell verfassungsrechtliche Beschränkungen der Besteuerungsgewalt in der brasilianischen Verfassung und im deutschen Grundgesetz. 2001, S. 195 ff.

2. Beweislast

Die gegenwärtigen Vorschriften legen eine widerlegbare Vermutung (presunção relativa) fest, dass die gesetzlich festgelegten Rohgewinnsätze, die die Parameterpreise bestimmen, erwirtschaftet wurden. Die Wiederlegung könnte grundsätzlich durch marktübliche Sätze von dem Steuerpflichtigen begründet werden und müsste von der SRF akzeptiert werden.[217] Bei der Untersuchung der Beweislast spricht die Literatur überwiegend über eine Beweislastumkehr.

Die Untersuchung der Beweislast der brasilianischen Verrechnungspreisvorschriften ist m. E. jedoch dichotom zu betrachten. Auf einer Achse dieser „Beweislastdichotomie" ist der Bereich der Fremdvergleichsprüfung angesiedelt, wonach die Beweislast bezüglich der Widerlegung der gesetzlich fixierten Margen auf Basis von Marktuntersuchungen verstanden wird. Diese Diskussion um die Beweislast hat am meisten die Literatur beschäftigt.[218] Anderseits gibt es auch den Bereich der Beweislast bezogen auf die Ermittlung des Parameterpreises und der Einkommenskorrekturen zur Erfüllung der starren Margen.

a. Beweislast bezüglich der Fremdvergleichsprüfung

Angenommen, dass ein Steuerpflichtiger sein Recht auf die Änderung der Gewinnsätze auf Basis von marktüblichen Werten wahrnehmen will und dafür beispielsweise einen Bericht i. S. d. Art. 21 II i. V. m. Art. 21 § 2° Gesetz 9.430/96 und ferner Art. 29 IN SRF 243/02 vorlegt, so *kann* laut Art. 21 § 3 Gesetz 9.430/96 der Sekretär der SRF diesen ablehnen, soweit er jenen Bericht für *inkonsistent oder unglaubwürdig* hält.

Mehrere Fragen bleiben bei dieser Vorschrift offen. Erstens erfolgt der Akt des Sekretärs nach einer Kann-Vorschrift. D. h. trotz Inkonsistenz oder Unglaubwürdigkeit kann der Bericht auch genehmigt werden. In einem solchen Fall würde das Gesetz der SRF einen unangemessenen Ermessensspielraum einräumen. Zweitens bleibt die Frage, ob im Fall einer Ablehnung der Sekretär diese Inkonsistenz oder Unglaubwürdigkeit erklären und begründen muss. Bei einer solchen Begründung müssen Fragen um die Bedeutung der nicht-juristischen Begriffe „inkonsistent" und „unglaubwürdig" geklärt und definiert werden.[219] In

---

217 Ausführlich s. S. 139 ff.
218 Vgl. u. a. *E. C. Fernandes*, S. 93; *F. J. de Carvalho/M. I. Murgel*, S. 151, alle in *Schoueri/Rocha,* Tributos e preços de transferência, 1999; und *L. E. Schoueri,* Preços de transferência no direito tributário brasileiro. 2ª Edição, 2006, S. 98 ff.
219 Über den unangemessen breiten Ermessensspielraum der Finanzverwaltung bei der (nach den Autoren sogar *willkürlichen*) Ablehnung von Marktpreisstudien zur Änderung der feste Gewinnsätze s. *H. T. Tôrres/A. C. A. Utumi,* in *Schoueri/Rocha,* Tributos e

der spärlichen Anwendung der Vorschrift in der Praxis wurde lediglich folgende Ablehnung als eine kurze und wenig sachbezogene Mitteilung gemacht:

Deklaratorischer Akt des Exekutives SRF Nr. 37 v. 26.7.2002 DOU 29.7.2002

Ablehnung der auf Basis des Art. 21 Gesetz 9.430/96 vorgelegten technischen Untersuchung.

Der Sekretär der SRF (…) erklärt:

Art. 1. Die technische Untersuchung, die von dem Unternehmen Price Waterhouse Coopers durchgeführt wurde und von der juristischen Person Janssen-Cilag Farmacêutica Ltda. vorgelegt wurde, wird abgelehnt.

Art. 2. Dieser Akt tritt mit der Veröffentlichung in Kraft.

EVERARDO MACIEL.[220]

Entscheidend für die Differenzierung zwischen beiden Bezügen der Beweislast (Fremdvergleich vs. starre Margen) sind ihre Folgen. Bei der Beweislast bezüglich der Fremdvergleichsprüfung muss die Finanzverwaltung nicht die für sie „angemessenen Fremdpreise" beweisen, vielmehr setzt sie einfach die gesetzlich festen Gewinnsätze ein. Allein das bestimmt m. E. die Beweislastumkehr. Ohne selbst den „Gegen-Fremdvergleich" durchführen zu müssen, ist eine Ablehnung für die SRF eine „einfache" Lösung und führt letztlich dazu, dass bei der Beweislast bezüglich der Fremdvergleichsprüfung tatsächlich eine rechtswidrige Umkehr der Beweislast eintritt. Die schlecht begründete Ablehnung des Änderungsantrags ist ein Verstoß gegen das Verwaltungsrecht und führt m. E. zur Nichtigkeit des Verwaltungsaktes und damit zur Geltung der beantragten Margen. Das Gesetz verlangt allerdings keine ausführliche Begründung auf der Basis von selbst durchgeführten Fremdvergleichsstudien. Gleichwohl bleibt fraglich, worauf die Finanzverwaltung die Ablehnung des Antrags auf Basis von „Inkonsistenz" und „Unglaubwürdigkeit" stützen soll. Die Anfechtung von Elementen der Fremdvergleichsstudie reicht nicht zur Begründung der Ablehnung, ohne die für richtig gehaltenen Daten vorzulegen.

---

preços de transferência, 1999, S. 179.

220 Im Original:

Ato Declaratório Executivo SRF n° 37 de 26.7.2002 DOU de 29.7.2002

Desqualificação de pesquisa técnica apresentada nos termos do art. 21 da Lei n° 9.430, de 1996.

O SECRETÁRIO DA RECEITA FEDERAL, no uso de suas atribuições e tendo em vista o disposto do art. 21 da Lei n°. 9.430, de 27 de dezembro de 1996, na Instrução Normativa SRF n° 38, de abril de 1997, e o que consta do processo n° 16327.002660/2001-71, declara:

Art. 1° Fica desqualificada a pesquisa técnica realizada pela empresa Price Waterhouse Coopers, apresentada pela pessoa jurídica Janssen-Cilag Farmacêutica Ltda., inscrita no CNPJ/MF n° 51.780.468/0001-87.

Art. 2° Este ato entra em vigor na data de sua aplicação.

EVERARDO MACIEL

Wenn der Steuerpflichtige trotz Ablehnung der Finanzverwaltung weiter seine durch eine Fremdvergleichsstudie verankerten Preise ansetzen will, verbleibt ihm zuletzt nur der gerichtliche Weg, wobei die Finanzverwaltung keineswegs die Studie mittels Argumenten aus einem selbst durchgeführten Fremdvergleich angreifen muss und sich vielmehr auf die gesetzliche Margen stützen darf. Damit verbleibt auf der Seite des Steuerpflichtigen die rechtswidrige und unzumutbare Last zu beweisen, dass die Preise aus der Fremdvergleichstudie geeigneter für den Preisvergleich sind.[221]

b. Beweislast bezüglich der Erfüllung der fixierten Margen

Der Steuerpflichtige muss seine Verrechnungspreise so gestalten und dokumentieren, dass die gesetzlich festgelegten Rohgewinnmargen erreicht bzw. bewiesen sind. Wenn die SRF mit der Darstellung des Steuerpflichtigen nicht einverstanden ist, muss sie ihre Ablehnung der dokumentierten Verrechnungspreise begründen.[222] Dazu gehört nicht nur, die Schwachpunkte zu kennzeichnen, was so noch keine Einkommenskorrektur nach Art.142 CTN ermöglicht, sondern auch eine ausführliche Begründung und Erklärung der von der SRF für richtig gehaltenen Einkommenskorrektur. Diese Angabe der SRF muss dann beweisen können, dass das SRF-Vorhaben zutreffend ist. Diesbezüglich dient die Dokumentation, die von dem Steuerpflichtigen erbracht wurde, als Grundmaterial für die Arbeit der SRF und erleichtert ihren Zugang zu verschiedenen Transaktionsinformationen, die dem Steuerpflichtigen verfügbar sind, soweit er die bessere Kenntnis seiner Transaktionen hat. Dies entspricht im Ansatz dem aus der deutschen Rechtsprechung bekannten Institut der sphärenorientierten Mitverantwortung:

Sie halten den Beteiligten zur Offenbarung der in seinem Lebens- und Verantwortungsbereich angesiedelten Tatsachen und Beweismittel an. Aufgrund der intensiven Mitwirkung des Steuerpflichtigen (und anderer Beteiligter) ist die Sachaufklärung im steuerlichen Ermittlungsverfahren auf eine kooperative Arbeitsteilung zwischen der Behörde und dem Bürger angelegt, die zusammen eine Art „Arbeitsgemeinschaft" bilden. Die Mitwirkungspflichten beschränken sich nicht auf die reine Sachverhaltsaufklärung, sondern erstrecken sich (...) auch auf die Rechtsanwendung.[223]

---

221 Vgl. *E. C. Fernandes,* in *Schoueri/Rocha,* Tributos e preços de transferência, 1999, S. 93.
222 Vgl. *R. M. de Oliveira,* in *V. O. Rocha,* Tributos e preços de transferência, 1997, S. 80 f.
223 *R. Seer,* Verständigungen in Steuerverfahren. 1996 S. 191 ff.; *S. Rasch,* Konzernverrechnungspreise im nationalen, bilateralen und europäischen Steuerrecht. 2001 S. 312 f.; *R. Seer,* in *Tipke/Lang,* Steuerrecht, 17. Aufl., 2002, § 21, Tn. 172.

Das Aufzeichnungsverlangen muss sich an diesem Idealbild auf der Basis von Kooperation orientieren. Demzufolge dürfen ausschließlich Aufzeichnungen verlangt werden, zu denen der Steuerpflichtig unter Berücksichtigung des Verhältnismäßigkeitsprinzips Zugang haben kann.

Steuerpflichtigen ist die Begründung des Verwaltungsaktes für eine spätere Verteidigung conditio sine qua non. Ferner ist sie ein Muss-Element des Verwaltungsrechts und verfassungsrechtlich verankert, auch wenn die SRF nicht selten ihre Pflicht nicht angemessen erfüllt.[224] Somit muss jede Seite das beweisen, was sie angibt, und es darf keine Beweislastumkehr geben.

Aus deutscher Sicht stellt der erhebliche Aufzeichnungsaufwand eine vergrößerte Mitwirkungspflicht dar, die letztlich aus der Perspektive von Seer[225] mit der Ausbreitung der Mitwirkungspflicht des Steuerpflichtigen zu vergleichen ist. Insoweit nähert sich die brasilianische vergrößerte Mitwirkungspflicht der deutschen Mitwirkungspflicht des § 90 III AO an.[226] Unterschiedlich bleiben allerdings beide Mitwirkungspflichten i.S.d. Inhaltes der Aufzeichnungen. Bei der Entstehung der deutschen Vorschriften wurde jedoch ein größeres Augenmerk auf die Einhaltung der Besteuerungsprinzipien gelegt als bei den brasilianischen Vorschriften.

3. Besteuerungsgrundsätze

Demzufolge ist zu überprüfen, ob der Dokumentationsaufwand und die gesetzlich starren Gewinnmargen und ihre Änderungsmöglichkeiten mit den brasilianischen Beschränkungen der Besteuerungsgewalt zu vereinbaren sind.[227] Eine genaue Überprüfung aller Verrechnungspreisvorschriften überschreitet dennoch den Gegenstand dieser Untersuchung. Vielmehr werden im Folgenden die bedeutendsten Verstöße analysiert.

Die brasilianische Verfassung legt auf erschöpfende Weise den Handlungsspielraum des Staates in Bereich der Besteuerung und die Kompetenzen jeder Staatsgewalt fest. Der Verfassungstext erläutert eine Reihe von Prinzipien, deren Wirkungen mittelbar und unmittelbar bei der Besteuerung beachtet werden müssen.[228] Die Präambel erklärt die Hauptwerte des Staates (valores supremos), die die sozialen und individuellen Rechte der Freiheit, der Sicherheit, des

---

224 Art. 5° LV CF; *H. L. Meirelles*, Direito administrativo brasileiro, 2003, S. 97. In der Rechtsprechung u. a. Ac. 1° CC 103-20854 – DOU 30/04/02 und Ac. 1° CC 202-12298.

225 Vgl. *R. Seer*, in *Tipke/Kruse*, Kommentar zu AO. 2004, § 162 Tz. 69 f.

226 Ausführlich s. drittes Kapitel.

227 *P. A. Barreto*, Imposto sobre a renda e preços de transferência, 2001, S. 26.

228 U. a. *P. A. Barreto*, Imposto sobre a renda e preços de transferência, 2001, S. 37 ff.

Wohlstand, der Entwicklung, der Gleichheit und der Gerechtigkeit einräumen. Darauf aufbauend werden diverse Prinzipien systematisch verankert: Grundprinzipien (Art. 1 bis 5 CF); Staatszielbestimmungen (öffentliche Sicherheit – Art. 144), Grundsätze der Besteuerung (Art. 145 bis 149), wirtschaftliches Handel (Art. 170 bis 181), Stadtpolitik (Art. 182 bis 183), Sozialordnung (Art. 193 bis 231), Wissenschaft und Technik (Art. 218 bis 224), Umwelt (Art. 225), und Familie (Art. 231 bis 232).[229] Sowohl formale als auch materielle Prinzipien tauchen an diversen Stellen des Textes auf und erfüllen sich grundsätzlich gegenseitig. Beispielsweise kann aus dem Gleichheits- bzw. Gerechtigkeitsprinzip (Präambel) das Prinzip der Menschenwürde (Art.1° – fundamentalen Prinzipien) und das dazu gehörend Eigentumsrecht (Art. 5° – individuelle Rechte und Garantie) abgeleitet werden. Das Eigentumsrecht wird seinerseits z. B. mit den Prinzipien der Tatbestandmäßigkeit (Art. 5 II), der Rechtsgebundenheit (Art. 150 I CF) sowie des Verbots von Abgaben mit beschlagnahmender Wirkung (Art. 150 IV CF) verknüpft.

Das nationale Steuersystem (Art. 145 bis 162) ist bei der Regelung von Kompetenzen und der Verteilung von Staatseinnahmen rigide und erschöpfend.[230] Das Kapitel über die Beschränkungen der Besteuerungsgewalt (Art. 150 bis 152) ist jedoch offen.[231] D. h. die im Art. 150 CF vorgesehenen Beschränkungen sind nicht erschöpfend, sondern gestatten *andere dem Steuerpflichtigen gewährleistete Garantien*. Diese können sowohl verfassungsverankerte als auch nicht in der Verfassung vorgesehene Dispositionen sein.[232] Diese Offenheit zum Schutz der Steuerpflichtigensphäre ist auch im Art. 5° § 2° CF zu finden, *die Rechte und Garantien, die in dieser Verfassung ausgedrückt sind, schließen Andere nicht aus, wie sich aus der von der Verfassung übernommenen Ordnung und Prinzipien ergibt, sowie aus den internationalen Abkommen, denen die Föderative Republik Brasiliens beigetreten ist.*[233]

---

229 Ausführlich über die brasilianische verfassungsverankerte Prinzipien s. *H. Ávila*, Materiell verfassungsrechtliche Beschränkungen der Besteuerungsgewalt in der brasilianischen Verfassung und im deutschen Grundgesetz. 2001, S. 167 ff.

230 U. a. *P. A. Barreto*, Imposto sobre a renda e preços de transferência, 2001, S. 38; und *H. Ávila*, Sistema constitucional tributário. 2004, S. 109.

231 Ausführlich in *H. Ávila*, Materiell verfassungsrechtliche Beschränkungen der Besteuerungsgewalt in der brasilianischen Verfassung und im deutschen Grundgesetz. 2001, S. 81 f.

232 *H. Ávila*, Sistema constitucional tributário. 2004, S. 109.

233 Im Original:
§ 2° Os direitos e garantias expressos nesta Constituição não excluem outros decorrentes do regime e dos princípios por ela adotados, ou dos tratados internacionais em que a República Federativa do Brasil seja parte.

Daraus ergibt sich, dass das brasilianische Steuersystem über eine interne, spezifische Systemstruktur verfügt, die direkt in dem Verfassungstext festgelegt ist. Nichtsdestotrotz wird dieses Steuersystem ausdrücklich durch ein äußeres, offenes System ergänzt.

Darüber hinaus erläutert Ávila[234] die Zusammenwirkung sowohl der formellen als auch der materiellen Prinzipien, wobei eine gegenseitige Rechtfertigungsfunktion (função de justificação recíproca) entsteht, soweit manche Prinzipien über den Inhalt anderer Normen mitwirken. D. h. die Rechtsordnung charakterisiert sich als prinzipienpluralistisch, statt als *prinzipienmonistisch*.[235] Diesbezüglich gibt es beispielsweise ein Wechselspiel zwischen dem demokratischen Prinzip und dem Rechtsgebundenheits- oder Tatbestandsmäßigkeitsprinzip. D. h. per Induktion hängt die Bedeutung des demokratischen und rechtsstaatlichen Prinzips von dem Legalitätsprinzip ab. Gleichzeitig beschränkt sich allerdings das Legalitätsprinzip auf das demokratische und das rechtsstaatliche Prinzip (Deduktion). Diese Unterstützungsfunktion (função de suporte) zwischen den Prinzipien dient zur Verstärkung des Schutzes des Steuerpflichtigen (Abwehrfunktion) gegen unangemessene Angriffe des Staates. Die Anwendung dieser Unterstützungsfunktion der Prinzipien umfasst auch jene, die indirekt im Verfassungstext erwähnt sind, oder auch die, die ferner auf Grund der oben erwähnten Offenheit des Systems zum Schutz des Steuerpflichtigen latu sensu garantiert sind. Dies wird u.a. eine wichtige Rolle für die Anerkennung des arm's length Grundsatzes nach Art. 9 der brasilianischen DBA und zur Rechtswidrigkeitsdarstellung der brasilianischen Verrechnungspreisvorschriften spielen.

In diesem Zusammenhang können die brasilianischen Verrechnungspreisvorschriften insbesondere bei den gesetzlich starren Gewinnsätzen und der Dokumentationspflicht in dem Licht der Beschränkungen der Besteuerungsgewalt prinzipiell wie folgt untersucht werden.

a. Rechtsstaatliche Prinzipien

Unter rechtsstaatlichen Prinzipien werden hier grundsätzlich das Gewaltenteilungsprinzip, das Rechtsgebundenheits- und Tatbestandsmäßigkeitsprinzip betrachtet. Nachdem die Verfassung im ersten Artikel erklärt, dass alle Gewalt vom Volk ausgeht, drückt sie das Gewaltenteilungsprinzip wie folgt aus:

---

234 Ausführlich in *H. Ávila*, Sistema constitucional tributário. 2004, S. 63ff.
235 *K. Tipke/J. Lang*, Steuerrecht, 2002, § 4, Tz. 12.

Art. 2. Die Gewalten des Bundes sind die gesetzgebende, die vollziehende und die rechtspre-chende Gewalt; diese sind unabhängig und untereinander gleichwertig.[236]

Weiter verbindet die Verfassung das Gewaltenteilungsprinzip mit dem Rechts-gebundenheitsprinzip und dem Tatbestandsmäßigkeitsprinzip:

Art. 5° (...)
II - niemand wird zu einer Handlung oder Unterlassung gezwungen, außer auf Grund eines Gesetzes.[237]

Dieses Legalitätsprinzip wird später i. R. d. Beschränkungen der Besteuerungs-gewalt wiederholt:

Art. 150. Unbeschadet anderer dem Abgabenpflichtigen zugesicherten Garantien ist es Bund, Staaten, Bundesdistrikt und Munizipien verboten:
I – eine Abgabe einzufordern oder zu erhöhen, soweit dies nicht durch das Gesetz festgelegt wird.[238]

Die Abweichung etwa durch eine Gesetzesdelegation bleibt ausgeschlossen. De-legierte Gesetze stehen unter einer spezifischen Regelung der Verfassung (Art. 68) und sind i. V. m. Art. 150 I CF bezüglich steuerrechtlicher Materien unzu-lässig.

Eine delegierte Rechtsverordnung ist nur gültig, wenn sie einen „intra-legem"-Befehl enthält, der im Rahmen des Gesetzes bleiben soll".[239]

---

236 Im Original:
Art. 2° São poderes da União, independentes e harmônicos entre si, o Legislativo, o Executivo e o Judiciário.
237 Im Original:
Art 5° (...)
II - Ninguém será obrigado a fazer ou deixar de fazer alguma coisa senão em virtude de lei;
238   Im Original:
Art. 150. Sem prejuízo de outras garantias asseguradas ao contribuinte, é vedado à Uni-ão, aos Estados, ao Distrito Federal e aos Municípios:
I – exigir ou aumentar tributo sem lei que o estabeleça;
239 *H. Ávila,* Materiell verfassungsrechtliche Beschränkungen der Besteuerungsgewalt in der brasilianischen Verfassung und im deutschen Grundgesetz. 2001, S. 191, i. R. d. Rechtsprechung Recurso Extraordinário Nr. 158.891-SP, DJ 1.12.95, S. 41690.

Somit darf die Exekutive lediglich Durchführungsvorschriften erlassen:

Art. 84. In die ausschließliche Zuständigkeit des Präsidenten der Republik fällt:
*IV – Gesetze zu sanktionieren, zu verkünden und zu veröffentlichen sowie Dekrete und **Durch-***
***führung**svorschriften für deren getreue Ausführungen auszufertigen.*[240]

Diese Regelung gewinnt bei den aktuellen brasilianischen Verrechnungspreis-vorschriften an Bedeutung, soweit die SRF wiederholt und in diversen Punkten der Vorschriften Änderungen der Regelungen geschaffen hat, die letztlich nicht nur zur Erhöhung, sondern sogar auch zur Entstehung der Steuerpflicht i. R. von Verrechnungspreiskorrekturen führt. Zur Erhöhung ist z. B. die Änderung der Besteuerungsgrundlagen bei der Berechnung der 60%ige Marge i. R. der „Wiederverkaufspreis-abzüglich-Gewinn"-Methode zu zitieren.[241] Die gesetzwidrige Entstehung der Steuerpflicht tritt ein, wenn z. B. die SRF die erlaubten Beweismaterialen auf eine beschränkte - wenn nicht unzumutbare - Liste von Dokumenten reduziert (Art. 29, 33 und 34 IN SRF 234/02), während das Gesetz alle Rechtsbeweismittel (Art. 148 CTN) erlaubt.[242] Ein anderes Beispiel von willkürlicher Entstehung der Steuerpflicht umfasst die gesetzlich nicht vorgesehene Erweiterung des Konzeptes von verbundenen Personen (Art. 2° IN SRF 243/02).[243]

Ferner überschreitet die Finanzverwaltung ihren Ermessensspielraum, wenn sie die Interpretation der Ähnlichkeit für die Vergleichbarkeit i. e. S. auslegt.[244] Immer wenn die IN SRF innoviert, d. h. den Umfang der Gesetze erweitert und die Steuerlast erhöht, verstößt sie direkt gegen das rechtsstaatliche Prinzip. Im deutschen Recht higegen gilt:

*Die normeninterpretierenden Verwaltungsvorschriften dienen der Klärung von rechtlichen Zweifelsfragen, die bei der Auslegung und Anwendung des Gesetzes, insbesondere von unbestimmten Rechtsbegriffen, aufgeworfen werden. Sie sollen den **Auslegungsvorgang** „rationalisieren", vereinheitlichen und „entsubjektiviren", um Selbstwidersprüche innerhalb der Verwaltung und damit verbundene unterschiedliche Beurteilungen gleicher Sachverhalte von vornherein auszuschließen. Unbeeindruckt von der damit auf der Hand liegenden Bedeutung für die Rechtsanwendungsgleichheit verneint h. M. eine Außenwirkung normeninterpretieren-*

---

240 Im Original:
  Art. 84. Compete privativamente ao Presidente da República:
  IV – sancionar, promulgar e fazer publicar as leis, bem como expedir decretos e regulamentos para sua fiel execução;
241 Ausführlich s. S. 55 ff.
242 Vgl. *A. Xavier*, Direito tributário internacional do Brasil. 6° Edição, 2004, S. 389.
243 Dazu s. S. 65 ff.
244 Ausführlich s. S. 140 ff.

*der Verwaltungsvorschriften mit dem Argument, daß die Interpretation des Gesetzes „urei-
genste" Aufgabe des Richters sei.²⁴⁵*

Die IN SRF müssen sich an die *Durchführungs*vorschriften halten. Sie dürfen
nicht Rechtsinnovationen einführen und noch weniger die Steuerlast erhöhen.
Vielmehr müssen sie gem. der Verfassungsordnung die Gesetze *getreulich* beachten, um eine genauso *getreuliche* Ausführung derselben sicherzustellen (Art.
84 IV CF). Schließlich kann die Nichtigkeitserklärung solcher Vorschriften ex
tunc ohne weiteres von der Rechtsprechung erwartet werden.

b. Grundrechte und Übermaßverbot

I. R. d. aktuellen Verrechnungspreisvorschriften Brasiliens ist auch das Übermaßverbot der Besteuerung, das prinzipiell vom Grundrecht auf Freiheit und
Eigentum abzuleiten ist, zu berücksichtigen.

Das Recht auf Eigentum wird in der Verfassung stark geschützt und sogar innerhalb der Grundrechte eingereiht:

*Art. 5° Alle sind vor dem Gesetzt gleich, und zwar ohne Unterscheidung irgendeiner Art; Bra-
silianern und im Lande ansässigen Ausländern wird die Unverletzlichkeit ihres Rechtes auf
Leben, Freiheit, Gleichheit, Sicherheit und Eigentum nach Maßgabe der folgenden Bestim-
mungen gewährleistet:*
XXII – das Recht auf Eigentum wird gewährleistet;
XXIII – das Eigentum hat seine soziale Funktion zu beachten;²⁴⁶

Darüber hinaus bestimmt das nationale Steuersystem:

*Art. 150. Unbeschadet anderer dem Abgabenpflichtigen gewährter Garantien ist es Bund,
Staaten, Bundesdistrikt und Munizipien verboten:*
IV – Abgaben mit beschlagnahmender Wirkung anzuwenden;²⁴⁷

---

245 *R. Seer*, Verständigung in Steuerverfahren. 1996, S. 244.
246 Im Original:
     Art. 5° Todos são iguais perante a lei, sem distinção de qualquer natureza, garantindo-se
     aos brasileiros e aos estrangeiros residentes no País a inviolabilidade do direito à vida, à
     igualdade, à segurança e à propriedade, nos termos seguintes:
     XXII – é garantido o direito de propriedade;
     XXIII – a propriedade atenderá a sua função social;
247 Im Original:
     Art. 150. Sem prejuízo de outras garantias asseguradas ao contribuinte, é vedado à
     União, aos Estados, ao Distrito Federal e aos Municípios:
     IV – utilizar tributo com efeito de confisco;

Ávila fasst die freiheitsbeschränkende Wirkung des Steuerrechts zutreffend zusammen:

(...) *die Steuerrechtverhältnisse* [haben] *durch den Entzug von Zahlungsmitteln Vermögenseffekte (d. h. die Verfügbarkeit des Rechts auf Eigentum wird beeinflusst) und neben oder anstatt der durch steuerliche Belastung eintretenden Auswirkungen auch Gestaltungswirkungen (d. h. die Verfügbarkeit des Rechts auf Freiheit wird beeinflusst). (...) Diese Rechte* [Freiheit und Eigentum] *beschränken unmittelbar die Besteuerungsgewalt, weil der Wesensgehalt der Rechte auf Freiheit und Eigentum der Steuerpflichtigen durch Besteuerung nicht verletzt werden darf.*[248]

Die Rechtsprechung hat die Wichtigkeit des Übermaßverbots wiederholt und die unabdingbare Pflicht des Staates betont, die wirtschaftliche Leistungsfähigkeit des Bürgers zu erhalten.[249] Wie jüngst empirisch untersucht, führen die starren PRL-Gewinnmargen zur Besteuerung von unrealistischen, wirklichkeitsfremden Einkommen, soweit keine der wirtschaftlich relevantesten Branchen des brasilianischen internationalen Handels die Höhe der gesetzlichen verlangten Bruttomargen erreicht.[250] Außerdem verstößt m. E. die Reduzierung der Beweismittel[251] zur Aufzeichnung von Marktpreisen auch gegen das Übermaßverbot. Die starren Margen und die Einschränkung von Beweismitteln zur Offenlegung von Marktpreisen führen dazu, dass, unter Vorbehalt der fraglichen Änderungsmöglichkeit der Margen, die Einkommensteuer (und auch der Sozialbeitrag auf den Gewinn) auf das schon bestehende Eigentum zugreift, ohne eine angemessene Berücksichtigung des tatsächlichen durch die Transaktion erwirtschafteten Vermögenszuwachses einzuräumen.[252] Materiellrechtlich entfernt sich die Besteuerungsbasis somit von dem in Art. 43 CTN geregelten disponibeln Markteinkommen[253] (Nettoprinzip) und befolgt ein fiktives, willkürliches und letztlich marktwirtschafts- und rechtsstaatsfremdes Muss-Einkommen.

---

248 H. Ávila, Materiell verfassungsrechtliche Beschränkungen der Besteuerungsgewalt in der brasilianischen Verfassung und im deutschen Grundgesetz. 2001, S. 199.

249 Ausführlich und mit gründlicher Untersuchung der Rechtsprechung s. H. Ávila, Materiell verfassungsrechtliche Beschränkungen der Besteuerungsgewalt in der brasilianischen Verfassung und im deutschen Grundgesetz. 2001, S. 202 ff.

250 *Gross Profit Margin of Brazilian Companies.* Deloitte, São Paulo, May 2003 Survey, 19 S.

251 H. T. Tôrres/A. C. A. Utumi, in *Schoueri/Rocha*, Tributos e preços de transferência, 1999, S. 191.

252 U. a. H. Tôrres, Pluritribitação internacional sobre as rendas de empresas. 2ª Edição, 2001, S. 122 ff.

253 Über die Markteinkommenstheorie Vgl. K. Tipke/J. Lang, Steuerrecht, 17. Aufl., 2002, § 8, Tz. 30 bis 35.

Darüber hinaus findet mittels einkommenssteuerlicher Instrumente eine Besteuerung von dem schon vor der Transaktion bestehendem Eigentum statt. Das bedeutet zuletzt nicht die verfassungsrechtlich legitimierte Besteuerung des Vermögenszuwachs, sondern eine Doppelbesteuerung derselben Wirtschaftsbasis (Eigentum) und ist ohne weiteres durch das Verbot von Abgaben mit beschlagnahmender Wirkung (Art. 150 IV CF) im Wechselspiel mit dem Übermaßverbot sowie dem Leistungsfähigkeitsprinzip und dem Prinzip zur Förderung der freien Initiativ untersagt.

c. Leistungsfähigkeitsprinzip

Das Leistungsfähigkeitsprinzip ergänzt die Gerechtigkeitsqualität der Besteuerung und wird unter Art. 145 1° verankert:

Art. 145. (…)
§ 1° Steuern haben in allen Fällen, in denen dies möglich ist, persönlichen Charakter und sind nach der wirtschaftlichen Leistungsfähigkeit des Steuerpflichtigen abgestuft; insbesondere um dieser Zielsetzung Wirksamkeit zu verleihen, ist die Steuerverwaltung ermächtigt, unter Beachtung der Individualrechte und nach Maßgabe des Gesetzes die Einkünfte und die wirtschaftliche Tätigkeit des Steuerpflichtigen zu ermitteln.[254]

Abgesehen von der Relativierung[255] der Vorschrift setzt die Verfassung für die Besteuerung die Existenz einer wirtschaftlichen Leistungsfähigkeit voraus.

Art. 145 § 1° CF ist i. R. d. brasilianischen Verrechnungspreisvorschriften weniger hinsichtlich einer Progression von Steuertarifen, sondern hinsichtlich eines Vorhandenseins von Vermögenszuwachs[256] zu betrachten. D. h. das Leistungs-

---

254 Im Original:
Art. 145. (…)
§ 1° Sempre que possível, os impostos terão caráter pessoal e serão graduados segundo a capacidade econômica do contribuinte, facultando à adminisrtação tributária, especialmente para conferir efetividade a esses objetivos, identificar, respeitados os direitos individuais e nos termos da lei, o patrimônio, os rendimentos, e as atividades do contribuinte.

255 H. M. bezieht sich der Ausdruck „in allen Fälle, in denen dies möglich ist" entweder auf „persönlichen Charakter" oder er ist überflüssig, da *normative Befehle immer in Verbindung mit ontologischen Bedingungen stehen: Die Handlungsdeterminationen, die durch die Rechtsnormen festgesetzt sind, setzen faktische Möglichkeiten voraus.* In *H. Ávila,* Materiell verfassungsrechtliche Beschränkungen der Besteuerungsgewalt in der brasilianischen Verfassung und im deutschen Grundgesetz. 2001, S. 225 f.; Vgl. *H. B. Machado,* Curso de direito tributário. 21. Ed. 2002, S. 45 ff.

256 Vgl. *H. Tôrres,* Pluritributação internacional sobre as rendas de empresas. 2ª Edição, 2001, S. 124 ff.

fähigkeitsprinzip soll m. E. bezüglich der oben erwähnten verfassungswidrigen Verrechnungspreisvorschriften latu sensu betrachtet werden. In diesem Zusammenhang unterscheidet de Oliveira zutreffend „wirtschaftliche" Leistungsfähigkeit von „steuerpflichtiger" Leistungsfähigkeit.[257] Die Erste bezieht sich auf die Person des Steuerpflichtigen und seinen quantitativen Vermögenszuwachs. Die Zweite bezieht sich auf die Verknüpfung zwischen dem Steuerpflichtigen und dessen Pflicht auf Zahlung bestimmter und mit dem nationalen Steuersystem (Prinzipien und Regeln) konformen Steuern. Darüber hinaus kann eine Person zwar über *wirtschaftliche* Leistungsfähigkeit, jedoch nicht über *steuerpflichtige* Leistungsfähigkeit verfügen, soweit sie die Tatbestandsvoraussetzungen einer bestimmten Steuerart nicht erfüllt. Anders gesagt, eine Person kann wirtschaftlich belastbar sein, ohne Steuerschuld zu tragen. Die Umkehrung wäre eine Person, die zwar die Voraussetzungen für die Besteuerung erfüllt und damit steuerpflichtig ist. Diesbezüglich ist dann die wirtschaftliche Leistungsfähigkeit strictu sensu (Progressivität) zu überprüfen. Nach de Oliveira[258] fehlt es an steuerpflichtiger Leistungsfähigkeit i. R. d. Einkommenssteuer bei einem Sachverhalt, in dem kein „tatsächlicher" Vermögenszuwachs entsteht. Präziser ausgedrückt wäre es m. E., dass in einem solchen Fall zwar steuerpflichtige Leistungsfähigkeit besteht, d. h. die Person bleibt beispielsweise einkommenssteuerpflichtig, die Abwesenheit von tatsächlichem Vermögenszuwachs reduziert jedoch die Steuerschuld auf null. Bei der brasilianischen Verrechnungspreisproblematik kommt es allerdings vielmehr auf eine Besteuerung von „fiktivem" Vermögenszuwachs an. Im Ergebnis führt das zu einem Verstoß gegen die Leistungsfähigkeit latu sensu.

Ferner ist der Finanzverwaltung die Überprüfung der *wirtschaftlichen Tätigkeit* des einzelnen Steuerpflichtigen erlaubt, damit die Überprüfung des *persönlichen Charakters* und der *wirtschaftlichen Leistungsfähigkeit* ggf. zur Besteuerung führen können (Art. 145 § 1 CF). Damit kollidieren die brasilianischen Verrechnungspreisvorschriften. Die zitierten Begriffe verknüpfen sich unmittelbar mit der wirtschaftlichen Tätigkeit des Steuerpflichtigen, woaus die genaue Analyse seiner Geschäfte folgt und was letztlich zur international bekannten Analyse der übernommenen Risiken und ausgeführten Funktionen führt. Etwas ausführlicher als die anderen erlaubten Methoden, jedoch noch lang nicht ausreichend, berücksichtigten lediglich die PIC- und PVEx-Methode die Einzelheiten einer Transaktion und sind damit die einzigen Methoden, die mindestens halbwegs nach der erwähnten Überprüfung streben. Die erhebliche Menge von Geschäftsunterschieden bleibt von den sonstigen Methoden (und teilweise auch von der Preisvergleichmethode) unberücksichtigt. Hier könnte konträr argumentiert

---

257 *R. M. de Oliveira*, in *Schoueri/Rocha*, Tributos e preços de transferência, 1999, S. 313.
258 *R. M. de Oliveira*, in *Schoueri/Rocha*, Tributos e preços de transferência, 1999, S. 314.

werden, dass es für die Finanzverwaltung nicht *möglich* ist, den Aufwand der individuellen, persönlichen Überprüfung zu betreiben.

Dagegen können zwei Antithesen gestellt werden. Erstens, falls tatsächlich das Argument der Unmöglichkeit akzeptiert wird,[259] muss es für den Steuerpflichtigen tatsächliche Abweichungsmöglichkeiten geben, welche die Verwirklichung seiner verfassungsverankerten Garantien gewährleisten. Dafür wäre beispielsweise zum einem ein de facto funktionierender Änderungsmechanismus der pauschal verlangten Gewinnsätze auf marktübliche Höhe denkbar. Zum zweiten dürfen sich die pauschal verlangten Sätze - wenn nicht auf die durchschnittlichen marktüblichen Sätze - höchstens auf die oberste Grenze solcher Durchschnitte beziehen. Trotz der dazugehörenden Schwierigkeiten bei der Ermittlung eines solchen Durchschnitts, der allerdings mindestens pro Wirtschaftssektor unterschieden werden müsste, würde die widerlegbare Vermutung der festen Gewinnsätze ein legitimierendes empirisches Element tragen. Somit wäre die Festsetzung der Höhe nach willkürlichen, prohibitiven und wirklichkeitsfremden[260] Gewinnsätzen verhindert. Ferner würde diese „Zwischenlösung", die einerseits die Gewinnverschiebung vermeiden will und anderseits das Argument der geringen Kontrollmittel beachtet, sich auf feste - allerdings marktorientierte - Gewinnsätze stützen. Somit wäre es eine Art „Kompromisslösung", sich in die Richtung der internationalen Praxis zu bewegen, Vermutungen auf realisierbare Preisbandbreiten einzuschränken. Nichtsdestotrotz stellen diese Überlegungen eine theoretische Übung dar, Alternativen zur Nutzung von starren Gewinnsätzen hinsichtlich der Verrechnungspreisprüfungsvereinfachung seitens der Finanzverwaltung vorzuschlagen. Der Vorbehalt bezüglich aller anderen Beschränkungen der Besteuerungsgewalt besteht nach wie vor, ebenso bezügliche der Praktikabilität von Methoden auf Basis eines Nettomargenvergleiches.

Die zweite Antithese bezieht sich auf die internationale Praxis, in der sich das Problem der Verrechnungspreisüberprüfungsmöglichkeiten rechtstaatlich und grundrechtlich konsequenter steht. Mit der Verlagerung der Dokumentationspflicht auf die Seite des Steuerpflichtigen rüsten sich die internationalen Finanzverwaltungen gegen die Knappheit der Kontrollmittel, prinzipiell mit deutlich geringeren Angriffen gegen allgemeine Besteuerungsprinzipien im Vergleich zu den brasilianischen Vorschriften und der Praxis. Darüber hinaus besteht schon jetzt seitens des brasilianischen Steuerpflichtigen die Dokumentationspflicht und der damit verbundene Verwaltungsaufwand, allerdings ohne eine tief greifende Berücksichtigung seiner verfassungsverankerten Garantien. Der Dokumenti-

---

259 Vgl. s. Fn. 255.

260 Vgl. die empirische Untersuchung pro brasilianischer Wirtschaftsbranche: *Gross Profit Margin of Brazilian Companies.* Deloitte, São Paulo, May 2003 Survey, S. 7 ff., wonach keins der untersuchten Segmente die gesetzlich feste Bruttogewinnmargen erreicht.

onsaufwand könnte so gestaltet werden, dass er der Finanzverwaltung eine Prüfung auf Basis der tatsächlichen wirtschaftlichen (und steuerpflichtigen) Leistungsfähigkeit erlaubt. Dies würde seitens des Steuerpflichtigen weniger eine Änderung des formalen, quantitativen Aufwands bedeuten, sondern vielmehr nur eine materielle Änderung der Aufzeichnungen. D. h. mit ähnlichem Dokumentationsaufwand wie bei der international praktizierten Verrechnungspreisdokumentation könnte m. E. sowohl der Steuerpflichtige seine Rechte verwirklichen, als auch die Finanzverwaltung eine mögliche Überprüfung durchführen. Der rein fiskalische Zweck auf Kosten von verfassungsverankerten Normen ist inakzeptabel.

d. Gleichheitsprinzip

Das moderne Gleichheitsprinzip wurde in der Zeit der Aufklärung entwickelt und war 1779 Inhalt der vier Besteuerungsgrundsätze von Adam Smith (Gleichheit, Bestimmtheit, Bequemlichkeit und Wohlfeilheit der Besteuerung).[261] In der brasilianischen Geschichte des Verfassungsrechts ist das Gleichheitsprinzip seit der ersten Verfassung (Art. 179 § 15) aus dem Jahr 1824 vertreten und trug schon das Leistungsfähigkeitsprinzip in sich, wonach die Bürger Abgaben zwar bezahlen sollen, jedoch im Verhältnis zu dem, was sie besitzen. Die gegenwärtige Verfassung trägt das Prinzip in dem oben zitierten Art. 5 und ferner in:

Art. 150. Unbeschadet anderer dem Abgabenpflichtigen gewährter Garantien ist es Bund, Staaten, Bundesdistrikt und Munizipien verboten (…)
II – eine ungleiche Behandlung von Abgabenpflichtigen, die sich in gleichwertiger Situation befinden, einzuführen, und zwar unabhängig von der juristischen Bezeichnung der Einkünfte, Titel und Rechte; verboten ist jede Unterscheidung aufgrund der beruflichen Tätigkeit oder der von ihnen ausgeübten Funktion.[262]

Das Verbot von Ungleichbehandlung ist jedoch nicht absolut. Ausnahmen können vielmehr i. V. m. verfassungsverankerten Staatszielbestimmungen, die als Rechtfertigungsgründe zulässig sind, gestattet werden. Wie von Ávila untersucht

---

261 *A. Smith*, The Wealth of Nations, 1776/2003, S. 1043 ff. Vgl. *K. Tipke/J. Lang,* Steuerrecht, 17. Aufl., 2002, § 1 Tz. 44 und § 8, Tz. 2.
262 Im Original:
Art. 150. Sem prejuízo de outras garantias asseguradas ao contribuinte, é vedado à União, aos Estados, ao Distrito Federal e aos Municípios:
(...)
II – instituir tratamento desigual entre contribuintes que se encontrem em situação equivalente, proibida qualquer distinção em razão de ocupação profissional ou função por eles exercida, independentemente da denominação jurídica dos rendimentos, títulos ou direitos;

hat die Rechtsprechung sich eher wenig mit den Rechfertigungsvoraussetzungen einer Ungleichbehandlung beschäftigt.

Nach den Entscheidungen des Supremo Tribunal Federal ist das Gleichheitsprinzip nicht verletzt, wenn (a) die Rechtsnorm die Steuerpflichtigen, die sich in gleichwertigen Situationen befinden, gleich behandelt; (b) die differenzierte Behandlungen kein Grundrecht verletzt; (c) aus der gleichen Behandlung keinen Anspruch folgen könnte; (d) die differenzierte Behandlung einen verfassungsrechtlichen Rechtfertigungsgrund hat.

Das oberste Gericht hat darüber entschieden (…), ob eine Rechtsnorm, die es verbot, gebrauchte Kraftfahrzeuge zu importieren, verfassungswidrig ist. In diesem Fall hatte die vollziehende Gewalt für ihren Handel einen Rechtfertigungsgrund (Beaufsichtigung und Kontrolle des Außenhandels). Außerdem verletzte die differenzierte Behandlung kein Grundrecht, weil – so das Votum des Berichterstatters, Seite 4 – es in der brasilianischen Verfassung kein Grundrecht auf Benutzung von importierten Fahrzeugen gibt.[263]

Obwohl sie spärlich[264] sind, reichen die Kriterien der Rechtsprechung dafür aus, die offensichtliche Verfassungswidrigkeit der brasilianischen Verrechnungspreisvorschriften zu untermauern. Bei der Überprüfung der oben angereihten Kriterien z. B. hinsichtlich der gesetzlich determinierten Gewinnsätze sind international verbundene Unternehmen bei den Gestaltungsmöglichkeiten der grenzüberschreitenden Transaktionen nicht in einer gleichwertigen Situationen wie nichtverbundene Unternehmen mit ähnlichen Transaktionen. In dieser Hinsicht ist eine differenzierte Behandlung bei der Einkommensermittlung bezüglich solcher Transaktionen akzeptabel. Die Gleichheitsgrundsatztauglichkeit der festen Gewinnsätze scheitert allerdings bei der Überprüfung ihrer Vereinbarkeit mit den verfassungsverankerten Grundrechten.[265] Ferner lässt sich keine Verletzung verfassungsrechtlicher Garantien rechtfertigen, die lediglich dem Zweck dient, Staatseinnahmen zu erhöhen.

e. Rechtsschutzprinzip und Anwendung von Beweismitteln

Laut brasilianischer Verfassung wird das rechtmäßige Verfahren innerhalb des Grundrechtkatalogs gewährleistet:

---

263 H. *Ávila,* Materiell verfassungsrechtliche Beschränkungen der Besteuerungsgewalt in der brasilianischen Verfassung und im deutschen Grundgesetz. 2001, S. 212 f. i. V. m. Recurso Extraordinário Nr. 203954-3-CE, DJ 07.02.97, S. 1365 und Nr. 236931-8-SP, DJ 10.8.99.

264 Ausführliche Kritik in *H. Ávila,* Materiell verfassungsrechtliche Beschränkungen der Besteuerungsgewalt in der brasilianischen Verfassung und im deutschen Grundgesetz. 2001, S. 217 ff.

265 Vgl. s. S. 90 ff.

Art. 5° (...)

LIV – niemandem darf ohne das gesetzlich vorgeschriebene Verfahren die Freiheit oder das Vermögen entzogen werden;

LV – Parteien des Gerichts- und Verwaltungsverfahrens und Angeklagten im allgemeinen wird das Recht auf eine mündliche Verhandlung und auf umfassende Verteidigung mit allen dazu notwendigen Mitteln und Rechtsbehelfen gewährleistet;[266]

Die brasilianischen Verrechnungspreisvorschriften sowie die Praxis der Finanzverwaltung weisen auf einen Verstoß gegen diese Garantien hin. Erstens sehen diese Vorschriften erhebliche Einschränkungen bei der Anwendung von Beweismitteln vor.[267] Zweitens erschwert die unbegründete Ablehnung von Margenänderungsanträgen die Verteidigung bzw. Überprüfung der Ablehnung seitens des Steuerpflichtigen bzw. der Judikative.

Die verfassungsverankerte Gewährleistung, umfassende Beweismittel sowohl in Gerichts- als auch in Verwaltungsverfahren zu benutzen, steht in enger Verbindung mit dem Institut der widerlegbaren Vermutung.[268] Grundsätzlich erfolgt die Besteuerung auf Basis einer widerlegbaren Vermutung, dass eine bestimmte Bruttomarge erwirtschaftet wurde. Das Gesetzt erlaubt jedoch ausdrücklich die Änderung solcher Margen u. a. gem. den international angewendeten Verrechnungspreisermittlungsmethoden (Art. 21 II und § 1° Gesetz 9.430/96). Unter dem Ausdruck *„international angewendete Ermittlungsmethoden"* ist m. E. nichts anderes als der arm's length Grundsatz und die OECD-RL zu verstehen,[269] solange grundsätzlich alle Länder, die über Verrechnungspreisvorschriften verfügen, auf die OECD-RL zurückgreifen. Damit erübrigt sich die Argumentation, wonach Brasilien kein OECD-Land ist und deswegen diese Anweisungen nicht zu berücksichtigen braucht.

Das Gesetz überlässt dem Steuerpflichtige die Funktion, die Begründung einer Gewinnsatzänderung so zu formulieren, dass sie von dem Sekretär der SRF für *glaubwürdig* (idôneos) und *konsistent* (consistentes) (Art. 21§ 3° Gesetzt 9.430/96) gehalten wird. Eine einfache Subsumtion der Vorschriften führt allerdings zur Anwendung der Methoden- und Aufzeichnungserläuterung der

---

266 Im Original:
   Art. 5° (...)
   LIV – ninguém será privado da liberdade ou de seus bens sem o devido processo legal;
   LV – aos litigantes, em processo judicial ou administrativo, e aos acusados em geral são assegurados o contraditório e a ampla defesa, com os meios de prova e recursos a ela inerentes;

267 Vgl. *A. Xavier,* Direito tributário internacional do Brasil. 6° Edição, 2004, S. 389.

268 Ausführlich s. S. 108.

269 Vgl. *H. Tôrres,* Pluritribitação internacional sobre as rendas de empresas. 2ª Edição, 2001, S. 418 ff.

OECD-RL. In dem brasilianischen Recht ist keine juristische Definition der Begriffe *glaubwürdig* oder *konsistent* vorhanden. Hier ist m. E. die Anwendung der deutschen Rechtsfigur des „ernsthaften Bemühens"[270] des Steuerpflichtigen vergleichbar. Unter Berücksichtigung des Verhältnismäßigkeitsprinzips dürfen von dem Steuerpflichtigen innerhalb seiner Mitwirkungspflicht nur so viele Informationen verlangt werden, wie ihm zugänglich sind. Das Gesetz sagt nicht, dass der Steuerpflichtige eine wissenschaftliche Wahrheit beweisen muss. Das kann das Gesetz nicht verlangen, soweit es im Art. 18 § 4° und 19 § 6° akzeptiert wird, dass je nach angewendeter Methode mehrere Ergebnisse gefunden werden können. Darüber hinaus muss m. E. diese „Flexibilität" bei der Konsistenz- bzw. Glaubwürdigkeitsprüfung übertragen werden. Außerdem taucht die verwaltungsrechtlich unabdingbare Notwendigkeit erneut auf, die Ablehnung oder Genehmigung des Gewinnmargenänderungsantrags seitens der SRF zu begründen. Gravierend ist die Missachtung der SRF bei der Erfüllung dieser Aufgabe in der Praxis.[271] Diese Missachtung fällt innerhalb der Verantwortungssphäre der SRF. Schließlich stößt eine unbegründete Ablehnung gegen das Rechtsschutzprinzip.

Weil die steuerrechtliche Nachprüfung gesetzlich vorgesehen ist, müssen alle Verwaltungsakte **schriftlich begründet** *werden. Nur auf diese Weise kann: (1) verifiziert werden, ob der Verwaltungsakt rechtmäßig ist und die gesetzlichen Grundlagen nicht überschritten sind; (2) der Steuerpflichtige sich rechtfertigen; (3) die Rechtsprechung den Akt überprüfen. (…) Wenn keine angemessene, logische und schriftliche Begründung vorhanden ist, wird eine der formellen Bedingungen der Verwaltungsakte fehlen, und der Verwaltungsakt kann für nichtig erklärt werden.*[272]

Ferner listet Art. 34 IN SRF 243/02 eine Reihe von Dokumenten auf, die i. R. eines Änderungsantrags von dem Steuerpflichtigen vorzulegen sind. Auch diese Liste verstößt gegen das *due process of law* (Art. 5° LIV, LV CF) in zwei Hinsichten: erstens weil das *gesetzlich vorgeschriebene Verfahren* (Art. 5° LIV CF i. V. m. Art. 21 § 1° Gesetz 9.430/96) auf die Berücksichtigung der *international angewendeten Ermittlungsmethoden* hinweist und diese Methoden bzw. ihre Aufzeichnungen nicht unbedingt die in Art. 34 verlangten Dokumenten beanspruchen. Zweitens weil das Recht auf *umfassende Verteidigung mit allen dazu notwendigen Mitteln und Rechtsbehelfen* mit der Einschränkung auf einen Muss-Katalog nicht zu vereinbaren ist. Obwohl die Liste unter einer Muss-Vorschrift steht, kann sie m. E. nur dann mit dem Rechtsschutzprinzip kompatibel sein,

---

270   § 1 Abs. 1 GAufzV, Ausführlicher im dritten Kapitel.
271   Beispiel aus der Praxis s. S. 82 ff.
272   *H. Ávila,* Materiell verfassungsrechtliche Beschränkungen der Besteuerungsgewalt in der brasilianischen Verfassung und im deutschen Grundgesetz. 2001, S. 90.

wenn sie als exemplarisch, rein darstellerisch betrachtet wird. Alles andere würde die Überschreitung des IN SRF-Ermessensspielraumes bedeuten.

f. Förderung der Gewerbefreiheit und des Prinzips der Wettbewerbsfreiheit

Die brasilianische Verfassung trägt Elemente einer Wirtschaftsverfassung, soweit sie wiederholt die Gewerbe- (livre iniciativa) und die Wettbewerbsfreiheit (livre concorrência) als Prinzipien und ihre Förderung als eine Staatspflicht erklärt.[273] Klare Konzepte für Gewerbe- und Wettbewerbsfreiheit sind jedoch im Gesetzestext nicht zu finden. Nichtsdestotrotz ist aus dem Verfassungstext abzuleiten, dass das Prinzip des „freien Wettbewerbs" nicht einen liberalen Charakter hat, wonach der Staat ein Verhalten des laissez-faire[274] zeigen würde, sondern eine sozial-demokratische einmischende Rolle übernimmt. Dies versteht sich aus mehreren Vorschriften, wie z. B.:

Art. 170. Die auf der Aufwertung der menschlichen Arbeit und auf der Gewerbefreiheit basierende wirtschaftliche Ordnung bezweckt die Gewährleistung der würdigen Existenz aller, in Einklang mit den Geboten der sozialen Gerechtigkeit unter Beachtung folgender Grundsätze:
I – nationale Souveränität;
(…)
II – Privateigentum;
IV – freier Wettbewerb;
(…)[275]
Art. 172. Das Gesetz wird auf Basis des nationalen Interesses die Investition von ausländischem Kapital normieren, die Reinvestition fördern und die Gewinnausschüttung regeln.[276]

---

273 Art. 1° IV; Art. 170 IV und einzelner Absatz; Art. 172 CF.
274 Über den theoretischen Konsens, dass multinationale Konzerne bei der Ausnutzung komparativer Vorteilen von Entwicklungsländern beschränkt werden müssen, s. *M. Blowfield,* Corporate Social Responsability: reinventing the meaning of development? International Affairs Vol. 81 Nr. 3, May 2005, S. 518.
275 Im Original:
Art. 170. A ordem econômica, fundada na valorizaçao do trabalho humano e na livre iniciativa, tem por fim assegurar a todos a existência digna, conforme os ditames da justiça social, observados os seguintes princípios:
I – soberania nacional;
II – propriedade privada;
(...)
IV – livre concorrência;
(...)
276 Im Original:
Art. 172. A lei disciplinará, com base no interesse nacional os investimentos de capital estrangeiro, incentivará os reinvestimentos e regulará a remessa de lucros.

Art. 173. (...)

§ 4° Das Gesetz wird jene Ausübung der wirtschaftlichen Gewalt beschränken, die die Beherrschung der Märkte, die Ausrottung des Wettbewerbs und die willkürliche Erhöhung der Gewinne beabsichtigt.[277]

Die Wirtschaftsfreiheit wird somit von Elementen des sozialen Gerechtigkeitsgebotes beschränkt, ist aber gleichzeitig in der Form der Gewerbefreiheit und des freies Wettbewerbs verfassungsrechtlich garantiert. D. h. allerdings:

das für die Einschränkung der Wirtschaftsfreiheit geltend gemachte öffentliche Interesse kann nicht beliebiger Natur sein, sondern es muss den Grundsatz der Wirtschaftsfreiheit und damit auch das Gebot der Wettbewerbsneutralität wahren. Unzulässig ist deshalb eine staatliche Regelung, welche einen Eingriff in das freie Spiel des wirtschaftlichen Wettbewerbs, insbesondere die Bevorteilung bzw. Benachteiligung einzelner Gewerbegenossen oder Unternehmensformen bezweckt.[278]

Darüber hinaus wird die Wettbewerbsneutralität der staatlichen Maßnahmen als eine (relative) Nichteinmischung des Staates in den wirtschaftlichen Wettbewerb zwischen konkurrienden Teilnehmern in einem freien Markt verstanden. Der Staat unterliegt dem Gleichbehandlungsgebot der Gewerbegenossen.[279] Diese unparteiische Haltung ist allerdings nicht absolut. Erstens, weil der Staat sich nicht vom freien Markt vollständig zurückziehen darf, soweit die Grundlegitimation der Besteuerung genau darin liegt, die Steuer als Entlohnung zu sehen, die der Steuerpflichtige dafür zahlt, dass der Staat sich für ihn durch Schaffen von Rahmenbedingungen ermöglicht, seine wirtschaftliche Existenz weiter zu entfalten und sein Vermögen zu vergrößern. Zweitens diktiert das Gebot der Gleichbehandlung der Gewerbegenossen, dass diese Marktteilnehmer den gleichen Bedingungen unterworfen sein müssen. Die Wettbewerbsfreiheit verkörpert somit nicht mehr den *traditionellen atomischen Liberalismus* des 19. und frühen 20. Jahrhunderts, sondern mischt sich ein und sucht Rahmenbedingungen zur Gewährleistung der Rechte an einen Platz auf dem Markt sowohl für große als auch für kleine Unternehmen.[280] Um diese gleichen Bedingungen zu setzen, greift der Staat in seiner verfassungsverankerten Form ein.

---

277 Im Original:

   Art. 173. (…)

   § 4° A lei reprimirá o abuso do poder econômico que vise à dominação dos mercados, à eliminação da concorrência e ao aumento dos lucros.

278 *P. Schönbächler*, Wettbewerbsneutralität staatlicher Massnahmen, 1998, S. 64 Tn. 99.

279 *P. Schönbächler*, Wettbewerbsneutralität staatlicher Massnahmen, 1998, S. 6 Tn. 13.

280 *J. B. L. da Fonseca*, Direito Econômico, 2001, S. 90.

Die unangemessene, missbräuchliche Ausnutzung von Preisgestaltungen, die durch die Parteienverbundenheit in einem freien Markt entsteht, stellt eine Konkurrenzverzerrung auf dem Markt dar, die in einem zugespitzten Modell zur Unterdrückung der Gewerbefreiheit der einzelnen, unverbundenen und der für die wirtschaftliche und soziale Ordnung relevanten Parteien führt. Um die gleichen Bedingungen wieder herzustellen, greift der Staat i. R. seiner verfassungsbeschränkten Regulierungsgewalt ein. An diesem Punkt entsteht das Fremdvergleichsprinzip, um Wafengleichheit unter allen Teilnehmer herzustellen.[281] Ein absoluter freier Markt, d. h. mit absoluter Staatsabwesenheit, würde bedeuten, dass eine Besteuerung erstens nicht länger zu legitimieren wäre und ferner wegen mangelnder Infrastruktur kein funktionierender Markt bestehen würde. Die fiskalischen Einnahmen erscheinen in diesem Zusammenhang als Nebeneffekte, obwohl in der Praxis der Eindruck entsteht, dass erst diese den Staat befähigen, zugunsten (oder zu ungunsten) der Wettbewerbsbedingungen zu intervenieren.

Die brasilianischen Verrechnungspreisvorschriften bemühen sich nicht in erster Linie um die Gewährleistung von gleichen Wettbewerbsbedingungen zwischen den Marktteilnehmern. Vielmehr missbrauchen sie das Gleichbehandlungsgebot, soweit die Suche nach Marktpreisen sekundär eingestuft ist. Primär müssen die Regelungen der gesetzlich determinierten Margen gefolgt werden. Der Missbrauch verschärft sich, soweit der Staat keinerlei Bemühung unternommen hat, Margen zu suchen, die in Verbindung mit der Wirklichkeit des Marktes stehen. Hiermit entfernen sich die Vorschriften von der Förderung des freien (ausgeglichenen) Wettbewerbs und der Gewerbefreiheit. Ferner stellen die gesetzlich determinierten Gewinnsätze eine übermäßige Besteuerung dar, die sich auf gefährliche Weise einer prohibitiven Wirkung auf die Durchführung der einbezogenen Geschäfte annähern. Somit verkörpert der Staat selbst die Figur eines wettbewerbsverzerrenden Subjekts, wofür die Verfassung ihn nicht legitimiert hat. Die aktuelle Form der widerlegbaren Vermutung der gesetzlich determinierten Gewinnmargen reicht nicht, um diese gravierende Verfassungsmissachtung abzumildern.[282] Maßnahmen gegen die Wettbewerbsneutralität setzen die Überprüfung der oben zitierten verfassungsverankerten Ausnahmen voraus und unterliegen ferner dem Verhältnismäßigkeitsgebot.

---

281 Daher auch der Ursprung des englischen Begriffs arm's length – um einen fairen Kampf zu gewährleisten, müssen Fechter die gleiche Gesamtlänge von Arm plus Degen haben.
282 Vgl. s. S. 113 ff.

g. Die Verhältnismäßigkeitsprüfung

Das Verhältnismäßigkeitsprinzip gehört zu den freiheitsschonenden Grundsätzen und verlangt ein vernünftiges Verhältnis zwischen gewählten Mitteln und angestrebten Zweck.[283] Es handelt sich um eine Rationalität der Zweck-Mittel-Beziehung, die nach einem angemessenen Mittelpunkt in einer Prinzipienkollision sucht.

Die Verhältnismäßigkeitsprüfung folgt aus der Struktur der Rechtsprinzipien: Sie sind Normen, die nur prima facie gelten und aufgrund kollidierender Rechtsgüter eingeschränkt werden können. Deswegen spricht man von einer symmetrischen Realisierung eines Rechtsgutes: Die „kollidierenden" Rechtsgüter (es handelt sich um eine Überschneidung) müssen zum Ausgleich gebracht werden, so dass die verschiedenen Ansprüche ein- oder beiderseitig eingeschränkt werden, wodurch sie miteinander kompatibel werden.[284]

Anders als in Deutschland, wo das Prinzip der Verhältnismäßigkeit seit langer Zeit durch die Rechtsstaatlichkeit und die Grundrechten begründet wird,[285] ist dieses Prinzip in dem brasilianischen Steuerrecht neu und seine Entstehung kann auf den Einfluss der deutschen juristischen Literatur zurückgeführt werden.[286] Hinter diesem „Neuheitscharakter" verbirgt sich eine gewisse Unerfahrenheit der Rechtsprechung bei der Anwendung des Prinzips, das zwar verbunden mit dem Rechtsstaatsprinzip anerkannt, allerdings häufig missverstanden wird. Ávilas Rechtsprechungsuntersuchungen[287] deuteten darauf hin, dass die brasilianische Rechtsprechung häufig das Verhältnismäßigkeitsprinzip u. a. mit dem Zumutbarkeitsprinzip, mit einer rein vernünftigen Norminterpretation oder gar mit einer gesetzlichen Normenanwendung verwechselt hat. Anderseits entdeckte Ávila, dass der STF in manchen Fällen die Verhältnismäßigkeitsüberprüfung nach den Kriterien der Geeignetheit, Erforderlichkeit und Zumutbarkeit durchgeführt hat, ohne das Prinzip zu nennen. Darüber hinaus fasst Ávila zusammen, dass der Verhältnismäßigkeitsgrundsatz für die Rechtsprechung ein verfassungsrechtliches Gebot ist. Dies wird allerdings mehrdeutig, soweit es mit anderen Prinzipien verwechselt wird. Diese Unbestimmtheit von *intersubjektiv kon-*

---

283 Vgl. *C. A. Mello*, Direito constitucional internacional. 2ª Edição, 2000, S. 340.

284 *H. Ávila*, Materiell verfassungsrechtliche Beschränkungen der Besteuerungsgewalt in der brasilianischen Verfassung und im deutschen Grundgesetz. 2001, S. 70.

285 *S. Rasch*, in *Becker/Kroppen*, Handbuch der Verrechnungspreise. 2003 O Anm. 4 Tz. 5.6.

286 Ausführlich in *H. Ávila*, Materiell verfassungsrechtliche Beschränkungen der Besteuerungsgewalt in der brasilianischen Verfassung und im deutschen Grundgesetz. 2001, S. 62 f. und 115 ff.

287 *H. Ávila*, Materiell verfassungsrechtliche Beschränkungen der Besteuerungsgewalt in der brasilianischen Verfassung und im deutschen Grundgesetz. 2001, S. 119 ff.

trollierbaren Kriterien in seiner Anwendung führt zum Ungewissheitsrisiko und schließlich zur erhöhten Rechtsunsicherheit.

Trotz der z. Z. unklaren, beschränkten Ergebnisse der brasilianischen Rechtsprechung in Richtung der Entfaltung des Prinzips bemüht sich die Literatur zutreffend weiter, die Anwendbarkeit des Prinzips juristisch zu strukturieren. Ávila legt dar, dass ein typisierter, strukturierter Rechtsdiskurs hinsichtlich der Kriterien zur Anwendung des Verhältnismäßigkeitsprinzips condition sine qua non für den Gebrauch des Prinzips bei den brasilianischen Rechtsakteuren ist.

Entweder die Rechtswissenschaft liefert konsistente Kriterien zur Vermeidung der Willkür, oder wird sie, anstatt sie zu dämpfen, letztlich legitimieren.[288]

Darüber hinaus vergleicht Ávila drei Kriterien aus dem deutschen Steuerrecht hinsichtlich Entscheidungen der brasilianischen Rechtsprechung. Auf die deutsche Drei-Säulen-Theorie zur Überprüfung des Verhältnismäßigkeitsprinzips[289] aufbauend entstehen folgende Überlegungen:

Geeignetheit (adequação): Bei der Überprüfung des ersten Kriteriums des Prinzips hinsichtlich der gesetzlich determinierten Gewinnsätze muss beantwortet werden, ob dies eine Maßnahme darstellt, die ihr Ziel erreichen kann. Dafür sind nach der dreidimensionalen Analyse von Ávila folgende Kriterien zu berücksichtigen:[290] Erstens ist es die Überprüfung des Verhältnisses Abstraktion/Konkretheit (abstração/concretude). Danach muss die Maßnahme im abstrakten Fall das Ziel erreichen können und im konkreten Fall die Verwirklichung des Ziels möglich sein. Zweitens ist es die Überprüfung des Verhältnisses Allgemeinheit/Bestimmtheit (generalidade/particularidade). Danach muss das Ziel der Maßnahme einen großen Teil der Fälle einbeziehen. Die dritte Dimension überprüft das Verhältnis Vorherigkeit/Nachträglichkeit (antecedência/posteridade). Danach muss überprüft werden, ob bei der Entstehung der Maßnahme eine entsprechende Überlegung, über die Verwirklichung des Ziels durchgeführt wurde. Falls nachträglich etwa durch neu erworbene Auskünfte festgestellt wird, dass die Überlegungen über die Zielerreichung bei Zeitpunkt der Entstehung der Maßnahmen falsch waren, ist die Maßnahme nachträglich ungeeignet.

Seitens der Rechtsprechung wird die Geeignetheitskontrolle sehr restriktiv durchgeführt. Nach der Untersuchung von Ávila wurde festgestellt, dass die Kontrollfunktion des STF bezüglich der Geeignetheit von steuerrechtlichen

---

288 *H. Ávila,* Sistema constitucional tributário. 2004, S. 409.
289 Vgl. *K. Tipke/J. Lang,* Steuerrecht, 17. Aufl., 2002, § 4, Tz. 209 ff.
290 Allgemein s. *H. Ávila,* Sistema constitucional tributário. 2004, S. 401.

Maßnahmen einem schwachen Kontrollmodell entspricht.[291] Rechtfertigung dafür ist das Argument des strengen Gewaltenteilungsprinzips, wonach sowohl die Legislative als auch die Exekutive über eine minimale Autonomie und Freiheit verfügen müssen.

Erforderlichkeit (necessidade): Von mehreren geeigneten Maßnahmen muss diejenige ergriffen werden, die den Betroffenen am geringsten belastet. Um die Unterschiede zwischen den diversen geeigneten Maßnahmen und eine untermauerte Vergleichbarkeit ihrer Erforderlichkeit besser einschätzen zu können, sind verschiedene Kriterien zu überprüfen. Eine Maßnahme kann schneller oder langsamer, günstiger oder kostenintensiver, präziser oder diffuser, einfacher oder komplizierter als die andere sein. Hinsichtlich des Gebotes der Wettbewerbsneutralität soll die staatliche Maßnahme *möglichst wettbewerbsneutral ausgestaltet* [sein]. (…) *die unumgänglichen verzerrenden Auswirkungen auf den wirtschaftlichen Wettbewerb von konkurrienden Unternehmen* [sind] *auf das unumgängliche Minimum zu reduzieren.*[292]

Zumutbarkeit oder Verhältnismäßigkeit i. e. S. (proporcionalididade em sentido estrito):

unzumutbar weil unverhältnismäßig i. e. S., ist ein Verlangen, das zwar an sich erforderlich ist, das für den Betroffenen aber Nachteile auslösen würde, die außer Verhältnis zum zu erwartenden steuerlichen Erfolg stehen (…). Unzumutbar ist ferner ein Verlangen, das den Betroffenen in seiner Eigensphäre überfordert (z. B. durch die Verletzung (…) überhaupt von Grundrechten i. S. d. Grundgesetzes; Gefährdung der wirtschaftlichen Existenz).[293]

Die aktuelle „Frühzeit" der Überprüfung des Verhältnismäßigkeitsprinzips in Brasilien deutet, wie schon oben erwähnt, auf eine Begriffungenauigkeit hin. Darunter leiden auch die Definition und Überprüfungskriterien der Zumutbarkeit. Um diesen Sachverhalt zu klären, schlägt Ávila vier Kriterien vor.[294] Erstens ist die Billigkeit-Zumutbarkeit (razoabilidade-eqüidade) zu überprüfen, wonach das Verhältnis zwischen den allgemeinen Regeln und den Einzelheiten des jeweiligen Falls untersucht werden soll. Dabei soll geklärt werden, wann die auf den Einzelfall angewendeten Normen sich aus dem Anwendungsbereich der allgemeinen Norm entfernen. Zweitens ist die Kongruenz-Zumutbarkeit (razoabilidade-congruência) zu prüfen, wonach die Zumutbarkeitsüberprüfung eine Verknüpfung mit der Realität verlangt. Dafür wäre der Bezug auf ein empirisches Element zutreffend. Weiter ist die Äquivalenz-Zumutbarkeit (razoabilidade-

---

291 *H. Ávila,* Sistema constitucional tributário. 2004, S. 403.

292 *P. Schönbächler,* Wettbewerbsneutralität staatlicher Massnahmen, 1998, S. 65 Tn. 100.

293 *R. Seer,* in *Tipke/Lang,* Steuerrecht, 17. Aufl., 2002, § 21, Tn. 193.

294 *H. Ávila,* Sistema constitucional tributário. 2004, S. 409 ff.

equivalência) zu überprüfen, wonach das Wertverhältnis zwischen zwei Größen zu bestimmen ist, die einander korrespondieren (z. B. Strafe und Schuld; oder Gebühr und öffentliche Leistung). Schließlich ist die Kohärenz-Zumutbarkeit (razoabilidade-coerência) zu überprüfen, wonach untersucht werden soll, ob nicht eine Norm bezüglich anderer gleich- oder höherrangier Normen widersprüchliche Pflichten einführt oder ob eine Norm Pflichten einführt, die keine praktische Relevanz haben.

Eine Übertragung dieser Ergebnisse auf die spezifischen Verrechnungspreisvorschriften ist notwendig. Nichtsdestotrotz beschränken sich die folgenden Überlegungen prinzipiell auf die gesetzlich verlangten starren Gewinnmargen und die Aufzeichnungspflicht.

Die Verrechnungspreisvorschriften Brasiliens verstoßen allerdings gegen den Verhältnismäßigkeitgrundsatz hinsichtlich der gesetzlich determinierten Gewinnsätze, und diese besondere Eigenschaft verlangt eine tiefgreifendere Untersuchung.

aa) Die gesetzlich determinierten Gewinnmargen

Obwohl die Verwaltungspraxis darauf hindeutet, sollten die gesetzlich determinierten Gewinnmargen a priori kein Bestandteil von Fiskalzwecknormen sein, die lediglich zum Einnahmezweck der Steuererhebung dienen. Vielmehr sollten diese eine außerfiskalische Wirkung (Lenkungsnormen) beabsichtigen. Angenommen, dass der Zweck der Verrechnungspreisvorschriften ist unangemessene grenzüberschreitende Gewinnverschiebung zwischen international verbundenen Personen zu verhindern, verfügt man für die Überprüfung dieser Angemessenheit über zwei untereinander grundsätzlich inkompatible (kollidierende) gesetzlich verankerte Kriterien: die Fremdvergleichsprüfung (Art 21 § 1 Gesetz 9.430/96 und Art. 9 OECD-MA – trotz Abwesenheit seines § 2 bei den brasilianischen DBA) und die widerlegbare Vermutung der festen Gewinnsätze (Art. 18 und 19 Gesetz 9.430/96). Der Zweck der festen Gewinnsätze reduziert das Angemessenheitskriterium auf die willkürlich festgesetzten Gewinnsätze, verabschiedet sich jedoch nicht von dem Kriterium. D. h. es wird dadurch nicht versucht, die Gewinnverschiebung absolut zu vermeiden, sondern erst diejenige zu gestatten, die über die Grenze der verlangten festen Sätze hinausgeht. Es wird dadurch (prinzipiell widerlegbar) vermutet, dass ein bestimmter Gewinn (feste Gewinnsatz) erwirtschaftet wurde. [295]

---

295 Für ausführliche Kritik s. S. 108.

Geeignetheit: Grundsätzlich erfüllen die festen Gewinnsätze den Zweck, grenzüberschreitende Gewinnverschiebung zu vermeiden. Die abstrakte Konzeption der Maßnahme hat sich in dem konkreten Fall als wirkungsvoll erwiesen (Verhältnis Abstraktion/Konkretheit). Allerdings greifen die Gewinnsätze über das Ziel hinaus und verhindern teilweise auch eine marktkonforme Entlohnung der Transaktionen. In einem großen Teil der Fälle können die Gewinnsätze technisch-rechnerisch angewendet werden, was für die Prüfung des Verhältnisses Allgemeinheit/Bestimmtheit positiv wäre. Diese breite Anwendung erfolgt allerdings auf Kosten der Betrachtung individueller Einzelheiten (z. B. Wirtschaftssektor, Funktionen und Risiken, usw.). Die beiden Verhältnisse (Abstraktion/Konkretheit und Allgemeinheit/Bestimmtheit) würden nur dann ausgeglichen und geeignet sein, wenn eine funktionierende, d. h. nicht nur de jure, sondern de facto Änderungsmöglichkeit der Gewinnsätze auf Basis von Marktpreisen gewährleistet wäre. Diese Möglichkeit ist de facto nicht zu finden. Nach neun Jahren Verrechnungspreisvorschriften hat kein Vermutungswiderlegungsantrag auf Basis von Marktstudien die Bewilligung zur Änderung der Gewinnsätze erhalten. Das muss als Indiz ausreichen, dass die Systematik fehlerhaft ist. Dadurch würde die Überprüfung des Verhältnisses Vorherigkeit/Nachträglichkeit dazu beitragen, die gesetzlich determinierten Gewinnsätze als ungeeignet darzustellen.

Erforderlichkeit: Die gesetzlich determinierten Gewinnsätze erweisen sich als nicht erforderlich, weil dem Steuerpflichtigen andere weniger eingreifende Mittel zur Zielerreichung dienen können. Es ist z. B. leicht vorstellbar, dass, wie die oben skizzierte „Zwischenlösung" theoretisch schildert (z. B. die Feststellung von Margen pro Wirtschaftssektor und auf Basis von empirisch untersuchten, erreichbaren Sätzen), andere Mittel sogar effizienter sein würden, mit deutlich größerer Achtung der verfassungsrechtlichen Besteuerungsbeschränkungen. Ferner wäre, um die Ziele des Gesetzes 9.430/96 treuer zu verfolgen, die Übernahme der OECD-RL, wie von anderen Nicht-Mitgliederstaaten und Entwicklungsländern erfolgt,[296] m. E. eine aus der Sicht der verfassungsrechtlichen Beschränkung der Steuergewalt für den Steuerpflichtigen weniger belastende Maßnahme. Ferner ist die wettbewerbsverzerrende Auswirkung der marktfremden gesetzlich determinierten Gewinnsätze für Transaktionen zwischen verbundenen Parteien im Vergleich mit ähnlichen Transaktionen zwischen unabhängigen Parteien nicht auf ein erforderliches Minimum reduziert.

Zumutbarkeit i. e. S.: Die vorgeschriebene Anwendung der gesetzlich determinierten Gewinnsätze stößt bei jeder Methode auf eine erschöpfende Liste von Einzelfällen, die überprüft und angepasst werden müssen. Dies stellt zwar die

---

296 Ausführlich s. S. 40 ff.

Berücksichtigung des Einzelfalls dar, jedoch auf eine Weise, wo relevante Einzelheiten, die direkten Einfluss auf die Preisgestaltung haben (z. B. Funktions- und Risikoanalyse), nicht betrachtet werden. Damit ist das Kriterim der Billigkeit-Zumutbarkeit nicht erfüllt.

Darüber hinaus scheitern die gesetzlich determinierten Gewinnsätze bei ihrer empirischen Überprüfung. Sie stellen keine Vermutung auf Basis der Gewinne dar, die am häufigsten in der Praxis festzustellen sind. Vielmehr diktieren die gesetzlich determinierten Gewinnsätze Bruttomargen, die empirisch keine der rentabelsten brasilianischen Wirtschaftsbranchen erwirtschaftet.[297] Damit bestehen die Sätze die Prüfung der Kongruenz-Zumutbarkeit nicht.

Bei der Überprüfung der Äquivalenz-Zumutbarkeit entsteht die Frage, ob die Vermutung, die sich durch die gesetzlich determinierten Gewinnsätze ergibt, das Wertverhältnis zwischen den Nachteilen für den Steuerpflichtigen bei der Besteuerung nach den verlangten Margen und dem zu erwartenden steuerlichen Erfolg ins Ungleichgewicht bringt. Die Nachteile sind deutlich höher (z. B. mehrere Verletzungen von Grundrechten, unangemessene Besteuerung, starke Gefährdung der sowohl nationalen als auch internationalen Wettbewerbsfähigkeit und damit verbundene Nachteile, Verwaltungsaufwand, usw.). Anderseits bleibt fraglich, ob die verfassungswidrigen höheren Steuereinnahmen als steuerliche Erfolge betrachten werden dürfen. Damit sind auch hiernach die gesetzlich determinierten Gewinnsätze unzumutbar.

Die Kohärenz-Zumutbarkeit ist schließlich das Kriterium, welches sich am stärksten gegen die gesetzlich determinierte Gewinnsätze stellt. Höherrangigere Normen werden unangemessen beschränkt und überschritten, so dass die Anwendung der Maßnahme nicht länger zu rechfertigen ist.

bb) Die Aufzeichnungspflicht

Die Unverhältnismäßigkeit der verlangten Verrechnungspreisaufzeichnungen ist im Vergleich zu der Unverhältnismäßigkeit der gesetzlich determinierten Gewinnsätze weniger offensichtlich. Während die gesetzlich determinierten Gewinnsätze materiellrechtlichen Charakter tragen, stellt die Aufzeichnungspflicht vielmehr eine verfahrensrechtliche Norm zur Mitwirkungspflicht dar. Die Aufzeichnungspflicht bezieht sich somit auf eine Darstellung der Erfüllung der gesetzlich determinierten Gewinnsätze (abgesehen von den PIC- und PVEx-Methoden). Nichtsdestotrotz unterliegt die Pflicht auch dem Verhältnismäßigkeitsgrundsatz.

---

297 Empirische Untersuchung: *Gross Profit Margin of Brazilian Companies.* Deloitte, São Paulo, May 2003 Survey, S. 7 ff.

Durch die Aufzeichnungspflicht ist das Ziel der Sachaufklärung erreichbar. Obwohl extrem arbeitsaufwendig, da jede Transaktion jedes Produktes aufzuzeichnen ist, kann ohne weiteres festgestellt werden, dass die ersten drei Prüfungsdimensionen nicht verletzt werden. Die Dokumentationspflicht erfüllt auch das Erforderlichkeitsgebot. Allerdings kann die Dokumentationspflicht i. R. d. CPL-Methode gegebenenfalls unzumutbar sein. Das betrifft insbesondere die evtl. notwendigen Aufzeichnungen von ausländischen Herstellungskosten, die dem Steuerpflichtigen unzugänglich sein können. Dies stellt einen Schwachpunkt in der Anwendung dieser Methode dar, die erstens auch in seiner OECD-Variante (Kostenaufschlagmethode) zu finden ist und zweitens unter der Berücksichtigung der Unmöglichkeit betrachtet werden muss.

h. Völkerrechtliche Prinzipien

Obwohl die Prinzipien der internationalen Beziehungen Brasiliens keine klassischen Beschränkungen der Besteuerungsgewalt darstellen, scheint es gebotn, zu untersuchen, inwieweit sich die Folgen der Verrechnungspreisvorschriften für die internationalen wirtschaftlichen Beziehungen von solchen Prinzipien untermauern lassen.[298] Letztlich umfasst das internationale Steuerrecht nicht nur Normen mit rein nationalem Bezug, sondern auch völker- und integrationsrechtliche Normen mit Steuerfolgen für den grenzüberschreitenden Wirtschaftsverkehr.[299] Um das Ziel zu erreichen, die Überbelastung von Wirtschaftssubjekten durch ein prohibitives Übermaß an Steuern und die Doppelbesteuerung in seinen grenzüberschreitenden Betätigungen zu vermeiden, ist die Erweiterung der Rechtsquellen auf das internationale Steuerrecht und völkerrechtliche Normen nötig.[300] Die Verfassung erklärt sogar vor den Grundrechten (Art. 5°) folgendes:

Art. 4° Die Föderative Republik Brasiliens achtet in seiner internationalen Beziehungen auf folgenden Prinzipien:
I – nationale Unabhängigkeit;
(…)
V – Gleichheit der Staaten;
(…)
IX – Zusammenarbeit zwischen den Völkern für den Fortschritt der Menschheit;

---

298 Ferner *H. Accioly/G. E. N. Silva*, Manual de direito internacional público. 13ª Edição, 1998, S.41 ff.; und *C. Sacchetto*, in *V. Uckmar*, Corso di diritto tributario internazionale. II Edizione, 2002, S. 44 ff.

299 Über integrationsrechtliche Normen s. S. 143 ff.

300 *K. Tipke/J. Lang*, Steuerrecht, 17. Aufl., 2002, § 2, Tz. 30-32. Ausführlich s. *H. Schaumburg*, Internationales Steuerrecht. 2. Auflage, 1998 § 4 S. 76 ff.; *R. Kumar*, Global Tax Harmonisation: Need and Approaches. TPTP 07/04 S. 19 ff.

Einzelner Absatz – Die Föderative Republik Brasiliens verfolgt die wirtschaftliche, politische, soziale und kulturelle Integration der lateinamerikanischen Völker mit der Absicht der Bildung einer latein-amerikanischen Nationengemeinschaft.[301]

Das Prinzip der Gleichheit der Staaten wird in der Literatur in zwei Kategorien unterteilt.[302] Einerseits besteht eine politische und anderseits eine wirtschaftliche Gleichheit. Während die *politische* Gleichheit eine formelle staatliche Souveränität darstellt, gewährleistet erst die *wirtschaftliche* Souveränität eine tatsächliche Souveränitätsausübung bezüglich der internationalen Beziehungen. D. h. die traditionelle völkerrechtliche Perspektive der Gleichheit der Staaten, die sich an einer *formellen* Gleichheit orientiert, erkennt unter dem Gesichtspunkte des internationalen Wirtschaftsrechts die konkrete, wirtschaftliche Ungleichheit der Staaten, um damit Korrekturen an diesem materiellen Ungleichgewicht zu gestalten. Dies wurde schließlich in der Charta der Vereinigten Nationen von 1948 wiederholt erkannt (u. a. Präambel, Art. 13 Nr. 3; Art. 19) und dient als Grundstein für die gegenwärtige internationale Entwicklungszusammenarbeit.[303]

Um verständlicher zu machen, woraus sich die gegenwärtige brasilianische Realität ableitet, scheint ein geschichtlicher Rückblick nötig. Trotz der internationalen offiziellen Anerkennung der Entwicklungsbedürfnisse haben die Entwicklungsstaaten gleich bemerkt, dass, obwohl die zweite Hälfte des 20. Jahrhunderts die alte, politische Kolonialordnung begraben hat, das Phänomen der Ausbeutung der wirtschaftlich weniger entwickelten Länder durch die Industriestaaten lediglich in die Form einer Neokolonisierung umgestaltet wurde. Als klassischer Beleg hierüber wird häufig die Ausbeutung von Rohstoffen erwähnt, deren niedriger Preis auf dem Weltmarkt[304] von entscheidender Bedeutung für

---

301 Im Original:
Art. 4° A República Federativa do Brasil rege-se nas suas relações internacioais pelos seguintes princípios:
I – independência nacional;
(...)
V – igualdade entre os Estados;
(...)
IX- cooperação entre os povos para o progresso da humanidade;
Parágrafo único. A República Federativa do Brasil buscará a integração econômica, política, social e cultural dos povos da América Latina, visando à formação de uma comunidade latino-americana de nações.
302 U. a. *J. B. L. da Fonseca,* Direito Econômico, 2001, S. 124 ff.
303 Vgl. *V. Epping,* in *K. Ipsen,* Völkerrecht. 5. Auflage, 2004, Rz. 26.7 ff. und *C. A. Mello,* Direito constitucional internacional. 2ª Edição, 2000, S. 143 ff. Ferner *H. Accioly/G. E. N. Silva,* Manual de direito internacional público. 13ª Edição, 1998, S. 107 f.
304 Dieses Phänomen kann in Brasilien hinsichtlich mehrerer Agrarprodukte festgestellt werden (z. B.: Zucker, Baumwolle, Fleisch, Kakao, und in einer jüngsten Phase Eisen und Stahl). Das klassische Beispiel für die Erschöpfung des Exportagrarmodells sind die

den Wohlstand und anschließende Hegemonie der (i. d. R. rohstoffarmen) Industriestaaten ist.[305] Diese Hegemonialgestaltung, worauf die Abhängigkeitstheorie[306] aufgebaut wird, ist durch die Aufrechterhaltung einer starken und unausgewogen wirtschaftlichen (jedoch nicht länger politischen) Abhängigkeit der Rohstofflieferstaaten von den kapitalexportierenden Industriestaaten bedingt.[307] Den armen Staaten bleibt grundsätzlich nichts anders übrig, als die Kosten für seine internen Bedürfnisse (häufig stark auf den Import von Gütern oder Techniken aus den Industriestaaten konzentriert, was letztlich das Geld zurück in die Geberländer steuert) durch Kapitalimport zu decken. Das Spannungsfeld zwischen Zinszahlungen und Hoffnungen auf neue Kredite, die nicht selten für die Zinszahlungen der alten Kredite benötigt werden, verschlimmert das Szenario dieses Abhängigkeitskreislaufes, der sich auf der Basis von internationaler Verschuldung und auf dem Weltmarkt abgewerteten Rohstoffen als knappe und nichtausreichende Einnahmensquelle zur Deckung der Schulden bildet.

Um gegen diesen immer größer werdenden Spagat zwischen Industriestaaten und Entwicklungsländer anzugehen, startete Brasilien seinerseits in der zweiten Hälfte des 20. Jahrhunderts einen starken Industrialisierungsprozess,[308] zu dessen Merkmalen erhöhte protektionistische Maßnahmen gehörten, die einerseits

Alternativen i. R. d. niedrigen internationalen Kaffeepreisen, und Bohnenübergebots in den 30er und 40er Jahre des 20. Jahrhunderts, die zwischen die Bohnen an den Bäumen verderben zu lassen oder sie zu verbrennen schwankten. Die staatlich koordinierte Zerstörung von Kaffeebohnen in der Zeit zwischen 1931 und 1939 erreichte ca. ein Drittel der gesamten Produktion. Ausführlich s. *C. Furtado*, Formação econômica do Brasil. 1968, S. 196 ff. Ferner eine Darstellung der heutigen Lage, wobei das Problem auf die niedrige Spezialisierung i. S. einer *"de-commoditisation"* betont wird: *Brazil is the largest world exporter of unprocessed coffee (green coffee), with a world share of about 20 per cent (...). In contrast, (...) it is almost absent from the market for roasted coffee, with a world share of less than 1 per cent*, in *N. Mulder/J. O. Martins*, Trade and Competitiveness in Argentina, Brazil and Chile: not as easy as A-B-C. OECD, 2004, S. 184. Über die gegenwärtige Agrarentwicklung Brasiliens und den Versuch, Agrarprotektionismus und -subventionen in den USA und Europa zu senken, s. *L. Caramel*, Quand le Brésil deviendra la ferme du monde. Le Monde Economic 23.05.05.

305 Ausführlicher s. *D. Landes*, The Wealth and Poverty of Nations, 1999, S. 521, und ferner *C. Furtado*, Formação Econômica do Brasil. 1968, S. 254.

306 Ausführlich in *F. H. Cardoso/E. Faletto*, Dependency and Development in Latin America, 1979.

307 Über die zur Zeit geschwächte Abhängigkeitstheorie der 60er und 70er Jahren, *D. Landes*, The Wealth and Poverty of Nations, 1999, S. 510; und *J. Bhagwati*, The Agenda of the WTO, Text zitiert in *R. McCorquodale/M. Dixon*, Cases and Materials on International Law, 2003, S. 518.

308 Obwohl früher schon eine schüchterne Präsenz der leichten Industrie bestand, hat erst mit der Einführung der Schwerindustrie (teilweise als verhandelte „Entlohnung" der USA für die Mitwirkung Brasiliens als Alliierter im 2. Weltkrieg) die brasilianische Industrialisierung an Schwung und Bedeutung gewonnen.

zur Entwicklung und zum Schutz der inländischen Industrie und anderseits zu einer wenn auch niedrigen Beteiligung der brasilianischen Wirtschaft im Welthandel führte. Obwohl die Politik des „Importersatzes" (substituição de importações) gegenwärtig als ausgereizt gilt, hat sie dazu geführt, dass sich Brasilien in eine strukturierte industrialisierte Landschaft entwickelt hat, die letztlich die Bezeichnung „Industriestaat" verdient.[309] Seit Anfang der 90er Jahre wendet sich die brasilianische Wirtschaft und Politik der allgegenwärtigen Weltwirtschaftsordnung[310]zu, welche auf die Liberalisierung des grenzüberschreitenden Wirtschaftsverkehrs, auf den Abbau von Handelshemmnissen und anderer Beschränkungen des Zugangs zu nationalen Märkte abzielt.

Nichtsdestotrotz bleibt eine Ungleichheit zwischen Brasilien und den entwickelten Staaten. Das führt letzlich dazu, dass Brasilien nicht einfach das Modell des klassischen Wirtschaftsliberalismus der zweiten Hälfte des 19. Jahrhunderts ohne Vorbehalt zurück ins Leben ruft. Das damalige Modell basierte auf dem Credo der Wohlfahrtssteigerung durch Außenhandel, welches ohne weiters noch bis heute gilt,[311] jedoch kaum Kontrolleingriffe der Staaten vorsah und nach der in ihrer Einsetzbarkeit fraglichen Theorie der komparativen Vorteile eine möglichst effiziente Allokation der Ressourcen anstrebte.[312] Trotz Liberalisierung und staatlichen Kontrollverlusts i. R. d. Globalisierung[313] versucht Brasilien ein neues, brasilianisches Modell der staatlichen Mitwirkung auf dem

---

309 Vgl. *L. Gordon,* A segunda chance do Brasil a caminho do primeiro mundo, 2002, S. 313, 65 und 78 ff. Für statistischen Daten s. im gleichen Werk S. 55, 83 und 167. Der Autor führt tief greifende Untersuchungen über die Chancen Brasiliens zum Einstieg in die erste Welt durch. Brasilien hat seiner Meinung nach eine moderne und dynamische wirtschaftliche Struktur, eine mittlere, verbesserungsbedürftige politische und rechtliche Struktur und eine dramatische soziale Ungleichheit hinsichtlich der Vermögensverteilung (u. a. S. 229).

310 *M. Herdegen,* Internationales Wirtschaftsrecht. 3. Auflage, 2002, S. 48, Tn. 1.

311 Vgl. *M. Herdegen,* Internationales Wirtschaftsrecht. 3. Auflage, 2002, S. 48, Tn. 2 bis 6.

312 Vgl. zur deutschen und japanischen Industrialisierungsgeschichte *D. Landes,* The Wealth and Poverty of Nations, 1999 S. 475 ff. bzw. 521 f.; Über die Bedrohung der westlichen technologischen Hegemonie durch das chinesische Wachstum s. *Paul A. Samuelson,* Where Ricardo and Mill Rebut and Confirm Arguments of Mainstream Economists Supporting Globalization. JEP, 1 August 2004, vol. 18, no. 3, S. 135 ff. *The (Argentinean, Brazilian and Chilenean) economies all have the misfortune to have a comparative advantage in a highly protected sector* (basic commodities). (...) *with agricultural tariffs averaging approximately 60 per cent globally, compared with 5 per cent for industrial products,* in *N. Mulder/J. O. Martins,* Trade and Competitiveness in Argentina, Brazil and Chile: not as easy as A-B-C. OECD, 2004, S. 175 bzw. 153. Ferner *P. R. McDaniel,* The Impact of Trade Agreements on Tax Systems. Intertax, Vol. 30, Issue 5 2002 S. 167, 166.

313 Vgl. *K. Ipsen,* Völkerrecht. 5. Auflage, 2004, Rz. 3.23 ff.

Markt zu entwickeln.[314] Soweit diese synoptische und kurz[315] umrissene geschichtliche Darstellung diese Untersuchung betrifft, ist hinsichtlich der Verrechnungspreisvorschriften klar, dass die Entwicklung dieses Themas bei den entwickelten OECD-Ländern als Anregung für die brasilianischen Vorschriften diente. Allerdings wurde versucht, diese entsprechend den Bedürfnissen des Landes anzupassen. Auf Grundlage dieses Gedankens fördern die Verrechnungspreismethoden (insbesondere die, die am häufigsten verwendbar ist – die PRL 60%-Methode) den Ersatz von Import-Artikeln durch heimische Produkten.[316] Dadurch wird schließlich versucht, internationale Konzerne zu bewegen, in die brasilianische Industrie zu investieren oder mindestens deren Produkte zu bevorzugen. Diese weniger marktbezogenen Maßnahmen sind mit den Integrationsabsichten der Verfassung schwer zu vereinbaren. Zum einem nähren sich die größten lateinamerikanischen Wirtschaftspartner Brasiliens, die über Verrechnungspreiskontrollen verfügen (bis dato Argentinien, Chile, Kolumbien, Mexiko, Peru und Venezuela) in vielen Hinsichten den OECD-RL an.[317] D. h. solche Länder erkennen (sowohl de jure als auch de facto) den Fremdvergleichgrundsatz an.[318] Das führt zur Kollision und ferner zur Doppelbesteuerung hinsichtlich der brasilianischen Vorschriften sui generis. Integration erfordert in den unterschiedlichen Partnerstaaten Regeln, die miteinander kompatibel sind oder zumindest ähnlichen Ansätzen folgen. Das geht jedoch aus der Argumentation Brasiliens gegenüber den anderen lateinamerikanischen Staaten, die über Verrechnungspreisvorschriften verfügen, nicht hervor.

Darüber hinaus verstoßen die brasilianischen Verrechnungspreisvorschriften gegen den Anspruch der Verfasung, in den internationalen Beziehungen Brasiliens auf die Gleichheit der Staaten zu achten und zusammen mit anderen Völkern für den Fortschritt der Menschheit zu arbeiten. Angenommen, dass Fortschritt durch verstärkten Außenhandel und die Verflechtung von internationalen Geschäften effizienter zu verwirklichen ist, sind staatliche Maßnahmen, die solche Faktoren regeln, zwar nötig, müssen allerdings konsequent fördern statt zu dämpfen. D. h. schließlich, dass ein Ausgleich zwischen nationalen und internationalen Interessen gefordert wird. An diesem Punkt scheitern die brasiliani-

---

314 *J. B. L. da Fonseca,* Direito Econômico, 2001, S. 271.

315 Erstens weil es nicht Gegenstand dieser Arbeit ist und zweitens weil das Thema eine Fülle von kontroversen Facetten birgt. Über die Interaktivität zwischen öffentlichem Recht und politischen Zielen s. *C. A. Mello,* Direito constitucional internacional. 2ª Edição, 2000, S. 20 ff.

316 Vgl. s. S. 55 ff.

317 Ferner über die Quelle des Völkerrechts s. *C. A. Mello,* Direito constitucional internacional. 2ª Edição, 2000, S. 275 ff.

318 Vgl. *R. Pfeiffer/N. Dagnese,* Verschärfung der Verrechnungspreisgesetze in Argentinien. IWB Nr. 15 11.8.2004 F. 8 Gr. 2 S. 33.; und *Deloitte Touche Tohmatsu,* Strategy Matrix for Global Transfer Pricing, 2005-2006 68 S.

schen Verrechnungspreisvorschriften. Beispiel dafür ist sowohl die Missachtung des Fremdvergleichsprinzips, wonach eine ausgeglichene internationale Verteilung von Besteuerungsgrundlagen und eine internationale Wettbewerbsneutralität der nationalen Verrechnungspreiskontrolle zu schaffen ist, als die Regelung zu Eroberung neuer Märkte. Nach dieser Regelung dürfen geringere Exportpreisen als die, die durch die Methoden zu berechnen sind, u. a. unter folgende Bedingung angesetzt werden:

Art. 30. (...)
IV – es muss auf dem Exportplan dokumentiert werden, dass das in dem Zielland ansässige verbundene Unternehmen kein Gewinn mit der Transaktion erzielen wird (...);[319]

Eine solche Bestimmung schließt grds. jedes verbundene Unternehmen aus, das in einem Land ansässig ist, dessen Verrechnungspreisvorschriften sich auf Basis des Fremdvergleichs aufbauen.

Zusammenfassend kann gesagt werden, dass die brasilianischen Verrechnungspreisvorschriften und -praxis sich nur mangelhaft für die internationale Wettbewerbsneutralität[320] der Besteuerung einsetzen. Vielmehr versucht Brasilien die Besteuerung als Standortfaktor und zugunsten der nationalen Kapitalimportbedürfnisse zu nutzen.[321] Obwohl sich das aus wirtschaftlich-entwicklungsgeschichtlichen Gesichtspunkten erklären lässt, rechtfertigt das nicht, dass die Vorschriften und die Praxis eine vor allem gegen die verfassungsverankerten völkerrechtlichen Prinzipien kollidierende Politik verfolgen.

4. Rechtsvermutung

Die Literatur h. M. erkennt die gesetzlich determinierten Gewinnmargen der brasilianischen Vorschriften als Rechtsvermutungen (presumptio juris).[322] Es ist zu beantworten, inwieweit solchen Rechtsvermutungen zulässig sind und den unterschiedlichen Verrechnungspreisvorschriften entsprechen. Diesbezüglich umfasst die Bandbreite des Abstraktionskonzeptes Rechtsfiktionen (ficção jurí-

---

319 Art. 30 IV IN SRF 243/02.
320 Vgl. *O. H. Jacobs,* Internationale Unternehmensbesteuerung, 2002, S. 20 f.
321 Vgl. *K. Tipke/J. Lang,* Steuerrecht, 17. Aufl., 2002, § 2, Tz. 45; und *H. Tôrres,* Pluritribitação internacional sobre as rendas de empresas. 2ª Edição, 2001, S. 424 ff.
322 U. a. *R. M. de Oliveira,* in *V. O. Rocha,* Tributos e preços de transferência, 1997, S. 80 ff.; *L. E. Schoueri,* Preços de transferência no direito tributário brasileiro. 2ª Edição, 2006, S. 102 ff.; *P. A. Barreto,* Imposto sobre a renda e preços de transferência, 2001, S. 161 ff.; und *A. Xavier,* Direito tributário internacional do Brasil. 6° Edição, 2004, S. 385 ff.

dica), unwiderlegbare Vermutungen (presunções absolutas oder juris et de jure) und widerlegbare Vermutungen (presunções relativas oder juris tantum).

Rechtsvermutungen sind gesetzliche Mechanismen die dazu dienen, dem Gesetzesanwender Fakten zu beweisen, deren Beweisführung schwer einfällt. Darüber hinaus beziehen sich die Rechtsvermutungen auf die Beweisführung von anderen Fakten, deren Korrelation zu dem gesetzlich geregelten Schluss führt. D. h. es ist aus einem bekannten und ausgelegten Fakt die Existenz eines anderen unbekannten und unausgelegten Faktes, dessen Existenz möglich und bezüglich des ersten Faktes wahrscheinlich ist, festzustellen.[323]

Das Wahrscheinlichkeitselement unterscheidet die Rechtsfiktionen von der Rechtsvermutung, soweit bei der Rechtsfiktion die Hypothese nicht versucht, mit den tatsächlichen Fakten übereinzustimmen. D. h. es handelt sich um eine negative Wahrscheinlichkeit oder um eine „wahrscheinlichkeitsneutrale" Haltung. Die Rechtsfiktion fabriziert eine *„juristische Wahrheit"*, deren Existenz sich ex vi legi beschränkt.[324] Beispiel dafür ist eine Norm, die ein Schiff als unbeweglichen Gegenstand für Verpachtungszwecke betrachtet. Eine unwiderlegbare (absolute) Rechtsvermutung ihrerseits basiert auf der (positiven) Wahrscheinlichkeit, dass ein Fakt wahr ist, ohne jedoch Gegenargumente oder - beweise zu gestatten. Beide Formen der Hypothesensauslegung sind allerdings bezüglich der Ermittlung von Besteuerungsgrundlagen verfassungsrechtlich untersagt.[325] Das verfassungsverankerte Steuersystem verlangt die Materialität des Einkommens als Grundlagen der Besteuerung und verbietet damit die unwiderlegbare Abstraktion der Phänomene.[326] Darüber hinaus bleibt im Steuerrecht lediglich die widerlegbare Vermutung als systemkonformes Mittel zur Beweisführung übrig.

Diesbezüglich würde Art. 20 Gesetz 9.430/96, wonach die gesetzlich determinierten Gewinnmargen[327] auf Basis von Marktwerten geändert werden dürfen, als entscheidende *Bastion der Verfassungsrechtlichkeit* (*bastião da constitucio-*

323 *R. M. de Oliveira*, in *V. O. Rocha*, Tributos e preços de transferência, 1997, S. 81.

324 *J. A. L. Gonçalves*, in *Schoueri/Rocha*, Tributos e preços de transferência, 1999, S. 231. Umfassend *M. Jachmann*, Die Fiktion im öffentlichen Recht, 1998, S. 601-605.

325 Vgl. oben S. 85 ff. und u. a. *R. M. de Oliveira*, in *V. O. Rocha*, Tributos e preços de transferência, 1997, S. 81; *J. A. L. Gonçalves*, in *Schoueri/Rocha*, Tributos e preços de transferência, 1999, S. 240.

326 Vgl. *J. A. L. Gonçalves*, in *Schoueri/Rocha*, Tributos e preços de transferência, 1999, S. 229; *H. Tôrres*, Pluritribitação internacional sobre as rendas de empresas. 2ª Edição, 2001, S. 279; und *A. Xavier*, Direito tributário internacional do Brasil. 6° Edição, 2004, S. 389.

327 Über den Beschlagnahmecharakter der gesetzlich determinierten Gewinnsätze s. S. 90 ff. und 129 ff.

nalidade)[328] der Verrechnungspreisvorschriften des Gesetzes 9.430/96 gelten. Nichtsdestotrotz besteht m. E. unabhängig von Art. 20 und 21 ein Zusammenhang bei den Faktoren, die auf eine Reduzierung auf Null der Vermutungswiderlegbarkeit hindeuten und damit die relative Vermutung in eine absolute und dementsprechend i. R. d. Stererhebung unzulässige Vermutung umwandeln. Demzufolge sind die gegenwärtigen Verrechnungspreisvorschriften verfassungsrechtlich unzulässig.

- Zum einem umfasst Art. 20 nicht alle in dem Gesetz verankerten Rechtsvermutungen, wie im Fall der Verrechnungspreismethode für Darlehenstransaktionen und ihre Zinsen dargestellt.[329]

- Zweitens hat sich die tatsächliche Anwendbarkeit des Art. 20 seit seinem Inkrafttreten noch nicht als möglich erwiesen - trotz zehnjährigem Bestehen der Verrechnungspreisvorschriften.[330] Der einzige bekannte Änderungsantrag ist abgelehnt worden, und die Ablehnung erfüllte die verwaltungsrechtlichen Kriterien (Begründung, Motivation von Verwaltungsakten) nicht, die zur Verteidigung seitens des Steuerpflichtigen nötig sind.[331] Das bestätigt, dass das System der Überprüfung von marktkonformen Margen gem. Art. 20 Gesetz 9.430/96 i. V. m. Art. 29 IN SRF 243/02 ineffizient ist und als Indiz der tatsächlichen Unmöglichkeit der Änderung dient. Ferner deutet die unmotivierte Ablehnung daraufhin, dass die Finanzverwaltung sich weder an einfache Verwaltungsregeln hält noch ihre Mitwirkungspflicht zur Sachaufklärung beachtet. Darüber hinaus darf der vorsorgliche Steuerpflichtige bedauerlicherweise nicht erwarten, dass seitens der Finanzverwaltung nicht lediglich eine fiskalzweckorientierte, sondern eine auf der größtmöglichen Wahrscheinlichkeit basierende Sachaufklärung, wie es zu erwarten wäre, erfolgt.

- Drittens verschlimmert sich das Szenario, soweit die Ablehnung des Änderungsantrags seitens der Finanzverwaltung erhebliche benachteiligende Folgen für den Steuerpflichtigen hat. In der Realität erweist sich für den Steuerpflichtigen ein entsprechender Änderungsantrag als überaus risikoreich, da der Antrag grds. erst nach Durchführung sämtlicher Transaktionen möglich ist, da sonst die für die Antragstellung benötigten Dokumente nicht vorgelegt

---

328 *L. E. Schoueri,* Preços de transferência no direito tributário brasileiro, 1999, S. 104.

329 Vgl. s. S. 62. Ferner u. a. *E. C. Fernandes,* in *Schoueri/Rocha,* Tributos e preços de transferência, 1999, S. 92 f.

330 Vgl. Vigorous Enforcement Expected in Latin America in 2005. TMTR 24.11.2004 Vol. 13, Nr. 14 S. 759 ff.

331 Ausführlich s. S. 83.

werden können. Dies schließt die Möglichkeit eines „simultanen Verrechnungspreismanagements" während eines Geschäftsjahres aus.[332]

- Viertens vergrößern sich die praktischen Schwierigkeiten hinsichtlich der Durchführung eines Gewinnsatzänderungsantrags, wenn noch zusätzliche Informationen über Dritte verlangt werden (z. B. Kopien der Finanzdokumente oder Belege, die Endkonsumenten im Zielland von fremden Einzelhändlern erhalten haben), die sich in der Praxis außerhalb des Zugriffs des Steuerpflichtigen befinden und damit eine unverhältnismäßige Belastung darstellt.[333]

- Fünftens ist für den Steuerpflichtigen auch von Nachteil, dass kein rechtlich abgesichertes Verfahren für die Durchführung einer Änderungsgenehmigung vorliegt. Das Gesetz setzt für die Annahme von Änderungsanträgen auf Basis von Fremdvergleichsstudien sogar die *Berücksichtigung der international anerkannten Überprüfungsmethoden* voraus, erklärt jedoch nicht, was darunter zu verstehen ist und inwieweit die internationale Praxis angewendet werden darf.[334] Darüber hinaus verlangt das Gesetz, dass abgelehnte Anträge „inkonsistent" oder „unglaubwürdig" sein müssen. Eine Bestimmung, auf welchen Kriterien diese „Inkonsistenz" und „Unglaubwürdigkeit" basieren und, sogar relevanter, eine Prozedur für die Folgen einer solchen Ablehnung fehlen. Wenn die Finanzverwaltung für die Analyse der Glaubwürdigkeit oder der Inkonsistenz eine Fremdvergleichsprüfung selbst durchführen müsste und angenommen, dass diese Kriterien beispielsweise dem deutschen „ernsthaften Bemühen" ähnlich sind (in Linie mit der OECD-orientierten Praxis), so wäre dann für den Steuerpflichtigen eine Verknüpfung mit der Realität sowie die Beseitigung der gesetzlich determinierten Gewinnsätze gewährleistet.

- Sechstes kann eine widerlegbare Vermutung nur gerechtfertigt sein, wenn der rechtsstaatliche Auftrag eines gleichmäßigen und verfassungskonformen Besteuerungsvollzugs verfolgt wird. Der Verdacht, dass durch grenzüberschreitende Transaktionen verbundene Parteien unangemessene Preise zu Grund legen, kann Maßnahmen rechtfertigen, die Einkommenskorrekturen auf Basis einer Vermutung bei größtmöglicher Wahrscheinlichkeit vorsehen. In der Rechtsanwendung soll vermutet werden, was normalerweise vorkommt, und nicht das Gegenteil.[335] Die gesetzlich determinierten Gewinn-

---

332 *N. Dagnese/C. E. Ayub,* Besonderheiten der brasilianischen Verrechnungspreispraxis. IWB Nr. 6 v. 23.3.2005 F. 8 Gr. 2 S. 179.

333 Über die Überprüfung der Verhältnismäßigkeit s. S. 102 ff.

334 Über den Dokumentationsumfang für den Änderungsantrag s. S. 160 ff.

335 *H. Ávila,* Sistema constitucional tributário. 2004, S. 410.

margen tragen allerdings keinen Bezug auf Wirklichkeitsprüfungen, welche die Markt- und Preisverhältnisse berücksichtigen. Sie sind vielmehr unzumutbare, weil marktfremde - wenn nicht sogar groteske - Schätzungen.[336] Darüber hinaus stellen diese verlangten Margen Verstöße gegen Freiheits- und Rechtsstaatsprinzipien dar und tragen somit keine Legitimation.

- Siebtens ändert die beschränkte[337] Widerlegungsmöglichkeit der Vermutung diese Feststellung nicht, soweit die Ablehnung des Antrags zur Änderung der starren Margen rechtlich fraglich[338] bleibt und damit keine rechtsstaatliche Rechtssicherheit gewährleistet werden kann.

- Achtens müsste die Finanzverwaltung bei der Formulierung eines Systems, dessen Verfassungsmäßigkeit bestenfalls auf der Vermutungswiderlegung basiert, mit einer massiven Antragsflut zur Änderung der Gewinnsätze gerechnet haben. Schließlich liegen die vorgeschriebenen Sätze über der Marktwirklichkeit – und das kann dem Gesetzgeber und dem Finanzminister nicht entgangen sein. Wenn die Regel (gesetzlich determinierte Sätze) zu einer Überbesteuerung führt, ist zu erwarten (und gerechterweise zu gewährleisten), dass die Masse der Steuerpflichtigen den Weg zu einer angemessenen Besteuerung suchen wird (Antrag zur Änderung der Sätze). Die Gestaltung des Überprüfungsmodells von Art. 20 und 21 Gesetz 9.430/96 und 29 IN SRF 243/02 ist dafür allerdings äußerst ungeeignet und stellt vielmehr ein Ausnahmeverfahren dar. Durch ein Ausnahmeverfahren wird versucht, eventuelle Lücken der Hauptnorm mittels ad hoc Überprüfung zu schließen. Ein Ausnahmenverfahren kann nur als abweichende Norm die Hauptnorm ausstatten, wenn - wie die Hauptnorm selbst - die Bearbeitungsinstrumente eines „Massenverfahrens" oder einer *Massenverwaltung*[339] trägt. Das Steuerermittlungs- und -erhebungsverfahren erfolgt i. d. S. durch die Mitwirkung des Steuerpflichten im Voraus (por homologação).[340] D. h. der Steuerpflichtig ist selbst für die Berechnungen und Erhebungen zuständig. Das Ergebnis dieser Steuerpflichtbeteiligungen wird grds. unter Vorbehalt der Nachprüfung von der Finanzverwaltung erlassen. Das Vollzugsdefizit bei der Sachaufklärung

---

336 Vgl. s. S. 90.

337 Darlehensvereinbarungen sind von den Änderungsmöglichkeiten der festen Gewinnsätze ausgeschlossen.

338 Zutreffend für den unangemessen Ermessenspielraum des Finanzsekretärs zur Zustimmung oder Ablehnung von Änderungsanträgen und den unangemessen Ermessensspielraum des Finanzministers, die festen Gewinnmargen zu ändern, weil beide Fällen gegen das Legalitätsprinzip bezüglich der Entstehung der Steuerschuld verstoßen, s. *P. A. Barreto,* Imposto e preços de transferência, 2001, S. 158 f.

339 *R. Seer,* in *Tipke/Lang,* Steuerrecht, 17. Aufl., 2002, § 21, Tz. 5.

340 Art.150 CTN. Vgl. u. a. *P. A. Barreto,* Imposto sobre a renda e preços de transferência, 2001, S. 55 ff.

ist in dem Abwägungsdreieck zwischen Gesetzmäßigkeit, Rechtsanwendungsgleichheit und Schutz der Freiheitsgrundrechte erst durch eine Plausibilitätskontrolle abzumildern, wobei der Steuerpflichtige einen *freiheitsschonenden Vertrauenvorschuss* genießt, beschränkt durch das Verifikationsprinzip, das sich seinerseits an Stichprobenkontrollen nach dem Zufallsprinzip ausrichtet.[341] Das Vertrauensvorschussprinzip stellt ein flexibles Beweismaß dar und ist conditio sine qua non für die Durchführung von Massenbesteuerungsverfahren, wobei eine Intensivprüfung i. R. einer Außenprüfung bezogen auf eine relativ kleine Zahl von Fällen möglich ist.[342]

Soweit der Steuerpflichtige hinreichend mitwirkt und aus Sicht der Finanzbehörde keine Anhaltspunkte dafür vorliegen, daß die von ihm erklärten Tatsachen unrichtig oder unvollständig sind, besteht kein Anlaß für weitere Erklärungen.[343]

Das gemeinte Vermutungswiderlegung-Verfahren ist dennoch nicht mit solchen Besteuerungsmerkmalen der Plausibilitätskontrolle ausgestattet und m. E. deswegen ungeeignet. Die Widerlegung der betrachteten Vermutungen kann dagegen nur auf Grund einer ad hoc Intensivprüfung erfolgen und muss mittels eines Verwaltungsaktes entweder des Finanzministers oder des Sekretärs der Finanzverwaltung bestätigt oder abgelehnt werden. So ein zeitaufwendiges Verfahren können sich Massenüberprüfungen nicht leisten und schafft eine Flut von Änderungsanträgen die nur dann zu bewältigen ist, wenn ihre Eindämmung betrieben wird. Dafür ist die (zynische) Gestaltung der Widerlegung auf Antrag sehr effizient, indem ein Antrag ohne Erfolgsaussicht bleibt und das Risiko einer Ablehnung sehr hoch ist. Zusammenfassend sollten m. E. die betrachteten widerlegbaren Vermutungen somit theoretisch nur dann als Rechtsmittel geduldet werden, wenn für diese Widerlegung ein gleichmäßig praktikables Erhebungsverfahren angeboten wird, welches die Kriterien des freiheitsschonenden Vertrauensvorschusses übernimmt. Die gesetzlich determinierten Gewinnsätze gewähren nicht nur keinen Vertrauensvorschuss, sie stellen sogar einen entgegengesetzten „*Misstrauensvorschuss*" dar.

---

341 *R. Seer*, in *Tipke/Lang*, Steuerrecht, 17. Aufl., 2002, § 21, Tz. 6.

342 Ausführlich über die Verwaltungsknappheit für die Umsetzung des materiellen Rechts bezüglich der periodisch (jährlich) wiederkehrenden Massenverfahren des Steuerrechts s. *R. Seer*, Verständigung in Steuerverfahren. 1996, S. 230 ff.; und ferner mit Hinweisen auf Statistiken s. *R. Seer*, Besteuerungsverfahren: Rechtsvergleich USA-Deutschland, 2002, Rn. 77-84. Der Betriebsprüfungsturnus in Deutschland im Jahr 2000 lautete für Großbetriebe 4,3, Mittelbetriebe 11,2 und Kleinbetriebe 43,5 Jahre (Rn. 83).

343 *R. Seer*, Verständigung in Steuerverfahren. 1996, S. 294.

Dies bekräftigt die Feststellung, dass die rechtsstaatliche Kooperationsmaxime des deutschen Steuerrechts, wonach der naturgemäß wechselseitige Zusammenhang zwischen Sachaufklärungsintensität und mangelnder Mitwirkung des Steuerpflichtigen die Finanzbehörde zu der Beweismaßreduzierung mittels Schätzung auf eine größtmögliche Wahrscheinlichkeit ermächtigt,[344] bei den brasilianischen Verrechnungspreisvorschriften zu Lasten der Besteuerungsgerechtigkeit nicht zu finden ist.

5. Der problematische Vorrang der Abkommen

a. Subjektive Voraussetzung

Das abkommensrechtliche Konzept von verbundenen Personen (pessoas „associadas") unterscheidet sich von dem einseitigen Konzept von verbundenen Personen (pessoas „vinculadas") des Gesetzes 9.430/96.[345] Das Konzept des Gesetzes 9.430/96 überschreitet h. M. das der DBA, bei denen Brasilien teilnimmt.[346] Das DBA-Konzept (Art. 9 OECD-MA) sieht zwar die mittelbare oder unmittelbare Geschäftsleitung, Kontrolle oder Kapitalbeteiligung eines Unternehmens an dem anderen Unternehmen vor, schließt jedoch für solchen Akteuren die Partnerschafts-, Verwandtschafts- und Exklusivitätskriterien des Gesetzes 9.430/96 nicht ein. Abschließend sollten diese Kriterien dementsprechend gegenüber in DBA-Staaten ansässigen Unternehmen nicht gelten. Dieses Verständnis ist m. E. grundsätzlich richtig, verlangt allerdings eine ausführlichere Betrachtung.

Der Gesetzgeber beabsichtigte, Sachverhalte bei der Verrechnungspreisüberprüfung einzubeziehen, deren Abhängigkeitselemente zwischen den Parteien sich auch aus einem beherrschenden Einfluss ableiten lassen. Das verstößt grundsätzlich nicht gegen das Konzept von „Kontrolle" des Art. 7 II und 9 oder von „Sonderbeziehung" des Art. 11 VIII OECD-MA. Statt das zu erklären hat das Gesetz 9.430/96 vielmehr die bestimmten Hypothesen beschrieben. Damit blieben zum einem Konstellationen ausgeschlossen, die trotz bestehender Elemente des beherrschenden Einflusses nicht gesetzlich gedeckt wurden (wie das oben erwähntes Beispiel,[347] wenn es vertraglich vereinbart wurde, dass eine be-

---

344 R. Seer, in Tipke/Lang, Steuerrecht, 17. Aufl., 2002, § 21, Tz. 216.
345 Die offizielle deutsche Fassung des am 7.4.2005 gekündigten DBA-Brasilien übersetzte "pessoas associadas" als "verbundene Personen". Eine wortwörtliche Übersetzung wäre „assoziierte Personen". Nichtsdestotrotz wird hier immer darauf hingewiesen werden, wenn „verbundene Personen" sich auf das Abkommenskonzept bezieht.
346 L. E. Schoueri, in V. O. Rocha,, Tributos e preços de transferência, 1997, S. 68 ff.; A. Xavier, Direito tributário internacional do Brasil. 6° Edição, 2004, S. 397 f.
347 Vgl. s. S. 66.

stimmte Minderheit der Beteiligten ein gewisses Bestimmungsrecht, etwa eine Sperrminorität, hat). Zum anderen tragen die bestimmten Hypothesen nicht unbedingt die Kontrollvoraussetzung. In diesem Zusammenhang vermutet das Gesetz juris et de jure, dass z. B. die Lebensgefährtin des Geschäftsführers eines in Brasilien ansässigen Unternehmens mit dem Unternehmen verbunden ist, ohne das Vorhandensein eines beherrschenden Einfluss vorauszusetzen. Obwohl die enge Verbindung vermutet werden kann, darf die Behauptung, dass ein beherrschender Einfluss davon abzuleiten ist, nicht mittels einer Vermutung juris et de jure bestimmt werden. Darüber hinaus sind die subjektiven unwiderlegbaren Vermutungen des Gesetzes 9.430/96 i. R. d. DBA einzuschränken, soweit sie sich von dem Kontroll- bzw. Sonderbeziehungskonzept i. S. eines beherrschenden Einflusses entfernen.

b. Objektive Voraussetzung

Die objektiven Vermutungen der brasilianischen Verrechnungspreisvorschriften kollidieren h. M. mit dem Konzept vom Marktvergleich,[348] das im Art. 7 II, 9 und 11 VIII OECD-MA zu finden ist. Dieser Antagonismus deutet sich m. E. nicht nur in den häufig angefochtenen gesetzlich determinierten Gewinnmargen, sondern auch in den unangemessen beschränkten Preisanpassungskriterien an, die sogar bei den vorhandenen Preisvergleichmethoden (PIC und PVEx) gelten. Die Hauptkritik bezieht sich grds. auf die Nichtberücksichtigung von ausgeübten Funktionen und übernommenen Risiken, deren entscheidende Rolle bei der Preisfestsetzung außerhalb Brasiliens international breit anerkannt ist.

Zu beantworten ist, inwieweit die nicht DBA-konformen Verrechnungspreisvorschriften unberücksichtigen bleiben können, wenn der Sachverhalt unter dem Schutz eines DBA steht. Die Antwort auf diese Frage könnte für international tätige Unternehmen eine entscheidende Rolle für die Durchführung einer international konsistenten und doppelbesteuerungsvermeindenden Verrechnungspreispolitik spielen.

c. Sperrwirkung der Abkommen

Abgesehen von der nicht einfachen Bereinigungsmöglichkeit von Doppelbesteuerungen mittels Verständigungsverfahren hinsichtlich Verrechnungspreisasymmetrien zeigt sich die Anwendung des Verfahrens in der letzten Zeit als nötiger denn je.[349] Das *nicht unerhebliche Konfliktpotential*[350] zwischen den bra-

---

348 *L. E. Schoueri,* in *V. O. Rocha,,* Tributos e preços de transferência, 1997, S. 68 ff.; *A. Xavier,* Direito tributário internacional do Brasil. 6° Edição, 2004, S. 397 f.
349 *T. Aritake,* Japan, Brazil Competent Authorities Poised to Take Up Honda Motor Co. Case. TMTR 9.11.2005 Vol. 14 No. 14 S. 537. *H. Schaumburg/M. Schulz,* Die Kündi-

silianischen Verrechnungspreisregelungen und den von Brasilien abgeschlossenen DBA führt zur Untersuchung der Positionierung der Abkommen in der Normenhierarchie Brasiliens. Die Behauptung, dass für die Sperrwirkung der Abkommen gegenüber den Gesetzen ohne weiteres gelten soll (pacta sunt servanda), hat in Brasilien jedoch jüngste erhebliche Kontroversen verursacht. Die Geltung des Art. 27 des Wiener Übereinkommens über das Recht der Verträge von 1969 bleibt fraglich, weil das Übereinkommen bis dato noch nicht im brasilianischen Kongress abgestimmt wurde und damit in Brasilien de jure nicht gilt.[351]

Die Literatur[352] stellt zwei Thesen gegenüber: Zusammengefasst konstituiert die „dualistische These" eine Art hierarchische Parität zwischen Abkommen und internen Normen, wonach (lex posteriori derogat anteriori) nachträgliche Normen das Abkommen überschreiben würden. Anderseits betont die „monistische These", dass dem internationalen Recht mittels interner Empfangsnormen (z. B. Art. 5 II CF und Art. 98 CTN) wenn nicht Vorrang, so doch eine Sperrwirkung

---

gung des Doppelbesteuerungsabkommens Deutschland-Brasilien und ihre Konsequenzen nach nationalem deutschen Steuerrecht. IStR 23/2005 S. 794 f., *N. Dagnese*, Is Brazil ‚Developed' Termination of the Brazil-Germany Tax Treaty. Intertax 4/2006 S. 197.

350 *H. Krabbe*, in *H. Debatin/F. Wassermeyer*, Kommentar zu Doppelbesteuerungsabkommen, Band II, Brasilien EL 81 Mai 2000 Art. 9 Tz. 13. Ferner, i. R. d. Kündigung des DBA-Brasilien seitens Deutschlands s. *Germany to Allow Tax Treaty with Brazil to Expire, Gives Transfer Pricing Disputes as Reason.* TMTR 27.4.2005 Vol. 13 Nr. 24, S. 1230; ferner *Five Developing Nations Reserve Position on OECD Policy on Correlative Adjustments.* TMTR 14.1.1998 Vol. 6 Nr. 19. Obwohl die Kündigung des DBA-Brasilien den Kündigungsvorschriften entsprechend einseitig und ohne Begründung stattfand, deuteten die brasilianischen Verrechnungspreisvorschriften und -praxis m. E. schon früher auf einen materiellen „Abkommensbruch" oder treaty overriding hin. Vgl. *M. Shaw*, International Law, 5th Edition, 2002, S. 553 ff.; und *W. Heintschel von Heinegg*, in *K. Ipsen*, Völkerrecht. 5. Auflage, 2004, Rz. 15.2 ff. Ausführlich *H. Weggenmann*, Auswirkungen der Kündigung des DBA-Brasilien und Handlungsempfehlungen. RIW 7/2005 S. 519 ff.; *H. Schaumburg/M. Schulz*, Die Kündigung des Doppelbesteuerungsabkommens Deutschland-Brasilien und ihre Konsequenzen nach nationalem deutschen Steuerrecht. IStR 23/2005 S. 796 ff., *N. Dagnese*, Is Brazil ‚Developed' Termination of the Brazil-Germany Tax Treaty. Intertax 4/2006 S. 197.

351 Nichtsdestotrotz wird das Wiener Übereinkommen i. R. rechtlicher Auseinandersetzungen des Mercosuls eingesetzt. U. a. "Esclarecimento do Laudo Arbitral *Ad Hoc* do Mercosul" von 7.4.2000, in *E. C. Fernandes*, Sistema tributário do Mercosul. 3ª Edição, 2001, S. 339; über die Bedeutung der Unterschrift trotz Nicht-Ratifizierung s. *C. A. Mello*, Direito constitucional internacional. 2ª Edição, 2000, S. 280. Ferner *H. Accioly/G. E. N. Silva*, Manual de direito internacional público. 13ª Edição, 1998, S.57 ff.

352 U. a. *H. Accioly/G. E. N. Silva*, Manual de direito internacional público. 13ª Edição, 1998, S.61 ff.; *H. Tôrres*, Pluritributação internacional sobre as rendas de empresas. 2ª Edição, 2001, S. 553 ff.; *A. Xavier*, Direito tributário internacional do Brasil. 6° Edição, 2004, S. 109;

der Abkommen auf das nationale Recht zugestanden wird. Der Dualismus kam den im 20. Jahrhundert stark verbreiteten totalitären Regime zugute,[353] soweit nach einem engen Souveränitätsverständnis der Staat ohne weiteres[354] mittels eines neuen, einfachen Gesetzes das Abkommen überschreiben kann (treaty override) und dafür das simple Argument ansetzt, dass diese Überschreibung dem letzten Willen des Gesetzgebers entsprach.

Auch wenn dieses Argument gelten sollte, steht den brasilianischen Verrechnungspreisvorschriften der Ausdruck des gesetzgeberischen Willens entgegen. Die Regierungsbegründung des Gesetzes 9.430/96 sah im Gegenteil statt einer Abkommensverdrängung vielmehr die Anpassung des brasilianischen Steuerrechts an internationale Standards vor:

*2. (...) Laws (...) were enacted, and in view of the **simplification, harmonization and standardization** criteria therein adopted, soon became a milestone on the path to **modernizing** the income tax legislation.*

*3. The current bill is to be considered in the realm of such modernization effort and, given its more **comprehensive nature**, (...) while enhancing the mechanisms that permit agile and efficient verification of the fulfilment of the tax obligation **within the current market practices, in an increasingly globalized economy**.[355]*

Dieser Widerspruch führt zu erheblicher Rechtsunsicherheit, indem die Regierung wiederholt die DBA-Konformität der Verrechnungspreisvorschriften betont hat,[356] obwohl der arm's length Grundsatz der OECD-orientierten DBA sich auf die OECD-RL bezieht.[357] Diese werden allerdings von der Verrechnungspreispraxis Brasiliens abgewiesen. Dieses Szenario deutet daraufhin, dass außer einer

---

353 Vgl. *A. Xavier*, Direito tributário internacional do Brasil. 6° Edição, 2004, S. 110. Der Autor erwähnt nicht nur die selbstverständlich totalitären, faschistischen und sowjetischen Regime, sondern auch Regime mit Verfassungstradition jedoch mit pragmatischem Weltmachtanspruch wie die USA und das Vereinigte Königreich und ferner die zwei großen Rechtsdiktaturen Brasiliens des 20. Jahrhunderts. Vgl. *H. Schaumburg*, Internationales Steuerrecht. 2. Auflage, 1998 Rn. 3.27 und 16.43.

354 Über die in Deutschland begrenzte Zulässigkeit von treaty overriding lediglich dann, wenn der gesetzgeberische Wille deutlich, etwa in der Begründung einer Vorschrift, zum Ausdruck kommt, s. *H. Schaumburg*, Internationales Steuerrecht. 2. Auflage, 1998 Rn. 5.399; ferner *W. Heintschel von Heinegg*, in *K. Ipsen*, Völkerrecht. 5. Auflage, 2004, Rz. 15.2 ff. und 15.92 ff.

355 *P. Malan*, Exposição de Motivos da Lei n°. 9.430/96, Tz. 2; 3 und 12.

356 Dec. Cosit 19/00 und 12/00. Vgl. Nota 829 (Solução de Consulta, bezüglich Art. 241 RIR/99 und Dec. Cosit 12/00, 19/00, 20/00 und 21/00 und Sol. Cosit 6/01), in *A. Tebechrani/F. B. Campos et ali.* Regulamento do imposto de renda, 2004, S. 667.

357 Über die Bedeutung von OECD-Kommentaren s. *K. Vogel*, Transnationale Auslegung von Doppelbesteuerungsabkommen. IStR 15/2003 S. 527.

willkürlichen Erhöhung des fiskalischen Effektes die brasilianische Verrechnungspreispolitik kein klares Ziel verfolgt. Ohne klare Ziele kann staatliche Politik schwer verfolgt werden, sofern dafür die rationelle Reaktion der Wirtschaftsakteure in Form eines Tun oder Lassen erforderlich ist. Diese Reaktion kann nur dann ihrer vorhergesehenen Gestaltung nachkommen, wenn der Steuerpflichtige i. R. seiner Steuerplanung[358] von ebensernünftigen und systematischen Regeln ausgehen kann:

Voraussetzung jeder steuerlichen Planung ist, daß der Bürger weiß, welche Handlung welche Steuerfolge auslöst (...).[359]

Widerspruchsfreiheit und Systemgerechtigkeit spielen eine entscheidende Rolle in der künftigen Entwicklung des brasilianischen Rechts als fördernder oder hemmender Wirtschafts- und Wettbewerbsfaktor, wobei das System der Grundregeln in sich konsequent und geschlossen als ganzes verständlich sein muss.[360]

Denn häufig ist die Einzelnorm für sich noch verstehbar, nicht jedoch das Geflecht von Parallelnormen, Ausnahmen, Unterausnahmen, Kollisions- und Konkurrenznormen, in die sie eingebunden ist. (...) wo das System nicht mehr zu erkennen ist oder nicht umgesetzt wurde, wird auch dem systemkundigen Spezialisten die Orientierung unmöglich.[361]

Das gilt nicht nur für das Verhältnis zwischen DBA und Verrechnungspreisvorschriften, sondern auch zwischen den Verrechnungspreisvorschriften und den vorangestellten Rechtsvorschriften. Der Widerspruch i. R. d. DBA auf Kosten von Rechsicherheit kann m. E. als Eingriff in das Abkommensrecht interpretiert werden. Das Ende des 20. Jahrhunderts brachte die internationale Einsicht, wobei das auf Basis der unmittelbaren Geltung der Gründungsverträge erfolgreiche Phänomen der Europäischen Union mitverantwortlich ist, dass ein entwickeltes und reifes Verfassungssystem die zwischenstaatliche Selbstbindung sichern muss.[362] Obwohl die Literatur seit der modernen, demokratischen und internati-

---

358 Vgl. *O. H. Jacobs*, Internationale Unternehmensbesteuerung, 2002, S. 707; und *P. Adonnino*, in *V. Uckmar*, Corso di diritto tributario internazionale. II Edizione, 2002, S. 72 ff.

359 *J. Hey*, Steuerplanungssicherheit als Rechtsproblem, 2002, S. 547.

360 Vgl. *H. Tôrres*, Pluritribitação internacional sobre as rendas de empresas. 2ª Edição, 2001, S. 382 ff.

361 *J. Hey*, Steuerplanungssicherheit als Rechtsproblem, 2002, S. 564.

362 Vgl. *C. A. Mello*, Direito constitucional internacional. 2ª Edição, 2000, S. 36 f. Über den Strukturwandel des Völkerrechts in Zeiten der Globalisierung s. *K. Ipsen*, Völkerrecht. 5. Auflage, 2004, Rz. 3.23 ff. Ferner über die Gedanken der Entscheidungsharmonie bei der Auslegung von Abkommensvorschriften s. *K. Vogel*, Transnationale Auslegung von Doppelbesteuerungsabkommen. IStR 15/2003 S. 525.

onal orientierten brasilianischen Verfassung von 1988[363] von der juristischen Sperrwirkung der Abkommen überzeugt ist,[364] ermöglichte die teilweise nicht eindeutige Formulierung von Verfassungs- und Ergänzungsgesetzvorschriften der Rechtsprechung unterschiedliche Entscheidungen.

In der Verfassung sind abkommensrechtliche Prinzipien - somit auch das Fremdvergleichsprinzip der Art. 7; 9 und 11 OECD-MA - i. R. d. Grundrechte verankert:

Art. 5° (der Grundrechte)

§ 1° Die Normen, die die Grundrechte und -garantien definieren, haben unmittelbare Anwendung.

§ 2° Die in dieser Verfassung ausgedrückten Rechte und Garantien schließen andere nicht aus, die von den von ihr übernommenen Vorschriften und Prinzipien oder von den internationalen Abkommen, bei denen die Föderative Republik Brasiliens teilnimmt, abzuleiten sind.[365]

Obwohl diese Vorschrift die Existenz und Wichtigkeit der Abkommen sogar i. R. d. Grundrechte verankert, verrät sie wenig[366] über ihre Anordnung in der Normenhierarchie. Nichtsdestotrotz hat sowohl die Literatur als auch die Rechtsprechung das Verfahren zur Einführung der Abkommen in das brasilianische Recht mit dem Entstehungsverfahren der Gesetze verglichen. Die Verfassung räumt dem Präsident die Zuständigkeit ein, internationale Abkommen abzuschließen (celebrar), bei denen der Kongress zustimmen muss (Art. 84 VIII i. V. m. 49 I CF). Die Zustimmung des Kongresses drückt sich mittels eines „gesetzgeberisches Erlasses" (decreto legislativo) aus. Somit wird das Abkommen in das inländische Recht eingeführt. Die Mitwirkung der Exekutive beschränkt sich somit auf die Verhandlungs- und Unterschriftsphasen.

---

363 *C. A. Mello,* Direito constitucional internacional. 2ª Edição, 2000, S. 120 ff. und 365.

364 Ausführlich s. *A. Xavier,* Direito tributário internacional do Brasil. 6° Edição, 2004, S. 111 ff.

365 Im Original:
Art. 5° (dos direitos e arantias fundamentais)
§ 1° As normas definidoras dos direitos e garantias fundamentais têm aplicação imediata.
§ 2° Os direitos e garantias expressos nesta Constituição não excluem outros decorrentes do regime e dos princípios por ela adotados, ou dos tratados internacionais em que a República Federativa do Brasil seja parte.

366 Dagegen über die Überzeugung, dass Art. 5 §2° CF als Generalklausel der uneingeschränkten Annerkennung internationaler Abkommen (cláusula geral de recepção plena) im internen Recht gilt, s. *A. Xavier,* Direito tributário internacional do Brasil. 6° Edição, 2004, S. 121 f.

Art. 47 CF regelt, dass, wenn nicht anders ausgedrückt, für die Kongress-abstimmungen die absolute Mehrheit der anwesenden Abgeordneten ausreicht. Eine absolute Mehrheit der Abgeordneten verlangt die Verfassung für die Abstimmung von Ergänzungsgesetzen (Art. 69 CF), sie schweigt jedoch über die Abstimmung von „gesetzgeberischen Erlässen". Damit reicht für ihre Abstimmung eine absolute Mehrheit der anwesenden Abgeordneten. Dies gilt auch für einfache Gesetze. Somit ist der legislative Erlass und das einfache Gesetz bezüglich ihrer Abstimmung gleichrangig, was zum einem für die Regel lex posteriori derogat anteriori[367] spricht und es ferner einem Abkommen verwehren würde, über Inhalte zu bestimmen, für die ergänzende Gesetzen verfassungs-rechtlich vorgesehen sind.[368] Diesbezüglich räumt Art. 146 CF (innerhalb des Kapitels „Nationale Steuersystems") den ergänzenden Gesetzen u. a. die Zu-ständigkeit für die Bestimmung allgemeiner Regeln bezüglich der Steuergesetze (Art. 146 II CF) ein. Ferner folgt aus der Gleichrangigkeit einfacher Gesetzen und Abkommen, dass über abkommensrechtliche Streitigkeiten der STJ und nicht der STF endgültig entscheidet (Art. 105 III a) CF). Dem STF als obersten Gericht wird seinerseits u. a. die Zuständigkeit eingeräumt, über die Verfas-sungswidrigkeit von Normen zu entscheiden (Art. 102 I a) CF). Wären die Ab-kommen hierarchisch auf der Ebene der Grundrechte, wie wegen ihrer Platzie-rung im Art. 5° § 2° CF verstanden werden könnten, müsste ihre Überprüfung in die Zuständigkeit der STF fallen.

Einerseits spricht die Entstehung der Normen eher für die Gleichrangigkeit, an-derseits spricht m. E. das Verfahren für das Außerkrafttreten der Normen dage-gen. Die Abkommen beinhalten i. d. R. eine autonome Prozedur für ihr Außer-krafttreten, welche gegen das Postulat lex posteriori derogat anteriori bezüglich des Verhältnisses zwischen internationalen Abkommen und nachträglichen Ge-setzen spricht.[369] Um außer Kraft gestellt werden zu können, verlangen die Ab-kommen i. d. R. ihre rechtzeitige schriftliche Kündigung (z. B. Art. 31 DBA-Brasilien).[370] Grundsätzlich ist erst dadurch den Parteien zuzumuten, dass das Abkommen nach Ablauf des vorgesehenen vacatio nicht länger in Kraft bleibt. Ferner bleibt strittig, ob für solche Kündigungen die Exekutive allein oder nur unter Beteiligung der Legislative zuständig ist. Laut Art. 49 I CF ist es die aus-schließliche Kompetenz des Kongresses, internationale Abkommen im nationa-len Recht umzusetzen (*resolver*).[371] Dies spricht für die Notwendigkeit einer ab-

---

367 U. a. RE n° 80.004/SE, RTJ 83/809.

368 U. a. ADIn 1.480-UF, rel. Min. Celso de Mello, 25.9.96, in Informativo n° 48 STF.

369 *K. Vogel,* Transnationale Auslegung von Doppelbesteuerungsabkommen. IStR 15/2003 S. 525.

370 Vgl. *H. Tôrres,* Pluritribração internacional sobre as rendas de empresas. 2ª Edição, 2001, S. 581 ff.

371 Sowohl auf Portugiesisch als auch auf Deutsch ist das Wort *erledigen* (*resolver*) für den

schließenden Beteiligung des Kongresses. Jüngst kam das Thema i. R. d. DBA-Brasilien-Portugal a. F. zur Debatte, das 1999 einseitig durch die Bundesregierung Brasiliens, d. h. ohne Beteiligung des Kongresses, gekündigt wurde. Dieses Verfahren wurde von der portugiesischen Literatur kritisiert.[372]

Ferner ist die Transparenz jus cogens unabdingbar, die durch die Notifikationspflicht bei der Kündigung eines Abkommen entsteht. Kaum Sinn machen würde eine Außerkrafttretungsvorschrift mit zeitlichem Vorbehalt (z. B. musste gem. Art. 31 DBA-Brasilien die Kündigung bis zum 30. Juni eingereicht werden, d. h. sechs Monate vor dem Datum der Außerkrafttretung), wenn nachträglich interne Gesetze, deren vacatio legis erheblich kürzer ist (z. B. das Gesetz 9.430/96 wurde am 30.12.1996 im DOU veröffentlicht und trat am 1.1.1997 in Kraft), Vorrang gewährt wird.

Abgesehen von der weit verbreiteten Diskussion um die hierarchische Geltung von internationalen Abkommen im Allgemein,[373] die i. R. d. Untersuchung über den Mercosul wieder auftauchen wird,[374] leidet die betonte Gleichrangigkeit zwischen einfachen Gesetzen und Abkommen in Steuerrechtsangelegenheiten unter einem erheblichen Schwachpunkt, der in Art. 98 CTN ausgedrückt wird:

Art. 98. Die internationalen völkerrechtlichen Verträge und Abkommen entkräften oder modifizieren die internen Steuervorschriften und werden von den ihnen gegenber nachträglichen [Steuervorschriften] *beachtet.*[375]

Wie schon erwähnt[376] gilt der CTN bezüglich Art. 146 CF als Ergänzungsgesetz und muss von einfachen Gesetzen beachtet werden.[377] Diesbezüglich verstößt h. M. das einfache Gesetz 9.430/96 gegen den Fremdvergleichsgrundsatz und das Konzept von verbundenen Personen in den Abkommen. Der Verstoß schränkt den Fremdvergleichgrundsatz ein und erweitert das DBA-Konzept von

---

Fall unklar und heisst ungefähr „entscheiden", „ausführen" sowie „beenden", „fertig machen".

372 Vgl. *P. Cannon/F. S. Da Camara*. Will Brazil Derail Madeira Investment Route? TNI 1999 WTD 157-3.

373 Vgl. *L. M. do Amaral Júnior*, Os tratados no ordenamento jurídico brasileiro. RJV N°. 11 Abril/2000 15 S.

374 Ausführlicher über Mercosul s. S. 143.

375 Im Original:
Art. 98. Os tratados e convenções internacionais revogam ou modificam a legislação tributária interna, e serão observados pela que lhes sobrevenha.

376 Ausführlicher s. Fn. 93.

377 Vgl. *L. M. do Amaral Júnior*, Os tratados no ordenamento jurídico brasileiro. RJV N°. 11 Abril/2000 Fn. 22.; *H. Tôrres*, Pluritributação internacional sobre as rendas de empresas. 2ª Edição, 2001, S. 578 ff.

verbundenen Personen.[378] Gerichtlich lässt sich erst seit jüngster Zeit jedoch dieses Verständnis von der Rechtsprechung bezüglich Art. 98 CTN ableiten.

Bis in die späten 90er Jahre betonten die brasilianischen Gerichtshöfe die veraltete Meinung, wonach auch nachträgliche interne steuerrechtliche Vorschriften mittels einfacher Gesetze über abkommensrechtliche Regelungen lex posteriori derogat anteriori gelten,[379] und erkannten keinen Vorrang oder Sperrwirkung der steuerrechtlichen Abkommen.[380] Erst zehn Jahre nach der Entstehung der demokratischen und international orientierten Verfassung von 1988 und ferner über zehn Jahre nach dem Ende der Militärdiktatur (1985) hat die Rechtsprechung, ohne dass die Vorschriften modifiziert wurden,[381] zu einer Änderung ihrer Sicht der Materie gefunden.[382]

Bedauerlicherweise zeigt das, dass sowohl die CF und CTN möglicherweise nicht klar genug gewesen sind, als auch die Gerichte lange gebraucht haben, um sich konsequent über die Wichtigkeit (pacta sunt servanda) der Geltung der Abkommen über nachträgliche Gesetze auseinanderzusetzen. Auch wenn die Gesetzestexte möglicherweise nicht deutlich formuliert wurden, sollte die Fragestellung von der Rechtsprechung in die Richtung der größten Rechts- und Planungssicherheit beantwortet worden sein.[383] Diesbezüglich kann die deutsche Lehre übernommen werden, wonach gilt:

---

378   U. a. *L. E. Schoueri*, in *V. O. Rocha*,, Tributos e preços de transferência, 1997, S. 68 f.; *A. Xavier*, Direito tributário internacional do Brasil. 6° Edição, 2004, S. 119 f. und 396ff.; *N. Dagnese/C. E. Ayub*, Besonderheiten der brasilianischen Verrechnungspreispraxis. IWB Nr. 6 v. 23.3.2005 F. 8 Gr. 2 S. 167 ff.; und ferner *L. M. do Amaral Júnior*, Os tratados no ordenamento jurídico brasileiro. RJV N°. 11 Abril/2000 S. 4 f.

379   Vgl. STF RE 80004/77; STJ REsp. 25 363-2 von 3.11.1993; REsp. 41 147-5/PR von 23.2.1994; STJ REsp. 41 331-1/RS von 21.3.94; STF 1 480-3/DF von 4.9.1997.

380   U. a. z. B.: Das Gebot des Art. 98 CTN gewährt keine Überlegenheit der völkerrechtlichen Normen zum Nachteil des positiven internen Rechts, stellt sie jedoch, auf gleiche Ebene und gewährt beiden Normen ähnliche Effekten, in STJ REsp. 41 147-5/PR von 23.2.1994.

381   Über die konservative Haltung der Juristen und ihre undemokratische Tendenz zur Bewahrung des status quo s. *C. A. Mello*, Direito constitucional internacional. 2ª Edição, 2000, S. 339.

382   Vgl. STJ REsp. 154.092/SP von 2.3.1998. Z. B.: Völkerrechtliche Verträge und internationale Abkommen sind gegenüber internen Vorschriften überlegen, auch wenn die interne Vorschrift nachträglich entstand ist (Art. 96 und 98 CTN), infolgedessen ist es ihr [der internen Vorschrift] untersagt, ihre [Völkerrechtliche Verträge und internationale Abkommen] Normen zu beschränken oder zu ändern, in TRF MS 95.03046521-4/SP v. 3.2.1999.

383   *W. Heintschel von Heinegg*, in *K. Ipsen*, Völkerrecht. 5. Auflage, 2004, Rz. 15.93 ff.

das nationale Recht ist am Maßstab des Abkommensrechts auszulegen. (...) Kann eine nationale Steuerrechtsnorm in verschiedener Weise ausgelegt werden, so nämlich, daß bei der einen Auslegung die nationale Norm im Widerspruch zu den völkerrechtlichen Verpflichtungen treten, sie bei einer anderen Auslegung aber mit dem jeweiligen Doppelbesteuerungsabkommen vereinbar ist, ist grundsätzlich die Auslegung zu wählen, die mit der völkerrechtlichen Verpflichtung in Einklang steht.[384]

Die Finanzverwaltung betonte wiederholt die m. E. verkehrte Meinung, dass kein Konflikt zwischen Art. 9 der DBA und den internen Vorschriften besteht:

(...) es gibt keinen Widerspruch zwischen Art. 9 OECD-MA - der sich mit Verrechnungspreisen im Abkommen befasst - und den Art. 18 bis 24 des Gesetzes 9.430/96, das Verrechnungspreise in die brasilianischen fiskalischen Vorschriften eingeführt hat (...). Ebenso wenig gibt es einen Widerspruch zwischen den Regeln des Gesetzes 9.430/96 und der DBA, die Brasilien abgeschlossen hat, bezüglich Themen um den arm's length Grundsatz.[385]

Selbst die Finanzverwaltung möchte allerdings nicht so weit gehen und sich über eine evtl. Gleichstellung der Abkommen mit den einfachen Gesetze zu äußern. Im Dec. Cosit 12/00 von 19.7.00 DOU 20.7.00 betonte die Verwaltungsentscheidung die oben zitierte Konformität der Verrechnungspreisvorschriften mit Art. 9 OECD-MA und fügte hinzu:

(...) Es gibt keine Überordnung der internationalen Abkommen über die internen Vorschriften (...).[386] Am 21.9.00 wurde die gleiche Entscheidung erneut veröffentlich, *weil das Original mit einer Unrichtigkeit erschien (por ter saído com incorreção, do original).*[387]

Grds. trug die geänderte Neuerscheinung der Entscheidung lediglich den nicht mehr oben zitierten Satz.

Es bleibt offen, wie die Justiz sich künftig dazu äußern wird. Dem Steuerpflichtigen verbleibt die vage Alternative, den gegenwärtigen Verrechnungspreisvorschriften nach der beschränkten Auffassung der Finanzverwaltung zu folgen oder seine Verrechnungspreise i. R. d. internationalen akzeptierten Regeln zu gestalten, die von dem Fremdvergleichsgrundsatz des DBA, falls eins besteht, abzuleiten sind. Die zweite Option trägt allerdings zweifelsfrei einen langen,

---

384 *S. Rasch,* Konzernverrechnungspreise im nationalen, bilateralen und europäischen Steuerrecht, 2001, S. 209 f.

385 Dec. Cosit 19/00 und 12/00. Vgl. Nota 829 (Solução de Consulta, bezüglich Art. 241 RIR/99 und Dec. Cosit 12/00, 19/00, 20/00 und 21/00 und Sol. Cosit 6/01), in *A. Tebechrani/F. B. Campos et ali.* Regulamento do imposto de renda, 2004, S. 667.

386 Dec. Cosit 12/00 DOU 20.7.00, mit Änderung am 21.9.00 erneut veröffentlicht.

387 Änderungsrechtfertigung, in Dec. Cosit 12/00 DOU 21.9.00.

kostenaufwendigen und von fraglicher Sicherheit geprägten gerichtlichen Weg. Ferner drohen den Steuerpflichtigen von Anfang an mehrere Sanktionen für die Nichterfüllung seiner Mitwirkungspflicht.

IV. Verletzung der Mitwirkungspflichten

1. Schätzung

Erfüllt der Steuerpflichtige seine Aufzeichnungspflicht nicht,[388] muss die SRF den Parameterpreis selbst auf Basis der verfügbaren Informationen ermitteln.

In den brasilianischen Verrechnungspreisvorschriften bezieht sich die Schätzung nicht auf die Ausschöpfung einer Bandbreite[389] möglicher Marktwerte für den Fall mangelnden Mitwirkung des Steuerpflichtigen, wie es in Deutschland der Fall ist. Vielmehr bezieht sich die Schätzung auf die Rechtsvermutungen der gesetzlich determinierten Gewinnmargen.[390] D. h. von einer ausgewogenen Lösung in Form der Schätzung, wonach der Steuerpflichtige desto mehr benachteiligt wird, je weniger er zur Sachaufklärung beiträgt, kann bei den brasilianischen Vorschriften nicht die Rede sein. Vielmehr schöpfen die festen Gewinnsätze die Preisbandbreite von Anfang an aus. Damit ist der Steuerpflichtige im Hinblick auf eine Kooperationsskala direkt der Graduierung der allgemeinen Strafmaßnahmen unterworfen. Durch diesen Verzicht auf benachteiligend progressive Schätzung verliert die brasilianische Verrechnungspreispolitik auch die Chance, die Proportionalität (Verhältnismäßigkeit i. e. S.) zu erhöhen und prägt, statt sich an das Abwägungsprinzip anzunähern, das polizeirechtlich behaftete Bild, „mit Kanonen auf Spatzen schießen zu dürfen".[391]

Die brasilianische Literatur kritisiert diese Ansicht, soweit die Verwendung der Rechtsvermutung mittels der gesetzlich determinierten Gewinnmargen von Anfang an einen Bestrafungscharakter im Voraus trägt.[392] Prinzipiell gelten solche Margen als erstes Überprüfungskriterium für die Angemessenheit der Verrechnungspreise. Falls kein Margenänderungsantrag bewilligt wird, was erfahrungsgemäß der Regel entspricht, sind die gesetzlich determinierten Margen anzuwenden. Wie schon oben untersucht, entsprechen den gesetzlich determinierten Gewinnmargen wirklichkeitsfremde, willkürlich geschätzte Sätze, die in einem

---

388 Über die Sanktionen s. S. 136.

389 Vgl. *H. Schaumburg,* Internationales Steuerrecht. 2. Auflage, 1998 Rn. 18.113.

390 Ausführlich über die Rechtsvermutung s. S. 113 ff.

391 *R. Seer,* Verständigung in Steuerverfahren. 1996, S. 294, mit Hinweis auf den Ausdruck etwa bei *F. Fleiner,* Institutionen des deutschen Verwaltungsrechts, § 24 III 4, S. 404.

392 U. a. *L. R. Galhardo,* in *Schoueri/Rocha,* Tributos e preços de transferência, 1999, S. 247.

empirischen Vergleich von keiner der wichtigsten Wirtschaftsbranchen Brasiliens erreicht werden.[393] Der Steuerpflichtige wird damit von Anfang an zur Durchführung und Aufzeichnung von Verrechnungspreisen verpflichtet, die nicht mal die oberste Grenze einer marktwirklichkeitsgebundenen Preisbandbreite darstellen, sondern diese Grenze übersteigen. Das in Deutschland bekannte Instrument, den Steuerpflichtigen mittels der Drohung der Erschöpfung der Bandbreite von Marktpreisen zu Ungunsten des Steuerpflichtigen für den Fälle seiner nicht ausreichenden Mitwirkung bei der Sachaufklärung zur Mitwirkung zu motivieren und ihn umgekehrt mit einer Nichtschätzung im Fall angemessener Mitwirkung zu belohnen, wird somit in den brasilianischen Verrechnungspreisvorschriften nicht angewandt. Stattdessen gilt bei allen Transaktionen die Überschreitung der obersten Grenze der Preisspanne.

Infolgedessen hat der brasilianische Gesetzgeber mit dem Ziel, unangemessene Gewinnverschiebungen ins Ausland zu vermeiden, schon a priori grotesk vermutet, dass alle Verrechnungspreistransaktionen zum Gewinnverschiebungszweck gestaltet sind. Verschont bleiben Transaktionen, bei deren Kontrolle die PIC oder PVEx anwendbar sind. Instrument solcher Schätzung sind die gesetzlich determinierten Sätze.

Die gesetzlich determinierten Gewinnmargen übernehmen somit eine Schutz- und vor allem eine Sanktionsfunktion gegen einen gesetzwidrigen Akt, der vermutlich gegen das nationale Interesse ausgeübt wurde. Ferner verwirklichen sie auch eine Konfiszierung (s. Abbildung 6). Der Einsatz der unrealistisch hohen festen Gewinnsätze verursacht durch die Erhöhung der zu versteuernden Einkommen einen direkten steuerrechtlichen Effekt, wobei lediglich ein Teil dieser Erhöhung tatsächlich (i S. von fremdvergleichskonform) einkommensbezogen ist. Der Gesetzgeber hat somit allerdings hochrangiges Recht überschritten. Der CTN unterscheidet deutlich Steuer von Sanktionen:

Art. 3° - Steuer ist jede obligatorische Geldzahlung, die sich in Währung oder deren Wert ausdrücken lässt, die keine Sanktion eines gesetzwidrigen Aktes ist, die gesetzlich verankert ist und die durch strikt beschränkte Verwaltungsaktivität verlangt wird.[394]

---

393 U. a. s. oben S. 55 ff.
394 Im Original:
     Art. 3° Tributo é toda prestação pecuniária compulsória, em moeda ou cujo valor nela se possa exprimir, que não constitua sanção de ato ilícito, instituída em lei e cobrada mediante atividade administrativa vinculada.

Es ist allerdings nicht richtig, die gesamte Preiskorrektur pauschal als Sanktion zu verstehen. Dafür fehlt dem fremdvergleichskonformen Teil ein vorausgehender gesetzwidriger Akt, der die Ursache einer Sanktion sein soll.[395] Das deutsche Beispiel zeigt, dass die Erschöpfung der Preisbandbreite zu Ungunsten des Steuerpflichtigen einen proportionalen (verhältnismäßigen) Strafcharakter trägt, der allerdings erst dann und soweit angewendet werden kann, wenn der Steuerpflichtige seiner Mitwirkungspflicht nicht nachkommt.

Abbildung 6

**Verhältnis zwischen Straf- und Beschlagnahmencharakter
der zu versteuernden Einkommenserhöhung**

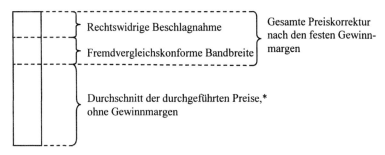

Rechtswidrige Beschlagnahme

Fremdvergleichskonforme Bandbreite

Gesamte Preiskorrektur nach den festen Gewinnmargen

Durchschnitt der durchgeführten Preise,*
ohne Gewinnmargen

* Je nachdem, ob es sich um Import- oder Exportpreise handelt, ist abzüglich bzw. zuzüglich Preiskorrektur zu betrachten. Die graphische Darstellung bezieht sich auf einen Exportpreis.

Der Preiskorrekturbestandteil, der die fremdvergleichskonforme Preisbandbreite überschreitet, stellt eine Beschlagnahme dar, eine staatliche Konfiskation, die verfassungsrechtlich kategorisch untersagt wird (Art. 150 IV CF).[396] Schließlich gilt auch dieser Punkt gegen die Rechtsstaatlichkeit der gesetzlich determinierten Gewinnsätze.

---

395 Hier sind m. E. Preise für gesetzwidrig zu halten, die nicht fremdvergleichskonform sind, weil diese Regel sich aus der CF, CTN und DBA und ferner vGA-Regeln ableiten lässt. Soweit das Gesetz 9.430/96 davon unbefugt abweicht, ist es nicht zu befolgen. Verstöße gegen die rechtswidrigen Teile dieses Gesetz sind somit m. E. nicht als gesetzwidrig zu betrachten.

396 Über die Widerlegbarkeit der Rechtsvermutung s. S. 113 ff.

2. Verwendung von Bandbreiten

Wie bereits dargestellt worden ist, ist eine Art benachteiligender Ausnutzung der Bandbreite von Marktpreisen, wie es in Deutschland der Fall ist,[397] in den brasilianischen Vorschriften nicht zu finden. Nichtsdestotrotz besteht in den brasilianischen Regeln eine feste juris et de jure Toleranzgrenze von 5% des nach den gesetzlich festgesetzten Rohgewinnsätzen ermittelten Parameterpreises. Bei der Aufzeichnung der Verrechnungspreise und anschließenden evtl. Eintragung einer Einkommenskorrektur soll geprüft werden, ob sich die angewandten Preise innerhalb der gesetzlich determinierten Freigrenzen (sichere Häfen oder safe harbors) befinden. Diesbezüglich gilt eine erlaubte und von Einkommenskorrekturen verschonte Preisspanne. Dazu gelten auch - jedoch nur für Exportsachverhalte - Sonderklauseln je nach Exportgröße, Rentabilität oder Strategien zur Eroberung neuer Märkte.[398]

a. Preisspanne

Solange die angewandten Verrechnungspreise nicht mehr als 5% vom Parameterpreis abweichen, erfolgt keine Einkommenskorrektur. Dies gilt nach dem Gesetz sowohl für Export- als auch für Importpreise (Art. 38 IN SRF 243/02). Nichtsdestotrotz werden Exportpreissachverhalte deutlich begünstigt, soweit ex lege mehrere Divergenzen zwischen Parameterpreisen und angewandten Verrechnungspreisen toleriert werden. I. d. S. dürfen laut Art. 14 IN SRF 243/02 Exportpreise bis auf 10% unter dem nach einem im inländischen Markt internen oder externen Fremdvergleich erzielten Parameterpreis liegen, ohne dass diesbezüglich Einkommenskorrekturen eintreten.

b. Exportgröße

Unternehmen, deren Umsatz aus Exportgeschäften mit verbundenen Personen 5% des gesamten Unternehmensumsatzes nicht übersteigen, können ihre Verrechnungspreise mit den üblichen Transaktionsunterlagen ausreichend dokumentieren (Art. 36 IN SRF 243/02).

c. Rentabilität

Befreit von der Verrechnungspreisüberprüfung sind auch Unternehmen, deren Nettogewinn vor Steuern im Hinblick auf Transaktionen mit ausländischen ver-

---

397 Vgl. drittes Kapitel.
398 Die folgende Darstellung übernimmt die Fassung von *N. Dagnese/C. E. Ayub*, Besonderheiten der brasilianischen Verrechnungspreispraxis. IWB Nr. 6 v. 23.3.2005 F. 8 Gr. 2 S. 167 – 180.

bundenen Personen gleich oder größer als 5% der aus derartigen Transaktionen erzielten Nettoeinkünften ist (Art. 35 IN SRF 243/02). Für die Berechnung werden sowohl das zu betrachtende als auch die beiden vorausgehende Geschäftsjahre herangezogen (Art. 1 IN SRF 382/04).[399] Dies führt dazu, dass eine Gewinnmarge von über 5% in einem Jahr nicht unbedingt zur Anwendung des sicheren Hafens führt. Hierzu folgendes Beispiel (s. Tabelle 3).[400]

Tabelle 3

Geschäftsjahr	2001	2002	2003	3 Jahres-Durchschnitt
Exporteinkünfte R$	900	1.500	1.100	1.167
Exportnettogewinn vor Steuer R$	60	45	66	57
Satz %	6,66	3	6	4,89

Wichtig ist überdies zu betonen, dass nach dieser Regelung der Durchschnitt der gesamten Einkünfte und nicht der Durchschnitt der jährlichen Ergebnissätze betrachtet werden soll. Im anderen Fall würde ein höheres und dem Beispiel (Tabelle 3) nach ein den Steuerpflichtigen benachteiligendes Ergebnis i. H. v. 5,22% erreicht werden. Weitgehend ungeklärt bleibt die Berechnung des Exportnettogewinns vor Steuern, da die Regelung hierüber nur oberflächliche Ausführungen enthält. In diesem Zusammenhang können nämlich im Grundsatz vier unterschiedliche Interpretationsvarianten vorgebracht werden. Der Exportnettogewinn könnte demnach von:

• den gesamten an alle verbundenen Personen exportierten Produkten,
• dem einzeln bezogenen und an alle verbundenen Personen exportierten Produkt,
• den gesamten an eine einzige verbundene Person exportierten Produkten oder
• dem einzeln bezogenen und an eine einzige verbundene Person exportierten Produkt abgeleitet werden.

Solange diesbezüglich keine klare Position der Finanzverwaltung existiert, verfügt der Steuerpflichtige über unzureichende Entscheidungskriterien, was zu gewissen Verrechnungspreisrisiken führt.

d. Erleichterung zur Eroberung neuer Märkte

Eine weitere Besonderheit der brasilianischen Verrechnungspreisvorschriften verkörpert die Sonderregelung zur Begünstigung von Exportgeschäften zur Er-

---

399 Vgl. *D. R. R. S. da Silva*, Brazil Changes Transfer Pricing Safe Harbor. 2004 WTD 15-5.
400 Vgl. *S. Duarte*, Mudanças nas regras de benefícios à exportação – IN n° 382/04. ITD N° 1/2004, S. 2 ff.

schließung neuer Märkte (Art. 30 IN SRF 243/02). Danach können Exportver-rechnungspreise sogar unterhalb der 90%igen Grenze bezüglich eines sowohl internen als auch externen inländischen Fremdvergleichs (vorzugsweise interner Preisvergleich im brasilianischen Markt, falls vorhanden) liegen. Um in den Ge-nuss dieser Ausnahmeregelung zu kommen, müssen folgende Voraussetzungen erfüllt sein:

- die Exportartikel dürfen auf dem Zielmarkt weder durch unverbundene noch durch verbundene Personen vermarktet worden sein;
- die Produkte müssen an die Konsumenten zu einem Preis weiterverkauft werden, der unterhalb des Preises liegt, zu dem ähnliche Artikel auf dem Zielmarkt angeboten werden;
- der Steuerpflichtige muss beweisen können, dass die ausländische verbunde-ne Person keinen Gewinn mit der Transaktion erzielen wird. Falls der unbe-schränkt Steuerpflichtige Verluste erwirtschaftet, muss er darüber hinaus eine Zeitgrenze zur Beseitigung des Verlustes und dem Erreichen der Gewinnzo-ne darlegen; und
- ein „Exportplan" muss die Erfüllung dieser Bedingungen darstellen; dieser muss von der Finanzverwaltung im Voraus bestätigt werden.

Diese Regelung ist sehr umstritten, da sie den Verdacht nährt, sie institutionali-siere eine Art „Dumping-Förderung". In der Praxis ist diese Regelung von den Unternehmen jedoch kaum angewendet worden; der Grund liegt möglicherweise in dem Konsistenzmangel der Regelung, wonach der Steuerpflichtige neutrale Ergebnisse der ausländischen Gesellschaft darstellen muss. Ferner kann diese Ausnahmeregelung mit Transaktionen schwer zu vereinbaren sein, die Gebiete einschließen, wo die Verrechnungspreiskontrolle die OECD-RL befolgen.

Zweitens scheinten die brasilianischen Ausnahmeregeln gegen das Verbot von Ausfuhrsubventionen in Form steuerrechtlicher Maßnahmen zur Exportförde-rung im Zusammenhang mit den Regeln des GATT/WTO zu verstoßen.[401] Art. 1 des Übereinkommens über Subventionen und Ausgleichsmaßnahmen definiert die Subvention als eine finanzielle Beihilfe einer Regierung oder öffentlichen Institution, wodurch dem Empfänger der Leistung ein Vorteil verschafft wird. Diese Beihilfe bezieht sich nicht nur auf Geldzahlungen (Darlehen, nicht rück-zahlbare Zuwendungen, usw.), sondern auch auf Beihilfen zugunsten eines Steuerpflichtigen, soweit *die Regierung auf normalerweise zu entrichtende Ab-gaben verzichtet.*[402] Diese Subventionen müssen folgende Kriterien erfüllen:[403]

---

401 Vgl. *H. Schaumburg,* Internationales Steuerrecht. 2. Auflage, 1998 Rn. 4.36 ff.
402 Art. 1 Abs. 1 Übereinkommen über Subventionen und Ausgleichsmaßnahmen der WTO.
403 Vgl. *C. Feddersen,* Seminar E: Zur Zulässigkeit steuerrechtlicher Maßnahmen zur För-derung von Exporten im Rahmen der Welthandelsorganisation. IStR 2001 17 S. 552 f.

- vorteilhaft: wenn die brasilianischen Verrechnungspreisvorschriften die Festsetzung von Preisen bis zu 10% unter den Marktpreisen (bemerkenswert ist, dass hier die Vorschriften nicht von Parameterpreisen nach den festen Gewinnsätze sprechen) akzeptierten, ist es eindeutig, dass eine niedrigere Besteuerungsgrundlage bestehen kann, die auf einen Besteuerungsverzicht hindeutet kann. Diese Hinsicht wird durch die Liste verbotener Ausfuhrsubventionen unterstützt, wonach Annex I (e) des Übereinkommens folgendes einbezieht:

the full or partial exemption remission, or deferral specifically related to exports, of direct taxes or social welfare charges paid or payable by industrial or commercial enterprises.

- spezifisch: D. h. einer bestimmten Gruppe von Unternehmen werden Vergünstigungen gewährt gem. Art. 2 Abs. 1 des Übereinkommens. Soweit die Unternehmen i. R. d. Verrechnungspreisvorschriften leicht zu identifizieren sind und ferner sich sogar nach den obigen Bewerbungskriterien melden müssen, ist das Unternehmen oder die Gruppe von Untermnehmern deutlich zu erkennen.

- exportabhängig: die Gewährung der Subvention muss gesetzlich oder tatsächlich an die gegenwärtige oder erwartete Ausfuhr gebunden sein (Art. 3.1 und Fußnote 4 des Übereinkommens). Auch dieses Kriterium erfüllt die brasilianische Exportförderungsvorschrift, soweit die verlangten Dokumente i. R. d. „Exportplans" deutlich auf die Ausfuhr hinweisen.

Ferner bestimmt Fußnote 59 des Annexes I (e) des Übereinkommens die Anerkennung des arm's length Prinzips auch hinsichtlich der Subventionsvermeidung und ermöglicht neben dem Weg der DBA auch den der WTO zur Verhinderung der Subvention.[404] Schließlich übersteht die brasilianische Regelung auch nicht

---

404 Fußnote 59 zu Annex I (e) des Übereinkommens:
The Members recognize that deferral need not amount to an export subsidy where, for example, appropriate interest charges are collected. **The Members reaffirm the principle** that prices for goods in transactions between exporting enterprises and foreign buyers under their or under the same control should for tax purposes be the prices which would be charged between independent enterprises **acting at arm's length**. Any Member may draw the attention of another Member to administrative or other practices which may contravene this principle and which result in a significant saving of direct taxes in export transactions. In such circumstances the Members shall **normally** attempt to resolve their differences using the facilities of existing bilateral **tax treaties** or other specific international mechanisms, **without prejudice to the rights and obligations of Members under GATT** 1994, including the right of consultation created in the preceding sentence. Paragraph (e) is not intended to limit a Member from taking measures to avoid the double taxation of foreign-source income earned by its enterprises or the en-

eine Überprüfung nach Sinn und Zweck des Ausfuhrsubventionsverbotes. Die Gestaltung der Steuerbefreiung bezieht sich nicht nur auf ein im Ausland erzieltes und von einer Ausfuhrleistung abhängiges Einkommen, das per se schon nach Art. 3.1 unzulässig ist, weil es eine staatlich verursachte Wettbewerbsverzerrung des internationalen Handels darstellt,[405] sondern geht darüber hinaus. Die Steuerbefreiung verlangt sogar die Nichterwirtschaftung von Gewinn bei dem ausländischen Unternehmen hinsichtlich dessen Transaktionen und dass die Wiederverkaufspreise im Ausland unter dem Marktpreisen angesetzt werden müssen.

Somit ist die Rechtmäßigkeit dieser Vorschrift m. E. zweifelhaft und ihre Anwendung würde nicht nur unter den DBA- sondern auch den WTO-Regelungen problematisch sein. Ob das tatsächlich passieren wird, bleibt abzuwarten, da die Steuerpflichtigen kaum Interesse an ihrer Anwendung gezeigt haben.[406]

V. Sanktionen

Das Gesetz 9.430/96 sieht für die Nichterfüllung der Verrechnungspreisvorschriften verschiedene Sanktionen vor. Die Verbindung zwischen Verrechnungspreisdokumentationspflicht und Sanktionen geschieht allerdings eher mittelbar, da die Sanktionsvorschriften keinen direkten Bezug auf die Verrechnungspreisvorschriften haben, wie in Deutschland etwa § 162 III und IV AO, sondern sich vielmehr an den allgemeinen steuerrechtlichen Sanktionen orientieren.

Erstens sieht das Gesetz eine Art Verspätungszuschlag (multa de mora) vor, der in der Form eines progressiven Bußgeldes i. H. v. 0,33% für jeden Tag der verspäteten Zahlungsfristüberschreitung eintritt und dessen Höchstbetrag bis zu 20% der nicht spontan bezahlten Steuerbeträge (Art. 61 Gesetz 9.430/96) zuzüglich Zinsen (Art. 5° § 3°) erreichen kann.[407] Dieser Verspätungszuschlag ist allerdings nicht mit dem deutschen Verspätungszuschlag des § 162 IV AO vergleichbar. Der deutsche Verspätungszuschlag bezieht sich auf die Verspätung der Vorlage der Dokumentation. Der brasilianische Verspätungszuschlag bezieht sich auf die Steuerzahlung. Die Größe der Steuerzahlung hängt von der Erfüllung der Pflicht des Steuerpflichtigen ab, die Verrechnungspreisdokumentation durchzuführen und die arithmetische Mitte der im Geschäftsjahr praktizierten

terprises by another Member.

405 Vgl. *C. Feddersen*, Seminar E: Zur Zulässigkeit steuerrechtlicher Maßnahmen zur Förderung von Exporten im Rahmen der Welthandelsorganisation. IStR 2001 17 S. 553.

406 Vgl. dazu allerdings weniger skeptisch s. *P. R. McDaniel*, The Impact of Trade Agreements on Tax Systems. Intertax, Vol. 30, Issue 5 2002 S. 167, 170 f.

407 Vgl. *S. Mattos*, Transfer Pricing in Brazil. 1999, S. 109.

Preise mit dem gem. einer bestimmten Methode berechneten Parameterpreis zu vergleichen und anschließend selbstständig und spontan in der Steuererklärung eine evtl. zu versteuernde Einkunftserhöhung durchzuführen. Infolgedessen hängt der Verspätungszuschlag nicht unmittelbar von der Durchführung der Dokumentation ab, sondern von der Steuerzahlung gem. der Steuererklärungsrichtigkeit. Die Informationen auf der Steuererklärung können ihrerseits jedoch unmittelbar von den Ergebnissen der Dokumentationsdurchführung betroffen sein und dann zur Änderung der Steuerschuld und anschließend zum Verspätungszuschlag führen.

Die Nichtdurchführung der Dokumentation oder ihre mangelhafte Durchführung führt zur mangelhaften Erfüllung der Steuererklärung. Für die Nicht- oder ungenaue Erfüllung der Steuererklärung (nicht vom Steuerpflichtigen spontan geführte Steuererklärung und -zahlung), die zur Steuerermittlung von Amts wegen führt, sieht Art. 44 Gesetz 9.430/96 ein Bußgeld i. d. h. v. 75% der nicht bezahlten Steuerbeträge vor. Dieses Bußgeld gilt auch bezüglich des Verspätungszuschlags, wenn die Steuerschuld verspätet aber ohne Verspätungszuschlag bezahlt wurde. Weiter steigt das Bußgeld auf 150% der nicht bezahlten Steuerbeträge, wenn ein Steuerhinterziehungsvorsatz festgestellt wird (gem. Art. 44 Gesetz 9.430/96 i. V. m. Art. 71, 72 und 73 Gesetz 4.502/64).

Wenn der Steuerpflichtige innerhalb einer von der Finanzverwaltung bestimmten Frist keine Begründungen bezüglich der Steuererklärung (und bezüglich der Verrechnungspreisinformationen) vorlegt (z. B. wegen mangelnder oder nicht vorhandener Aufzeichnungen), werden die oben erwähnten Bußgelder auf 112,5 und 225% der nicht bezahlten Steuern angehoben (gem. Art. 44 § 2° Gesetz 9.430/96). Diese drastische Erhöhung der Bußgelder stellt einen unangemessen großen Ermessensspielraum der Finanzverwaltung dar. Das Gesetz bestimmt weder, wie lange eine solche Frist prinzipiell sein soll, noch wird deutlich erklärt, nach welchen Dokumenten der Steuerpflichtige gefragt werden kann. Hinweise über die Nutzung des Ermessens wie etwa bei § 162 IV AO sind in der brasilianischen Vorschrift nicht vorhanden.

Schließlich drohen auch die Aufhebung der Berufserlaubnis des Buchhalters und auch eine Freiheitsstrafe zwischen zwei und fünf Jahre, abhängig von einem entsprechenden Tatvorsatz des Geschäftsführers zusätzlich zum Bußgeld. Das Gesetz 8.137/90 hat die Verbrechen gegen die Steuerordnung definiert. Der Begriff „fiskalische Hinterziehung" (sonegação fiscal) aus dem ersetzten Gesetzt 4.729/65 wurde lex posteriori derogat anteriori durch den Begriff „Verbrechen gegen die Steuerordnung" (crime contra a ordem tributária) ausgetauscht und umfasst das Delikt, Steuern oder Sozialbeiträge zu hinterziehen oder zu verkürzen mittels u. a. Informationsschweigen, falscher oder unpräziser (inexatos) Angaben in Dokumenten, die von der Finanzverwaltung verlangt werden. I. d. R. gehört zu den Verbrechen gegen die Steuerordnung, Dokumente zu *erstellen, zu verteilen, zu liefern, anzufertigen oder zu benutzen,* deren *Falschheit oder Ungenauigkeit* bewusst ist.[408] Abgesehen von der mangelnden Präzision der Vorschrift hinsichtlich des Begriffes „Ungenauigkeit", worauf ein Straftatbestand sich nicht stützen darf und letztlich in dubio pro reo als unwirksam betrachtet werden soll, kann eine nicht vorhandene oder mangelhafte Verrechnungspreisdokumentation zur strafrechtlichen Verfolgung führen.

Diese Tendenz ist auch im Raum der OECD-Staaten festzustellen, wo beispielsweise die italienischen Strafvorschriften (Decreto Legislativo Nr. 74 v. 10.3.2000) Sanktionen in Verrechnungspreisfragen von 18 Monaten bis auf 6 Jahren Haft erlauben. Die Strafvorschriften gelten in den Fällen sowohl einer unehrlichen als auch einer betrügerischen Steuererklärungen, falls der Steuerpflichtige i. R. seines Jahresabschlusses die angewendete Verrechnungspreismethode für die Feststellung des normalen Wertes nicht effektiv darstellt.[409] Anders als bei dem alten Recht[410] werden z. Z. in Italien außer materiellen Fakten auch Bewertungsfragen einbezogen.[411] Hier wird die Wichtigkeit einer präventiven angemessenen Verrechnungspreisdokumentation klargestellt, besonders weil es keine Erläuterung über die Ausdehnung der Verrechnungspreisdarstellung, z. B. über eine gewisse Richtigkeitsprüfung, gibt.

Darüber hinaus kann die Nichterfüllung der Verrechnungspreisvorschriften gem. Art. 33 I und V Gesetz 9.430/96 zu einer *Sonderregelung für die Betriebsprüfung* (*regime especial de fiscalização*) bei dem Steuerpflichtigen mit erheblich benachteiligenden Wirkungen führen (manche Fälle dauern bereits mehr als 40 Monaten). Da Verrechnungspreisgesichtspunkte verschiedene Tätigkeitsgebiete eines Unternehmens umfassen, kann die Nichtbeachtung der Dokumentationsvorschriften das Interesse der Betriebsprüfer auf andere Gebiete lenken, wie z. B. indirekte Steuern, Kostenanalysen, Zölle, usw.

---

408 Art. 1° Gesetz 8.137/90.
409 Vgl. *G. Maisto*, Italy. TTTTP, IBFD Suppl. No. 29, September 2001, S. 41; *A. Eigelshoven,* Bestimmung angemessener Verrechnungspreise in Italien. IStR 2002 S. 787.
410 Gesetz 516/82.
411 *A. Musselli/A. C. Musselli,* Transfer pricing: i prezzi di trasferimento internazionali, 2003 S. 288.

§ 4 Grundsatz des Fremdvergleichs

I. Allgemein

Der Grundsatz des Fremdvergleichs i. R. d. Art. 9 OECD-MA[412] wird im deutschen Recht im § 1 Abs. 2 AStG grds. wiedergegeben. Darunter werden die Geschäftsbeziehungen zwischen nahe stehenden Personen daraufhin überprüft, ob sich die verbundenen Beteiligten wie voneinander unabhängige Dritte unter vergleichbaren Umständen verhalten und Preisen vereinbart haben. Dieser Ansatz ist im brasilianischen Recht ausschliesslich auf die Preisvergleichmethoden reduziert.

Wie schon mehrmals während dieser Untersuchung erwähnt wurde, haben sowohl das Gesetz 9.430/96 als auch seine nachfolgenden Vorschriften kaum die Absicht, Verrechnungspreiskontrolle auf Basis von Marktpreisen zu verfolgen. Vielmehr wurden marktfremde, gesetzlich determinierte Gewinnmargen zum Vergleich mit den Margen der tatsächlich ausgeübten Preise festgelegt.[413] Somit entfernt sich die brasilianische Regelung von dem deutschen und internationalen Verständnis:

Der Gesetzgeber kann über das Verfahrensrecht nur regeln, welche Aufzeichnungspflichten für Preisvereinbarungen bestehen und wie diese zu erfüllen sind. Er kann über das steuerliche Verfahrensrecht aber weder regeln, wie Preise der Höhe nach zivilrechtlich zu vereinbaren sind, noch welche Preise materiell-rechtlich für ertragsteuerliche Zwecke anzusetzen sind.[414]

Nachdem sich die tatsächliche Möglichkeit der Änderung der gesetzlich determinierten Gewinnsätze noch nicht verwirklichen ließ, gilt m. E. der Versuch des Art. 20 und 21 § 2° Gesetz 9.430/96, die Vermutung der Gewinnsätze auf Basis von Marktstudien als widerlegbar zu charakterisieren, als gescheitert.[415] Somit bleibt die Suche nach internen oder externen Marktvergleichen auf die Regeln der PIC und PVEx reduziert. Dieses Szenario erlaubt die Schlussfolgerung, dass Fremdvergleich und Vergleichsanpassungen hinsichtlich ausgeübter Funktionen und übernommener Risiken in brasilianischen Verrechnungspreisvorschriften unbekannt sind.

---

412 Über den Vorrang der Abkommen in Brasilien s. S. 120 ff. Über das arm's length Prinzip aus dem Blinkwinkel der WTO s. S. 133 ff.

413 Darüber s. u. a. S. 64 ff.

414 *R. Schreiber*, Pflicht zur Angemessenheitsdokumentation bei internationalen Verrechnungspreisen. IWB 3 09.02.2005 Fach 3 Gr. 1 S. 2106.

415 Darüber s. u. a. 113 ff.

II. Merkmale und Vergleichbarkeit

Die Preisvergleichmethoden PIC und PVEx erlauben sowohl interne als auch externe Preisvergleiche. Interne Fremdvergleiche beziehen sich auf gleiche oder ähnliche Güter und Transaktionen zwischen einer der betrachteten verbundenen Person und einem Fremden. Externe Fremdvergleiche betrachten ihrerseits gleiche oder ähnliche Güter und Transaktionen ebenfalls zwischen Dritten, die jedoch mit keiner der betrachteten Personen verbunden sind.[416] Für die Vergleichbarkeit der Preise muss die Ähnlichkeit der betrachteten Güter, Dienstleistungen oder Rechte bestehen.

Statt sich an den international üblichen Faktoren zu orientieren[417], lassen sich die Kriterien für die Ähnlichkeitsprüfung i. R. d. IN SRF 243/02 erklären:

Article 28 – For purposes of this Regulatory Instruction, two or more goods under conditions in which they are used for their intended purposes shall be deemed to be similar when such goods, concurrently,
I – have the same nature and the same function;
II – may substitute for each other in their intended function; and
III – have equivalent specifications.

Die engere Auffassung solcher Ähnlichkeitskriterien oder die einfache Übernahme der TEC-Klassifizierung umfassen h. M. nicht das ganze Spektrum von Variabeln, die zur Nichtvergleichbarkeit von Güter führen kann. Ein klassisches Beispiel dafür ist der Fall von Markenmedikamenten einerseits und markenlosen Medikamenten anderseits, deren Handel auf Basis ihrer Wirkstoffnamen erfolgt. I. d. R. tragen die Anbieter der ersteren die Kosten von langen F&E-Zeiten und genießen eine breitere Anerkennung bei der Kundschaft, Eigenschaften die in einer Marktwirtschaft entgolten werden müssen und die dem zweiten Anbieter fehlen. Laut Überprüfung der Ähnlichkeitskriterien der IN SRF würden jedoch beide Medikamentensorten die gleiche Natur und Funktion haben und sich hinsichtlich ihrer Funktionen i. e. S. ersetzten und eine gleichgestellte Spezifizierung haben.[418] Somit ist eine gerechte Lösung[419] ohne den Bezug auf die immateriellen Güter der Marke und auf die Funktions- und Risikoanalyse nicht möglich.

---

416 Vgl. *H. Baumhoff*, in *J. Mössner*, Steuerrecht international tätiger Unternehmen. 2. Auflage, 1998, Rz. 320 ff.

417 Ausführlich *H. Baumhoff*, in *J. Mössner*, Steuerrecht international tätiger Unternehmen. 2. Auflage, 1998, Rz. C 273–298.

418 Vgl. *L. E. Schoueri*, Preços de transferência no direito tributário brasileiro. 2ª Edição, 2006, 88 ff.

419 Über das beschränkte Lizenzmodell Brasiliens s. 73.

Aus dieser Perspektive muss der Begriff „Funktion" breit ausgelegt werden und sämtliche Funktionen umfassen. Davon abgeleitet sind nicht nur die Funktionen zu verstehen, die i .e. S. direkt mit der Wikung derInhaltsstoffe festzustellen sind, sondern auch Funktionen, die indirekt mit der Anschaffung der angewandten Technik, des Namens und der Marke verbunden sind.[420] Letztlich darf trotzt Gleichstellung der Wirkstoffe nicht vergessen werden, dass die Kunden beim Kaufen von Markenmedikamenten zusätzliche Leistungen wie u. a. den Ruf, das Vertrauen einer Marke, die Werbekampagnen und die langjährige Erfahrung der F&E kaufen. All das darf die Finanzverwaltung in einer Marktwirtschaft nicht einfach tabula rasa ignorieren und Art. 28 i e. S. einsetzen.

Es ist inakzeptabel, dass ein demokratischer, marktwirtschaftorientierter Staat von einem Unternehmen die Übergabe von Gütern bzw. Leistungen verlangt und ihm die Möglichkeit, eine marktkonforme Gegenleistung dafür zu bekommen, lediglich nimmt, weil die Transaktion grenzüberschreitend ist.

Darüber hinaus gilt h. M. Art. 28 IN SRF 324/02 ausschließlich, wenn ihre Anwendung i. b. S. ausgeübt wird.[421] Ferner besteht das Ähnlichkeitskonzept nicht Kraft Gesetz.[422] In diesem Zusammenhang fällt der Verwaltung *kein Interpretationsprimat* des Gesetzes zu, sie *ist lediglich in der zeitlichen Abfolge Erstinterpret für die Steuergesetze*.[423] Nichtsdestotrotz ist die Norminterpretation durch Verwaltungsvorschriften nicht zu rechtfertigen, da die Interpretation des Gesetzes „ureigenste" Aufgabe des Richters ist. Obwohl es eine klare Regelung für Datenanpassung mit dem Ziel, die Vergleichbarkeit zu erreichen, fehlt, lässt sich ein Anpassungsgebot schließlich sogar aus den Besteuerungsgrundsätzen ableiten, wonach u. a. der Individualitätscharakter der Besteuerung und die Leistungsfähigkeitsprinzipien beachtet werden müssen.

III. Verwendung von Datenbanken

Da die Anwendung von Vergleichsdaten bei den Verrechnungspreiskontrollen in Brasilien extrem eingeschränkt ist, ist die Nutzung von Datenbanken analog zu der internationalen Praxis (z. B. in Europa die Datenbanken Amadeus, One-

---

420 Vgl. *H. Schaumburg*, Internationales Steuerrecht. 2. Auflage, 1998 Rn. 18.77 ff. und 18.151 ff.; *H. Baumhoff*, in *J. Mössner*, Steuerrecht international tätiger Unternehmen. 2. Auflage, 1998, Rz. C. 386 ff.; Vgl. *O. H. Jacobs*, Internationale Unternehmensbesteuerung, 2002, S. 1.063 ff. Ferner über die Lizenzregeln s. S. 71 ff.

421 Vgl. *L. E. Schoueri*, Preços de transferência no direito tributário brasileiro. 2ª Edição, 2006, S. 88 ff.; und *A. T. Tavolaro*, Tributos e preços de transferência, in *Schoueri/Rocha*, Tributos e preços de transferência, 1999, S. 38 ff.

422 Art. 18 I und 19 § 1° Gesetz 9.430/96 erwähnt lediglich die Ähnlichkeit als Vergleichbarkeitskriterium.

423 *R. Seer*, Verständigung in Steuerverfahren. 1996, S. 245.

Source, Firmendaten, usw.) nicht möglich. Trotz der praktischen Schwierigkeiten und der kontroversen Einsetzbarkeit[424] von Datenbankuntersuchungen ist die umfasende Nutzung solcher Ergebnisse über Finanzdaten von Unternehmen, die letztlich die vorherrschende Vorgehensweise in den meisten Industriestaaten darstellt, nicht zu übersehen.[425] Zurzeit können Vergleichsdaten in Brasilien aus öffentlich zugänglichen Quellen eher i. R. von börsennotierten Unternehmen ermittelt werden. Nichtsdestotrotz kann gesagt werden, dass Brasilien die Erstellung solcher Datenbanken noch vor sich hat. I. d. S. entstehen mehrere Faktoren, deren Untersuchung die Rechts- und Betriebswirtschaftswissenschaft noch durchführen müssen. Ohne jeden Anspruch auf Vollständigkeit, sondern lediglich um hier Beispiele dafür zu nennen und um die Fachdiskussion zu provozieren, werden u. a. folgende Problemfelder aufgezählt:

- Vor allem ist zu bestimmen, in welchem Umfang die Vergleichbarkeit in Brasilien gestaltet werden sollte.[426]
- Inwieweit könnte die Vielzahl kleiner und mittlerer Unternehmen in der brasilianischen Wirtschaft i. R. einer Datenbank einbezogen werden?
- Ihre Berücksichtigung räumt den großen Vorteil ein,[427] der in Europa in den südlichen Staaten in der Praxis zu merken ist (z. B. Italien, Spanien, Portugal), dass viele - wenn nicht die meisten - Unternehmen klein sind und ohne weiters das Unabhängigkeitskriterium erfüllen. Somit ist es zu erwarten, dass ihren Daten kaum wegen des Einflusses verbundener Parteien verzerrt werden und sich zum Vergleichzweck eignen.
- Anderseits verlangen auch die Nachteile eine aufmerksame Überprüfung. Diesbezüglich können systematische Probleme auftauchen, z. B. können Datenverzerrungen i. R. d. in Brasilien verbreiteten unterschiedlichen Prüfungsaktivität seitens der Finanzverwaltung gegenüber kleinen und großen Betrieben entstehen. Die darauf basierenden Wettbewerbsvorteile von kleinen Unternehmen könnten sich durch günstigere Preise ausdrücken.
- Ferner sollte überprüft werden, inwieweit die oben erwähnten Kriterien in dem Mercosul-Raum i. S. einer „pan-mercosulinischen" Vergleichbarkeit auszulegen sind. Letztlich stellte das europäische Beispiel über die Anwendung von EU15-weiten Vergleichsdaten eine erhebliche Erhöhung der Ver-

---

424 Darüber s. drittes Kapitel.
425 Für Einzelheiten über die europäischen Unternehmensdatenbanken s. *A. Vögele/A. Crüger, in Vögele/Borstell/Engler*, Handbuch der Verrechnungspreise, 2004 Kap. E Tz. 405-436.
426 Vgl. die Untersuchung i. R. d. Gesetzentwurf 4.695/01 im Exkurs zum brasilianischen Recht.
427 Vgl. *A. Vögele/A. Crüger, in Vögele/Borstell/Engler*, Handbuch der Verrechnungspreise, 2004 Kap. D Tz. 435.

gleichspraktikabilität dar, dessen angemessene Übernahme zu überprüfen wäre.[428]

IV. Angemessenheit des Grundsatzes

Der brasilianische Versuch, ein Sondermodell in dem internationalen Verrechnungspreisszenario zu schaffen, kann ausschließlich unter dem kurzsichtigen fiskalischen Gesichtspunkt als erfolgreich bezeichnet werden. Dies erfolgt allerdings auf Kosten einer Vielzahl von Rechtsverstößen, die sich ein demokratisches und rechtsstaatliches System nicht erlaubt und schon gar nicht leisten kann. Klüger als die OECD-RL zur Seite zu schieben, weil das Land kein Mitglied der Organisation ist, wäre ohne Zweifel ihre Übernahme gewesen, schließlich stellen die RL ein Bauwerk des kumulierten Wissens über das Thema dar. Die Übernahme des Grundsatzes ist in diesem Zusammenhang conditio sine qua non für eine angemessene expansive Beteiligung Brasiliens an der globalisierten Wirtschaft. Dies scheint die Politik teilweise verstanden zu haben und drückte sich i. R. d. Gesetzentwurf 4.695/01 aus, dessen Einzelheiten im Exkurs untersucht werden.

§ 5 Bemerkungen zum Mercosul-Recht

I. Allgemein

Am 26. März 1991 unternahmen die südamerikanischen Staaten einen bedeutenden Schritt hin zu mehr Integration. Argentinien, Brasilien, Paraguay und Uruguay unterschrieben das Abkommen von Assunción (Tratado de Assunção) mit der Absicht, einen gemeinsamen Markt namens Gemeinsamer Markt des Südens (Mercado Comum do Sul – Mercosul, spanisch Mercosur) zu verwirklichen. Geschichtlich gab es in Südamerika schon andere integrationsorientierte Initiativen wie die ALALC und ALADI, deren Mitgliederstaaten, Absichten und Erfolge jedoch mit denen des Mercosuls häufig nicht übereinstimmen.[429]

---

428 Vgl. *P. Meenan/R. Dawid/J Hülshorst*, Is Europe one Market? A Transfer Pricing Economic Analysis of Pan-European Comparable Sets. Deloitte/EU-Commission, 2004.

429 Allgemein über die regionalen und subregionalen Integrationsinitiativen in Südamerika s. *H. Accioly/G. E. N. Silva*, Manual de direito internacional público. 13ª Edição, 1998, S. 222 ff. Dazu skeptisch: *Wird der aufstrebende Wirtschaftsblock in Südamerika von der wirtschaftlichen Krise überholt? Lohnt es sich überhaupt, die rechtlichen Bedingungen dieses wirtschaftlichen Zusammenschlusses und seine Beziehungen zur Europäischen Gemeinschaft näher zu studieren? Immerhin ist der 1991 gegründete Mercosur mit 200 Millionen Einwohner, 12 Millionen qm Fläche und einem Bruttosozialprodukt von 1,25 Billionen US-Dollar heute der drittgrößte Wirtschaftsraum der Welt.* In *J. Samtleben*, Erster Schiedsspruch im Mercosur – wirtschaftliche Krise als rechtliche Herausforderung? EuZW 2000 03 S. 77.

Das Abkommen sieht die üblichen Maßnahmen eines gemeinsamen Marktes vor. Die wichtigsten davon sind: [430]

- Freier Verkehr von Waren, Dienstleistungen und Produktionsfaktoren zwischen den Mitgliedsstaaten, wofür die Abschaffung von Zöllen, *nichttariflichen* **Hemmungen** sowie je äquivalente Maßnahmen durchgeführt werden sollen;
- Einsetzung eines Gemeinsamen Außentarifs (Tarifa Externa Comum – TEC) und die Koordinierung von wirtschaftlich-politischen Positionierungen gegenüber Fremdstaaten und -foren;
- Koordinierung von makroökonomischen Politiken zur Gewährleistung des Wettbewerbsgleichgewichts;
- Die Harmonisierung des nationalen Rechts i. R. der Integrationsbemühungen.

Die rechtlichen Quellen des Mercosuls bestehen in dem Abkommen und mehreren Protokollen, die diesem folgten. Diese Normenkonstellation hat u. a. eine juristische Person des Völkerrechts; eine Organstruktur mit Abstimmungsrecht und ein System zur Kontroverselösung (Solução de Controvérsias) geschafft. [431] Aus einem regionalen Gesichtspunkt sind Chile und Bolivien nur assoziierte Staaten und gehören somit den Arbeiten des Mercosuls an, jedoch ohne Abstimmungsrecht. Ferner werden Verhandlungen zur Vollmitgliedschaft Venezuelas sowie zur Entstehung einer Freihandelszone zwischen den Andenstaaten (Ecuador, Kolumbien, Peru und Venezuela) und dem Mercosul geführt.

Obwohl der Mercosul einen gemeinsamen Markt beabsichtigt, wurde nicht von Anfang an versucht, diesen umzusetzen. [432] Vielmehr wird die Integration nach dem europäischen Beispiel als dynamischer Evolutionsprozess betrachtet. Nichtsdestotrotz hat der Mercosul einen rasanten wirtschaftlichen Fortschritt verwirklichen können und zeigte am Ende der 90er Jahre eine Vergrößerung des Handelsvolumens zwischen den größten Partnerländer Argentinien und Brasilien, die mehr als das dreifache des ursprünglichen Handels umfasst. [433] Obwohl dieses Ergebnis großen Teils eine Transaktionsumlenkung aus dem früher an Drittländern orientierten Handel darstellt, ist das tatsächlich verwirklichte und noch geplante Handelspotential des Blocks erheblich. [434]

Der Mercosul hat die Freihandelszonen-Phase (z. B. NAFTA) hinter sich. Die aktuelle tatsächliche Integrationsphase ist die einer Zollunion, deren Haupt-

---

430 Alle im Art. 1 des Abkommens.
431 Ausführlich *E. C. Fernandes,* Sistema tributário do Mercosul. 3ª Edição, 2001, 342 S.
432 Vgl. *M. Aujean,* Steuerkoordination in Wirtschaftsunionen und gemeinsamen Märkten. IStR 16/2005 S. 561.
433 Für Statistiken s. http://www.mercosur.org.uy
434 Vgl. EU-Commission. Brazil - Country Strategy Paper 2001-2006.13.6.02, S. 15.

merkmal die TEC verkörpert. Allerdings ist, weil die TEC des Mercosuls mehreren Ausnahmenregelungen enthält, die Rede von einer unvollkommenen Zollunion.[435] Die Weiterentwicklung des Mercosuls stößt zurzeit allerdings auf institutionelle Barrieren seiner konstitutionellen Natur.[436]

II. Rechtliche Struktur und Steuerharmonisierung

Es können zwar Parallelen zwischen Mercosul und EU aufgezeigt werden, jedoch bestehen erhebliche Unterschiede, deren Rolle in der Entwicklung des Mercosuls nicht unbedeutend sind. Der Mercosul bringt die zwei größten und industrialisiertesten Volkswirtschaften Südamerikas zusammen, ähnlich wie es im kontinentalen Europa mit Deutschland und Frankreich der Fall war. Das Kernelement des europäischen Beispiels, das die Supranationalität[437] darstellt, ist zur Wahrung des Friedens (d. h. auf dem Hintergrund zweitens Weltkriegs) entstanden,[438] was so für den Mercosul nicht gilt. Dies bedeutet, dass ein wichtiges Druckmittel fehlt, das zur Bereitschaft der Staaten beiträgt, Teile ihrer Souveränität auf eine supranationale Ebene zu verlagern. Vielmehr stützt sich der Integrationswille auf die Entstehung von Markt- und Wettbewerbsvorteilen. In diesem Zusammenhang entstand der Mercosul aus einer „lockeren" rechtlichen Verflechtung mittels internationaler Abkommen und Protokolle.[439] Im Mercosul-Recht besteht keine Supranationalität. Die Rechtsgestaltung stützt sich lediglich auf das traditionelle völkerrechtliche Instrument der internationalen Verträge und allgemeine jus cogens Normen. Deswegen wird nicht über Gemeinschaftsrecht, sondern über Integrationsrecht gesprochen.[440] Anderseits orientiert sich der Mercosul mehr in die Richtung des Gemeinschaftsrechts als in Richtung

---

435 Ursprünglich sollte nach dem Vertrag von Assunción bis 1995 die Übergangszeit für die Beseitigung aller tarifären und nicht-tarifären Handelsbeschränkungen beendet werden. Nichtsdestotrotz musste diese Übergangszeit und ihre Verlängerungen mehrfach revidiert werden. Stattdessen wurde eine Anpassungsordnung (regime de adequação) geschaffen, die Ausnahmelisten für bestimmten Warengruppen bis zur vollständigen Aufhebung der Zölle vorsieht.

436 Ausführlich über die juristische Integrationstheorie und ihre Unterteilung in institutionelle Integration, Integrationsverfahren und Integrationsrechtsprinzipien s. *R. Pethke,* Die Nordamerikanische Freihandelszone im Vergleich mit dem Europäischen Wirtschaftsraum, 2002, S.57 ff.

437 Über den Begriff der Supranationalität s. *R. Streinz,* Europarecht. 5. Auflage, 2001, Tz. 115 ff.

438 *R. Streinz,* Europarecht. 5. Auflage, 2001, Tz. 15.

439 Kritisch über den viel zu „lockeren" politischen Integrationswillen i. R. d. Vermeidung der Doppelbesteuerung s. *H. Tôrres,* Pluritribitação internacional sobre as rendas de empresas. 2ª Edição, 2001, S. 745 ff.; ferner *F. F. Grund,* Brasilien: Änderung im Steuerrecht. IStR 2002 19 S. 655; und *J. Samtleben,* Erster Schiedsspruch im Mercosur – wirtschaftliche Krise als rechtliche Herausforderung? EuZW 2000 03 S. 80.

440 *H. Tôrres,* Pluritribitação internacional sobre as rendas de empresas. 2ª Edição, 2001, S. 730 ff.

eines reinen Warenaustauschmodells i. S. d. Freihandelszonen,[441] wobei ein klares Ziel die Verwirklichung des Binnenmarktes durch den freien Verkehr nicht nur von Waren, Dienstleistungen und Kapital, sondern auch von Arbeitnehmern ist. Auf Grund dessen orientiert sich der Mercosul eher am europäischen Beispiel als an der lediglich freihandelszonenorientierten NAFTA trotz ihrer wirtschaftlichen Dimension und raschen Entwicklung.

Darüber hinaus hat das Mercosul-Recht grds. keine direkte Geltung in den Mitgliedstaaten, und dazu fehlt es an einer Gerichtsbarkeitsinstanz (etwa wie der EuGH) und der damit verbundenen entscheidenden Konvergenz der Rechtsauslegung.[442] Die Kontroversenlösung erfolgt vielmehr ad hoc und auf der Verwaltungsebene der Mitgliedsstaaten.[443] Das Individuum soll sich an die Staatsverwaltung seines Landes wenden, die über die Anname der Beschwerde entscheidet und in eigenem Namen Verhandlungen mit dem anderen Staat initiiert. Somit ist eine Beschwerde gegen den eigenen Staat ausgeschlossen, und *dem Individuum* [wird] *kein befriedigender Schutz gewährt*.[444] Die jüngste Geschichte der Kontroversenlösung im Mercosuls zeigt eine Vielzahl von gewöhnlichen Handelsfällen, deren Diskussionen über Hemmungen, Zölle und Diskriminierungen häufig zu diplomatischen Auseinandersetzung zwischen den Mitgliedstaaten eskalierten und eine Vielzahl von „Handelskriegen" und „Krisengipfel" auslöste.[445] Das führte immer wieder zur Debatte über die Nutzung einer durch diverse Ausnahmenregeln „durchlöcherten" TEC,[446] wenn nicht sogar überhaupt der Sinn des Mercosuls in Frage gestellt wurde. Dieser Zusammenhang spiegelt ein endogenes Problem des Mercosuls wider. Dadurch entsteht in der Praxis kein rechtlicher Hintergrund (wie z. B. das Verfahren der Vorabentscheidungen nach Art. 234 EGV),[447] der dazu fähig ist, den Handelsakteuren Rechtssicherhei-

441 *P. R. Almeida,* O Mercosul no contexto regional e internacional. 1993, S. 14.

442 *H. Tôrres,* Pluritribitação internacional sobre as rendas de empresas. 2ª Edição, 2001, S. 748.

443 Ein dreistufiges Verfahren für die Kontroversenlösung wurde in dem Protokoll von Brasília vom 17.12.1991 vorgeschrieben: direkte Verhandlungen; Intervention der Gruppe Gemeinsamen Markt (sog. GMC - Exekutivorgan des Mercosuls); und ad hoc Schiedsverfahren.

444 *E. C. Fernandes,* Sistema tributário do Mercosul. 3ª Edição, 2001, S. 237. Vgl. *J. P. Schmidt,* Neue Impulse durch institutionelle Reformen - der Mercosur ist wieder auf Kurs. EuZW 5/2005 S. 141; *N. Dagnese, M. Kras, K. Mank,* Dokumentation von Verrechnungspreisen - Kann der Mercosur der Europäischen Union folgen? IWB 19 11.10.2006 Gr. 2 Fach 10 S. 1927 f.

445 Vgl. *J. Samtleben,* Erster Scheidsspruch im Mercosur – wirtschaftliche Krise als rechtliche Herausforderung? EuZW 2000 03 S. 77.

446 Vgl. s. Fn. 435.

447 *J. P. Schmidt,* Neue Impulse durch institutionelle Reformen - der Mercosur ist wieder auf Kurs. EuZW 5/2005 S. 142.

ten hinsichtlich des Abkommens zu gewährleisten, soweit die Lösungen in die Richtung politischer Entscheidungen tendieren. Diesbezüglich stellt die EuGH-Rechtsprechung seit langer Zeit einen Meilenstein für die Durchsetzung des EU-Rechts dar.[448] Ferner verfügt der mercosulinische Steuerpflichtige über kein Schiedsverfahren i. S. d. europäischen Schiedskonvention.[449]

Das Streitbeilegungsverfahren sieht vor, dass die Gruppe Gemeinsamer Markt nach einer Konfliktlösung suchen soll, wobei ein Beschwerde- bzw. Konsultationsverfahren[450] vor der Handelskommission des Mercosuls vorgesehen ist. Wenn innerhalb bestimmter Fristen keine Lösung gefunden wird, kann einer der beteiligten Mitgliedsstaaten ein dreiköpfiges Schiedsgericht anrufen. Das Konsultationsverfahren erfüllt eine „Ventilfunktion" bei der Kontroversenlösung, wobei ernsthafte Konflikte vor allem politisch gelöst werden können. Dies führte dazu, dass das Schiedsverfahren in der Praxis seltener eingesetzt wurde. Hier könnte ein Vergleich mit der Erfahrung der europäischen Schiedskonvention gezogen werden, soweit trotz einer sehr reduzierten Einrichtung von Schiedsverfahren ihre rechtliche Möglichkeit schon erheblich zur Lösung von Konflikten beiträgt.[451] Das Schiedsverfahren des Mercosuls könnte - obwohl es komplett anders als das europäische Schiedsverfahren ist - auch zur Klärung steuerrechtlicher (und nicht ausschließlich zollrechtlicher) Fragen genutzt werden, bräuchte allerdings Änderungen in seinem Mechanismus. U. a. sollte dem Steuerpflichtigen das Recht gegeben werden, ein Schiedserfahren zu initiieren.

Während die EU-Supranationalität erheblich zu konvergenter Auslegung des EU-Rechts beiträgt, indem der EuGH sich stark für den Binnenmarkt einsetzt, kennt der Mercosur keine vergleichbare supranationale Gerichtsbarkeit. Grds. schließt die brasilianische Verfassung die Souveränitätseinschränkung in Form der Supranationalität aus, im Gegensatz zur argentinischen Verfassung. Die Mechanismen zur Lösung von Kontroversen im Mercosur beschränkten sich bis 2004 auf ad hoc Schiedsverfahren mit limitierter Bindungswirkung und standen unter starkem politischen Einfluss. Seit 2004 besteht ein ständiges Revisionsgericht (Tribunal Permanente de Revisión, mit Sitz in Asunción), das sich mit der Mercosur-Rechtsauslegung beschäftigen soll. Die größte Kritik bezieht sich allerdings auf die Tatsache, dass der Zugang zu dem Revisionsgericht ausschließlich den Mitgliedsstaaten und nicht deren Bürger vorbehalten bleibt und

---

448 Vgl. drittes Kapitel.
449 Vgl. u. a. *O. H. Jacobs,* Internationale Unternehmensbesteuerung, 2002, S. 190 ff.
450 Protokoll von Ouro Preto aus 1994.
451 Vgl. u. a. *J. D. B. Oliver,* Transfer Pricing and the EC Arbitration Convention. Intertax Vol. 30 Issue 10 2002 S. 340-341; and *First EU Arbitration Case Concluded, Involved French, Italian Electrolux Affiliates.* TMTR Vol. 12 Nr. 8 August 20, 2003, S. 320 ff.

dass seine Entscheidungen keine bindende Wirkung haben.[452] D.h. es bleibt den nationalen Gerichten vorbehalten, die Entscheidung des Tribunals umzusetzen. Ob es zur Vereinheitlichung der Rechtsauslegung oder zu weniger politischer Beeinflussung und damit zu mehr Rechtssicherheit beitragen wird, bleibt abzuwarten.

III. Abkommenrechtliche Engpässe

Die Gestaltung einer supranationalen Gerichtsbarkeit stößt gegen verfassungsrechtliche Beschränkungen, wobei die brasilianische Verfassung und Rechtsprechung diejenigen sind, die mit einem engen Souveränitätskonzept und einer sehr beschränkten innerstaatlichen Geltungsmöglichkeit für Abkommen gestaltet sind.[453] Von den anderen Mitgliedstaaten hat Uruguay einen ähnlichen Schutzschild gegen die Delegierung von Souveränitätszuständigkeiten. Ein Teil der Literatur erklärt dies mit dem Argument, dass es typisch für präsidialdemokratische Systeme sei, soweit der Regierungschef nicht unbedingt die Parlamentsmehrheit widerspiegelt und somit es dem Parlament schwerer fällt, seine Zuständigkeiten auf Regierungsseite, die letztlich direkten Einfluss auf das supranationale Wesen ausübt, zu verschieben.[454] Dies verhinderte jedoch nicht, dass sowohl die paraguayische als auch die argentinische Verfassung – trotz präsidialdemokratischer Systeme in beiden Länder - die Supranationalitätsklausel eingeräumte zu haben.[455]

Während Argentinien einen Schritt in die Richtung des Gemeinschaftsrechts unternommen hat, sieht das brasilianische Recht weder die Supranationalität vor, noch erkennt ohne weiteres[456] den Vorrang der Abkommen an.

---

452 *J. P. Schmidt*, Neue Impulse durch institutionelle Reformen – der Mercosur ist wieder auf Kurs. EuZW 5/2005 S. 139; *N. Dagnese, M. Kras, K. Mank*, Dokumentation von Verrechnungspreisen - Kann der Mercosur der Europäischen Union folgen? IWB 19 11.10.2006 Gr. 2 Fach 10 S. 1927 f.

453 Vgl. S. 119 ff. Ferner *C. A. Mello*, Direito constitucional internacional. 2ª Edição, 2000, S. 365 ff.

454 *J. L. M. do Amaral Júnior*, Os tratados no ordenamento jurídico brasileiro. RJV N°. 11 Abril/2000 S. 6.

455 Art. 145 uruguayischer Verfassung und Art. 75 N° 24 argentinischer Verfassung.

456 Vgl. S. 120 ff.

148

IV. Verrechnungspreise und Doppelbesteuerung

Über Steuersachen bestimmt das Abkommen von Assunción:

*Art. 7 In Frage der von Steuer, Gebühren und sonstigen internen **Belastungen** genießen die Produkte aus einem Mitgliedstaat in den anderen Mitgliedstaaten die gleiche Behandlung, die dem nationalen Produkt gewährt wird.*[457] Art. 2° des Appendixes 1 des Abkommensprotokolls erklärt, dass unter *Belastungen* (*gravames*) jede Maßnahme des Zollrechtes oder ähnliche Maßnahme mit Fiskal-, Geld- oder Devisenkontrollcharakter verstanden wird, die in Bezug auf den Außenhandel fallen. Ferner ist eine *Hemmung* (*restrição*) jede Maßnahme mit Verwaltungs-, Finanz- oder Devisenkontrollcharakter, die den gegenseitigen Handel untersagt oder erschwert.

Es ist keine große teleologische Auslegung dafür nötig, um die Verrechnungspreisvorschriften und den Dokumentationsaufwand Brasiliens sowohl als *Belastungen* als auch als *Hemmungen* i. S. d. Abkommen zu typisieren, die erhebliche wettbewerbsverzerrende Effekte im Binnenmarkt verursachen.[458] Rechtfertigungen für eine Ungleichbehandlung i. S. d. europäischen Beispiels sind grds. nicht vorhanden. Handelsbeschränkungen sind jedoch soweit zulässig, als sie andere legitime Zwecke verfolgen.[459] Das bezieht sich - obwohl es bis dato kaum geklärten wurde - auf Gründe der öffentlichen Moral oder Sicherheit oder zum Schutz wichtiger Allgemeingüter. Es muss allerdings beachtet werden, dass der intrazonale Handel „nicht übermäßig belastend" wird.[460] Die Entfaltung dieser Konzepte mittels abkommensrechtlicher Bestimmungen oder Schiedsverfahrenentscheidungen mag noch fraglich sein. Unklar bleibt auch, welche Bedeutung die Schiedssprüche - die häufig unklar sind und die aufzuhebenden Maßnahmen nicht im Einzelnen bezeichnen - für die Zukunft haben werden. Es besteht grds. keine rechtliche Bindungswirkung zwischen einem Schiedsspruch und späteren Verfahren.[461]

---

457 Im Original:
Art. 7 Em matéria de impostos, taxas e outros gravames internos, os produtos originários do território de um Estado-parte gozarão, nos outros Estados-partes, do mesmo tratamento que se aplique ao produto nacional.
458 Vgl. *H. Schaumburg*, Internationales Steuerrecht. 2. Auflage, 1998 Rn. 4.25.
459 Art. 2b, Anhang I Abkommen von Assunción.
460 Schiedsspruch von 28.4.1999, Nr. 81, mit Hinweis auf Rechtsprechung des EuGH zum Art. 36 EGV a. F. Vgl. *J. Samtleben*, Erster Schiedsspruch im Mercosur – wirtschaftliche Krise als rechtliche Herausforderung? EuZW 2000 03 S. 80, Fn. 27.
461 *J. Samtleben*, Erster Schiedsspruch im Mercosur – wirtschaftliche Krise als rechtliche Herausforderung? EuZW 2000 03 S. 80.

Darüber hinaus gibt es zwischen Brasilien und den anderen Mitgliedsstaaten nur ein DBA Brasilien-Argentinien (und ein DBA Brasilien-Chile), das das Fremdvergleichprinzip i. S. d. OECD-MA vorsieht.[462] Ferner folgen die argentinischen Verrechnungspreisvorschriften grds. der Richtung der OECD-RL und erkennen das Fremdvergleichsprinzip i. S. d. OECD-MA.[463] I. d. S. bestehen Verstößen der brasilianischen Verrechnungspreisvorschriften hinsichtlich Transaktionen mit Argentinien nicht nur i. R. d. Mercosul-Rechts sondern auch des DBA. Davon ableitend verfügen die Betroffenen eines Diskriminierungsfalls, mit Doppelbesteuerungsfolge hinsichtlich fremdvergleichswidrigen Preiskorrekturen de jure über zwei Rechtsinstrumente: einerseits das Verständigungsverfahren seitens des DBA und andererseits des Verfahren der Kontroversenlösungen des Mercosuls.[464] Nichtsdestotrotz wird sich noch zeigen, welcher von beiden Wegen – oder evtl. die Zusammenwirkung von beiden – sich als geeignet gegen Doppelbesteuerungen zeigen wird. Obwohl dieses Thema das Ziel dieser Untersuchung weit überschreitet, könnte spekuliert werden, dass das DBA als lex specialis gegenüber dem Abkommen von Assunción gilt. Dem Steuerpflichtigen könnten anderseits das besser strukturierte Verfahren der Kontroversenlösung als viel „effektiver" als das lockere Verständigungsverfahren erscheinen, weil die Entscheidung statt ausschließlich zwischen den Finanzverwaltungen eher i. R. eines ad hoc Schiedskollegium getroffen wird. Das Thema bleibt äußerst unklar und verdient weitere Aufmerksamkeit der Literatur. Die Entfaltung der einbezogenen Rechtsinstitute ist imperativ für die Entwicklung des Integrationsprozesses,[465] wie schließlich auch das EU-Beispiel belegt.

Die EU bemüht sich auf oberester Ebene um eine Rechtsvereinheitlichung, um den Fremdvergleich und die Dokumentationspflicht einhaltlich durchzusetzen, damit diese zu Gunsten aller Beteiligten wirken kann.[466] Stattdessen erfüllt die Entwicklung der Verrechnungspreisvorschriften in den Mercosul-Mitglieds-

---

462 Es besteht auch ein DBA Brasilien-Chile. Chile ist allerdings nicht Mitgliedsstaat sondern azossiierter Staat des Mercosuls.

463 Für ein Überblick über die argentinischen Verrechnungspreisvorschriften s. *R. Pfeiffer/N. Dagnese*, Verschärfung der Verrechnungspreisgesetze in Argentinien. IWB Nr. 15 11.8.2004 F. 8 Gr. 2 S. 33. Allgemein über die Verrechnungspreisvorschriften der sonstigen Mercosul-Mitgliedsstaaten s. *E. C. Fernandes*, Sistema tributário do Mercosul. 3ª Edição, 2001, S. 113 ff.

464 Über die Rangordnung der völkerrechtlichen Quellen Vgl. *V. Epping*, in *K. Ipsen*, Völkerrecht. 5. Auflage, 2004, Rz. 5.1 ff.

465 Vgl. *H. Tôrres*, Pluritributação internacional sobre as rendas de empresas. 2ª Edição, 2001, S. 739 ff

466 Vgl. *S. Rasch*, Konzernverrechnungspreise im nationalen, bilateralen und europäischen Steuerrecht, 2001, S. 303 ff., 320 f.; und *H. Tôrres*, Pluritributação internacional sobre as rendas de empresas. 2ª Edição, 2001, S. 418 ff.

staaten diese Voraussetzung nicht.[467] Es besteht keine tatsächliche Einigkeit in Bezug auf den Fremdvergleichsgrundsatz, weil die brasilianischen Vorschriften davon abweichen. Die Lösung des Problems ist allerdings für die Aufhebung von Hemmungen und Belastungen des gemeinsamen Marktes entscheidend.

Dafür sind grds. zwei Ansichten zu betrachten. Einerseits könnten sich theoretisch die Mitgliederstaaten für das brasilianische Modell entscheiden, wobei die international anerkannte Verrechnungspreispraxis verneint wird und feste Gewinnsätze festgelegt werden. Die Mitgliedsstaaten sollten sich auf Rahmenbedingungen für die fiskalische Verteilung einigen. Dieser Weg ist schon als Hypothese zum Scheitern verurteilt, weil dies bedeuten würde, dass die juristisch und wirtschaftlich nicht haltbare Konstruktion der brasilianischen Vorschriften sich auf die anderen Mitgliedsstaaten ausbreiten würde. Ferner würde die Maßnahme die Wettbewerbsfähigkeit des Blocks nach Außen extrem schwächen, soweit international inkompatibele Regeln zur Vermeidung der Doppelbesteuerung ausländischer Akteuren in der Region festgelegt würden.[468]

Übrig bleibt die Annährung der brasilianischen Verrechnungspreispolitik an die Argentiniens und ferner die internationale Praxis. Dies würde, im Gegensatz zu der vorherigen Option, ein praktikables Modell darstellen, das in Einklang mit der stufenweisen Harmonisierung des nationalen Rechts i. R. der Integrationsbemühungen des Assunciónvertrages ist und die positive Ausnutzung der internationalen Erfahrung in einem der kompliziertesten Themen der internationalen Besteuerung ermöglicht.

§ 6 Dokumentationsumfang

Der Dokumentationsumfang der brasilianischen Verrechnungspreise folgt zwei unterschiedlichen Strömungen. Obwohl beide auf die Erfüllung der Methoden abzielen, verfolgt eine Richtung die Erfüllung der gesetzlich determinierten Gewinnsätze, während die andere versucht – wobei es fraglich verbleibt, ob es überhaupt möglich ist –, die festen Gewinnsätze auf Basis von marktkonformen Sätzen zu ändern.[469]

---

467 *N. Dagnese/D. A. C. Marchant,* Preços de transferência e sua harmonização no direito comunitário europeu e mercosulino. RDTI 3/2006 S. 177 ff.

468 *N. Dagnese/D. A. C. Marchant,* Preços de transferência e sua harmonização no direito comunitário europeu e mercosulino. RDTI 3/2006 S. 181 f.

469 Der Dokumentationsumfang der zweiten Richtung wird am Ende dieses Abschnitts untersucht, damit die Vergleichbarkeit zwischen den Kapiteln erleichtert wird.

I. Erfüllung der Methoden ohne Änderung der Gewinnsätze

Anders als im deutschen Recht enthalten die brasilianischen Vorschriften keine klaren, spezifischen Informationen über die Dokumentation, die zur Erstellung der Steuererklärung vorbereitet werden soll. Eine ordnungsgemäße Dokumentation setzt vor diesem Hintergrund zunächst die Fähigkeit des Steuerpflichtigen voraus, die angemessene Anwendung einer Methode entsprechend darzustellen. Je nach ausgewählter Methode können dabei die zu erstellenden Aufzeichnungen variieren. I. d. S. dienen Rechnungen, Importerklärungen der Transaktionsvorgänge sowie interne Kontrollen und ähnliche Dokumente, Verträge und Analysen, die die Quellen der in der Steuererklärung erläuterten Informationen darlegen, zur Verrechnungspreisaufzeichnung.

Der umfangreichste Teil der Verrechnungspreisdokumentation bezieht sich auf die Verwaltung sämtlicher Transaktionsvorgänge während eines Steuerjahres, um die Steuererklärung hierauf basierend entsprechend erstellen zu können. U. a. werden folgende Informationen in der Steuererklärung des Steuerpflichten verlangt:

- Beschreibung aller Transaktionen, die als Verrechnungspreisfälle geführt wurden;
- Identifizierung und Darstellung der Verhältnisse zu ausländischen verbundenen Personen und der entsprechenden Summe der Transaktionsbeträge;
- Gesamte Export- und Importerträge, sowohl für verbundene als auch für unabhängige Personen, die in steuerprivilegierten Gebieten ansässig sind;
- gesamte Export- und Importerträge, die oben nicht einbezogen wurden;
- Eventuelle Eignung einer der oben erwähnten sicheren Häfen;
- Provisionen und sonstige Maklergebühren;
- Versicherungen und im Importgeschäft fällige Lizenzzahlungen mit und ohne Registrierung bei dem INPI und Bacen;
- Beschreibung jedes Transaktionsvorgangs in einer Weise, die ihre Identifizierung künftig ermöglicht;
- bei Gütertransaktionen muss jeder Artikel mit einer NCM-Klassifizierung verbunden sein;
- das arithmetische Mittel der angewandten Verrechnungspreise jedes Produktes und jeder Transaktion für den entsprechenden Zeitraum sowie die entsprechenden Parameterpreise nach den ausgewählten Methoden; und
- entsprechende Preis- und Einkommenskorrekturen.

Um konsequent zur evtl. Einkommenskorrektur in der Besteuerungsgrundlage zu gelangen, reiht die Steuererklärung mehrere Fragenbögen an. Der Inhalt der Fragenbögen stellt das Ergebnis der Verrechnungspreiskontrolle dar, die der Steuerpflichtige im Laufen des Steuerjahres durchgeführt hat. Systematisch kann der Umfang dieser „Befragung" wie folgt unterteilt werden.

1. Sachverhaltdokumentation

a. Allgemeine Informationen über Beteiligungsverhältnisse, Geschäftsbetrieb und Organisationsaufbau

Anders als im deutschen Recht verlangt das brasilianische Recht von dem Steuerpflichtigen eher indirekt, dass allgemeine Informationen über Beteiligungsverhältnisse, Geschäftsbetrieb und Organisationsaufbau vorbereitet werden. Vielmehr sollen diese Informationen im Hintergrund vorhanden sein, damit der Steuerpflichtige die Felder der Steuererklärung ausfüllen und später, falls danach gefragt wird, nachweisen kann. In diesem Zusammenhang soll der Steuerpflichtige auf Basis von Informationen über Beteiligungsverhältnisse die Transaktionen aussortieren können, die Gegenstand der auszufüllenden Felder sind.

b. Geschäftsbeziehungen zu verbundenen Personen

Der Finanzverwaltung scheint es wichtig zu sein, von dem Steuerpflichtigen Informationen zu bekommen, die die Geschäftsbeziehungen der Verrechnungspreissubjekte bemessen. Diesbezüglich fragt das Formular (Ficha) 38 A der DIPJ nach den Summen der gesamten Exporttransaktionen, nach verbundenen Parteien und nach Parteien mit Sitz im steuerbegünstigten Gebiet. Diese Auskünfte müssen ihrerseits zwischen Gütern, Rechten und Finanztransaktionen unterteilt werden. Die letzten müssen noch zwischen bei Bacen registrierten bzw. nicht registrierten Transaktionen entschieden werden.

Darüber hinaus fragt die Steuererklärung für jedes Produkt (gem. NCM) und jede Transaktionsart nach der Menge, Verrechnungspreismethode, Parameterpreis, tatsächlichem Preis (arithmetischer Durchschnitt am Jahresende) und entsprechender Anpassung der Einkommen (z. B. Ficha 39A und 41A). Dazu müssen Namen, Land, Transaktionswert und Status der ausländischen Geschäftpartner pro NCM und Transaktionsart angegeben werden (Ficha 40A und 42A). Solche Felder müssen die 49 größeren Transaktionen des Jahres - immer pro Produkt und Transaktionsart sortiert – auflisten. Die übrigen Transaktionen, die diese Zahl überschreiten, dürfen zusammengerechnet werden. Obwohl solche Maßnahmen die Transaktionen eines großen Teils der Steuerpflichtigen umfassen, müssen Konzerne mit einer Vielzahl von Transaktionen, die sich ihrerseits weit über 50 Mal im Jahr wiederholen, parallele Kontrollen durchführen. Nur dann werden sie in der Lage sein, künftig überhaupt ihre Transaktionen fristgemäß offen zu legen, falls i. R. einer Betriebsprüfung nach der Begründung der Rechnungsgrundlagen gefragt wird.

c. Funktions- und Risikoanalyse

Eine der größten Kritiken des brasilianischen Verrechnungspreissystems liegt darin, dass keine Analyse von ausgeführten Funktionen und übernommenen Risiken unternommen wird. Vielmehr müssen die starren Methoden so ausgeführt werden, wie die Vorschriften sie beschreiben. Wie i. R. dieser Untersuchung mehrmals erwähnt wird, verstößt diese Politik gegen Marktwirtschaftskonzepte. In diesem Zusammenhang wäre der Einsatz einer Funktions- und Risikoanalyse lediglich i. R. eines Antrags zur Änderung der festen Gewinnsätze möglich, obwohl er nur geringe Erfolgchancen hat.

2. Verrechnungspreisanalyse

Die sog. Angemessenheitsanalyse, die auf Basis der Funktions- und Risikoanalyse fremdvergleichskonforme Preise ermittelt, findet in Brasilien nicht statt. Die Prüfung der Angemessenheit der ausgeübten Verrechnungspreise erfolgt in Brasilien vielmehr durch den Vergleich zwischen dem arithmetischen Durchschnitt dieser Preise und dem durchschnittlichen Parameterpreis, berechnet durch eine der vorgeschriebenen Methoden. Dies ermöglicht eine rechnerische Präzision der Verrechnungspreiskontrolle, die der internationalen Verrechnungspreisanalyse fremd bleibt und erklärt zum Teil die fiskalische - aber weder rechtliche noch wirtschaftliche - Effizienz des Verfahrens.

3. In bestimmten Fällen erforderliche Aufzeichnungen

Die in § 5 GAufzV genannten, in bestimmten Fällen erforderlichen Aufzeichnungen lassen sich nur sehr beschränkt mit der brasilianischen Verrechnungspreispolitik vergleichen. Berührungspunkte gibt es lediglich bei Umlageverträgen (§ 5 Nr. 2 GAufzV) und Verlustsituationen (§ 5 Nr. 5 GAufzV). Wie oben untersucht sind Umlageverträge grundsätzlich möglich, müssen aber eine Reihe von Voraussetzungen erfüllen, u. a. die Bestimmung ihrer Erforderlichkeit und eines Aufteilungsschlüssels. Die Annährung beider Vorschriften hört jedoch schnell auf, soweit das Bestehen einer Gewinnmarge zum Verrechnungspreiszweck in Brasilien verlangt wird. Diesbezüglich unterstellen die brasilianischen Vorschriften die Dienstleistungen oder Rechte, die Gegenstand des Umlagevertrags sein können, den allgemeinen Verrechnungspreismethoden. Die Behandlung von Verlustsituationen duldet nach brasilianischem Recht lediglich die vorprogrammierte und genehmigte Durchführung einer Strategie zur Eroberung neuer Märkte, wobei die Rede nicht von einer Verslustsituation, sondern von Gewinnlosigkeit ist. Damit bleibt die Vergleichbarkeit beider Systemen i. R. dieser Kriterien so gut wie ausgeschlossen.

4. Aggregation von Transaktionen

Die Aggregation von Transaktionen erfolgt nach den brasilianischen Vorschriften i. R. der Berechnung des jährlichen arithmetischen Durchschnitts der durchgeführten Transaktionen. Diese Transaktionen müssen nach NCM und Transaktionsart sortiert werden. Das stellt weiniger eine Aggregation i. S. von *Geschäftsvorfällen, die gemessen an Funktionen und Risiken wirtschaftlich vergleichbar sind*,[470] sondern eine Summe auf Basis der Ähnlichkeit dar, die nach der NCM-Klassifzierung bestimmt wird. Diesbezüglich ist eine Vergleichbarkeit mit der Aggregation von ähnlichen Transaktionen oder basket approach der internationalen Praxis nicht gegeben.[471]

5. Datenzugriff

Art. 34 bis 38 Gesetz 9.430/96 regeln die fiskalische Dokumentation, wonach der Finanzverwaltung das Zugriffsrecht auf sämtliche Daten eingeräumt wird. Das vorsichtige Kriterium des deutschen Rechtes, wonach lediglich das Zugriffsrecht auf Daten eingeräumt ist, die für die Besteuerung von Bedeutung sind, ist in der brasilianischen Vorschrift abwesend. Im Gegenteil stellt Art. 34 eine breite Auslegung des Datenzugriffs dar und umfasst sämtliche Aufzeichnungen, die in dem untersuchten Unternehmen zu finden sind und die direkten oder indirekten Bezug auf die Tätigkeit des Steuerpflichtigen haben.

6. Aufbewahrungsbedingungen

Es kann gesagt werden, dass die Dokumentation in Brasilien zeitnah zu erstellen ist.[472] D. h. der Steuerpflichtige muss in der Lage sein, am Ende des Geschäftsjahres autonom die Steuererklärung mit dem Verrechnungspreisergebnis auszufüllen. Dies lässt sich grds. erst machen, wenn schon im Laufe des Jahres Aufzeichnungen und Berechnungen erfolgen. Solche Aufzeichnungen und Berechnungen müssen zur Unterstützung der erklärten Verrechnungspreisergebnisse nach Anfrage der Finanzverwaltung vorgelegt werden, wozu keine vorgeschriebene Frist besteht, i. d. R. jedoch werden um die 30 Tage Frist gewährt.[473] In der Praxis erlaubt diese Frist keine Erstellung einer angemessenen Dokumentation, vielmehr sollte sie schon vorbereitete sein.

---

470 § 2 (2) Satz 2 GAufzV.
471 Über den Schweigen des Gesetzes über die Nichtanwendbarkeit von basket-approach s. *L. E. Schoueri*, Preços de transferência no direito tributário brasileiro. 2ª Edição, 2006, S. 80 f.
472 Vgl. 80 ff.
473 *Deloitte Touche Tohmatsu*, Strategy Matrix for Global Transfer Pricing, 2005-2006 S. 20 ff.

Da die brasilianischen Vorschriften ein Verfahren sui generis im internationalen Vergleich einräumen, ist die Vorbereitung einer international einsetzbaren Dokumentation unmöglich, soweit für andere Finanzverwaltungen die brasilianische Ermittlung keinen Nutzen anbietet, außer dass sie auf einen Abkommensbruch Brasiliens hindeuten.

Schließlich sind fremdsprachige Dokumente durch einen vereidigten Übersetzer immer in die portugiesische Sprache zu übersetzen, was sehr kostenintensiv ist. Anders als in Deutschland räumen die Vorschriften keine Möglichkeit ein, auf Antrag Dokumente in Fremdsprachen vorzulegen.[474]

II. Vorwegauskünfte

Vorwegauskünfte i. S. d. international anerkannten APA[475] gibt es in Brasilien nicht.[476] Art. 48 Gesetz 9.430/96 sieht allerdings ein *Auskunftsverwaltungsverfahren* (*processo administrativo de consulta*) vor, dessen Ziel die Erteilung einer verbindlichen Zusage (Solução da Consulta) über die Interpretation oder Anwendung einer bestimmten Steuervorschrift i. R. eines Besteuerungssachverhaltes darstellt.[477] Statt den Umfang der Consultas zu erklären, regelt Art. 48 lediglich ihre Verfahrenseinzelheiten. Hierunter fallen z. B. Fristen zum Einreichen des Auskunftsantrags, Informationen über die zuständige Behörde usw. In der Praxis zeigte sich das Instrument bei der Interpretation und Anwendung der häufig unklaren Verrechnungspreisvorschriften nützlich und schafft ferner eine gewisse Interpretationssicherheit. Letztlich stellt die Solução da Consulta eine individuelle und konkrete Norm dar, die sowohl der Finanzverwaltung als auch dem Steuerpflichtigen gegenüber verbindlich gilt. Durch die Consulta wird allerdings kein Preis oder Preisberechnung im Voraus festgesetzt. Die Consulta führt in der Praxis nicht zu einer Art zweiseitig-konsensual ausfüllbarer Verwaltungsvereinbarung.[478] Diesbezüglich fehlt in der brasilianischen Verrechnungspreispolitik das Instrument, das in der internationalen Praxis die größte Rechts-

---

474 Vgl. s. drittes Kapitel.

475 Vgl. *H. Schaumburg*, Internationales Steuerrecht. 2. Auflage, 1998 Rn. 18.156 ff.; *O. H. Jacobs*, Internationales Unternehmensbesteuerung, 2002, S. 1083 ff.; und *F. Balzani*, in *V. Uckmar*, Corso di diritto tributario internazionale. II Edizione, 2002, S. 460 f.

476 Dagegen sieht Barreto Ähnlichkeiten zwischen Consultas und APA, in *P. A. Barreto*, Imposto e preços de transferência, 2001, S. 108 f.

477 Vgl. *C.Rezende/G. A. M. Brigadão*, Brazil. The Tax Treatment of Transfer Pricing. Binder 1, TP, Suppl. No. 28, March 2001 S. 48.

478 Ausführlich über die Vereinbarkeit von Verwaltungsverträgen und die Grundsätze der Gesetz- und Gleichmäßigkeit der Besteuerung, die sich nach der Trennung der Zulässigkeit der Rechtsform von der Zulässigkeit des Inhalts des Verwaltungshandels besser erklären lässt s. *R. Seer*, Verständigung in Steuerverfahren. 1996, S. 128 ff.

und Planungssicherheit hinsichtlich des Themas verspricht. Soweit das APA eine Art Verwaltungsvertrag darstellt, [bietet] *der Vertrag dem Steuerpflichtigen eine investitionssichernde Kalkulationsbasis und beschränkt den staatlichen Eingriff in (...) Freiheitsgrundrechte. Umgekehrt schafft er aber auch eine verlässliche Grundlage für das zukunftsorientierte Handeln der Finanzbehörde und schont deren knappe Verwaltungsressourcen.*[479]
Die Entwicklung des brasilianischen Szenarios hinsichtlich APA kann allerdings Schwung durch den Gesetzentwurf zur Reform der Verrechnungspreisvorschriften gewinnen.[480]

III. Dokumentationssystem

Wie im Laufe der Untersuchung dargestellt wurde, ist leicht zu erkennen, dass sich die brasilianische Verrechnungspolitik von den international üblichen Verfahren unterscheidet. Diesbezüglich steht nicht die Suche nach marktkonformen Vergleichspreisen und deren Dokumentation im Mittelpunkt. Es fehlen Kriterien, die in der internationalen Praxis dazu führen, dass das Dokumentationssystem um die Funktions- und Risikoanalyse rotiert. Vielmehr kümmert sich ein Dokumentationssystem in Brasilien eher um die Bewältigung einer komplexen Verwaltungs- und Dokumentationsaufgabe zur rechtzeitigen konsistenten Berechnung der gesetzlich determinierten Gewinnsätze.[481] Abgesehen von der schwer vermeidbaren Doppelbesteuerung lässt sich der wirtschaftliche Erfolg des Unternehmens i. R. einer grenzüberschreitenden Steuerplanung[482] einrichten.

Da die Aufzeichnungen am Ende des Geschäftsjahres vorliegen müssen, damit der Steuerpflichtige selbst in der Lage ist, eventuelle Einkommenskorrekturen automatisch in die Steuererklärung einzufügen, besteht faktisch ein Gebot einer systematischen „Simultanüberwachung" der Verrechnungspreise während des gesamten Zeitraumes. Dieses Ziel verlangt vom Steuerpflichtigen den Einsatz moderner Hilfsmittel, die in Echtzeit relevante Daten verarbeiten, sichere Häfen überprüfen, kritische Punkte hervorheben und somit eine Lenkungsfunktion im Hinblick auf Transaktionsvorgänge im gleichen Steuerjahr ausüben.

---

479 *R. Seer,* Verständigung in Steuerverfahren. 1996, S. 422. Ferner untersucht der Autor, inwieweit der Rechtssatz pacta sunt servanda eingeschränkt werden muss, um Veränderungen der Sach- oder Rechtslage zu berücksichtigen. Über die Schwachpunkte von APA s. *P. Adonnino,* in *V. Uckmar,* Corso di diritto tributario internazionale. II Edizione, 2002, S. 85.

480 Ausführlich s. Exkurs zum zweiten Kapitel.

481 Über die Notwendigkeit eines „regional aproach to compliance" s. *Vigorous Enforcement Expected in Latin America in 2005.* TMTR 24.11.04 Vol. 13, Nr. 14 p. 759 f.

482 Vgl. *O. H. Jacobs,* Internationale Unternehmensbesteuerung, 2002, S. 707.

Um das zu erreichen sollte der konsequente Einsatz einer dynamischen Kontrollstruktur dem pro-aktiven Steuerpflichtigen helfen, zur Erfüllung der Vorschriftenabsichten zu kommen.

Am Anfang ist zu überprüfen, ob die Tatbestandsmerkmale der Verrechnungspreisvorschriften erfüllt sind. Dies erfolgt innerhalb der Phase der Informationsbeschaffung (Abbildung 7 (A)) und kann in subjektive und objektive Kriterien unterteilt werden. Bei den subjektiven Kriterien soll sowohl die rechtliche als auch die transaktionsbezogene Organisationsstruktur der Konzerne überprüft werden. Neben den Beteiligungsverhältnissen sollten auch die übrigen subjektiven Kriterien geprüft werden, d. h. die Durchführung von Transaktionen mit einer anderen Partei im Niedrigbesteuerungsgebiet oder in Gebieten, deren interne Vorschrift die Geheimhaltung von Beteiligungsinformationen vorsieht;[483] innerhalb des engen Familienkreises; bei Exklusivitätsverhältnissen; und Beteiligung in zeitlich begrenzten Projekten auf Basis von Miteigentum. Die objektiven Kriterien beziehen sich auf die Natur der Transaktionen. Entscheidend ist hier die Erkennung und Sortierung der Transaktionen pro Produkt- und pro Transaktionsart, die zum einem zur Überprüfung des gesetzlich vorgesehenen Sicheren Hafens[484] und zweitens zur Datenlieferung für den Einsatz der Methoden dienen wird. Die Methodenberechnung (Abbildung 7 (B)) dient zur Berechnung des Durchschnitts des Parameterpreises pro Produkt- und entsprechender Transaktionsart während des Steuerjahres. Obwohl die brasilianischen Vorschriften keine Methodenvorfahrt einräumen, sollte der Steuerpflichtige diesen Ermessensspielraum nutzen, um seine Verrechnungspreisgestaltung zu optimieren. D. h. die Durchführung von Verrechnungspreiskontrollen bezüglich der gleichen Transaktionen bzw. Produkte mittels verschiedener Methoden ermöglicht allerdings erhebliche Steuerersparnisse, obwohl dies seinerseits den Verwaltungsaufwand erhöht. Diese Parallelkontrolle durch den Einsatz unterschiedlicher Methoden, selbstverständlich immer, wenn es möglich ist, erlaubt eine sachliche Darstellung der Vor- oder Nachteile der Anwendung einer bestimmten Methode. Diesbezüglich können Steuereffekte aus dem Einsatz dieser oder jener Methode verglichen werden und erlauben zum einem die sachliche Entscheidung für eine Methode und zum anderen die Durchführung von Gegen- und Korrekturmaßnahmen im Laufe des Jahres. Der praktische Einsatz von besonderen Softwareprogrammen kann von erheblichem Nutzen bei der Bewältigung der Datenmengen sein.

---

483 C. Herbst/M. Brehm, Tax Information Exchange Agreement Model - Informationsaustausch mit Steueroasen. IWB 14 v. 27.7.2005 Fach 10 Gr. 2 S. 1853 ff.

484 Für Einzelheiten s. S. 132 ff. Ferner s. über die betonte Rolle der sicheren Häfen i. R. d. Betriebsprüfungen in Brasilien *Vigorous Enforcement Expected in Latin America in 2005.* TMTR 24.11.04 Vol. 13, Nr. 14 p. 759 ff.

Abbildung 7
Struktur einer dynamischen Verrechnungspreiskontrolle

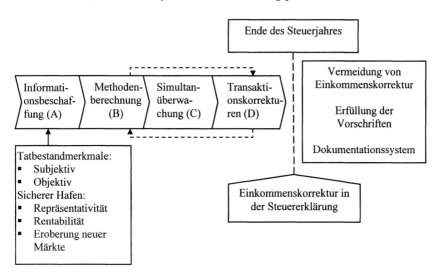

Ferner sollten die Daten (Rechnungen, Import- bzw. Exportformulare, Zahlungsnachweise, Frachtbelege, devisenrechtliche Verträge, usw.), die für das „Füttern" der Berechnungen des Parameterpreisdurchschnitts dienen, dementsprechend hinsichtlich ihrer Herkunft z. B. mittels interner Kontrolltabellen dokumentiert werden. Da die Sammlung von Aufzeichnungen jeder Transaktion zum Verrechnungspreisdokumentationszweck zwar von den Vorschriften abgeleitet werden könnte, aber je nach der Größe des Unternehmens häufig mit einem unverhältnismäßigen Aufwand verbunden ist, scheint lediglich eine Sammlung von Kopien solcher Dokumente in Stichprobenart angemessen zu sein. Wichtig dabei ist es, diese Kontrolle so zu gestalten, dass die Möglichkeit einer künftigen Nachverfolgung von bestimmten Dokumenten weiter besteht, weil z. B. i. R. einer Betriebsprüfung danach gefragt werden kann.

Auf Basis des Methodeneinsatzes während des Jahresablaufes kann eine Simultanüberwachung (Abbildung 7 (C)) betrieben werden. Diese soll die Entwicklung des Parameterpreisverhaltens im Vergleich mit dem tatsächlichen durchgeführten Preis im Laufe des Zeitraums berücksichtigen. Darauf aufbauend kann die Durchführung von Transaktionen so gestaltet werden, dass am Ende eines Steuerjahres die tatsächliche Preisspanne nicht außerhalb der akzeptierten Toleranzbandbreite i. H. v. 5% unter- oder oberhalb des Parameterpreises ist. Der Zusammenhang zwischen diesen Transaktionskorrekturen (Abbildung 7 (D)) und der Kontrolle des Methodeneinsatzes stellt den dynamischen Charakter der vorbeugenden Verrechnungspreiskontrolle dar, der sowohl die Vermeidung der Einkommenskorrektur als auch die Erfüllung der Vorschriften sowie die Gestaltung eines zielorientierten Dokumentationssystems erlaubt. Nur durch eine ausführliche Kontrolle lässt sich die Einhaltung der brasilianischen Verrechnungspreisvorschriften sowohl aus Perspektive des Steuerpflichtigen als auch aus Perspektive der Finanzverwaltung effektiv gewährleisten.

IV. Dokumentationsumfang zur Änderung der festen Gewinnsätze

Art. 21 Gesetz 9.430/96 verlangt, dass die Parameterpreise der Art. 18 und 19 auf folgender Basis errechnet werden:

- Regierungsberichte, -veröffentlichungen oder -erklärungen aus dem Land, wo der beschränkt Steuerpflichtige ansässig ist, soweit zwischen beiden Ländern ein DBA oder eine Vereinbarung zum Informationsaustausch vorliegt;
- Marktuntersuchungen, die von technisch qualifizierten und im Markt anerkannten Firmen oder Institutionen durchgeführt wurden, oder technische Veröffentlichungen, die ausdrücklich die untersuchte Branche, den untersuchten Zeitraum, die betrachteten Unternehmen und entsprechend analysierte Finanzdaten und Gewinnmargen beinhalten;
- Berücksichtigung der international angewandten Untersuchungsmethoden hinsichtlich zeitnaher Vergleichsperioden.

§ 2° Art. 21 Gesetz 9.430/96 erlaubt die Änderung der Gewinnsätze der Art. 18 und 19, soweit nach den im Art 21 genannten Aufzeichnungen andere Sätze bewiesen werden können. Dieser Beweis kann, falls inkonsistent oder unglaubwürdig, von dem Finanzminister entwertet werden (Art. 21 § 3°).

Obwohl Art. 21 eine Muss-Vorschrift ist und den Einsatz der oben erwähnten Aufzeichnungen zur allgemeinen Festsetzung der Durchschnittkosten und Parameterpreisen der Art. 18 und 19 verlangt, sind solche Aufzeichnung eher i. R. einer Gewinnmargenänderung zu sammeln und vorzubereiten, soweit sich die Methoden der Art. 18 und 19 ohne diesen Sonderaufwand erfüllen lassen.

Erstaunlicherweise erlaubt das Gesetz dem Steuerpflichtigen selbst nicht, Preisuntersuchungen durchzuführen.[485] Vielmehr räumt es eine solche Zuständigkeit u. a. *technisch qualifizierten und im Markt anerkannten Firmen oder Institutionen*[486] ein. Eine Rechtfertigung dafür lässt sich m.E. schwer finden. Es bleibt

---

485 L. E. *Schoueri*, Preços de transferência no direito tributário brasileiro. 2ª Edição, 2006, S. 93.
486 Art. 21 II Gesetz 9.430/96.

sowohl unklar, wann oder unter welchen Kriterien solche Firmen oder Institutionen als technisch qualifiziert und im Markt anerkannt zählen, als auch weswegen der Steuerpflichtige diese Funktion nicht intern erfüllen kann. Schließlich zählt das als eine weitere Willkür der Vorschrift.

Der Beweisgegenstand, der mittels der erwähnten Berichte und Untersuchungen belegt wird, wird nicht im Gesetzestext erwähnt. D. h. dass das Kriterium nicht verraten wird, auf Grund welchen Prinzips die Berichte und Untersuchungen durchzuführen sind. Nichtsdestotrotz lässt sich das Fremdvergleichsprinzip davon ableiten. Diesbezüglich wäre ein Bericht auf Basis eines Fremdvergleichs und mittels Einsatz einer der Methoden des Gesetzes 9.430/96 grundsätzlich möglich. Obwohl solche Methoden von den drei OECD-transaktionsbezogenen Methoden abweichen, rechtfertigt m. E. die Bedingung der *Berücksichtigung der international angewendeten Untersuchungsmethoden*[487] die Anwendung der OECD-Methoden. Letztlich wäre eine solche Vorschrift gar nicht nötig, gäbe es keine Abweichung. Würde die brasilianische Finanzverwaltung tatsächlich die *Berücksichtigung der international angewendeten Untersuchungsmethode* - darunter auch die Verbundenheitskriterien sowie eine variable Preisspanne möglicher Preise und den Nachweis des ernsthaften Bemühens - akzeptieren, wäre die Kontroverse um die brasilianischen Vorschriften erheblich reduziert. Nichtsdestotrotz bleibt es die Praxis der Finanzverwaltung Brasilien, diese Art rechtsstaatlicher Ausweichmanöver zur Widerlegung der Vermutungen (starrer Gewinnsätze) so eng auszulegen, dass ihre Anwendung seitens des Steuerpflichtigen keine auch nur minimale Rechts- und Planungssicherheit bietet. Die Finanzverwaltung hat – trotz Überschreitung ihres gesetzlichen Ermessens – in Art. 34 IN SRF 243/02 folgende Dokumente zusätzlich für den Änderungsantrag der Gewinnsätze verlangt:

Article 34 – Applications for changes in percentages made by trade associations or by a company shall contain information about the period during which the proposed margins will be effective and shall be submitted accompanied by the following documents:

I – a statement of the production cost of goods, services or rights, issued by the non-resident supplier;

II – a statement of annual total of purchases and sales per type of good, service or right which is the subject of the application;

III – a statement of amounts paid as freight and insurance, with respect to the goods, services or rights;

IV – a statement of the deemed IPI credit granted as reimbursement of PIS/Pasep and Cofins contributions, corresponding to the goods which are the subject of the application.

---

487   Art. 21 § 1° Gesetz 9.430/96.

Paragraph 1 – The statements shall be supported by the following documents:
I – Copies of the purchase documents relating to goods, services or rights, the tax collection documents on imports and other charges computed as cost, relating to the previous calendar year;
II – Copies of the fiscal documents evidencing payment of taxes and duties levied on exports charged in the exporting country;
*III – Copies of the sales fiscal documents issued in the last calendar year for transactions **between the non-resident related party and the unrelated wholesale companies** acting as distributors of the goods, services or rights which are the subject of the applications;*
*IV – Copies of the sales **fiscal documents issued to consumers by retailers located in the country of destination of the goods**, services or rights, which disclose the respective prices charged.*
Paragraph 2 – The documents described in paragraph 1 shall not be annexed to the application, but shall be kept on file for presentation at the fiscal domicile of the applicant company or the company represented by the applicant trade association whenever so required by Cosit.
Paragraph 3 – In addition to the documents referred to in this article, applications for changes in percentages may be justified on the basis of the documents referred to in article 29.
(…)
Article 29 – In addition to the documents regularly issued by companies in their purchase and sale operations, evidence of prices to which this Regulatory Instruction refers may also be produced by way of:
I – official publications or reports from the government of the country of origin of seller or buyer, or a declaration of such country's tax authorities if the country concerned has signed a double taxation or information exchange treaty with Brazil.
*II – **market research conducted by a recognized, technically qualified firm or institution** or technical publication, which specifies the industry sector, the period, the companies researched and the profit margins, and which identifies, for each company, the data collected and analyzed.*
Paragraph 1 – The publications, research or technical reports under this article shall be accepted as evidence only if carried out in compliance with internationally accepted appraisal criteria and provided they are concurrent to the Brazilian entity's IRPJ tax computation period.
Paragraph 2 – Price publications acceptable as evidence comprise:
I – national stock market quotations;
II – quotations from internationally recognized stock markets, such as those in London, United Kingdom, and Chicago, United States of America.
III – research conducted under the auspices of multilateral entities, such as the Organization of Economic Cooperation and Development (OECD) and the World Trade Organization (WTO).

162

Paragraph 3 – With regard to research relating to a period other than that referring to the price used by the company, the amount determined shall be adjusted to take account of the variation in the foreign exchange rate for the reference currency from one period to another.

Paragraph 4 –The technical publications, research and reports referred to in this article may be rejected by the Federal Revenue Service if deemed to be inconsistent or unreliable.

Die praktischen Schwierigkeiten hinsichtlich der Durchführung einer solchen Dokumentation umfassen den unzumutbaren Aufwand, jede Transaktion zu dokumentieren, die evtl. Inexistenz mancher erwähnten Dokumente und letztlich die Unmöglichkeit für den Steuerpflichtigen, Zugang zu manchen der oben verlangten Dokumente zu haben. Somit kann die Auflistung der Finanzverwaltung lediglich einen unverbindlichen, exemplarischen Charakter tragen. Darüber hinaus ist zum einem die Einschränkung der Beweismittel durch die Finanzverwaltung nicht gestattet.[488] Zum anderen überschreitet das Gesetzt trotz der gesetzlichen Befügnis der Finanzverwaltung, Untersuchungen und Berichte zu entkräften,[489] sein eigenes verfassungsrechtliches Ermessen, wonach nicht einfache Gesetze (wie der Status des Gesetz 9.430/96 lautet) - und schon gar nicht die Finanzverwaltung - sondern Ergänzungsgesetze über die Berechnung von Besteuerungsgrundlagen bestimmen.[490] Selbstverständlich sind solche Überschreitungen rechtlich anfechtbar, stellen aber vor allem die Verrechnungspreiskontrolle dar, die von der Finanzverwaltung zu erwarten ist. D. h. die Durchführung von Verrechnungspreisen auf Basis von einer Dokumentation, die OECD-konform ist und transaktionsbezogene Methoden einsetzt, jedoch ohne die Vorbereitung der von der Finanzverwaltung verlangten Aufzeichnungen kann grundsätzlich erst nach einem langen und kostenintensiven gerichtlichen Weg Akzeptanz finden. Dies scheint der Finanzverwaltung bewusst zu sein, welche mit einem vorzeitigen Verzicht des Steuerpflichtigen auf einen Änderungsantrag rechnet.

All das führt am Schluss dazu, das das Gesetz 9.430/96 keinen angemessenen Rahmen für die Rechtsfigur der Widerlegung der festen Gewinnsätze einräumt - obwohl es conditio sine qua non für ihre Verfassungsrechtkonformität ist. Folglich hat das und die rechtsstaatlich inkonsequente Praxis des Fiskus die Anwendung der Änderungsanträge zur im brasilianischen Recht nicht seltenen Figur der „toten Schrift" (letra morta) verurteilt, wobei Vorschriften lediglich de jure gelten.

---

488 Art. 5° LV CF.
489 Gem. Art. 21 § 3 Gesetz 9.430/96 und wiederholt im Art. 29 § 4 IN SRF 243/02.
490 Art. 146 III a) CF. Vgl. s. Fn. 93.

§ 7 Abschließende Bemerkung

Es ist höchste Zeit, den Steuerpflichtigen, wenn nicht als Motor der Wirtschaft, so doch mindestens als Bürger mit verfassungsverankerten Rechten zu betrahten.

Dafür ist die Beachtung der verfassungsverankerten Besteuerungsbeschränkungen conditio sine qua non für jeden Anspruch auf Rechtsstaatlichkeit und ferner auf Legitimation staatlicher Eingriffe. Die aktuellen Verrechnungspreisvorschriften und die Praxis der SRF stellen bedauerlicherweise die Erhebung von Abgaben auf Basis von unzulässigen Vermutungen dar und verwirklichen sogar staatliche Konfizierung. Beide Erscheinungen müssen unverzüglich durch die Rechtsprechung beseitigt und von der brasilianischen Verrechnungspreiswelt ausgeschlossen werden. Nichtsdestotrotz müssen die Rechts- und die Politikwissenschaften noch untersuchen, wie das Gesetzgebungssystem diese bedrohliche und wenig konsequente Gesetzgebungs- und Verwaltungspraxis überhaupt ermöglicht. Letztlich leiden unmittelbar die Steuerpflichtigen und mittelbar die makroökonomische Entwicklung internationaler Investitionen seit fast ein Jahrzehnt unter dem ungelösten Problem. Diese verzögerte Problemlösung deutet auf die somit äußerst ineffiziente Kontrolle der Gesetzgebung und der Verwaltung hin.

Die Verrechnungspreisvorschriften Brasiliens stellen ein dramatisches Problem dar, indem Grundprinzipien des demokratischen Rechtsstaates im Namen kurzsichtiger Politiken übergang werden. Wichtiger als eine rechtlich unvereinbare Verallgemeinerung über die oberste Grenze der tatsächlichen Möglichkeit des Marktes ist zur Vermeidung von unangemessener grenzüberschreitenden Gewinnverschiebung die angemessene Kontrolle durch wirklichkeitsbezogene Vorschriften. Bedauerlicherweise ist das Credo, dass strenge Gesetze Wunder wirken, in Brasilien weit verbreitet. Die Rolle einer plausiblen Kontrolle wird allerdings vernachlässigt. Dieses Kontrolldefizit verursacht wettbewerbsverzerrende Effekte, indem ein Teil der Steuerpflichtigen mit der Nichtkontrolle und ein anderer Teil mit der Kontrolle rechnet und dementsprechend seine Pflichte nicht erfüllt bzw. erfüllt. Davon abgeleitet tragen die Steuerpflichtigen, die ihre Mitwirkungspflicht erfüllen, die Überlast, die der Staatskasse durch auf unangemessene Weise verschärfte Vorschriften einen kurzfristigen Finanzausgleich anbietet.

Darüber hinaus stellt das Phänomen der Verrechnungspreiskontrolle Brasiliens eine schwer durchschaubare und häufig unsystematische Verflechtung von Normen dar und bietet eine extrem schwierige, kostenintensive, freiheitsbedrohende und rechtssicherheitsmangelnde Rechtsanwendung an.

Jeder Anspruch auf eine politische Regionalmacht und auf eine wirtschaftlich größere Bedeutung Brasiliens im Weltszenario sowie Anerkennung als seriöser, zuverlässiger Staat und Handelspartner lässt sich nur dann verwirklichen, wenn sicher gestellt wird, dass Rechtsstaatlichkeit und alle damit verbundenen Elementen gewährleistet werden. Die heutigen Verrechnungspreisvorschriften Brasiliens sind stark verbesserungsbedürftig.

Exkurs zum brasilianischen Recht: Gesetzentwurf 4.695/01

§ 1 Entwicklungsgeschichte

Die sehr strittige und häufig nicht positive Erfahrung mit der Verrechnungspreispolitik Brasiliens seit 1997 sowie ihre unangenehme Auswirkung auf die inländische betroffene Industrie haben dazu geführt, dass eine Arbeitsgruppe von Spezialisten, bestehend aus Vertretern unterschiedlicher Wirtschaftssektoren, sich bemüht hat,[491] eine Umformulierung der Vorschriften vorzunehmen. Anders als im gegenwärtigen Fall wären danach die Verrechnungspreisregeln in 45 Artikel des Gesetzentwurfs zusammengefasst.

Die Entwicklung der Verrechnungspreisvorschriften Brasiliens wird vermutlich in eine zweite Phase bzw. eine zweite Ära von Vorschriften eintreten. Im brasilianischen Kongress liegt seit 2001 der Gesetzentwurf 4.695/01 vor, der eine umfassende Neugestaltung der bisherigen Politik vorsieht. Hauptmerkmal des Entwurfs ist die de lege ferenda breite Anerkennung von Marktpreisen i. R. d. Fremdvergleichsgrundsatzes (in Portugiesisch: „Grundsatz der Unabhängigkeit der Transaktionen" - Princípio da Independência das Transações).[492] Infolgedessen ist die Untersuchung der neuen Institutsgestaltung erforderlich. Die festen, gesetzlich definierten Bruttogewinnmargen werden allerdings nicht abgeschafft, sondern subsidiär in folgenden Fällen weiter verwendet:

- wenn der Steuerpflichtige sich für ihre Anwendung als Alternative zur Suche nach einem Fremdvergleich entscheidet;[493]
- wenn die SRF die Marktpreisforschung des Steuerpflichtigen begründet ablehnt;[494]
- wenn die Transaktionsbedingungen atypisch sind, d. h. die Vergleichbarkeit wegen Sonderbedingungen des Produktes wie Schlussverkauf, Sonderverkauf von Vorräten sowie staatlich subventionierte Verkäufe nicht gewährleistet ist.[495]

Die Analyse dieser und anderer Besonderheiten des Entwurfs ist nötig, soweit die Verabschiedung des spezifischen Verrechnungspreisgesetzes die vorherigen Vorschriften abschaffen und einen Wendepunkt in der Handhabung des brasilianischen Verrechnungspreises in Richtung internationaler Standards bewirken wird. Folglich werden hauptsächlich die wichtigsten Neuerungen, Unterschiede

---

491 Vgl. Rechtfertigung des Gesetzentwurfs Nr. 4.695/01, des Bundestagabgeordneten Herrn Nelson Proença (Justificativa do Projeto de Lei 4.695/01), Tz. 13.

492 Art. 3 des Gesetzentwurfs 4.695/01, ausführlicher s. S. 198 ff.

493 Art. 29 § 1° des Gesetzentwurfs 4.695/01, vgl. S. 198 ff.

494 Art. 29 VI des Gesetzentwurfs 4.695/01, vgl. S. 190 f.

495 Art. 7° § 3° des Gesetzentwurfs 4.695/01, vgl. S.198 f.

und umstrittenen Stellen des Gesetzentwurfs in Bezug auf die gegenwärtige Rechtslage dargestellt.

§ 2 Methodenanpassung

Anders als das z. Z. geltende Recht sieht der Entwurf Methoden vor, die die Transaktionen nicht länger in zwei Gruppen - Export- und Import-Transaktionen - scheiden. Vielmehr richten sich die neuen Methoden nach der OECD-RL und lassen sich auf beide Transaktionsströme anwenden. Ob die Transaktionen die Einfuhr oder Ausfuhr von Produkten betreffen, gewinnt erst bei den Regelungen zur Festsetzung von sicheren Häfen an Bedeutung, wobei Exportsachverhalte über günstigere Bedingungen verfügen.

Laut Gesetzentwurf werden fünf Methoden künftig zu betrachten sein. Je nach Bemessungskriterium (Preisvergleich, Wiederverkaufspreis und Kostenaufschlag) werden die gegenwärtigen acht Methoden auf drei reduziert und vereinfacht. Ferner schlägt der Entwurf zwei gewinnorientierte Methoden vor (s. Abbildung 8). Die Hauptmerkmale der vorgeschlagenen Methoden werden im Folgenden kurz dargestellt.

I. Methode der unabhängigen Vergleichspreise

Die Methode der unabhängigen Vergleichspreise (Método dos Preços Independentes Comparáveis - neue PIC),[496] die laut Gesetz 9.430/96 ausschließlich für Export-Transaktionen geeignet ist, würde nach dem Entwurf auch für Import-Transaktionen dienen. Damit würde die Exportverkaufspreis-Methode, die der gegenwärtigen PIC sehr ähnelt, abgeschafft und die neue PIC als einzige Methode für den direkten Preisvergleich gelten. Laut Gesetzentwurf haben interne Preisvergleiche Vorrang gegenüber externen Preisvergleichen, d. h. dass zuerst überprüft werden muss, ob das Unternehmen Import- bzw. Export-Transaktionen mit gleichen oder ähnlichen Produkten auch mit unverbundenen Parteien durchführt bzw. durchgeführt hat und über vergleichbare Daten verfügt. Wenn dies nicht der Fall ist, dürfen Daten von Transaktionen zwischen fremden Dritten herangezogen werden.[497] Die Methodenbeschreibung erklärt jedoch nicht, welche Kriterien für die Unmöglichkeit einer solchen Überprüfung sprechen würden. Möglicherweise sind hier die Anpassungsregeln des Art. 26 (Vergleichsanpassungen) und des Art. 28 (Anpassungen wegen unterschiedlicher Vergleichsperioden) zu berücksichtigen. M.E. wäre es ratsam, solche Kriterien

---

496 Art. 16 des Gesetzentwurfs 4.695/01.
497 Art. 16 § 2° des Gesetzentwurfs 4.695/01.

zu klären, weil die Folgen einer *inkonsistenten* Fremdvergleichsstudie[498] letztlich zu einer Ablehnung der Verrechnungspreisstudie führen kann.

Abbildung 8

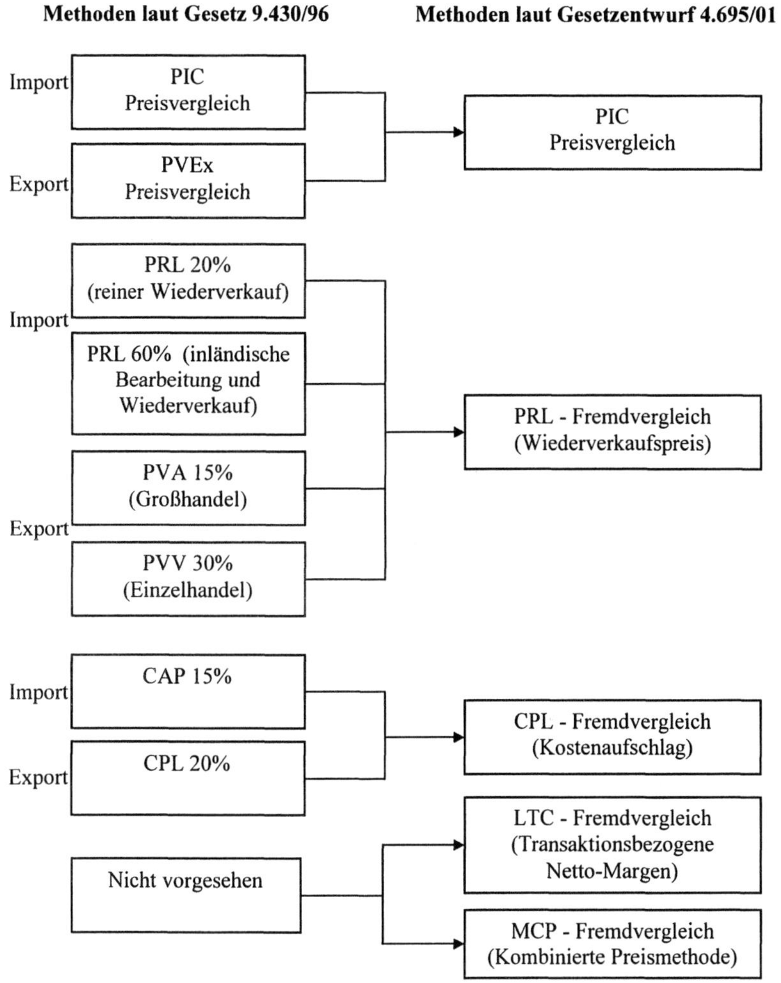

Methoden laut Gesetz 9.430/96	Methoden laut Gesetzentwurf 4.695/01

Import	PIC Preisvergleich
Export	PVEx Preisvergleich

PIC Preisvergleich

Import	PRL 20% (reiner Wiederverkauf)
	PRL 60% (inländische Bearbeitung und Wiederverkauf)
Export	PVA 15% (Großhandel)
	PVV 30% (Einzelhandel)

PRL - Fremdvergleich (Wiederverkaufspreis)

Import	CAP 15%
Export	CPL 20%

CPL - Fremdvergleich (Kostenaufschlag)

LTC - Fremdvergleich (Transaktionsbezogene Netto-Margen)

Nicht vorgesehen

MCP - Fremdvergleich (Kombinierte Preismethode)

---

498   Art. 29 VI des Gesetzentwurfs 4.695/01.

II. Wiederverkaufspreis-Methode

Die Wiederverkaufspreis-Methode (Método dos Preços de Revenda - neue PRL) verbindet die gegenwärtige „Wiederverkaufpreis abzüglich Gewinn"- Methode für Import-Transaktionen mit den beiden Methoden für Exportsachverhalte, der „Einzelhandelpreis im Zielland abzüglich Gewinn"-Methode und der „Großhandelpreis im Zielland abzüglich Gewinn"-Methode. Damit wird die neue PRL die einzige Methode sein, die den Wiederverkaufspreis als Ausgangspunkt sowohl für Import- als auch für Export-Transaktionen zur Berechnung der Verrechnungspreise berücksichtigt.

Obwohl die verbindlichen, starren Rohgewinnmargen grundsätzlich abgeschafft werden und lediglich den Status eines fakultativen sicheren Hafens weiter haben werden,[499] besteht die neue PRL ihrer Anwendung nach auch für Importtransaktionen weiter, die sich nicht auf den reinen Vertrieb beziehen. Damit verbleibt der durch die Methode „PRL 60%" schon bekannte „hybride" Ansatz, dass die Wiederverkaufspreis-Methode bei Importsachverhalten nicht ausschließlich Handelstransaktionen dient. Der Gesetzentwurf sieht vor, dass, falls das Importprodukt für die Herstellung anderer Produkte eingesetzt wird, außer den üblichen Anpassungen[500] zum Preisvergleich auch der von dem Käufer (Importeur) addierte Mehrwert und die proportionale Marge von diesem Mehrwert abgezogen werden müssen. Zur Berechnung der Gewinnmarge des Importproduktes, die Gegenstand der Fremdvergleichsprüfung sein soll, sieht der Gesetzentwurf die Prozedur der Abbildung 9 vor.[501]

An dieser Stelle weichen die brasilianischen Vorschriften von den OECD-RL weiterhin ab. Laut OECD-RL eignet sich die Wiederverkaufspreis-Methode *wahrscheinlich dann am besten, wenn sie auf Handelsgeschäfte angewendet wird.*[502] Und weiter:

Die Ermittlung einer angemessenen Handelsspanne erweist sich dann am einfachsten, wenn der Wert des Produktes durch den Wiederverkäufer nicht wesentlich erhöht wird. Im Gegensatz dazu wird die Anwendung der Wiederverkaufspreis-Methode für die Fremdpreisermittlung dann erschwert, wenn die Waren vor dem Wiederverkauf weiterverarbeitet oder in ein komplexeres Produkt eingebaut werden, sodass ihre Identität verloren geht oder umgewan-

---

499   Vgl. 174 ff.
500   Gem. Art. 17 § 2 des Gesetzentwurfs 4.695/01 müssen abgezogen werden: unbedingte Ermäßigungen, Steuern und Beiträge auf Verkaufserträge, bezahlte Kommissions- und Vermittlungsgebühren und Gewinnmargen.
501   Art. 17 § 7° ff. des Gesetzentwurfs 4.695/01.
502   OECD-RL 2.14.

delt wird (z. B. wenn Teile zu Fertig- oder Halbfertigerzeugnissen zusammengefügt werden).[503]

Nichtsdestotrotz ist der zitierte Text über die Nichtanwendbarkeit der Methode bezüglich solcher Sachverhalten als nicht kategorisch zu bewerten. Damit stellt sich der Gesetzentwurf nicht gegen die OECD-RL, sondern folgt lediglich nicht der Anweisung zur Erleichterung einer genaueren Preisermittlung.

Abbildung 9

Beispiel der Wiederverkaufspreis-Methode laut Gesetzentwurf zur Berechnung der Verrechnungspreise für nicht reinen Wiederverkauf

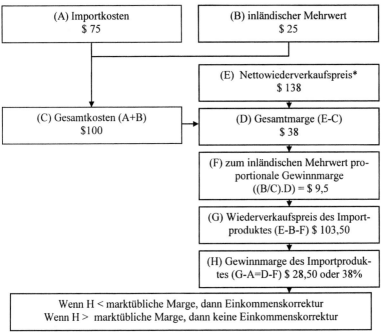

---

* gereinigt von unbedingten Ermäßigungen, Steuern und Beiträgen auf Verkaufserträge, bezahlten Kommissions- und Vermittlungsgebühren.

Problematisch wird es jedoch, wenn vor dem Hintergrund sowohl der gegenwärtigen Varianten der PRL als auch der neuen PRL die Suche nach einem

---

503 OECD-RL Tz. 2.22.

punktgenauen[504] Verrechnungspreis, der von dem Steuerpflichtigen selbst automatisch am Ende des Geschäftsjahres korrigierbar sein soll, im Vordergrund steht. M.E. scheint es seitens des Gesetzgebers widersprüchlich zu sein, einerseits eine Preisermittlungspräzision zu beanspruchen und andererseits dafür von einer deutlich ungenaueren, wenn nicht inadäquaten Methode Gebrauch zu machen. Geeigneter wäre der Abschied von der PRL zugunsten anderer, geeigneterer Methoden.

III. „Akquisitions- oder Produktionskosten-zuzüglich-Gewinn"-Methode

Diese Methode (Método do Custo de Aquisição ou Produção Mais Lucro – neue CPL)[505] vereinigt die gegenwärtige „Akquisitions- oder Produktionskosten zuzüglich Steuer und Gewinn"-Methode für Exportsachverhalte und die „Produktionskosten-zuzüglich-Gewinn"-Methode für Importsachverhalten. Der Hauptunterschied zwischen der neuen CPL und den gegenwärtigen Kostenaufschlagsmethoden ist, abgesehen von der Anwendung von Fremdvergleichsdaten, die Möglichkeit, auch bei Importsachverhalten die *Akquisition*skosten zu berücksichtigen. Die gegenwärtige „CPL 15%"- Methode übersieht die Möglichkeit einer ausländischen verbundenen Vertragspartei, die z. B. Güter von fremden Dritten kauft und an die brasilianische Gesellschaft einfach weiterverkauft. In einem solchen Fall wird der 15%ige Satz auf die „*Produktion*skosten" des fremden Drittens aufgeschlagen. Abgesehen von der erheblichen Schwierigkeit, Zugang zu solchen Daten zu haben, ist infolgedessen die gegenwärtige Methode bei solchen Fälle kaum einsetzbar, da die 15%ige Marge die Bruttomargen sowohl des fremden Drittens als auch der ausländischen verbundenen Person decken muss. Die vorgeschlagene CPL-Methode erlaubt die Berücksichtigung von Akquisitionskosten anstatt lediglich der Produktionskosten für Importsachverhalte. Das kann dazu führen, dass die Kostenaufschlagsmethode praktikabler wird. Das zweite Hauptmerkmal der neuen CPL-Methode ist die Anerkennung von F&E- Kosten.[506] Ferner werden zur Berechnung von Kosten die Rechnungskriterien des Ursprungslandes anerkannt, soweit diese für alle Produkte gleichen Ursprungs eingesetzt werden. Eine Aufzeichnung dessen ist allerdings problematisch. Der Entwurf sieht ebenfalls vor, die berücksichtigten ausländischen Produktionskosten einer Produktionseinrichtung proportional an die Produktmenge, die das brasilianische Unternehmen importiert, anzupassen.

---

504 Abgesehen von der tolerierten Abweichung von 5% zwischen Verrechnungspreis und Parameterpreis. Dazu s. S. 192 ff.

505 Art.18 des Gesetzentwurfs 4.695/01.

506 Art. 18 § 1° des Gesetzentwurfs 4.695/01.

IV. „Transaktionsbezogene-Vergleichsrentabilitäts"-Methode

Eine der großen Innovationen des Gesetzentwurfs ist die Einführung einer Variante der international bekannten transaktionsbezogenen Netto-Margen-Methode.[507] Die vorgeschlagene Methode (Método da Lucratividade Transacional Comparável – LTC)[508] berücksichtigt den arithmetischen Mittelwert der Ertragswerte von vergleichbaren Geschäftseinheiten. Der Vergleich erfolgt nach einer Analyse der übernommene Risiken und ausgeübten Funktionen. Zur Berechnung der Ertragswerte vergleicht die Methode Nettomargen pro Geschäftseinheit im Verhältnis zu einer Bezugsbasis. Diese Basis kann laut § 1° des Art. 20 Gesetzentwurf 4.695/01 Vermögen, das für die Transaktion verwendet wurde, Umsätze oder Herstellungskosten sein. Dennoch erhebt die Kriterienliste keinen Anspruch auf Vollständigkeit. Sie ist vielmehr eine Kann-Vorschrift, soweit *„die Rentabilitätsmargen per Geschäftseinheiten (...) nach einer der folgenden Methodologien geschaffen werden können.*[509]

V. Kombinierte Preismethode

Die letzte der fünf von dem Gesetzentwurf vorgeschlagenen Methoden (Método Combinado de Preços – MCP)[510] sieht vor, dass eine „Kombination" der fünf Methoden stattfinden kann.

Voraussetzung für die Anwendung der MCP ist die Vorlage einer Studie, die die unbefriedigenden Ergebnisse i .S. d. Fremdvergleichsprinzips durch die isolierte Anwendung einer der anderen vier Methoden erläutert. Das führt zu einer Art last resort-Methode oder zu einer auf die MCP beschränkte best method rule. I. d. S. ist die Gleichberechtigung der Anwendung der transaktionsbezogenen Netto-Margen-Methode (LTC) gegenüber den ersten drei Methoden (PIC, PRL, CPL) bemerkenswert, d. h., anders als in manchen Ländern[511] wahrgenommen und in der Richtlinien der OECD empfohlen,[512] liegt die Anwendung der LTC als Netto-Margen-Methode nicht als „Fall der letzten Möglichkeit" vor.[513] Als

---

507 Über die steigende internationale Präferenz für die Anwendung der TNMM, s. *J. M. Calderón,* European Transfer Pricing Trends and the Crossroads: Caught between Globalization, Tax Competition and EC Law. Intertax Vol. 33 Issue 3 2005 S. 104.

508 Art. 20 des Gesetzentwurfs 4.695/01.

509 Im Original: "As margens de lucratividade, por unidades de negócio, poderão ser obtidas de acordo com uma das seguintes metodologias:", Art. 20 § 2 des Gesetzentwurfs 4.695/01.

510 Art. 21 des Gesetzentwurfs 4.695/01.

511 Vgl. *T. Borstell,* in *Vögele/Borstell/Engler,* Handbuch der Verrechnungspreise, 2004 Kap. B Tz. 218-220 und 229-234.

512 Vgl. OECD-RL Tz. 3.50 ff.

513 Art. 15 des Gesetzentwurfs 4.695/01.

ultima ratio der vorgeschlagenen Methoden gilt lediglich die MCP.[514] Dies würde eine international avantgardistische Betrachtungsweise der gewinnorientierten Methode (LTC) darstellen, soweit man sich auf solche Methoden erst dann beruft, wenn die Anwendung der drei transaktionsbezogenen Methoden nicht möglich ist. Dennoch handelt es sich um eine Innovation, die zu begrüßen ist, da sie dem Steuerpflichtigen Rechtssicherheit und Steuerplanbarkeit einräumt.

Der Gesetzentwurf hält sich äußerst knapp bei der Beschreibung der MCP. Nach der Beschreibung des Art. 21 des Gesetzentwurfs 4.695/01 kann der Steuerpflichtige in Hinblick auf eine unmittelbare Anwendung der Methode grundsätzlich die Kombination der Methoden frei gestalten, solange eine konsistente Darstellung der angewendeten Methoden in Bezug auf den Sachverhalt gegeben ist. Ferner erlaubt § 3° Art. 21 der MCP die Anwendung „ergänzender Methodologien" (metodologias complementares), die nötig sein können. Erneut erläutert der Text aber nicht, worum es sich dabei handeln kann. Möglicherweise könnte hier die internationale Praxis zur Klärung beitragen[515] und es sich um die von der OECD-RL „modifizierten Kostenaufschlags- und Wiederverkaufspreismethoden" handeln.[516] Unter solchen Methoden könnten letztlich auch die Gewinnteilungsmethode und die Nettomargenmethode verstanden werden.[517] Da die Nettomargemethode in der LTC inbegriffen ist, ist zu fragen, ob man sich mit der MCP eine Tür zur Anwendung der Gewinnteilungsmethode im Text des Gesetzentwurfs offen halten wollte.

VI. Die gesetzlich determinierten Gewinnsätze

Nach Art. 29 § 1° des Gesetzentwurfs 4.695/01 wird der Anwendung von gesetzlich determinierten Gewinnsätzen zwei Möglichkeiten eingeräumt. Erstens kann der Steuerpflichtige frei entscheiden, ob er statt Marktstudien vorzubereiten selbst die festen Gewinnsätze anwenden möchte. Bei dieser Variante stellen die festen Gewinnsätze eine Art sicherer Hafen dar. Diese Möglichkeit besteht in Form einer Marktstudienablehnung und ist m. E. nach wie vor anzuzweifeln.[518] Trotz Vereinheitlichung der Import- und Exportmethoden sieht der Ge-

---

514 Art. 21 § 1° des Gesetzentwurfs 4.695/01.

515 Art. 29 Abs. 3 des Gesetzentwurfs 4.695/01 verlangt für die Anerkennung fremdvergleichskonformer Margen Studien, die gemäß *international anerkannter Kriterien* (*critérios internacionalmente aceitos*) erfolgen.

516 OECD-RL Tz. 3.1.

517 Auf einen Diskurs über solche „anderen Methoden" wird an dieser Stelle verzichtet. Für Einzelheiten s. *C. Diessner*, in *Vögele/Borstell/Engler*, Handbuch der Verrechnungspreise, 2004 Kap. D Tz. 372-377.

518 Ausführlich dazu s. S. 190 ff.

setzentwurf unterschiedliche feste Gewinnsätze je nach Richtung der Transaktionsströme vor (s. Tabelle 4). [519]

Der Gesetzentwurf hat unverkennbar die Sätze der gegenwärtig geltenden Vorschriften übernommen, wobei aber im Fall der PRL für Importsachverhalte mit inländischer Verarbeitung und Wiederverkauf inzwischen die 20%ige Marge durch eine 60%ige Marge ersetzt wurde.[520] Eine Korrektur i. S. einer Aktualisierung der Tabelle ist in dem Gesetzentwurf allerdings bis dato nicht erfolgt.[521] Diesbezüglich ist der Entwurf bereits veraltet.

Tabelle 4

Methode	Tätigkeitsart	Gewinnmarge in Import-transaktionen (%)	Gewinnmarge in Export-transaktionen (%)
PRL	Großhandel	15	15
	Einzelhandel	20	30
	Import für inländische Verarbeitung und Wiederverkauf	20	Nicht zutreffend
CPL	-	20	15
Zinsen	-	LIBOR + 3 p.a. oder Bacen-Satz	LIBOR + 3 p.a. oder Bacen-Satz

§ 3 Voraussetzung und Inhalt der Dokumentationspflicht

I. Tatbestandsmerkmale

1. Normadressat

Zu fragen ist, ob die Vorschriften für natürliche Personen oder juristische Personen gelten sollen. Laut Gesetzentwurf 4.695/01 bezieht sich die steuerliche Anerkennung von Ausgaben zwischen verbundenen Personen auf die Einkommensteuer und den Sozialbeitrag des Netto-Gewinns.[522] Der Sozialbeitrag des Netto-Gewinns fällt auf juristische Personen. Bei der Einkommensteuer in Brasilien wird außerdem zwischen der Einkommensteuer physischer Personen (IRPF) und der Einkommensteuer juristischer Personen (IRPJ) unterschieden. Hier ist jedoch der Geltungsbereich des Gesetzentwurfs noch nicht präzisiert worden.

---

519 Art. 29 § 1° und 40 § 4° I des Gesetzentwurfs 4.695/01.
520 Art. 2° des Gesetzes 9.959/00, ausführlich dazu s. zweites Kapitel.
521 Eine aktuelle Ausführung oder Vorlage des Gesetzentwurfs des brasilianischen Kongresses ist unter folgender Internetadresse abrufbar: www.camara.gov.br
522 Art. 1° des Gesetzentwurfs 4.695/01.

Vielmehr spezifiziert der Text, welche Personen unter „verbundenen" Personen (pessoas vinculadas) fallen und listet diese Möglichkeiten in einer Reihe von Beziehungen zwischen im Ausland ansässigen Personen und der „juristischen" Person, die in Brasilien ansässig ist, auf.[523]

Ausnahmsweise soll das Verbundenheitskonzept auch für Transaktionen gelten, die zwischen in Brasilien ansässigen „physischen" Personen und in steuerbegünstigten Ländern ansässigen Personen, stattfinden.[524] Während die Fälle des Adjektivs „verbunden" ausdrücklich und ausführlich geklärt werden (Art. 5°) und sich ausschließlich auf eine in Brasilien ansässige „juristische" Person beziehen, wird die gerade erwähnte Bedingung der Verbundenheit von „physischen" Personen im einzigen Absatz des Art. 1° des Gesetzentwurfs nicht näher erläutert. Möglicherweise gilt in solchen Fällen der Katalog von Verbundenheitskriterien des Art. 5° bezüglich in Brasilien ansässiger „juristischen" Personen auch für „physische" Personen, soweit die vorgesehenen Möglichkeiten angewendet werden können. Damit würde der einzige Absatz des Art. 1° des Gesetzentwurfs eine Art Erweiterung des Geltungsbereichs des Konzeptes von „verbundener" Person bezüglich in Brasilien ansässiger *physischer* Personen, die Transaktionen mit in steuerbegünstigten Ländern ansässigen Personen tätigen, bedeuten. Ein deutlicher Hinweis ist aber im Text nicht vorhanden, würde m. E. jedoch zu einer Klärung der Vorschriften beitragen.

Umstritten ist, ob sich diese Definitionslücke bzw. Definitionsunklarheit, welche die Erklärung des Verbundenheitskonzepts von „in Brasilien ansässigen physischen Personen mit in steuerbegünstigten Ländern ansässigen *verbundenen* Personen" einbezieht, erübrigt oder gerade von juristischer Bedeutung ist.

Art. 9° des Gesetzentwurfs listet eine Reihe von Kriterien zur Anwendung der Methoden bezüglich Transaktionen zwischen einer in Brasilien ansässigen „physischen" Person und einer in steuerbegünstigten Ländern ansässigen physischen oder juristischen Person auf, gleichgültig ob diese Transaktionen „zwischen verbundenen Personen" ablaufen oder nicht. Diese wortwörtliche Betrachtungsweise würde dazu führen, dass die Voraussetzung des einzigen Absatzes des Art. 1° laut Art. 9° unwirksam wäre und bei jeder Transaktion zwischen in Brasilien ansässigen physischen Personen und in steuerbegünstigten Ländern ansässigen Personen die Verrechnungspreisvorschriften beachtet werden müssten. Dementsprechend ist die Verbundenheitsvoraussetzung des einzigen Absatzes des Art. 1° überflüssig und sollte m. E. aus dem Text entfernt werden.

---

523 Art. 5° des Gesetzentwurfs 4.695/01.
524 Einzelner Absatz des Art. 1° des Gesetzentwurfs 4.695/01.

Obwohl weniger konform mit dem Sinn und Zweck des Gesetzentwurfs, wäre eine Diskussion über die nicht ausdrücklich vorgeschriebene Erweiterung des Verbundenheitskonzepts des Art. 5° für auch in Brasilien ansässige „physische" Personen in Bezug auf das Verbundenheitsgebot des einzigen Absatzes des Art. 1° möglich. Ferner kann die widersprüchliche Indifferenz (Art. 9°) gegenüber dem Verbundenheitskonzept (s. den einzigen Absatz des Artikel 1°) zu einer Lösung zugunsten des Steuerpflichtigen führen, d. h. die Nicht-Beachtung im Art. 9° sollte nicht berücksichtigt werden und die Verrechnungspreisvorschriften für Transaktionen zwischen in Brasilien ansässigen „physischen" Personen und Personen in steuerbegünstigten Ländern sollten dem Verbundenheitsgebot unterliegen. Falls dies die Absicht des Gesetzgebers ist, sollte m. E. die Indifferenz im Art. 9° über das Verbundenheitsgebot gestrichen werden. Die Rechtfertigung des Gesetzentwurfs trägt zur Lösung des Widerspruchs nicht bei und erwähnt lediglich die Tatsache, dass viele Gesellschaften Transaktionen mit in steuerbegünstigten Ländern ansässigen Personen durchführen.[525] Entweder wird eine breite Auslegung des Geltungsbereiches der Verrechnungspreisvorschriften durchgeführt, oder es bleiben Transaktionen zwischen in Brasilien ansässigen „physischen" Personen und in steuerbegünstigten Ländern ansässigen Personen von der Kontrolle verschont. Unabhängig davon, welche Entscheidung getroffen wird, sollte der gegenwärtige widersprüchliche Zustand des Entwurfs auf jeden Fall vermieden werden.

a. Verbundene Person

Grundsätzlich beinhaltet der Gesetzentwurf die Definitionen des Gesetzes 9.430/96[526] über verbundene Personen. Innovativ ist jedoch der einzige Absatz des Art. 5, wonach der Lieferant oder Vertreiber vom Verbundenheitskonzept ausgeschlossen ist, wenn er trotz Exklusivität bei der Lieferung bzw. des Vertriebs von Produkten einer Person auch gleiche oder ähnliche Produkte von Personen konkurrierender Unternehmen liefert oder vertreibt:

Verbundene Personen
Art. 5 – Nach diesem Gesetz wird die in Brasilien sitzende juristische Person als verbunden betrachtet:
(I bis X)
Einziger Absatz – Nach den Nummern IX und X (Exklusivität) ist der Vertreiber oder Lieferant, der trotz Exklusivität andere, gleiche oder ähnliche Produkte kommerziell vertritt, die von Unternehmen geliefert werden, die mit der Gruppe des Export- bzw. Importunternehmens konkurrierend sind, keine verbundene Person.[527]

---

525 Projeto de Lei 4.695/01, Justificativa, Câmara dos Deputados p. 17, Tz. 24.
526 Vgl. zweiten Kapitel.
527 Im Original:

Das führt zur Analyse mehrerer Faktoren. Erstens muss die Exklusivität dichotom betrachtet werden. Die Exklusivität kann gegenseitig oder einseitig sein. Eine gegenseitige Exklusivität wäre dann gegeben, wenn beide Personen ausschließlich einem bestimmten Markt und einem bestimmten Produkt von einer anderen Person zugewiesen wären.

Beispiel 1: der Hersteller A AG in Deutschland verkauft X in Brasilien ausschließlich durch die lokale Vertriebsgesellschaft B Ltda. In Brasilien ist B Ltda exklusiver Vertreiber von X für A AG, insofern es keine andere Person gibt, die für A AG den Vertrieb tätigt, und B Ltda kein gleiches oder ähnliches X-Produkt von Drittpersonen vertreibt.

Die einseitige Exklusivität muss hinsichtlich zweier unterschiedlicher Richtungen (a und b unten) überprüft werden. (a) Die einseitige Exklusivität der Vertriebs- oder Liefertätigkeit einer Person kann sich durch eine andere vermutlich verbundenen Person ergeben, soweit die eine Person ausschließlich für die andere Person solche Leistungsarten bestimmter Produkte und Märkte erbringt. Das bedeutet, dass die eine Person solche Leistungsarten für keine dritte Person erbringt. Nach einer teleologischen Reduktion des einzigen Absatzes des Art. 5 kann diese Richtung der Exklusivität nicht der gesetzlich gemeinten Exklusivitätsdefinition entsprechen. Diese Vorschrift schließt Personen aus dem Konzept der verbundenen Person aus, die laut Text *trotz Exklusivität* (*mesmo sendo exclusivo*) gleiche oder ähnliche Produkte von Dritten vertreibt oder liefert. (b) Darüber hinaus bleibt die Person, die gleiche oder ähnliche Produkte einer Drittperson vertreibt oder liefert, exklusiver Vertreiber bzw. Lieferant *für* die andere Person, jedoch nicht exklusiver Vertreiber bzw. Lieferant *von* gleichen oder ähnlichen Gütern, die auch von anderen Anbietern vertrieben oder geliefert werden können. Somit sind die Voraussetzungen des einzigen Absatzes des Art. 5 erfüllt, und schließlich ist die Exklusivitätsvoraussetzung der verbundenen Person bestätigt.

Beispiel 2: B Ltda ist einzige Vertriebsgesellschaft in Brasilien für das Produkt X der A AG. B Ltda vertreibt jedoch auch X', ein X-ähnliches Produkt, allerdings der B AG, die Konkurrent der A AG ist. Damit sind B

Pessoas Vinculadas
Art. 5° - Para efeito desta Lei, será considerada vinculada à pessoa jurídica domiciliada no Brasil:
(Incisos I a X)
Parágrafo único – Para efeitos dos incisos IX e X, não se considera pessoa vinculada, o distribuidor ou fornecedor que, mesmo sendo exclusivo, represente comercialmente outros produtos idênticos ou similares fornecidos por empresas concorrentes com o grupo da empresa exportadora ou importadora.

Ltda und A AG nicht verbundene Unternehmen. B Ltda ist exklusiver Vertreiber für A AG und ihrer X-Produkte in Brasilien.

Demzufolge ist die Voraussetzung der Exklusivität nicht absolut und wirkt sich vielmehr restriktiv auf das Verhältnis zwischen der Person (evtl. Hersteller) und der Vertriebs- bzw. Lieferungsgesellschaft aus.

Folglich kann es sich bei der im einzigen Absatz des Art. 5 erwähnten Exklusivität lediglich um eine Exklusivität handeln, bei der der Vertreiber oder Lieferant die einzige Person ist, die diese Leistungen in Bezug auf bestimmte Produkte der anderen Person für diese in einem bestimmten Markt erbringt. Soweit er gleiche oder ähnliche Produkte einer Drittperson vertreibt oder liefert, nimmt er zwar noch eine exklusive Position ein, ist jedoch nicht mehr mit der anderen Person i. S. d. einzigen Absatzes des Art. 5 verbunden. Somit lässt sich zugunsten des Steuerpflichtigen feststellen, dass in einem solchen Fall das Risiko der grenzüberschreitenden Gewinnverschiebung nicht besteht, oder dass diese zumindest nicht der Verrechnungspreiskontrolle unterworfen zu sein braucht.

Unklar bleibt die Definition der *mit der Gruppe des Export- bzw. Importunternehmens konkurrierenden Unternehmens.* Hier könnte in Frage gestellt werden, ob der Vertreiber oder Lieferant, der ein bestimmtes Produkt (X) *von* mehreren bzw. *für* mehrere Personen (konkurrierende Unternehmen) allein (einseitige Exklusivität) vertreibt oder liefert, als verbundenes Unternehmen einer solcher Person verstanden werden kann, wenn diese mit mehreren Person verbunden ist.

Beispiel 3: B Ltda ist einzige Vertriebsgesellschaft in Brasilien für das Produkt X der A AG. B Ltda ist jedoch auch einzige Vertriebsgesellschaft in Brasilien für das Produkt X', ein X-ähnliches Produkt der B AG. A AG gehört 25% des Kapitals der B AG.
Fraglich ist, ob die Unternehmen als verbunden zu betrachten sind, wenn A AG und B AG verbunden wären. Neben den Kriterien, unter denen diese Verbundenheit festzustellen wäre, da der Gesetzentwurf eine solche Konstellation nicht vorsieht, bezieht sich der einzigen Paragraph des Art. 5 auf *gleiche oder ähnliche Produkte von mit der Gruppe des Export- bzw. Importunternehmen konkurrierenden Unternehmen.* Einerseits könnten beide Unternehmen zu der einen Gruppe des Importunternehmens (B Ltda) gehören. Der Ausdruck *Gruppe des Export- bzw. Importunternehmen* ist nicht weiter geklärt, bezieht sich jedoch auf die Gruppe aus der Beziehung B Ltda und A AG. Andererseits könnte B AG mit A AG verbunden sein (wozu allerdings zu entscheiden wäre, ob hier deutsche[528]

---

528 25%ige Beteiligung nach § 1 Abs. 2 AStG.

oder brasilianische[529] Beteiligungskriterien einschlägig sind). Sie könnten trotzdem miteinander konkurrieren und damit die Voraussetzungen des einzigen Absatzes des Art. 5° erfüllen; somit wären B Ltda und A AG nicht verbunden. Es fehlt aber eine genaue Erklärung der Bedeutung und der Folgen der Vorschrift über derartige komplexere Sachverhalte.

Zu klären bleibt ferner, ob das Verbundenheitskriterium den „konkurrierenden" Status der ausländischen Unternehmen unterbindet. Dies lässt sich aus dem Sinn und Zweck der Verrechnungspreiskontrolle erkennen. Infolgedessen entsteht allerdings die Notwendigkeit, dieses Konkurrenzverhältnis der ausländischen Unternehmen aufzuzeichnen, wobei berücksichtigt werden muss, dass der Zugang brasilianischer Unternehmen zu internen Vereinbarungen zwischen ausländischen Unternehmen, - die nach ausländischem Recht nicht mal als verbunden gelten können – grds. unmöglich ist.

b. Transaktionen mit Unternehmen in Gebieten mit privilegierter Besteuerung

Abgesehen von den Verbundenheitskriterien des Art. 5 sieht Art. 8 des Gesetzentwurfs vor, dass die Verrechnungspreisvorschriften auch für Transaktionen gelten, die mit Personen durchgeführt werden, die in einem Gebiet mit privilegierter Einkommensbesteuerung ansässig sind. Privilegierte Einkommensbesteuerung sind Sätze unter 20% des Einkommens. Dazu werden die Sätze der Gewinnbesteuerung und der Gewinnausschüttungsbesteuerung zusammengerechnet. Um Diskussionen über solche Sätze zu vermeiden, sieht der Entwurf vor, dass die SRF jährlich, mit Geltung ab dem nächsten Jahr, eine ausführliche Liste der Gebiete veröffentlichen wird, die darunter fallen. Damit gewinnt der Steuerpflichtige an Rechtssicherheit. Zu den aktuellen Vorschriften gibt es bereits eine derartige Liste, die aber unvollständig ist, was letztlich von dem Steuerpflichtigen eine erhöhte, wenn nicht unzumutbare Aufmerksamkeit verlangt. Laut Entwurf muss die Finanzverwaltung diese Liste bis zum 31. Dezember mit Gültigkeit ab dem kommenden 1. Januar veröffentlichen.[530]

Die Verzögerung bei der Verabschiedung des Entwurfs verursacht chronologische Asymmetrien zwischen dem Entwurfstext und der Ausarbeitung der Vorschriften (Ergänzungen des Gesetzes 9.430/96), soweit Vorschriftverbesserungen nach 2001 im Entwurf nicht berücksichtigt wurden.[531] Diesbezüglich betrachtet der Gesetzentwurf (vom Jahr 2001) den Gesetzesfall 10.451/02 (vom

---

529 10%ige Beteiligung nach Art. 5° V des Gesetzentwurfs 4.695/01.

530 Art. 8° § 2° des Gesetzentwurfs 4.695/01.

531 Das bezieht sich u. a. auf die 60%ige Marge der PRL, die nach Art. 2° des Gesetzes 9.959/00 entstanden ist, und auf den 3-Jahres-Bericht der IN SRF 382/04 über den sicheren Hafen der Exportrentabilität. Vgl. zweites Kapitel.

Jahr 2002) nicht, wonach die Verrechnungspreisvorschriften auch für Transaktionen gelten, die mit Personen durchgeführt werden, die im Gebiet ansässig sind, und deren Rechtsvorschriften Informationen über die Gesellschaftsbeteiligungen geheim halten. Um die Entstehung eines unvollständigen Gesetzes zu vermeiden, das eine Wiederholung der gegenwärtigen Überschwemmung von Vorschriften[532] verursachen könnte, wäre die Anpassung des Entwurftextes m. E. empfehlenswert.

2. Auslandsbezug

Anders als in den aktuellen Vorschriften sind Bezüge aus dem Ausland nicht von Begriffen wie *Import*[533] oder *Export*[534] i. R. d. Geltungsbereichs der Verrechnungspreismethoden zur Anerkennung von Ausgaben und Einkommensgrößen im Ausland herzuleiten. Vielmehr drückt sich der Gesetzentwurf durch eine Vielzahl von Begriffen aus. Zuerst erwähnt der Entwurf den Begriff des Auslandsbezugs im Katalog der Möglichkeiten des Art. 5°, der die Fälle von Verbundenheit auflistet. Demgemäß wird die „ausländische" Ansässigkeit der Transaktionspartner der in Brasilien ansässigen juristischen Person vorausgesetzt. Die ausländische Ansässigkeit erscheint erneut bei der Erweiterung des Geltungsbereichs der Vorschriften bezüglich aller Transaktionen mit in steuerbegünstigten Ländern „ansässigen" Personen in Art. 8°. Demnach erübrigt sich bei den Erklärungen der Methoden die Anwendung der Begriffe „Import"- und „Export".[535]

3. Geschäftsbeziehung

a. Gegenstand

Art. 1° des Gesetzentwurfs erklärt, dass die Anerkennung von Einkünften, Kosten und Ausgaben in Bezug auf Transaktionen zwischen verbundenen Personen, unter Beachtung der Verrechnungspreisvorschriften zu gehen hat. Obwohl Art. 7° des Gesetzentwurfs die Erläuterung von Definitionen beinhaltet, ist die Definition des zentralen Begriffs „Transaktionen" zur Anwendung der Verrechnungspreisvorschriften nirgendwo im Text ausdrücklich zu finden. Sowohl mit einem Substantiv (transação) als auch mit einer verbalen Form (transacionar) bezieht sich der Entwurf in fast jedem Artikel auf die Geschäftsbeziehung zwischen verbundenen Personen, ohne ausdrücklich zu erklären, welche Beziehun-

---

532 Vgl. zweites Kapitel.
533 Vgl. Art. 18 des Gesetzes 9.430/96.
534 Vgl. Art. 19 des Gesetzes 9.430/96.
535 Beispielsweise Art. 15 und 16 des Gesetzentwurfs 4.695/01.

gen (Transaktionen) darunter zu verstehen sind. Vielmehr ist der Begriff von der Produktdefinition und der Beschreibung der Methoden abzuleiten.

Laut Art. 15 darf die Person, die dazu verpflichtet ist, ihre Verrechnungspreise *bezüglich der Import- oder Exportsachverhalte* einzuhalten, grds. eine Methode von den vorgesehenen Methoden freiwillig auswählen, ohne die Finanzverwaltung im Voraus benachrichtigen oder eine Genehmigung einholen zu müssen. Insofern es durch die vorgesehenen Methoden möglich ist, den Verrechnungspreis zu überprüfen, sind „Transaktionen" Import- und Exportsachverhalte und machen damit keinen Unterschied zu den gegenwärtigen Vorschriften.

Die Methoden selbst sprechen von Kauf- und Verkaufspreisen von „Produkten". Dies ist vielmehr eine indirekte Definition von „Transaktionen", und es muss daher eine Ableitung von der Produktdefinition vorgenommen werden. Bei der Produktdefinition, die in dem Entwurf - anders als eine „Transaktionsdefinition" - vorhanden ist (Art. 7°), sind Definitionselemente der im Text gemeinten „Transaktionen" zu finden. Zu beachten sind *Transaktionsfaktoren*, die beispielsweise *Preispolitik, Werbung, materielle oder technische Komposition, Marke, Handelsruf und Qualität* erwähnen. Art. 7° I erweitert im Vergleich zu den gegenwärtigen Vorschriften das Konzept von Produkt und bezieht diese Definition sowohl auf materielle als auch auf immaterielle Vermögensgegenstände. Darüber hinaus schließt der Art. 7° § 1 mit seiner Definition von Produkt technische, wissenschaftliche, administrative oder ähnliche Hilfeleistungen und Nutzungslizenzen sowie Transaktionen, die durch royalties vergütet werden, ein. Diese Betrachtungsweise würde eine radikale Änderung der brasilianischen Verrechnungspreispolitik bedeuten, insofern die Zahlung des Lizenztransfers dem Fremdvergleich unterworfen ist. Nach den gegenwärtigen Vorschriften bleiben solche Zahlungen außerhalb der Geltungssphäre der Verrechnungspreisvorschriften und werden vielmehr durch willkürlich gesetzte (oder zumindest marktfremde) starre Prozentsätze besteuert.[536]

Ferner ist die verlangte arithmetische Mitte von Preisen, Kosten oder Rentabilität, je nach ausgewählter Methode, charakteristisch für den Gegenstand der Verrechnungspreisvorschriften. Das soll jedoch unter dem Abschnitt über den Grundsatz des Fremdvergleichs näher erläutert werden.[537]

b. Zinsen

Anders als die aktuell geltenden Vorschriften werden auch die Zinsen laut Gesetzentwurf dem Fremdvergleichgrundsatz unterworfen. Materiell-rechtlich ge-

---

536 Ausführlich dazu s. zweitens Kapitel.
537 Vgl. S. 198 ff.

sehen ist zwischen Zinsen aus Darlehensvereinbarungen und Zinsen zur Errechnung von Anpassungen aufgrund unterschiedlicher Zahlungsfristen zu unterscheiden. Erstere müssen entweder bei der Bacen registriert sein oder den Fremdvergleichsgrundsatz erfüllen und marktkonformen Zinssätzen entsprechen.[538] Auch hier ist zu betonen, dass ein erheblicher Unterschied bei den gegenwärtigen Regeln besteht, der einen festen Zinssatz juris et de jure verlangt.[539] Nichtsdestotrotz verschont Art. 40 § 4° des Gesetzentwurfs den Steuerpflichtigen von der Verrechnungspreisaufzeichnung bezüglich Kredittransaktionen, bei denen die Vergleichsgröße LIBOR für sechsmonatige Anlagen in U.S. Dollar zuzüglich eines zeitproportionalen Aufschlags (spread) i. d. H. von jährlich 3% verwendet wird. Anders gesagt, der gegenwärtige feste Satz wird auf diesem Weg in einen sicheren Hafen transferiert.

Zinsen zur Verrechnungspreisanpassung aufgrund unterschiedlicher Zahlungsfristen können entweder durch die von dem Lieferunternehmen üblichen praktizierten Zinssätze oder für die Fälle, in denen keine konsistente Anwendung dieser Option gewährt wird, durch einen externen Fremdvergleich oder einen gesetzlich geregelten Zinssatz bestimmt werden, je nach Wahl des Steuerpflichtigen.[540] Aus dem Entwurf geht jedoch nicht hervor, wie der vom Lieferunternehmen praktizierte Zinssatz zu berechnen ist. Laut dem Text muss die Anwendung dieses Zinssatzes *konsistenterweise* für *alle* Verkaufstransaktionen mit künftigen Zahlungsfristen belegt werden. Problematisch ist es jedoch, wenn bei der Berechnung des Mittelwertes der Zinsen auch Zinsen einbezogen werden, die bei Transaktionen zwischen anderen mit dem Lieferunternehmen verbundenen Unternehmen verwendet wurden. Das würde einerseits die Voraussetzung „in Bezug auf alle Verkaufstransaktionen" erfüllen, anderseits wäre dies aber nicht mit dem Fremdvergleichsgrundsatz „konsistent" zu vereinbaren. Eine Definition für „konsistent" ist weder im Entwurf noch in anderen Gesetzen zu finden. Nichtsdestotrotz sprechen das am Anfang des Entwurfs erklärte herrschende Fremdvergleichsprinzip[541] und die anerkannten internationalen Kriterien[542] für die Ausschließung solcher Zinssätze. An dieser Stelle des Gesetzentwurfs wäre ein präziserer Hinweis auf einen internen Zinsratenvergleich mit unabhängigen Dritten zu empfehlen. Ferner ist für die Fälle, in denen kein interner Vergleich möglich ist, zwischen zwei Alternativen zu unterscheiden. Zum einem kann der Steuerpflichtige sich dafür entscheiden, die Vergleichsgröße LIBOR für sechsmonatige Anlagen in U.S. Dollar zuzüglich eines zeitproportionalen

---

538 Art. 40 des Gesetzentwurfs 4.695/01.
539 Vgl. zweitens Kapitel.
540 Vgl. Art. 29 § 2° f. des Gesetzentwurfs 4.695/01.
541 Art. 3 f. des Gesetzentwurfs 4.695/01.
542 U. a. Art. 29 III des Gesetzentwurfs 4.695/01.

marktüblichen Aufschlags (spread) zu berechnen.[543] Zum anderen kann der Steuerpflichtige als Alternative zum marktüblichen Aufschlag einen Satz i. d. H. von 3% hinzurechnen.[544] Obwohl dies nicht im Text zu lesen ist, bezieht sich dieser Prozentsatz (nach dem oben angedeuteten Bespiel des Art. 40) wahrscheinlich auf einen „jährlichen" Zinssatz. Ein klarer Hinweis würde m. E. jedoch zur einheitlichen Vollständigkeit der Vorschrift beitragen.

c. Kostenumlagevereinbarungen

Der Entwurf ist eine Reaktion auf die Kritik im Schrifttum[545] und trägt Lizenzzahlungen sowie Zahlungen für technische, administrative oder ähnliche Hilfeleistungen in die Verrechnungspreisvorschriften bzw. die Fremdvergleichsgrundsätze ein. Laut Art. 7 § 1° sind solche Leistungen Produkte i. S. des Gesetzes und müssen durch die Anwendung einer Methode überprüft werden, d. h. der Steuerpflichtige muss eine Fremdvergleichsprüfung der von ihm bezahlten Lizenzen vorbereiten. Kosten bezüglich Forschung und Entwicklung sind ebenfalls ausdrücklich bei der Beschreibung der CPL-Methode berücksichtigt worden.[546]

Als Alternative für den Fremdvergleich solcher Zahlungen gilt Art. 35. Danach sind diese Transaktionen von der Überprüfung einer Verrechnungspreismethode befreit, wenn die Summe der Zahlungen im Geschäftsjahr 5% der Einkünfte[547] aus dem Verkauf der Produkte nicht übersteigt. Fraglich ist, ob sich der „Verkauf der Produkte" auf alle von dem Unternehmen verkauften Produkte oder nur auf die Produkte bezieht (dies würde mehr Sinn machen), die zur Nutzung der bezahlten Lizenz verkauft wurden. Hier ist gesetzgeberische Präzision geboten.

Auf das Gebot, Fremdvergleichsprüfungen durchzuführen,[548] folgt die Vorbereitung einer Fremdvergleichsstudie, die sich an die *international anerkannten Kriterien* halten *muss*.[549] Damit wäre der Weg zur Anwendung des Kapitels VIII OECD-RL nicht nur frei, sondern würde sich praktisch aus einer Muss-Vorschrift ableiten.[550]

---

543 Art. 26 § 3° II des Gesetzentwurfs 4.695/01.
544 Art. 26 § 3° III des Gesetzentwurfs 4.695/01.
545 Ausführlich dazu im zweites Kapitel.
546 Art. 18 § 1° des Gesetzentwurfs 4.695/01.
547 Laut der gleichen Vorschrift steigt der Prozentsatz auf 10% für Unternehmen, die von dem technologisch-industriellen Entwicklungsprogramm oder dem technologischen Agrikulturentwicklungsprogramm begünstigt sind.
548 Art. 17 § 6°, Art. 18, Art. 21 § 2° und Art. 38 I des Gesetzentwurfs 4.695/01.
549 Art. 29 III des Gesetzentwurfs 4.695/01.
550 Ausführlich über Kapitel VIII OECD-RL s. u. a. *T. Borstell*, in *Vögele/Borstell/Engler*, Handbuch der Verrechnungspreise, 2004 Kap. B Tz. 253-260 und *G. Engler/U. Freytag*,

II. Zeitpunkt der Dokumentation

Art. 10 des Gesetzentwurfs weist darauf hin, dass die Verrechnungspreismethoden grundsätzlich jährlich angewendet werden müssen. Dem Steuerpflichtigen bleibt die Option (Kann-Vorschrift), für Fälle, in denen bezüglich des Herstellungs- oder Handelszyklus keine *angemessene Analyse* im Laufe eines Wirtschaftsjahres erfolgen kann, diese betrachtete Periode zu verkürzen oder zu verlängern. Die arithmetische Mitte der betrachteten Preise muss dementsprechend angepasst werden, um die *Konsistenz* der Verrechnungspreismethoden abzusichern.

III. Mitwirkungspflicht

1. Allgemein

Abgesehen von den Bemerkungen des zweiten Kapitels über eine mögliche Umkehr der Beweislast wird die Mitwirkungspflicht des Steuerpflichtigen nach dem Gesetzentwurf grundsätzlich nicht erhöht. Vielmehr wird er weiterhin die Dokumentationslast, die sich von der Beweislast unterscheidet, tragen müssen. Nichtsdestotrotz stellt der Übergang von den gesetzlich definierten Gewinnmargen zu marktüblichen Gewinnmargen einen Paradigmawechsel dar, soweit der Steuerpflichtige *tatsächlich* von der Alternative Gebrauch machen kann, Marktvergleiche zu den Gewinnsätzen durchzuführen.

Anders als in den deutschen Vorschriften (vgl. § 90 AO) verfügt das brasilianische Steuerrecht über keine eindeutige Vorschrift, die die Mitwirkungspflicht des Steuerpflichtigen klar definiert. Vielmehr lässt sich die Mitwirkungspflicht von den Vorschriften über die Ermittlungsmodalitäten ableiten (Art. 147 ff. CTN). Danach basiert die Ermittlung auf der Form der Steuervorschriften. Demnach ist die Mitwirkungspflicht durch die Vorschriften zum „Verrechnungspreis" im Gesetz 9.430/96 geregelt und ist weiterhin im Gesetzentwurf zu analysieren.

Bei der Anwendung der Methoden darf vom Steuerpflichtigen lediglich verlangt werden, dass er die Verrechnungspreisüberprüfung auf Basis von Informationen durchführt, die ihm *zu normalen Bedingungen während der Transaktion zugänglich*[551] sind. Deutlicher heißt es dazu im Art. 29 des Gesetzentwurfs, dass die Gewinnmargen nach den Verrechnungspreismethoden mit Fremdvergleichsstudien bestimmt werden und mit Dokumenten und Beweismaterial untermauert werden müssen, zu denen der Steuerpflichtige, wenn er sich bemüht (*diligente-*

---

im gleichen Werk, Kap. P.

551 Art. 36 des Gesetzentwurfs 4.695/01.

mente),[552] Zugang gehabt hat oder gehabt haben könnte. Hier nähert sich der Gesetzentwurf m. E. dem deutschen Ausdruck des „ernsthaften Bemühens".

Ferner untersagen die gleichen Vorschriften der SRF die Anwendung von anderen Informationen bei der Überprüfung der Methoden. Somit ist die z. Z. äußerst strittige Anwendung von sog. „secret comparables" ausdrücklich untersagt und trägt zur Gewährleistung der z. Z. gefährdeten Verhältnismäßigkeit der Besteuerung und ferner des Verteidigungsrechts des Steuerpflichtigen bei.[553]

2. Beweislast

Die Lage der Beweislastverteilung verbessert sich i. R. d. Gesetzentwurfs aus der Sicht des Steuerpflichtigen, stellt allerdings noch lange kein angemessenes System dar. Dem Steuerpflichtigen wird das Recht auf marktkonforme Verrechnungspreise eingeräumt. Im Gegensatz zur gegenwärtigen Lage, in der der Steuerpflichtige sich primär an die gesetzlich determinierten Gewinnsätze halten muss und ihre Änderung nur ausnahmsweise in Richtung marktüblicher Preise beantragen kann, darf der Steuerpflichtige gem. dem Gesetzentwurf von Anfang an seine Verrechnungspreise zum großen Teil auf Basis der international anerkannten Praxis durchführen, und es bleibt ihm vorbehalten, sich nicht für Vergleichsuntersuchungen, sondern für die gesetzlich determinierten Sätze zu entscheiden.

Ähnlich wie bei den „im wesentlichen unverwertbaren" Aufzeichnungen im deutschen Steuerrecht[554] gibt es im brasilianischen Recht de lege ferenda die *unglaubwürdigen* (*inidôneos*) oder *inkonsistenten* (*inconsistentes*) Fremdvergleichsstudien.[555] Diese bleiben jedoch weitgehend ungeklärt. Eine Verbesserung des Entwurfs würde demnach in einer genauen Bestimmung der Kriterien, an denen sich die Ablehnungsbegründung der SRF orientieren muss, bestehen. Weitaus schlimmer ist, dass die SRF die – m. E. rechtswidrigen - gesetzlich determinierten Gewinnmargen weiterhin einsetzen darf, statt selbst einen Fremdvergleich durchführen zu müssen, um die von ihr für richtig gehaltenen Verrechnungspreise darzustellen und zu begründen. Daraus folgt eine Umkehr der Beweislast bei der Dokumentation zum Verrechnungspreis. Der Gesetzentwurf definiert allerdings weder, was „unglaubwürdig" oder „inkonsistent" genau heißt, noch legt

---

552 Art. 29 V des Gesetzentwurfs 4.695/01.

553 Vgl. *H. T. Tôrres/A. C. A. Utumi,* in *Schoueri/Rocha,* Tributos e preços de transferência, 1999, S. 206; und *L. E. Schoueri,* Preços de transferência no direito tributário brasileiro. 2ª Edição, 2006, S. 102 ff.; ferner Art. 5° LV CF und *H. L. Meirelles,* Direito administrativo brasileiro, 2003, S. 97.

554 § 162 Abs. 3 AO. Vgl. drittes Kapitel.

555 Art. 29 VI des Gesetzentwurfs 4.695/01.

den Umfang der Ablehnungsbegründung fest. Das stellt zu große Spielräume für die Finanzverwaltung dar. Wenn die Finanzverwaltung weiterhin zu einem rein fiskalischen Verhalten zu Ungunsten des Steuerpflichtigen tendiert, wie sie es bislang in der Praxis immer getan hat, dann sind solche übertriebenen Ermessensspielräume der SRF m. E. ausdrücklich zu vermeiden.[556] Dafür spricht auch, dass die IN SRF immer noch keiner parlamentarischen Kontrolle bei ihrer Verabschiedung unterstellt ist und somit der SRF schon per se einen erhöhten Regulierungsspielraum einräumt. Trotz umfangreicher Informationen, die durch die Dokumentation der Steuerpflichtigen erstellt werden und eine Verrechnungspreisermittlung von Amts wegen erheblich erleichtern würde, kann die SRF von der einfachen Lösung der überwiegend marktfremden, übermäßigen und schließlich rechtswidrigen festen Gewinnsätze Gebrauch zu machen.

Dieser Ermessensspielraum könnte u. a. durch die Erstellung einer - am besten an internationalen Standards orientierten - der Richtigkeitsvermutung unterstellten gesetzlichen Auflistung der Aufzeichnungen eingeschränkt werden, die ausschließlich mittels eines Gegenbeweises bei der SRF widerlegt werden könnte. Dies würde sowohl die festen Gewinnsätze mit ihrer Fülle an rechtswidrigen Eigenschaften überflüssig machen, als auch eine Umkehr der Beweislast vermeiden.

3. Besteuerungsprinzipien

Solange die Verrechnungspreise anhand marktkonformer Preise durchgeführten werden, sind die groben Verstöße gegen die Besteuerungsgrundsätze weitgehend beseitigt. Mittels der Berücksichtigung von ausgeübten Funktionen und übernommenen Risiken werden z. B. die Leistungsfähigkeits-, die Gleichheits- und die Verhältnismäßigkeitsprinzipien viel besser eingehalten. Trotzdem trägt der Gesetzentwurf 4.695/01 weiterhin Regeln, die mit den Verfassungsbeschränkungen der Besteuerungsgewalt nicht zu vereinbaren sind.

Das ungeschickte Vorgehen im Falle einer Nicht-Mitwirkung des Steuerpflichtigen an der Verrechnungspreiskontrolle und der aus dieser Nicht-Mitwirkung entstehenden Konsequenzen in Form von Verstößen gegen Besteuerungsbeschränkungen erinnern nach wie vor an einen „Elefanten im Porzellanladen". Der Gesetzentwurf gewährt keine Verhältnismäßigkeit zwischen der Nichterfüllung der Mitwirkung bei der Verrechnungspreiskontrolle und den zwangsweise vorgenommenen Einkommenskorrekturen. Abgesehen von den allgemeinen steuerrechtlichen Sanktionen, die keine ausdrückliche Verbindung zu der Mitwirkung des Steuerpflichtigen bei der Aufklärung der Verrechnungspreise ha-

---

556 Vgl. zweitens Kapitel.

ben, besteht keine Vorschrift, die z. B. die Ausschöpfung einer Preisspanne zu Gunsten oder zu Ungunsten des Steuerpflichtigen abhängig von dessen Mitwirkung bzw. Nicht-Mitwirkung vorsieht. Vielmehr müssen die gesetzlich determinierten Gewinnsätze bei der SRF im Falle einer Ablehnung der Marktstudie eingesetzt werden.

Das Anwenden von gesetzlich determinierten Gewinnsätzen stellt eine rigide Besteuerung dar und lässt sich in der Steuerpraxis nach wie vor nicht rechtfertigen. Es besteht keine Rechtfertigung für eine Preisfestsetzung außerhalb eines für den Steuerpflichtigen ungünstigen Limits der marktkonformen Preisspanne. Das lässt sich einfach begründen, insofern die Preis- oder Margenspanne grundsätzlich die einzige nachprüfbare Verbindung zu realisierbaren Ergebnissen darstellt. Die Besteuerung nach Einkommensteuer und Sozialbeitrag des Nettogewinns, die die Preisspanne überschreitet, erfolgt nicht auf Grundlage eines möglichen Vermögenszuwachses und ist somit verfassungswidrig. Ferner ist die Sanktionsfunktion i. R. d. Steuerermittlung zu Ungunsten des Steuerpflichtigen auf das Spektrum der Bandbreitenausschöpfungen beschränkt. Sie ist ein spezifisches Druckmittel,[557] darf aber keine Strafe i. S. einer Sanktion i. e. S. verkörpern.[558] Genau das stellt die Gruppe der festen Gewinnsätze dar, die das Spektrum an marktkonformen Preismöglichkeiten überschreitet. Da Steuern keine Sanktionen von rechtswidrigen Handlungen darstellen dürfen, ist das Instrument der festen Gewinnsätze ungeeignet und verstößt gegen den CTN. Die „Sanktionsfunktion" durch erhöhte Besteuerung muss die Besteuerungsbeschränkungen beachten. Weitere Sanktionen müssen i. R. v. Steuerstraftaten eingeräumt werden. Einem solchen Rechtssystem folgt der Entwurf m. E. allerdings nicht.

Der Gesetzentwurf bildet ein Kompromiss zu gegenwärtigen Regeln. Diese Alternative des „politischen Kompromisses" zwischen den bestehenden und seinen verbesserten Regeln, den der Entwurf anbietet, reicht m. E. nicht aus, um dem Steuerpflichtigen seine in der Verfassung verankerten Rechte angemessen zu gewährleisten und um sich innerhalb der ebenso in der Verfassung verankerten Besteuerungsbeschränkungen frei zu bewegen.[559] Schließlich sollte das bereits mehrmals angefochtene Instrument von gesetzlich determinierten, wirklichkeitsfremden Gewinnsätzen endgültig aus den brasilianischen Verrechnungspreisvorschriften gestrichen werden. Auch bei der Nichtmitwirkung des Steuerpflichtigen darf der Staat auf wirklichkeitsfremde Gewinnsätze keine Einkommensteuer und keinen Sozialbeitrag des Nettogewinns erheben. Seine Besteuerungsge-

---

557 Vgl. *R. Seer,* in *Tipke/Kruse,* Kommentar zu AO. 2004, § 162 Tz. 72.

558 Art. 3° CTN, vgl. zweitens Kapitel.

559 Gegenmeinung, obwohl eher deskriptiv, s. *M. Wolf/A. Almeida,* Brazil: Transfer Pricing Policy Moving in Line with the OECD. ITPJ January/February 2002, S. 13 ff. Ausführlich über die verfassungsrechtlichen Garantien s. zweitens Kapitel.

walt bleibt verfassungsrechtlich eingeschränkt.[560] Steuern sind keine Strafen und dürfen somit nicht zum Zwecke von Sanktionen dienen.[561] Hier muss verdeutlicht werden, dass eine Ausschöpfung der Preisspanne zu einem für den Steuerpflichtigen ungünstigen Limit im Falle der Nichtmitwirkung immer noch keine Strafe darstellt. Diese Ausschöpfung behält ihre Relation zur realen Marktsituation und somit zu den im Markt realisierbaren Ergebnissen. Wenn der Steuerpflichtige die Chance verspielt hat, seine Verrechnungspreise offen zu legen, um den für ihn günstigen Punkt der Spanne auszunutzen, ist zu vermuten, dass seine Verrechnungspreise bis zu dem für ihn ungünstigsten Limit realisiert wurden. Sanktionen i. S. von Strafen für gesetzwidrige Handlungen tragen ihrerseits - anders als Steuern - keinen „Zwang zu einer Marktwirklichkeitskoppelung". Sie müssen zwar auch verhältnismäßig sein, müssen sich jedoch nicht - anders als die Verrechnungspreisspanne, die zur Einkommensbesteuerung dient - an den Möglichkeiten des Marktes orientieren. Ferner bleiben Sanktionen für die Nichtmitwirkung nach wie vor im Gesetzentwurf durch die allgemeinen Sanktionsvorschriften geregelt.[562]

Der „Elefant im Porzellanladen"[563] ist nach Gesetzentwurf 4.695/01 im Vergleich mit der gegenwärtigen Rechtslage ohne Zweifel kleiner geworden, verursacht trotzdem tief greifende Schäden, die sich durch entsprechende brasilianische Rechtsgestaltung und mit Hilfe internationaler Erfahrung viel geschickter vermeiden lassen würde.

4. Rechtsvermutung

Der Gesetzentwurf erklärt, dass die Steuerpflichtigen ihre Verrechnungspreise mittels der in dem Gesetzentwurf beschriebenen Regeln überprüfen müssen.[564] Solche Regeln können in zwei Kategorien unterteilt werden: einerseits in marktorientierte Methoden und andererseits in gesetzlich determinierte Gewinnsätze. Anders als in Deutschland, wo die widerlegbare Vermutung i. R. d. Erschöpfung der Bandbreite zu Ungunsten des Steuerpflichtigen bei der Nichtmitwirkung eintritt, bezieht sich die Vermutung im Gesetzentwurf auf die festen Gewinnsätze. Diese tritt ein, wenn der Steuerpflichtige sich dafür entscheidet oder wenn seine Marktstudie bei der SRF abgelehnt wird.

560 Ausführlich dazu s. zweitens Kapitel.
561 Art. 3° CTN, dazu s. zweitens Kapitel.
562 Grds. Verspätungszuschlag gem. Art. 61; Zinsen gem. Art. 5° § 3°; und Bußgeld gem. Art. 44 des Gesetzes 9.430/96, ausführlich dazu s. zweites Kapitel.
563 Vgl. S. 187 f.
564 Vgl. Art. 1 des Gesetzentwurfs 4.695/01.

Falls der Steuerpflichtige sich statt für eine Marktstudie für die Anwendung der festen Gewinnsätze entscheidet, gelten die Gewinnsätze als eine Art sicherer Hafen, wobei juris et de jure vermutet wird, dass sie über die Transaktionen erreicht wurden. Wenn allerdings die festen Gewinnsätze als Folge einer Ablehnung der Marktstudie eingesetzt werden, dürfen sie m. E. lediglich eine Vermutung juris tantum darstellen. Bei einer Ablehnung muss die SRF ihre Entscheidung begründen. Das dient hauptsächlich zur Verifizierung der Entscheidungsrechtmäßigkeit und zur Rechtfertigung der Steuerbehörden vor dem Steuerpflichtigen. Die Finanzverwaltung selbst muss laut Gesetzentwurf grds. keine Marktstudie nach der Ablehnung durchführen, vielmehr darf sie auf die starren Gewinnsätze zurückgreifen.[565] Es könnte argumentiert werden, dass dem Steuerpflichtigen bereits die Gelegenheit eingeräumt wurde, marktkonforme Gewinnsätze zu verwenden, weil er dies aber nicht oder zumindest nicht „glaubwürdig" bzw. „konsistent" getan hat, dürfte die Rechtsvermutung aufgrund der festen Gewinnsätze unwiderlegbar sein. Diese Ansichtsweise ist m. E. aber als falsch zu bewerten, denn da solche Sätze wirklichkeitsfremd sind, ganz gleich, ob der Steuerpflichtige eine Marktstudie durchgeführt hat oder nicht, stellt die Besteuerung eine unzulässige Konfiskation dar. Die Möglichkeit, die festen Gewinnmargen auch nach ihrer Anwendung in Folge einer Ablehnung zu widerlegen, muss eingeräumt werden. Die Besteuerung muss nach wie vor an Marktwerte angepasst werden. Dazu dient die Ablehnungsbegründung.

IV. Verletzung der Mitwirkungspflichten

1. Schätzung

Wird die von dem Steuerpflichtigen *vorgelegte* Marktstudie abgelehnt, ist die Finanzverwaltung laut Gesetzentwurf dazu ermächtigt, die gesetzlich determinierten Gewinnsätze anzuwenden.[566] Obwohl sinngemäß dies die gleiche Prozedur für Fälle sein soll, bei denen der Steuerpflichtige überhaupt keine Marktstudie vorlegt, verschweigt der Entwurf diesen hypothetischen Fall. In dieser Hinsicht fehlt dem Gesetzentwurf ein eindeutiger Kausalzusammenhang zwischen Nichtmitwirkung und Konsequenzen i. R. d. Ermittlung des Verrechnungspreises. Umgekehrt könnte die Möglichkeit bestehen, dass, wenn keine Ermächtigung der SRF zur Anwendung der festen Gewinnsätze i. R. d. Nichtmitwirkung (*keine* Durchführung einer Marktstudie) vorliegt, die SRF selbst eine Marktuntersuchung nach dem „Prinzip der unabhängigen Transaktionen" durchführen sollte und somit die festen Gewinnsätze in solchen Fälle nicht angewendet werden dürfen. Diese Lücke des Gesetzentwurfs sollte m. E. geschlossen werden. Konsequenzen bei der Verletzung der Mitwirkungspflichten sollten so-

---

565 Art. 29 VI des Gesetzentwurfs 4.695/01.
566 Art. 29 VI des Gesetzentwurfs 4.695/01.

wohl auf unangemessene als auch auf nicht durchgeführte Marktstudien angewendet werden und einen ähnlichen Verlauf aufweisen.

Darüber hinaus besteht noch eine weitere Lücke i. R. d. Verletzung der Mitwirkungspflichten laut Gesetzentwurf. Die gesetzlich determinierten Gewinnmargen beziehen sich nicht auf sämtliche Verrechnungspreismethoden,[567] die der Entwurf dem Steuerpflichtigen grds. zur freien Wahl stellt. Demnach ist fraglich, welche Folgen aus einer Ablehnung der Marktstudie zu erwarten sind, wenn der Steuerpflichtige sich für die LTC entschieden hat. Die SRF hat weder die gesetzliche Ermächtigung, einen festen Gewinnsatz einzusetzen, noch verfügt sie überhaupt über einen solchen festen Satz. Auch wenn feste Gewinnsätze im Falle einer Ablehnung vorgesehen sind, darf die LTC deshalb nicht durch die PRL oder CPL ersetzt werden, solange, abgesehen von der MCP, keine Regel im Sinne einer method of last resort oder best method besteht.[568] Daraus lässt sich ableiten, dass der SRF in solchen Fällen nur noch eine Marktstudie durchführen kann, um die für sie richtige Vergleichsgröße zu schaffen.

Ähnliches lässt sich über Darlehenstransaktionen sagen. Es wird dem Steuerpflichtigen zwar ein sicherer Hafen i. S. eines festen Satzes (LIBOR + 3%) eingeräumt, es fehlt allerdings die Ermächtigung der SRF, solch einen festen Satz im Falle einer Ablehnung der Marktstudie anzuwenden.[569] Vielmehr muss m. E. ein Marktzinssatz nach dem Prinzip der Unabhängigkeit der Transaktionen ermittelt werden. Hieraus abgeleitet entsteht ein „duales" Folgesystem: für PRL und CPL der Einsatz von festen Gewinnmargen und für LTC, MCP und Zinsen marktkonforme Sätze. Dabei sind die gesetzlich determinierten Gewinnsätze in Folge einer Ablehnung noch von geringer Bedeutung, da die internationale Praxis darauf hinweist, dass Nettomargenmethoden (nach dem Gesetzentwurf grds. die LTC) aufgrund ihrer Praktikabilität die am häufigsten verwendeten Methoden sind. Schließlich sprechen eine erhöhte Verkomplizierung des Systems, Rechtswidrigkeit und geringe praktische Anwendbarkeit gegen eine Bewährung der festen Gewinnsätze als Konsequenz einer Verletzung der Mitwirkungspflichten.

---

567 Vgl. Tabelle S. 131.
568 Art. 15 und 21 § 1° des Gesetzentwurfs 4.695/01.
569 Im Hinblick auf die Zinsen (Art. 40 des Gesetzentwurfs 4.695/01) fehlt dem Gesetzentwurf eine zu Art. 29 VI des Gesetzentwurfs 4.695/01 vergleichbare Ermächtigung der SRF zur Anwendung des festen Satzes.

2. Verwendung von Bandbreite

a. Preisspanne

Die 5%ige feste Spanne für die Abweichung zwischen Parameterpreis und Verrechnungspreis der gegenwärtigen Regeln ist in den Art. 30 Gesetzentwurf 4.695/01 übertragen worden. Dieser Artikel ist allerdings nicht ausführlich genug, da er ausschließlich über die Anwendung der Toleranzmarge auf den arithmetischen Durchschnitt der *Preise,* jedoch nicht über die *Nettomargen* vergleichbarer Geschäftseinheiten spricht. Die Nettomargen müssten jedoch m. E. einbezogen werden, sonst bietet der Entwurf überhaupt keine Toleranzspanne bezüglich der Vergleichsmargen nach Anwendung der LTC.

Diese Toleranzspanne ist zwar nötig, bietet jedoch für die Ermittlung eines marktkonformen Preises kein ausreichendes Ergebnis. In dieser Hinsicht verspielt der Entwurf die Chance, von der internationalen Erfahrung[570] Gebrauch zu machen, indem i. d. R. kein einziger und punktgenauer Marktpreis realistisch ermittelt werden kann.

Die Unmöglichkeit einer präzise wissenschaftlich und rechnerisch durchgeführten Ermittlung der Verrechnungspreise lässt sich anhand mehrerer Aspekte feststellen wie z. B. durch die Tatsache, dass vergleichbare Geschäfte unter vergleichbaren Bedingungen nicht genau denselben Preis festsetzen bzw. dieselben Nettomargen erzielen.[571] Vielmehr kann eine Bandbreite von zuverlässigen Ergebnissen hervorgebracht werden, die die natürliche Preisschwankung unterschiedlicher Unternehmen berücksichtigt und die sich ohne weiteres von einer über 5%ige Marge entfernen können, ohne ein marktfremdes Verhältnis darzustellen.

Die 5%ige Preisspanne des Gesetzentwurfs (*margem de divergência*)[572] bezieht sich auf den Parameterpreis eines einzigen Vergleichsunternehmens. Über eine mögliche Hinzuziehung von mehreren Vergleichsunternehmen, um eine zuverlässigere und wahrheitsgebundene Ermittlung von Marktbedingungen durchzuführen, spricht der Gesetzentwurf nicht. Nichtsdestotrotz könnte ihre Einbeziehung m. E. durch das Prinzip der unabhängigen Transaktionen und der Anwendung der internationalen Praxis unterstützt werden. Es fehlt allerdings eine klare Regelung für solche Fälle. Nach dem aktuellen Entwurf gilt die 5%ige Spanne für den zur Vergleichbarkeit angepassten Parameterpreis. Diese Systematik führt

---

570 Vgl. OECD-RL Tz. 1.45 ff.; BFH-Urteil von 17.10.2001, IR 103/00, IStR 2001, 745; und § 162 (3) AO. Ausführlich dazu s. drittes Kapitel.

571 Vgl. OECD-RL Tz 1.45.

572 Art. 30 des Gesetzentwurfs 4.695/01.

m. E. zur „Instabilität der Rechtsanwendung", da dem Steuerpflichtigen keine
ausreichende Rechtssicherheit eingeräumt wird.

Abbildung 10

Instabilitätsdarstellung der 5 %ige Preisspanne

Wenn der Steuerpflichtige Preise und auch Margen eines einzigen Vergleichsunternehmens verwendet (U2), das ihm z. B. bei einem Importsachverhalt das
günstigste Vergleichsergebnis (P3) anbietet, obwohl mehrere Vergleichsunternehmen mit verschiedenen Ergebnissen vorhanden sind, ist es für den SRF
leicht, ein anderes Unternehmen (U1) zu Ungunsten (P1) des Steuerpflichtigen
auszuwählen, und eine Einkommenskorrektur durchzuführen und damit die
„Unglaubwürdigkeit" oder „Inkonsistenz" der von dem Steuerpflichtigen vorbereiteten Marktstudie zu begründen. Hier tritt ein Sicherheitsmangel beim Modell
auf. Obwohl beide Vergleichsunternehmen grds. „vergleichbar" sind, heißt das
nicht, dass sie und ihre Transaktionen „gleich" sind.[573] Die Vergleichbarkeit hat
vielmehr Urteilsspielraum u. a. über die Vergleichbarkeit von Funktionen und
Risiken, was zu erheblichen und kostenintensiven Diskussionen führen kann.[574]
Ferner können i. R. d. Vergleichbarkeitskriterien weitere Unternehmen (U3
usw.) in Frage kommen, die die Diskussion um die Ungenauigkeit der Preisbestimmung noch zusätzlich verschärfen. Darüber hinaus verfügt die auf willkürliche Weise festgesetzte 5%ige Spanne in der Praxis bei der Preis- oder Margenschwankung unterschiedlicher Unternehmen über keinerlei Wirklichkeitsbezug.
Es wäre nicht marktfremd sich vorzustellen, dass die unterschiedlichen Vergleichspreise (P1, P2, P3, usw.) und dementsprechenden Spannen sich wahr-

---

573 Vgl. S. 198 f.
574 Vgl. OECD-RL Tz. 1.19-1.35.

scheinlich eher nicht innerhalb der 5 %igen Spanne der Preise von anderen Vergleichsunternehmen (U1, U2, U3, usw.) befinden werden (schematisch berühren sich die verschiedenen Preisspannen im Modell nicht).

So selbstverständlich diese Darstellung der internationalen Ausrichtung der Verrechnungspreispraxis auch sein mag, sie scheint i. R. d. Gesetzentwurfs nicht wesentlich Beachtung gefunden zu haben. Dies droht mit der Verabschiedung des seit seiner Entstehung reformbedürftigen Gesetzentwurfs ein Problem zu werden. Solche Überlegungen unterstützen den Gedanken, dass die neue Vorschrift von ihrer schwer zu rechtfertigenden Doktrin, realitätsferne Sätze gesetzlich zu verankern, befreit werden sollte. Eine Stabilität des Modells wäre dann zu erreichen, wenn zwischen unterschiedlichen Ergebnissen vergleichbarer Unternehmen gemeinsame vertrauenswürdige Vergleichspreise oder -margen zu finden wären. Das wäre erreichbar, wenn eine Preis- bzw. Margenspanne akzeptiert werden würde, deren Größe sich marktabhängig variabel verhält. Demnach wäre eine Übernahme der internationalen Praxis empfehlenswert, wenn eine sog. Interquartil-Bandbreite marktkonformer Preise oder Margen berücksichtigt wird.[575]

Ähnliche Überlegungen beziehen sich auf die 10 %ige Toleranzgrenze für Exportsachverhalte, die grds. von den gegenwärtigen Vorschriften in den Entwurf übernommen wurden.

b. Repräsentativität der Transaktionen

Der Gesetzentwurf hat den sicheren Hafen bezüglich der Größe der Exporttransaktionen übernommen.[576] Diese Art Beschränkung auf Basis der Repräsentativität der Exportsachverhalte sieht eine Befreiung von der Verrechnungspreiskontrolle vor, insofern das Unternehmen beweisen kann, dass sein Umsatz aus dem Sachverhalt des Exportverrechnungspreises 5% des Gesamtumsatzes des Unternehmens nicht übersteigt.[577]

Bezüglich des *Import*sachverhalts beinhaltet der Gesetzentwurf Erneuerungen. Derartige Geschäftsbeziehungen dürfen mit einem sicheren Hafen rechnen, wenn die Importverrechnungspreise weniger als 10% aller Importtransaktionen einer Periode ausmachen.[578] Obwohl die Rechtfertigung des Gesetzentwurfs eine Vereinfachung bei der Ermittlung des Verrechnungspreises mit sicheren Häfen

---

575 Vgl. drittes Kapitel.
576 Vgl. s. S. 132.
577 Art. 31 II des Gesetzentwurfs 4.695/01.
578 Art. 33 I des Gesetzentwurfs 4.695/01.

schaffen möchte,[579] fehlt eine Erklärung für die jeweiligen unterschiedlichen Sätze je nach Richtung der Transaktionsströme.

c. Rentabilität

Der sichere Hafen der Rentabilität in Bezug auf Exportsachverhalte wurde aus den aktuellen Vorschriften übernommen und verlangt keine Vorlage einer Verrechnungspreiskontrolle, vorausgesetzt, das Unternehmen kann beweisen, dass sein Nettogewinn vor Steuern bezüglich Transaktionen mit ausländischen verbundenen Personen gleich oder größer als 5% der aus den Transaktionen erzielten Nettoeinkünften ausmacht.[580] Nichtsdestoweniger wurde diese Regelung im gegenwärtigen geltenden Recht von der IN SRF 382/04 durch einen 3-Jahres-Betracht erweitert. In dieser Hinsicht ist die Fassung des Gesetzentwurfs veraltet und anpassungsbedürftig.[581] Ferner sollte ein derartiger 3-Jahres-Betracht auf die Vergleichsunternehmen ausgedehnt werden und für allgemeine Preise und Margen gelten.[582]

Importsachverhalte verfügen über einen sicheren Hafen der Rentabilität lediglich bei der Anwendung der PRL, indem ein pauschaler 20%iger Gewinn über die *gesamten* wiederverkauften Importprodukte vorliegt.[583] Diese Vorschrift stellt ebenso eine Erneuerung im Entwurf bezüglich sicherer Häfen bei Importsachverhalten dar und ermöglicht, dass i. R. eines basket approach weniger rentable Produkte mit anderen rentableren Produkten zusammen betrachtet werden. Somit würde der Steuerpflichtige von einem strategischen Instrument zur Geschäftsplanung profitieren können.

d. Erleichterung zur Eroberung neuer Märkte

Der Entwurf sieht die Befreiung von Verrechnungspreiskontrollen für Exportsachverhalte mit dem Ziel vor, neue Märkte zu erschließen. Viel geschickter als die gegenwärtigen Vorschriften schafft der Entwurf die gegenwärtigen Voraussetzungen grds. ab und räumt dem Steuerpflichtigen viel praktikablere Bedingungen ein.[584] Die Ziele zur Erschließung von Märkten müssen sich nach folgenden Punkten richten:[585]

---

579 Rechtfertigung des Gesetzentwurfs Nr. 4.694/01 des Bundestagabgeordneten Herrn Nelson Proença (Justificativa do Projeto de Lei 4.695/01), Tz. 29.
580 Art. 31 I des Gesetzentwurfs 4.695/01.
581 Über die unklare Anwendung des 3-Jahres-Betracht s. zweites Kapitel.
582 Vgl. OECD-RL Tz. 1 ff.
583 Art. 33 II des Gesetzentwurfs 4.695/01.
584 Art. 40 des IN SRF 243/02. Über die gegenwärtigen Regeln s. zweites Kapitel.
585 Art. 39 § 1° des Gesetzentwurfs 4.695/01.

- Eroberung eines Marktes, während weder das Unternehmen noch ein mit ihm verbundenes Unternehmen mit gleichen oder ähnlichen Produkten kommerziell anwesend ist;
- Erhöhung der Marktbeteiligung des brasilianischen Unternehmens;
- Anpassung an die Wettbewerbsbedingungen von sonstigen konkurrierenden Unternehmen.

Das brasilianische Exportunternehmen muss dafür eine Studie vorlegen, die von einem *spezialisierten unabhängigen Unternehmen*[586] vorbereitet wurde und welche u. a. eine kommerzielle Strategie mit entsprechenden Zielfristen, der Gewinnmarge, Erläuterungen über einbezogene Märkte und verbundenen Personen beinhaltet.[587] Die Studie muss innerhalb der ersten 6 Monate zu Beginn der „Eroberung" vorbereitet werden und braucht, im Gegensatz zur gegenwärtigen entsprechenden Regelung, keine Zustimmung der SRF im Voraus zu beantragen, was für die Praktikabilität des Instruments spricht.

Nach der Darstellung des Entwurfs kann diese Vorschrift - anders als ihre aktuelle Version - eine bedeutende Rolle für eine mögliche Expansion brasilianischer Konzerne ins Ausland dadurch übernehmen, dass eine Befreiung von der Suche nach bestimmten - auch marktkonformen - Margen ermöglicht wird. Dazu verlangt der Entwurf weder eine Genehmigung des Exportplans von der SRF im Voraus, noch beschränkt eine spezifische Fristeinhaltung die Gültigkeit der Maßnahme. Grds. heißt es, dass, wenn z. B. die Marktbeteiligungserhöhung i. R. einer Handelsstrategie konsistent dargelegt werden würde, die Durchführung marktfremder Verrechnungspreise möglich wäre. Indem diese Regelung dem Steuerpflichtigen grds. einen großen Planungsspielraum beim Geschäftswachstum i. R. einer expandierenden Marktbeteiligung eröffnet, kann dies aus politischer und wirtschaftlicher Perspektive einen wichtigen Aufschwung für die ausländischen Tätigkeiten brasilianischer Konzerne bedeuten und lässt sich durch die gegenwärtig relativ geringe Beteiligung[588] Brasiliens an der Weltwirtschaft ohne weiteres rechtfertigen.

Zwar riskiert der brasilianische Fiskus damit eine Nichtbesteuerung von Vermögenserhöhungen, das i. R. marktüblicher Preise entstehen würde, verliert in Wirklichkeit jedoch grds. keine staatliche Einnahme, weil erfahrungsgemäß eine solche Expansion im Ausland auf Basis der bisherigen rechtlichen Gestaltungen einen sehr bescheidenen Erfolg gehabt hat. Das heißt, ohne staatliche Förde-

---

586 Art. 39 § 2° des Gesetzentwurfs 4.695/01.
587 Art. 39 § 2° I bis IX des Gesetzentwurfs 4.695/01.
588 Vgl. dazu erstens Kapitel. Obwohl Brasilien zu den 13 größte Volkswirtschaft der Welt gehört, bleibt seine Beteiligung am Welthandel seit über 20 Jahren unverändert bei 1,5%. In *EU-Commission,* Brazil - Country Strategy Paper 2001-2006.13.6.02, S. 8.

rung entsteht i. d. R. kaum Wachstum dieser Art, das zur staatlichen Einnahmenerhöhung führen kann. Letztendlich erfüllt der Staat mit dieser Maßnahme seine wirtschaftsfördernde Funktion, prinzipiell ohne die gegenwärtigen Einnahmen gefährden zu müssen. Ferner sollten die Effekte einer wirtschaftlichen Investitionsumlenkung, z. B. durch die Umlenkung von gegenwärtigen Investitionen im Inland in Projekte zum Zweck der Eroberung neuer Märkte, und der dadurch entstandenen Veränderung inländischer Ergebnisse, gründlicher untersucht werden. Ein auf Basis „nationaler" Konzerne erhöhter grenzüberschreitender Handel würde für die gemeinsame inländische Wirtschaft a priori positiv wirken.[589]

Juristisch gesehen weckt das Institut der Exportförderung i. R. d. DBA- und WTO-Rechte Bedenken. Die gesetzliche Erlaubnis zur Durchführung marktfremder Verrechnungspreise verstößt gegen das arm's length Prinzip der DBA, allerdings zugunsten des Steuerpflichtigen, da es ihm Spielraum für Abweichungen bietet. Aus Perspektive der ausländischen Finanzverwaltung ist dies von Vorteil, da die Regel ausschließlich auf brasilianische Ausfuhrströme beschränkt ist und somit grds. zur erhöhten Steuereinnahme im Ausland führt. Die Geltung der gesetzlichen Regelung auf Kosten des arm's length Prinzips des DBAs sollte m. E. diesbezüglich gewährleistet werden, da es ein Vorteil für den Steuerpflichtigen ist und keine fiskalischen Nachteile für den ausländischen Fiskus (pacta sunt servanda) birgt.

Es bleibt allerdings ungeklärt, ob und inwieweit die Regelung mit den WTO-Regeln zu vereinbaren ist. Die Subventionsvoraussetzungen (vorteilhaft, spezifisch und exportabhängig), die im zweiten Kapitel untersucht wurden, werden grds. erfüllt und stellen ferner die Ausnahmeregelung zum arm's length Prinzip dar.[590]

V. Sanktionen

Abgesehen von den schon analysierten Folgen bei einer Verletzung der Mitwirkungspflichten, in deren Fall Marktstudien abgelehnt werden dürfen und teilweise feste Gewinnmargen eingesetzt werden, sieht der Gesetzentwurf keine Sanktionen i. e. S. vor. Somit gelten die im zweiten Kapitel schon berücksichtigten allgemeinen steuerrechtlichen Sanktionen weiter.[591]

---

589 Vgl. *G. B. Navaretti,* Multinazionali: effetti nei paesi di destinazione. RPE Maggio-Giugno 2004, Fascicolo V-VI, S. 279-310.

590 Vgl. Fußnote 59 zu Annex I (e) WTO Übereinkommen über Subventionen und Ausgleichsmaßnahmen.

591 Über die Verhältnismäßigkeitsproblematik i. R. d. Nichterfüllung der Mitwirkungspflicht s. S. 190 f.

§ 4 Grundsatz der Unabhängigkeit der Transaktionen

I. Allgemein

Der Entwurf knüpft die Quantifizierung von übermäßigen *Ausgaben* (*excesso de custo ou despesa*) oder von *unzureichenden Einkommen* (*insuficiência de recei-ta*)[592] anhand der Verrechnungspreismethoden an die Beibehaltung des Grundsatzes der Unabhängigkeit der Transaktionen, um erst dann Anpassungen an die Besteuerungsgrundlagen des Nettogewinns und des Sozialbeitrages i. S. d. Verrechnungspreiskontrollen zu erlauben.

Der Grundsatz wird in Art. 3 und 4 des Gesetzentwurfs beschrieben und gilt i. R. von Muss-Vorschriften grds. für alle Transaktionen zwischen verbundenen Personen, unabhängig davon, ob eine zwischengeschaltete Person in den Transaktionsstrom eintritt. Der Grundsatz muss bei der Ermittlung von Verrechnungspreisen nach den im Entwurf vorgesehenen Methoden beachtet werden.[593] Nichtsdestotrotz wird dieses Gebot m. E. verletzt, indem der Einsatz von festen Gewinnsätzen bei der Ablehnung von Marktstudien bei PRL und CPL vorgeschrieben ist. Dies ist ein weiterer Grund, der gegen die Beibehaltung der festen Gewinnsätze im Gesetzentwurf spricht.[594]

II. Merkmale und Vergleichbarkeit

Die Vergleichbarkeitsanalyse kann i. R. d. Erntwurfs in die Analyse der Transaktions- und der Produktvergleichbarkeit unterteilt werden. Bezüglich der Transaktionsvergleichbarkeit verlangt der Grundsatz, dass Preise, Margen und sonstige Bedingungen bei Transaktionen zwischen verbundenen Personen diejenigen sein müssen, die unverbundene Personen in *ähnlicher oder vergleichbarer* (*semelhantes ou comparáveis*) Weise betrieben hätten.[595] Das sich daraus ableitende Prinzip lässt erkennen, dass „gleiche" Umstände nicht verlangt werden können, weil sie letztlich kaum oder gar nicht zu finden sind. Vielmehr reicht eine gewisse Ähnlichkeit oder bei Ermangelung dessen sogar lediglich die Erstellung der Vergleichbarkeit durch Wertanpassungen aus.

---

592 Art. 4° des Gesetzentwurfs 4.695/01.
593 Vgl. *M. Lira/C. Derenusson/E. Marques,* Analysis of Transfer Pricing Rules in Connection to Legislation on Taxation of Profits of Foreign Subsidiaries of Brazilian Parent Companies. ITPJ March/April 2002 S. 65-66; *M. Wolf/A. Almeida,* Brazil: Transfer Pricing Policy Moving in Line with the OECD. ITPJ January/February 2002, S. 13 ff.
594 Dazu s. S. 174 f. und 185 f.
595 Art. 3° des Gesetzentwurfs 4.695/01.

Vergleichbarkeitsanpassungen werden grds. in Art. 26 und 27 geregelt, wobei am wichtigsten die Einführung der Anpassungskriterien i. R. d. Funktionen, Risiken und Verantwortungen der Parteien ist, sowie sonstige für dem Fall spezifische Anpassungen, die zur Anwendung des Prinzips der Unabhängigkeit der Transaktionen dienen.[596] Somit sind m. E. nicht nur die Funktionen und Risiken einbezogen, sondern auch andere möglicherweise entscheidende Vergleichbarkeitsfaktoren, wie z. B. Vertragsbedingungen zu wirtschaftlichen Aspekten und Geschäftsstrategien.[597]

Bezüglich der Produktvergleichbarkeit geht der Entwurf auf das Konzept von gleichen oder ähnlichen Produkten ein. Zur Vermeidung von Streitigkeiten, die durch die gegenwärtigen Vorschriften ermöglicht werden, soll laut Entwurf beim Produkt die Gesamtheit aller Eigenschaften berücksichtigt werden, u. a. auch Preispolitik, Werbung, Marke, kommerzieller Ruf, Qualität, etc.[598] Obwohl solche Begriffe eher ungenau messbare Merkmale darstellen, dient ihre gesetzliche Verankerung zur[599] nötigen Spezifizierung der im Preis mitwirkenden Produkteigenschaften.

Vom Konzept der gleichen oder ähnlichen Produkte i. R. d. Vergleichbarkeitsprüfung sind solche ausgeschlossen, die aus atypischen Transaktionen entstehen. Art. 7° § 3° nennt als Beispiele Transaktionen wie Sonderverkauf von Vorräten, Schlussverkauf, Verkauf an die Regierung oder öffentliche Subventionen. Obwohl dies eher Ausnahmen sind, können sie zu erheblichen Problemen bei der Anwendung der Vorschriften führen. In der brasilianischen Wirtschaft ist die Beteiligung von subventionierten Unternehmen nicht zu unterschätzen, da diese sowohl i. R. von Entwicklungsprogrammen für benachteiligte Gebiete Brasiliens[600] als auch i. R. nationalpolitischer Ziele, wie z. B. zur Anziehung von internationalen Investoren, hinzugezogen werden. Zum einem reduziert die Ausschließung solcher Unternehmen von Vergleichsdatenanalysen die schon ohnehin extrem mangelhafte Verfügbarkeit von Vergleichsdaten erheblich. Es wäre präziser, dem Steuerpflichtigen die Möglichkeit zu gewährleisten, durch ökonomisch-rechnerische Anpassungen die Vergleichbarkeit seiner subventionierten Preise eventuell zurückzugewinnen. Zum anderen bleibt für derartige Transaktionen bei der Verrechnungspreisprüfung lediglich die Verwendung der willkürlichen und marktfremden festen Gewinnmargen (Art. 28 §1°) i. R. d. PRL und CPL. Darüber hinaus bleibt zu klären, ob das Kriterium des Art. 7° § 3°

---

596   Art.26 § 1° IX und X des Gesetzentwurfs 4.695/01.
597   Vgl. OECD-RL Tz. 1.19-1.35.
598   Art. 7 I bis III des Gesetzentwurfs 4.695/01.
599   Vgl. *L. E. Schoueri,* Preços de transferência no direito tributário brasileiro. 2ª Edição, 2006, S. 87 ff.
600   Z. B. Bundesstaaten im Nordosten usw.

„Verkäufe mit Regierungssubventionen" nicht auch Subventionen einschließt, die auf indirekte Verkäufe abzielen, wie z. B. staatlich begünstigte oder sogar verschenkte Industriegelände. Von dieser Praxis wurde in den letzten Jahrzehnten viel Gebrauch gemacht, und ihre wettbewerbsverzerrende Wirung sollte nicht unterschätzt werden.

Ferner sollte der gegenwärtige 3-Jahres-Betracht nicht nur in Hinblick auf den sicheren Hafen der Exportrentabilität gerichtet sein, sondern, dem internationalen Beispiel folgend, auch auf die Ermittlung von allgemeinen Vergleichspreisen und -margen, da diese Praxis eine genauere Wahrscheinlichkeitsbetrachtung des Marktverhältnisses ermöglicht.[601] Obwohl Art. 11 § 1° die Änderung der zu betrachtenden Periode zulässt, wäre eine eindeutige Festlegung von mehreren Jahren m. E. sinnvoll, um zu vermeiden, dass nachträgliche SRF-Vorschriften diese Flexibilität restriktiv betrachtet und z. B. nur auf wenige Monate begrenzen.

III. Beschaffung von Vergleichsdaten

Die Möglichkeit einer Hinzuziehung von Vergleichsdaten zur Durchführung der vorgesehenen Methoden ist äußerst unklar. A priori müssen Vergleichsdaten i. R. d. PIC, PRL und CPL den arithmetischen Preisdurchschnitt von Vergleichsunternehmen der gesamten betrachteten Periode umfassen.[602] Die gegenwärtig erlaubte Abweichung von der zu betrachtenden Periode des Steuerjahres, die lediglich in Bezug auf den sicheren Hafen der Exportrentabilität möglich ist,[603] wird laut Entwurf dem internationalen Beispiel[604] folgen und hinsichtlich der Ermittlung von allgemeinen Vergleichspreisen und -margen angewendet werden, da diese Praxis eine genauere Einschätzung der realen Marktverhältnisse zulässt.

Nichtsdestotrotz hat sich der erhebliche Aufwand einer derartigen Datenermittlung bereits bei den eigenen Transaktionen i. R. d. gegenwärtigen Vorschriften gezeigt. Laut Entwurf wird dieser Aufwand vergrößert, indem für Transaktionen der Vergleichsunternehmen zusätzliche Informationen vorgelegt werden müssen. Der Sachverhalt wird durch die Gestattung von Anpassungen an variable Marktfaktoren, die Einfluss auf die Preise ausüben, laut Entwurf zunehmend komplexer. Das Ganze wird höchstwahrscheinlich dazu führen, dass die LTC am praktikabelsten sein wird. Diese, wegen ihrer Praktikabilität verschobene Methodenpräferenz von den heutigen Regeln der PRL zu der der LTC lässt sich dadurch erklären, dass Vergleichsnettomargen unverbundener Unter-

601 Vgl. OECD-RL Tz. 1.49 ff.
602 Art. 22 § 1° i. V. m. Art. 11 des Gesetzentwurfs 4.695/01.
603 Vgl. dazu zweitens Kapitel.
604 Vgl. OECD-RL Tz. 1.49 ff.

nehmen prinzipiell leichter zugänglich sind als die Produktions- oder Anschaffungskosten dieser Firmen. Der Einsatz von noch zu entwickelnden Datenbanken kann nach dem internationalen Beispiel eine entscheidende Rolle spielen, verlangt allerdings die Klärung mehrere Aspekte, auf deren Analyse allerdings hier verzichtet wird.[605]

§ 5 Bemerkungen zum Mercosul-Recht

Zweifelsohne stellt der Entwurf eine Annäherung der Verrechnungspreisvorschriften Brasiliens an die Argentiniens dar, indem das arm's length Prinzip mehrheitlich anerkannt wurde. Nichtsdestotrotz stellt sich die Frage nach einer möglichen Diskriminierung, was schon während der europäischen Dokumentationsdebatte der Fall war. Art. 7 des Abkommens von Assunción verbietet steuerliche Begünstigungen von Produkten der Mitgliedstaaten innerhalb des Binnenmarktes, die zu unterschiedlichen Belastungen führen. Es ist vertretbar, dass die Auffassung des EuGH[606] i. R. d. Mercosuls aufgegriffen wird, indem dieses Verbot lediglich auf eine im Vergleich zu nationalen Produkten „benachteiligenden" Behandlung beschränkt wird. Obwohl im Mercosul-Recht eine Art „Niederlassungsfreiheit" im EU-rechtlichen Sinne fehlt, kann das Argument übernommen werden, dass die Aufzeichnungspflicht des Verrechnungspreises subsidiär über die Niederlassungsfreiheit auch gegen die Kapitalfreiheit verstoßen kann,[607] wenn diese auch den freien Verkehr von Produktionsfaktoren beinhaltet.

Da die Verrechnungspreisvorschriften Diskriminierungen darstellen, ist zu klären, ob Rechtfertigungsgründe dazu vorliegen. Das Mercosul-Recht bietet bis dato kaum Grundlagen, um dafür Antworten zu finden. Nichtsdestotrotz können - wie schon im zweiten Kapitel untersucht wurde - EuGH-Beispiele als Richtschnur dienen. Demzufolge könnte das Argument greifen, dass keine Diskriminierung vorliegt, da unterschiedliche Sachverhalte unterschiedlich behandelt werden können. Das würde bedeuten, dass die SRF in der Lage ist, rein inländische Transaktionen besser zu beaufsichtigen als grenzüberschreitende Sachverhalte.[608]

---

605 Vgl. dazu zweitens Kapitel.

606 Ausführlich dazu s. drittes Kapitel.

607 Vgl. dazu drittes Kapitel. Ferner *H. Hahn,* in *Vögele/Borstell/Engler,* Handbuch der Verrechnungspreise, 2004 Kap. A 287; *R. Seer,* Die gemeinschaftliche Beurteilung der erweiterten Mitwirkungspflicht bei Auslandssachverhalten. IWB 5 v. 9.3.2005 Fach 11 Gr. 2 S. 674.

608 Ausführlich dazu s. drittes Kapitel.

Ferner treten ähnliche Bedenken bezüglich der Gemeinschaftsrechtswidrigkeit des Strafzuschlags i. S. d. deutschen Aufzeichnungspflicht im Mercosul-Recht eher mittelbar ein, weil sich die Sanktionen der brasilianischen Vorschriften nach wie vor auf die allgemeine Pflicht des Steuerpflichtigen zur Richtigkeit seiner Steuererklärung beziehen. Die Sanktionen treten erst i. R. d. Einkunfts-korrekturen in der Steuererklärung ein. Dennoch ist die mittelbare Verbindung zwischen der *unglaubwürdigen* oder *inkonsistenten* vorgelegten Marktstudie und den Sanktionen wegen einer unrichtigen Steuererklärung m. E. klar erkennbar. Hier bezieht sich die Dokumentation lediglich auf grenzüberschreitende Sach-verhalte. Laut Art. 1 des Abkommens von Assunción wird damit zum einen die Verkehrsfreiheit des Produktionsfaktors Kapital eingeschränkt, und zum anderen hat dies eine ungleiche und benachteiligende Behandlung in der Besteuerung von Produkten zur Folge, die aus einem Mitgliedstaat in einen anderen transfe-riert werden, was Art. 7 des Abkommens von Assunción verletzt.

Obwohl der neue Entwurf zu den brasilianischen Verrechnungspreisvorschrif-ten weiterhin auf integrationsrechtliche Bedenken stößt, bestehen jedoch zwei große Vorteile: erstens verfolgen beide Länder mit den Verrechnungspreisvor-schriften das gleiche Prinzip. Zweitens ermöglicht dies die Vermeidung von ge-genwärtig kaum lösbaren Doppelbesteuerungsfällen, indem beide Staaten mittels internationaler Standards ermittelte Marktpreise zum Zweck des Verrechnungs-preisvergleichs anerkennen. Ferner, und dies ist nicht zu unterschätzen, kann hiermit die Diskussion über eine mercosulinische Verrechnungspreisprozedur nach dem Modell der EU-JTPF oder auch der PATA eingeleitet werden, die auf einem rechtlich konvergent gestalteten Hintergrund basiert.[609]

§ 6 Dokumentationsumfang

I. Allgemein

1. Sachverhaltdokumentation

Die Anpassung der Verrechnungspreisvorschriften an internationales Niveau würde die gegenwärtige „Dokumentationsdualität"[610] abschaffen. Der Steuer-pflichtige würde nicht länger zu einer „Standarddokumentation" zur Darlegung der festen Gewinnmargen und möglicherweise zu einer „außergewöhnliche" Dokumentation der Begründung und Antragsstellung zur Änderung der Ge-

---

609 Vgl. *N. Dagnese/D. A. C. Marchant*, Preços de transferência e sua harmonização no direito comunitário europeu e mercosulino. RDTI 3/2006 S. 177 ff; *N. Dagnese, M. Kras, K. Mank*, Dokumentation von Verrechnungspreisen - Kann der Mercosur der Eu-ropäischen Union folgen? IWB 19 11.10.2006 Gr. 2 Fach 10 S. 1927 f.
610 Vgl. dazu zweitens Kapitel.

winnmargen, sondern ausschließlich zur Dokumentation der Marktüblichkeit der Verrechnungspreise, verpflichtet werden.

Im Zusammenhang mit dem Prinzip der Unabhängigkeit der Transaktionen verlangt Art. 29 des Gesetzentwurfs eine Vergleichsstudie. Obwohl ihre Merkmale nicht so systematisch nach den OECD-RL strukturiert sind[611] wie z. B. im Fall der GAufzV, ist die Befolgung der *international anerkannten Kriterien* (*critérios internacionalmente aceitos*) eine Muss-Vorschrift (*deverão*).[612] Hierbei kämen die OECD-RL oder die PATA-Vorschriften in Frage, wobei erstere das Kriterium der Internationalität i. S. einer breiteren multilateralen Anerkennung der Regeln deutlich umfassender erfüllen. Auch die Anwendung der PATA-Vorschriften erfüllen m. E. das Internationalitätsgebot und dürfte somit verwendet werden, allerdings nur, in soweit sie sich i. R. d. Sachverhalts zugunsten des Steuerpflichtigen geeigneter zeigen als die Anwendung der OECD-RL.[613] Es bleibt jedoch zu fragen, ob die klare Erwähnung der OECD-RL nicht geeigneter wäre, da das gegenwärtige Beispiel[614] bereits gezeigt hat, dass ein allgemeiner Verweis auf die internationale Praxis nicht zu ihrer Berücksichtigung geführt hat. Außerdem könnte eine genauere Auflistung der zu beschaffenden Dokumente dazu beitragen, dass dem Steuerpflichtigen die Darstellung seines ernsthaften Bemühens erleichtert wird und damit die Rechtssicherheit erhöht würde.

Ferner erlaubt Art. 29 I des Gesetzentwurfs i. R. einer Kann-Vorschrift die Vorbereitung der Studie durch *Unternehmen mit offenkündigen technischen Wissen* (*empresa de notório conhecimento técnico*). Das relativiert die gegenwärtige Vorschrift bezüglich des Änderungsantrags der festen Gewinnmargen, indem Art. 21 II des Gesetzes 9.430/96 die Antragsstellung ausschließlich durch solche Unternehmen vorsieht. Dennoch gehört die Erwähnung solcher Dienstleistungsanbieter m. E. nicht in den Gesetzestext, solange es Sache des Steuerpflichtigen ist, ob er selber oder mit Hilfe von externer Beratung die Verrechungspreiskontrolle durchführt. Angesichts der Komplexität der Materie sollten solche überflüssigen Regeln vermieden werden. Zudem ist nicht verständlich, warum der Steuerpflichtige die Studie zur Erschließung neuer Märkte nicht selbst vorbereiten darf, sondern an Beratungsgesellschaften wie *Unternehmen mit ausgezeichnetem technischen Wissen*[615] und *spezialisierte unabhängige Unternehmen*[616]

611 Vgl. OECD-RL u. a. Tz. 1.19-1.54 und 5.1-5.29.

612 Art. 29 III des Gesetzentwurfs 4.695/01.

613 Über die PATA-Vorschriften s. viertes Kapitel.

614 Art. 21 § 1° des Gesetzes 9.430/96.

615 Kann-Vorschrift, Art. 29 I; und Muss-Vorschriften i. R. d. APA-Regelung, Art. 38 § 6° des Gesetzentwurfs 4.695/01.

616 I. R. von Muss-Vorschriften (Art. 39 § 2° des Gesetzentwurfs 4.695/01) wird die Einschaltung solcher Unternehmen für die Vorbereitung der Studie zur Eroberung neuer

delegieren muss. In beiden Fällen sollte die Erwähnung solcher Unternehmen m. E. gestrichen und in den Planungsspielraum des Steuerpflichtigen, einbezogen werden. Eine Vermutung juris et de jure über die Unfähigkeit des Steuerpflichtigen, seine Marktstudie allein vorbereiten zu können, lässt sich nicht ohne weiteres rechtfertigen.[617]

a. Allgemeine Informationen über Beteiligungsverhältnisse, Geschäftsbetrieb und Organisationsaufbau

Der Entwurf sieht keine Änderung der gegenwärtigen Prozedur zur Aufzeichnung der allgemeinen Informationen über Beteiligungsverhältnisse, Geschäftsbetrieb und Organisationsaufbau vor. Vielmehr lässt der Entwurf verstehen, dass solche Informationen weiter auf die in der Steuererklärung verlangten Informationen reduziert werden. Andererseits wäre eine breitere Beachtung i. S. d. OECD-RL sinnvoll, indem eine genauere Aufzeichnung solcher Verhältnisse mögliche spätere Preis- oder Margenanpassungen „konsistenter" untermauern können. Schließlich ist die Beachtung der internationalen Praxis verpflichtend, und ferner erlaubt Art. 26 IX des Gesetzentwurfs allgemeine Vergleichsanpassungen zur Erfüllung des Prinzips der Unabhängigkeit der Transaktionen.

b. Geschäftsbeziehungen mit verbundenen Personen

In Bezug auf die Aufzeichnungen der Geschäftsbeziehungen mit verbundenen Personen gelten die bereits oben genannten Ausführungen.

c. Funktions- und Risikoanalyse

Die Berücksichtigung von ausgeübten Funktionen und übernommenen Risiken in der Verrechnungspreiskontrolle gehört zu den bemerkenswertesten Beiträgen des Gesetzentwurfs.[618] Der Entwurf äußert sich allerdings nur sehr knapp zu diesen Kriterien. Dennoch sieht die vorgeschriebene breite Anwendung der internationalen Praxis ihre Berücksichtigung vor.[619]

2. Verrechnungspreisanalyse

In Zusammenhang mit der Funktions- und Risikoanalyse stellt die Angemessenheitsanalyse auf Basis von Marktwerten statt auf Basis von festen Gewinnsätzen

---

Märkte verlangt. Vgl. S. 195 ff.

617   Art. 5° des LV CF.
618   Art. 26 IX des Gesetzentwurfs 4.695/01.
619   Vgl. drittes Kapitel. Ausführlich dazu s. *A. Vögele/M. Brem,* in *Vögele/Borstell/Engler,* Handbuch der Verrechnungspreise, 2004 Kap. E Tz. 223-340.

einen Wendepunkt dar. Die Durchführung der Verrechnungspreisanalyse, bei der alle relevanten Kriterien zur Preisinformation berücksichtigt werden, ist mit einem relativ großen Ermessensspielraum verbunden. Die Ermittlung von Besteuerungsgrundlagen aufgrund von weniger rechnerisch präzisen Methoden kann - im Gegensatz zur heutigen Lage - zu einem rechtlichen Problem führen, was den Vorwurf der Verfassungswidrigkeit einer Verrechnungspreisanalyse nur rechtfertigen würde.[620] Dieses Problem, das sich aus der weniger wissenschaftlichen Vorgehensweise zur Ermittlung des präzisen Verrechnungspreises ergibt, lässt sich allerdings i. R. einer Ermittlung auf angemessene Weise beheben. Dafür spielt die Berücksichtigung von relevanten Einzelheiten der Geschäftsbeziehungen in Zusammenhang mit der Anwendung einer Interquartil-Bandbreite von Vergleichsunternehmen eine entscheidende Rolle. Ferner ist diese Vorgehensweise zur Ermittlung des Verrechnungspreises diejenige, die sich am deutlichsten freiheitsschonend verhält und die die gegenwärtigen rechtswidrigen Vorschriften adäquat ersetzen würde.

Die mangelnde Akzeptanz einer angemessenen Spannbreite möglicher Ergebnisse kann allerdings die Rechtssicherheit der Durchführung einer Angemessenheitsanalyse reduzieren. In dieser Hinsicht ist der Entwurf unsystematisch aufgebaut und bedarf einer weiteren Klärung.[621]

3. Aggregation von Produkten

Art. 13 des Gesetzentwurfs sieht eine Produktaggregation in zwei Variationen vor, die eine erhebliche Erleichterung der Kontrolldurchführung im Gegensatz zu den gegenwärtigen Vorschriften ermöglichen würde: erstens können bereits gemeinsam gehandelte bzw. künftig gemeinsam zu handelnde Produkte zusammen betrachtet werden. Das Ziel solcher Kriterien ist möglicherweise das Einbeziehen von Sachverhalten i. R. d. sog. „Kits", indem mehrere Produkte in einer Handelseinheit gehandelt werden (z. B. Kosmetikzubehör, das eine Flasche Shampoo, ein Stück Seife und eine Flasche Feuchtigkeitscreme beinhaltet). Zweitens können Produkte zusammenbetrachtet werden, die i. R. d. Preis- und Marktposition beieinander liegen und lediglich kleine Unterschiede aufweisen. Die Ergebnisse bei der Anwendung einer der Verrechnungspreismethoden auf mehrere Produktgruppen können pro Handelspartner gerechnet werden und als Grundlage für ein „Handelspartner-Saldo" zum Zweck von Einkommenskorrekturen dienen. Dies soll der basket approach ermöglichen und dem Steuerpflichtigen wieder einen größeren Handlungspielraum einräumen.

---

620 Über die verfassungsrechtliche Besteuerungsbeschränkungen s. zweitens Kapitel.
621 Vgl. S. 192 ff.

Ferner erlaubt Art. 23 des Gesetzentwurfs, dass Unternehmen mit Importtransaktionen von über 300 *Produkten* in der betrachteten Periode Verrechnungspreiskontrollen lediglich bei solchen Produkten durchführen müssen, die 80% des gesamten Importbetrags ausmachen. Der Artikel meint sehr wahrscheinlich „über 300 Produkt*enarten*" statt „über 300 *Produkte*", wurde aber leider nicht präzise genug formuliert und wäre m. E. zu berichtigen.

4. Datenzugriff

Die Regeln über den Datenzugriff werden vom Gesetzentwurf nicht spezifiziert. Somit verbleibt der bereits im zweiten Kapitel erwähnte Rechtsstand gültig.

5. Aufbewahrungsort und -sprache

Die Regeln über Aufbewahrungsort und -sprache werden vom Gesetzentwurf nicht weiter ausgeführt. Somit verbleibt der bereits im zweiten Kapitel erwähnte Rechtsstand gültig. Nichtsdestotrotz wären Überlegungen über eine gemeinsame Dokumentation für den Mercosul-Raum zu empfehlen. Im Vergleich zur EU verfügt Mercosul über den deutlichen Vorteil, sich statt mit über 22 unterschiedlichen Sprachen lediglich mit zwei ähnlichen Sprachen auseinandersetzen zu müssen.[622] Die Möglichkeit, Wettbewerbsvorteile daraus zu ziehen, sollte nicht unberücksichtigt bleiben.

II. Verrechnungspreisvorwegauskunft

Ein zusätzlicher Vorteil des Gesetzentwurfs ist die Einführung einer Sonderregelung der speziellen „Consulta", einer sog. *Verrechnungspreisvorwegauskunft* (*Consulta Prévia de Preços de Transferência*),[623] die ausschließlich zur Ermittlung des Verrechnungspreises dient und deren Anwendung subsidiär zur allgemeinen Consulta[624] steht.[625] Damit würde die internationale Rechtsfigur des APA in das brasilianische Recht eingeführt werden.

Abgesehen von den verfahrensbezogenen allgemeinen Regeln des Art. 38 des Gesetzes 9.430/96 bringt der Entwurf Neuerungen wie z. B. die Einrichtung einer Art „fast track" zur Erteilung von Auskünften zur Ermittlung von Ver-

---

622 Obwohl Guarani die dritte offizielle Sprache des Mercosul ist (sie wird in Teilen Paraguays gesprochen), sind Portugiesisch und Spanisch de facto die häufigsten Sprachen der vier Länder und sind in den Ländern mit Verrechnungspreisvorschriften (Brasilien und Argentinien) absolute Landessprachen.

623 Art. 38 des Gesetzentwurfs 4.695/01.

624 Art. 48 des Gesetzes 9.430/96. Vgl. s. zweites Kapitel.

625 Art. 38 § 1° des Gesetzentwurfs 4.695/01.

rechnungspreisen hervor. Nach dieser Regelung[626] gilt die Auskunft zur Ermittlung des Verrechnungspreises als genehmigt, wenn innerhalb von 30 Tagen (verlängerbar bis auf 180 Tage) nach dem Antrag keine *Manifestation* (*manifestação*) der Verwaltung stattfindet. Unklar bleibt, welche Art von Reaktion der Finanzverwaltung eine manifestação bedeutet. Das könnte von einer Empfangsbestätigung bis zu einer Zustimmung, Wiederspruch oder gar Anforderung weiterer Unterlagen sein. Die Frist stellt ein maximales Zeitlimit zu Gunsten des Steuerpflichtigen dar, wenn die Verwaltung auf den Antrag nicht reagiert. Nichtsdestotrotz ist m. E. eine Rückmeldung (manifestação) kein entscheidendes Zeichen eines zielstrebigen Verfahrensablaufs und deutet schon gar nicht auf eine Zusage hin. D. h., dass die Verwaltung diese Regeln ohne weiteres leicht umgehen kann, indem sie zwar fristgemäß „reagiert", den Verfahrensablauf aber unendlich hinauszögert. In diesem Punkt könnte der Entwurf die Neuerung m. E. verbessern, indem er z. B. auch eine Frist für eine Beendigung des Antragswürdigungsverfahrens festlegt. Das lässt sich dadurch rechtfertigen, dass man damit dem Steuerpflichtigen Rechtssicherheit in Bezug auf die künftige Verrechnungspreisermittlung gewährleistet. Dazu könnten Gebühren zur Deckung der Auskunfterteilungskosten zukommen, die dem angemesenen Ausbau der Steuerbehördenressourcen dienen würden. Ein unbefristetes Genehmigungsverfahren kann zu Verzögerungen führen, da die auf fünf Jahre begrenzte Gültigkeit[627] des beantragten APA tatsächlich auf weniger Jahre beschränkt wird und somit die Planbarkeit, die das Rechtsinstitut de lege ferenda letztlich anstrebt, beeinträchtigt. Aus diesem Grund wäre die Möglichkeit einer Verlängerung des APA empfehlenswert.

Ferner bleibt offen, ob die Verwaltung bei einer geregelten Frist nicht eher dazu neigt, Anträge tendenziell abzulehnen, auch wenn sie jede Ablehnung i. R. d. bereits angesprochenen Probleme mit deren „Unglaubwürdigkeit" oder „Inkonsistenz" rechtfertigen muss.[628]

Darüber hinaus bleibt zu beantworten, ob die sog. bilateralen und multilateralen APA durch die vorgeschlagenen Regeln unterstützt werden. Art. 38 § 8° des Gesetzentwurfs sieht zwar für die APA, die Aufzeichnung von *offiziellen Veröffentlichungen, Berichten und Erklärungen der ausländischen Verwaltung* vor, soweit ein entsprechendes DBA vorhanden ist, spricht jedoch nicht eindeutig über die Zusammenarbeit beider oder mehrerer Verwaltungen für die Be stimmung eines Verrechnungspreises, der a priori eine Doppelbesteuerung vermeiden soll. Obwohl die oben erwähnte vorgesehene Art der Aufzeichnung i. V. m. dem Verständigungsverfahren und dem Artikel der DBA zum Informations-

---

626 Art. 38 § 16 des Gesetzentwurfs 4.695/01.
627 Art. 38 § 3° des Gesetzentwurfs 4.695/01.
628 Art. 38 § 12 des Gesetzentwurfs 4.695/01.

austausch den Weg zum bi- und multilateralen APA de jure offen lässt, ist es erfahrungsgemäß nicht unrealistisch zu erwarten, dass die brasilianische Finanzverwaltung ein engeres Verständnis des vorgeschlagenen Gesetzes entwickeln und die allgemein gehaltene Vorschrift eher restriktiv auslegen wird. Weil die bi- oder multilaterale Mitwirkung der Finanzverwaltungen zur Ermittlung eines Ergebnisses tendenziell am sichersten einer Doppelbesteuerung vorbeugt,[629] sollte der Entwurf m. E. dementsprechend formuliert werden, um eine gemeinsame Lösung zu finden, die die Interessen aller Beteiligten - Steuerpflichtige wie inländische und ausländische Finanzverwaltungen - berücksichtigen.

III. Dokumentationssystem

Die Gestaltung eines Dokumentationssystems zur Einhaltung der vorgeschlagenen Regeln könnte sich sowohl am gegenwärtigen System als auch am System der OECD orientieren.[630] Die Informationsbeschaffungsphase, die zu beiden Vorgehensweisen gehört, würde weitgehend mit der Überprüfung der subjektiven und objektiven Voraussetzungen sowie der verschiedenen sicheren Häfen einhergehen, wobei die fakultative Geltung der gesetzlich determinierten Gewinnsätze für die PRL und PCL zu berücksichtigen wäre.

Falls der Steuerpflichtige sich für die festen Margen entscheidet, ist es fraglich, ob er die Durchführung solcher Margen aufzeichnen muss. Laut Art. 29 § 1° des Gesetzentwurfs 4.695/01 darf der Steuerpflichtige die Suche nach marktüblichen Margen durch die gesetzlich determinierten Margen ersetzen, und zwar *ohne Beweispflicht* (*sem necessidade de comprovação*). Ferner sieht Art. 29 VI vor, dass bei der Ablehnung einer Marktstudie diese festen Margen gelten. Daraus lässt sich ableiten, dass keine Dokumentationspflicht hinsichtlich der Erfüllung solcher Sätze besteht. Obwohl diese Bestimmung auf den ersten Blick zugunsten der Steuerpflichtigen, die sich für diese Sätze entscheiden, wirken würde, ist die Abschaffung der Aufzeichnungspflicht äußerst risikoreich. I. R. einer Betriebsprüfung würde die Finanzverwaltung die Verrechnungspreismargen ermitteln wollen, ohne jedoch über das Material zu verfügen, das z. B. i. R. d. heutigen Dokumentationspflicht vorsorglich besorgt wird. Dies kann leicht zu mehreren Problemen führen. Da der Steuerpflichtige nichts dokumentiert hat, wird er auch sehr wahrscheinlich keine Kontrolle durchführen und nicht in der Lage sein, die festen Sätze einzuhalten. Somit besteht das Risiko, dass die Finanzverwaltung eine der beiden Methoden aufgrund der vorhandenen Daten einsetzt und zu für den Steuerpflichtigen sehr ungünstigen Einkommenskorrekturen kommen. Wenn der Steuerpflichtige allerdings die festen Sätze einhält und kontrolliert,

---

629 Vgl. OECD-RL Tz. 4.143-4.159; *T. Borstell,* in *Vögele/Borstell/Engler*, Handbuch der Verrechnungspreise, 2004 Kap. B Tz. 240.

630 Vgl. s. zweites und drittes Kapitel.

fällt ihre Dokumentation nach dem heutigen Modell grds. nicht schwerer als das bereits verwendete und dient als Schutzschild gegen Korrekturen der SRF. D. h. nach dem Gesetzentwurf besteht i. R. der sicheren Häfen (Option für die starren Sätze) die Empfehlung, die Verrechnungspreise aufzuzeichnen.

Abgesehen von der mangelnden Systematisierung der Vorschriften, die für eine Umformulierung des Gesetzentwurfs spricht,[631] verschafft die „Befreiung" von der Verrechnungspreiskontrolle dem Steuerpflichtigen m. E. keine Planungsmöglichkeit und Rechtssicherheit. Daher ist dem Steuerpflichtigen, der sich für feste Gewinnsätze entscheidet, zu empfehlen, diese vorsorglich nach dem gegenwärtigen Modell aufzuzeichnen.

Nach der Überprüfung der sicheren Häfen folgt die Dokumentation der Verrechnungspreise laut Entwurf vielmehr dem internationalen Modell, wobei in einer ersten Phase der Sachverhalt und in einer zweiten die plausible Angemessenheit der Verrechnungspreise auf Basis der Funktions- und Risikoanalyse aufgezeichnet wird.[632]

§ 7 Abschließende Bemerkungen

Der Gesetzentwurf erfüllt in mehrerer Hinsicht die äußerst dringende Forderung nach Anpassung der Verrechnungspreispolitik Brasiliens an internationalen Regeln, vor allem durch die breite Anerkennung des Fremdvergleichsprinzips entsprechend der internationalen Praxis. Nichtsdestotrotz weiß der Entwurf keinen systematischen Zusammenhang zwischen mangelnder Mitwirkung des Steuerpflichtigen und den daraus entstehenden Folgen herzustellen. Bei manchen Methoden gelten die festen Margen weiter, während bei anderen unklar bleibt, ob die SRF selbst eine Marktstudie durchführen soll. Eine verhältnismäßige Bewertung der Mitwirkung wird von vornherein nicht versucht. Insbesondere ist die Akzeptanz der auf unangemessene Weise durch die Fianzverwaltung reduzierten Spannbreite möglicher Vergleichspreise zu kritisieren. Diese Asymmetrie zwischen dem vorgeschlagenen (fehlerhaften) System und den internationalen Standards, deren Einhaltung im vorgeschlagenen System wiederholt verlangt wird, erlaubt die Entstehung von Grauzonen, wobei unklar ist, welches Verhalten vom Steuerpflichtigen erwartet oder welches ihm erlaubt wird.

Countries which do not relax their transfer pricing regulations or do not provide mechanisms to make their application more flexible will compete at a disadvantage as compared to those who are proactively developing this tax policy.[633] Das ist ein entscheidendes Kriterium *in or-*

---

631 Ausführlich dazu s. S. 189 ff.

632 Ausführlich dazu s. drittes Kapitel.

633 *J. M. Calderón,* European Transfer Pricing Trends and the Crossroads: Caught Between

*der to continue building a country with an advantageous or highly competitive "tax climate"
which will enable it to attract foreign business investment and improve its companies' level of
internationalization.*[634]

Obwohl sich die Suche nach einer Vermischung von gegenwärtigen Vorschriften und von rechtlich sowie international anerkannten Vorschriften evtl. politisch rechtfertigen ließe, würde diese allerdings nur ungenügend die Anzahl von Reformbedürfnissen des gegenwärtigen Verrechnungspreissystems berichtigen. Die Suche nach einem Kompromiss, der sich von den verfassungsverankerten Besteuerungsmerkmalen trennt und von den Kernfragen ablenkt, erinnert bedauerlicherweise an die Schwierigkeiten, die die fragile Demokratie der 60er Jahre bei ihrer Durchführung von steuerrechtlichen Reformen hatte:

(...) der brasilianischen Fiskus hat sein gerechtes Wesen verloren (...); er beabsichtigt ausschließlich, Geld einzutreiben, gleichgültig, auf welche Art und Weise und von wem, und in einer Form, die am einfachsten und produktivsten erscheint.[635]

Da unter „gerechtem Wesen" m. E. die Berücksichtigung der Bürgerrechte durch die Beschränkung der Besteuerungsgewalt als Teil des „Wesens eines Rechts- und Steuerstaates" zu verstehen ist, sollte dieses „Wesen" bei der Reform der Verrechnungspreisvorschriften beachtet und von Doktrinen abgesehen werden, die bereits 1996 erst gar nicht hätten entstehen dürfen. Ferner stellt ein solcher Kompromiss die tatsächliche Reformfähigkeit eines demokratischen Systems auf bedenkliche Weise in Frage.

Globalization, Tax Competition and EC Law. Intertax Vol. 33 Issue 3 2005 S. 108.

634 *J. M. Calderón,* European Transfer Pricing Trends and the Crossroads: Caught Between Globalization, Tax Competition and EC Law. Intertax Vol. 33 Issue 3 2005 S. 109.

635 Zitat von *Ulhôa Canto* (1963), in *R. Varsano,* A evolução do sistema tributário brasilieiro ao longo do século: anotações e reflexões para futuras reformas. IPEA, 1996, N°. 405, S. 8. Im darauf folgenden Jahr (1964) geschah der Militärputsch mit breiter Anerkennung der Zivilbevölkerung (hier wirkten allerdings Elemente i. R. d. kalten Krieges mit) und zwei Jahre später schafften es die neuen und diktatorischen Machthaber, die Steuerreform durchzusetzen, die seit 1947 als dringlich galt. Ein zentrales Anliegen der Reform war der - unter Vorbehalt diverser Änderungen - bis dato geltende CTN. (Vgl. gleiches Werk, S. 8 ff.).

Drittes Kapitel: Dokumentationspflicht nach deutschem Recht

§ 1 Entwicklungsgeschichte

I. Allgemeines

Dokumentationspflichten in Deutschland sind in zahlreichen Gesetzesvorschriften zu finden. Beispielsweise sind die §§ 238 ff. HGB und §§ 140 ff. AO zu zitieren.[636] I. R. der Verrechnungspreisanalyse besteht die Pflicht zur Vorlage vorhandener Urkunden in § 97 Abs. 1 AO. Dazu verlangt § 90 Abs. 2 AO von dem Steuerpflichtigen, der grenzüberschreitende Geschäftsbeziehungen unterhält, die Beschaffung von Unterlagen aus dem Ausland, selbstverständlich unter dem Vorbehalt des Grundsatzes der Verhältnismäßigkeit, der Unmöglichkeit und der Zumutbarkeit.[637] Grob gesagt: erst wenn der Steuerpflichtige seine Mitwirkungspflichten verletzt, ist der Finanzverwaltung eine Schätzung der marktüblichen Verrechnungspreise für die Gewinnmargenkorrektur gestattet.

Problematisch wurde es, als die Finanzverwaltung anfing, die Mitwirkungspflicht mit ihren Mitwirkungswünschen zu verwechseln, wie nach der BFH-Rechtsprechung[638] festzustellen war,[639] und die Erstellung von Dokumentationen zur Prüfung der Verrechnungspreisangemessenheit verlangte.

II. Die Rechtsprechung

1. BFH-Beschluss von 10.5.2001

Der BFH hat sich mit einer inländischen Vertriebsgesellschaft beschäftigt, die über mehrere Jahre Verluste hingenommen hatte und deren Verlust die Finanzverwaltung auf unangemessene Verrechnungspreise zurückgeführt hatte. Da die Finanzverwaltung die Mitwirkungspflicht des Steuerpflichtigen für verletzt hielt, hat eine Schätzung i. R. eines Fremdvergleichs stattgefunden. Der BFH hat den Antrag des Steuerpflichtigen auf Aussetzung des Vollzugs dazu genutzt, um sich grundsätzlich mit der Frage auseinanderzusetzen, inwieweit eine Dokumentationspflicht bei der Bestimmung angemessener internationaler Verrechnungspreise besteht.

---

636 *H. Becker,* Neues Gesetz zur Dokumentationspflicht? IWB 18 26.9.2001 Fach 3 Gr. 1 S. 1765.

637 *S. Rasch,* in *Becker/Kroppen,* Handbuch der Verrechnungspreise. 2003 O Anm. 4 Tz. 5.6

638 BFH, Beschl. v. 10.5.2001, IS 3/01, NV 2001; BFH, Urteil v. 17.10.2001, IR 103/100, 2001.

639 *H.-K. Kroppen/A. Eigelshoven,* Keine Dokumentationspflichten bei der Bestimmung von Verrechnungspreisen? IWB Nr. 12 27.6.2001 Fach 3 Gr. 1 S. 1745.

Der Beschluss vom 10.5.2001 hat festgestellt, dass das deutsche Recht zu jenem Zeitpunkt keine Dokumentationspflicht außerhalb der gesetzlich geregelten Auskunftspflichten für verdeckte Gewinnausschüttung kannte. Unter Auskunftspflichten waren die allgemeinen und erhöhten sog. erweiterten Mitwirkungspflichten zu betrachten.[640] Die allgemeinen Mitwirkungspflichten ergaben sich aus §§ 90 Abs. 1, 93, 97 und 200 AO. Die erhöhten Mitwirkungspflichten sind in § 90 Abs. 2 AO zu finden. Nach dem Beschluss bestand und besteht bis heute eine strenge Unterscheidung zwischen den erweiterten Mitwirkungspflichten und der Verrechnungspreisdokumentationspflicht. Als Voraussetzung für die steuerliche Anerkennung von Verrechnungspreisen war gesetzlich keine besondere Dokumentation vorgeschrieben.[641] Der Beschluss hat zweifelsfrei klargestellt, dass aus den oben genannten gesetzlich geregelten Mitwirkungspflichten keine besondere Dokumentationspflicht und schon gar nicht eine Umkehr der Darlegungspflicht zu Lasten des Steuerpflichtigen abzuleiten war. Dafür war vielmehr eine gesetzliche Grundlage erforderlich. Die Beweisvorsorge des Steuerpflichtigen umfasste gem. § 90 Abs. 2 AO allein die tatsächlich vorhandenen Beweismittel.[642] Anders ausgedrückt der Steuerpflichtige war lediglich dazu verpflichtet, *eine bereits bestehende ggf. freiwillig geführte Dokumentation vorzulegen.*[643]

Der BFH-Beschluss wirkte als *Schutzschild*[644] gegen ein zu umfassendes Dokumentationsverlangen der Finanzbehörden, die sich nun praktisch nicht mehr auf eine Reduzierung des Beweismaßes mit dem Ziel einer Schätzung berufen konnten. In die gleiche Richtung ging das BFH-Urteil vom 17.10.2001, welches die Aussage des vorausgehenden Beschlusses bestätigt hat.

2. BFH-Urteil von 17.10.2001

In dieser Entscheidung hat der BFH die Frage beantwortet, wie Verrechnungspreise zwischen verbundenen Unternehmen festgesetzt werden sollen und welche Rechte die Finanzbehörde und der Steuerpflichtige bei der Prüfung internationaler Verrechnungspreise haben.[645]

---

640 Ausführlich *R. Seer*, in *Tipke/Kruse*, Kommentar zu AO. 2006, § 90 Tz. 18-30.
641 U. a. *G. Strunk/B. Kaminski*, Pflicht zur Dokumentation als Bestandteil der allgemeinen Mitwirkungspflichten der AO? IWB 14 25.7.2001 Fach 3 Gr. 1 S. 1751.
642 U. a. *H.-K. Kroppen/A. Eigelshoven*, Keine Dokumentationspflichten bei der Bestimmung von Verrechnungspreisen? IWB Nr. 12 27.6.2001 Fach 3 Gr. 1 S. 1746.
643 *R. Seer*, Kodifikation von Dokumentationspflichten über Verrechnungspreisgestaltung in multinationalen Konzernen? FR 7/2002 S. 381.
644 *H.-K. Kroppen/A. Eigelshoven*, Keine Dokumentationspflichten bei der Bestimmung von Verrechnungspreisen? IWB Nr. 12 27.6.2001 Fach 3 Gr. 1 S. 1748.
645 *H.-K. Kroppen/S. Rasch/A. Roeder*, Bedeutende Entscheidung des BFH in Verrechnungspreisfragen. IWB 23 12.12.2001 Fach 3 Gr. 1 S. 1787.

Es wurde nach einer gesetzlich engen Auslegung bestätigt, dass es de lege lata keine Dokumentationspflicht gab.[646]

Weiter wurde auch geklärt, inwieweit eine inländische Tochtergesellschaft verpflichtet war, Unterlagen ihrer ausländischen Muttergesellschaft zu beschaffen. Gem. der Rechtsprechung konnte es nicht von der Tochtergesellschaft verlangt werden, dass Unterlagen gesammelt wurden, zu denen sie aus rechtlichen oder tatsächlichen Gründen keinen Zugriff hat. D. h., die Zumutbarkeitsgrenze wurde erreicht, sobald die inländische Gesellschaft, die Beweismittel bei ihrer ausländischen übergeordneten Gesellschaft gem. § 90 Abs. 2 AO beschaffen musste, keine rechtliche und tatsächliche Möglichkeit zur Beschaffung hatte. Die Prinzipien der Verhältnismäßigkeit und der Zumutbarkeit *setzen übergesetzliches Recht und haben deshalb Vorrang vor dem Gesetz.*[647] Das inländische Unternehmen hatte innerhalb seiner Beweisvorsorge lediglich zu beweisen, dass tatsächlich ernsthafte Anstrengungen zur Beschaffung der Unterlagen unternommen worden waren.

In diesem Sinn setzte sich der BFH mit der Beweislast für angemessene Verrechnungspreise auseinander und folgte der Theorie der sphärenorientierten Beweisrisikoverteilung[648]. Diese wird aus der auf Kooperation angelegten Arbeitsteilung und aus den Wertungen der Beweisregeln des § 162 AO abgeleitet.[649] Die Finanzverwaltung trug und trägt nach § 88 AO grundsätzlich die objektive Beweislast. Nach der Kooperationsmaxime des Besteuerungsverfahrens trug der Steuerpflichtige i. R. seines Verantwortungsbereichs die Mitwirkungspflicht, vorhandene Unterlagen zu offenbaren und innerhalb des Zumutbarkeitsprinzips Unterlagen gem. § 90 Abs. 2 AO zu beschaffen.

Im Falle einer Mitwirkungspflichtverletzung i. R. einer verdeckten Gewinnausschüttung war nach dem Urteil eine widerlegbare Vermutung über eine Leistung zulässig, die durch das Gesellschaftsverhältnis veranlasst war. Diese Vermutung stand in der Beweisrisikosphäre des Steuerpflichtigen, da er seine Mitwirkungspflicht nicht angemessen erfüllt hatte. Trotzdem war eine Preiskorrektur erst zulässig, wenn der tatsächlich von dem Steuerpflichtigen angesetzte Preis au-

646 *H. Baumhoff,* Aktuelle Entwicklungen bei den internationalen Verrechnungspreisen. IStR Heft 1 2003 S. 1.

647 *H. Becker,* Neues Gesetz zur Dokumentationspflicht? IWB 18 26.9.2001 Fach 3 Gr. 1 S. 1766. Vgl. *S. Rasch,* in *Becker/Kroppen,* Handbuch der Verrechnungspreise. 2003 O Anm. 4 Tz. 5.6.

648 *R. Seer,* Verständigung in Steuerverfahren. 1996, S. 191 ff. und *R. Seer,* in *Tipke/Kruse,* Kommentar zu AO. 2004, § 162 Tz. 4 ff.

649 *H.-K. Kroppen/S. Rasch/A. Roeder,* Bedeutende Entscheidung des BFH in Verrechnungspreisfragen. IWB 23 12.12.2001 Fach 3 Gr. 1 S. 1791.

ßerhalb der Bandbreite angemessener Preise lag, wie sie die Finanzverwaltung für ihre Beweisrisikosphäre zu erstellen hatte.

Damit wurde erstens zu Ungunsten der Finanzverwaltung bestätigt, dass es keine punktgenaue Größe angemessener Verrechnungspreise gibt, sondern eine Bandbreite (arm's length range), die die Finanzverwaltung i. R. vorhandener Vergleichsdaten liefern konnte.[650] Zweitens war das Finanzamt nicht zu bloßen Verdachtsbesteuerung berechtigt,[651] sondern sollte im Falle einer Preiskorrektur die Anwendung der Bandbreite am für den Steuerpflichtigen vorteilhaftesten Punkt vornehmen. Die Möglichkeit einer Preisschätzung sowohl am nachteiligsten Punkt als auch bei einem Mittelpunkt war, wie durch den ersten Senat hervorgehoben, mangels steuerrechtlicher Straf- oder Verdachtschätzung nicht gestattet.[652]

Letztendlich wurde bestätigt, dass die Beweislast der Fremdvergleichmäßigkeit und damit die Voraussetzung für das Vorliegen einer verdeckten Gewinnausschüttung allein unter der Beweissphäre der Finanzverwaltung liegen.[653]

III. Nachkommende Vorschriften

Als Folge dieser Rechtsprechung entstand die Gefahr, dass sich multinationale Unternehmen Vorteile verschaffen konnten durch die Vernichtung oder Unterdrückung von Beweisen. Dies würde einer Prämierung einer Mitwirkungsverweigerung gleichkommen.[654] Ferner ließ die Rechtsprechung die Frage offen, ob der bloße Hinweis darauf, dass Unterlagen ausländischer Mutterunternehmen nicht erreichbar seien, schon ausreichend dafür ist, dass die Unterlagen tatsächlich unerreichbar sind.[655] Strittig blieb, ob unter diesen Bedingungen die Prüfung

650 H.-K. Kroppen/S. Rasch/A. Roeder, Bedeutende Entscheidung des BFH in Verrechnungspreisfragen. IWB 23 12.12.2001 Fach 3 Gr. 1 S. 1794; R. Seer, Kodifikation von Dokumentationspflichten über Verrechnungspreisgestaltung im multinationalen Konzernen? FR 7/2002 S. 381. Ausführlich s. S. 235 ff.

651 R. Seer, Kodifikation von Dokumentationspflichten über Verrechnungspreisgestaltung in multinationalen Konzernen? FR 7/2002 S. 381.

652 Vgl. H.-K. Kroppen/S. Rasch/A. Roeder, Bedeutende Entscheidung des BFH in Verrechnungspreisfragen. IWB 23 12.12.2001 Fach 3 Gr. 1 S. 1794. Ferner F. Wassermeyer in FWB, Kommentar zum AStG, § 1 Anm. 822.

653 Vgl. H. Baumhoff, Aktuelle Entwicklungen bei den internationalen Verrechnungspreisen. IStR Heft 1 2003 S. 2.

654 Vgl. R. Seer, Kodifikation von Dokumentationspflichten über Verrechnungspreisgestaltung in multinationalen Konzernen? FR 7/2002 S. 382; R. Schreiber, Pflicht zur Angemessenheitsdokumentation bei internationalen Verrechnungspreisen. IWB 3 09.02.2005 Fach 3 Gr. 1 S. 2105 f.

655 R. Seer, Kodifikation von Dokumentationspflichten über Verrechnungspreisgestaltung

von Verrechnungspreisen nicht mehr gesichert war. Einerseits könnte die Entscheidung wie eine Förderung der Beweisverderbung interpretiert werden.[656] Andererseits hat die Entscheidung *Mitwirkungspflichten statuiert und nur etwas selbstverständlich ausgedrückt, dass nämlich der Staat i. R. der Eingriffsverwaltung die objektive Beweislast für seine Behauptungen trägt (...).*[657]

Wie von der Finanzverwaltung angekündigt und von Fachleuten erwartet[658] wurden 2003 i. R. des StVergAbG Dokumentationspflichten bei Verrechnungspreisen in das deutsche Recht eingeführt. Obwohl das BMF und das Schrifttum[659] bei der Überlegung über die beste Position der neuen Regelung erwogen haben, diese unter § 1 AStG zu verankern, könnte das Problem entstehen, dass die neue Regelung möglicherweise nicht für andere Vorschriften gelten könnte, z. B. § 8 Abs. 3 Satz 2 KStG.[660] Schließlich wurde die Mantelgesetzfunktion der AO vorgezogen. Die neue Gesetzgebung umfasst die entscheidende Einführung des § 90 Abs. 3 und § 162 Abs. 3 und 4 AO und ferner die Änderung des § 1 Abs. 4, § 7 und § 8 Abs. 1 AStG. Sie ist deswegen das Zentralelement dieses Kapitels. Mit der Absicht, eine einheitliche Rechtsanwendung sicherzustellen, sind Art, Inhalt und Umfang der zu erstellenden Aufzeichnungen gem. § 90 Abs. 3 Satz 5 AO durch GAufzV[661] bestimmt worden. Die neue Regelung stellt eine Zäsur in der Konstellation der Verrechnungspreisprüfung dar und verankert die strengen Aufzeichnungspflichten und Strafzuschläge. Die neue Aufzeichnungspflicht beseitigt als Nebeneffekt die bestehende *Inländerdiskriminierung, insoweit inländische Muttergesellschaften grundsätzlich auch inlandssteuerrelevante Unterlagen ihrer ausländischen Betriebsstätten und Tochtergesellschaften vorlegen müssen, während dies für ausländische Konzerne bzw. ihre inländische Tochtergesellschaften nicht galt.*[662]

---

in multinationalen Konzernen? FR 7/2002 S. 382.

656 *R. Seer*, Kodifikation von Dokumentationspflichten über Verrechnungspreisgestaltung in multinationalen Konzernen? FR 7/2002 S. 382.

657 *U. Moebus*, Neue Dokumentationspflichten bei Transferpreisen - Irrweg und/oder Irrglaube? BB Heft 27 2003 S. 1413.

658 U. a. *H. Becker*, Neues Gesetz zur Dokumentationspflicht? IWB 18 26.9.2001 Fach 3 Gr. 1 S. 1769; *H.-K. Kroppen/S. Rasch/A. Roeder*, Bedeutende Entscheidung des BFH in Verrechnungspreisfragen. IWB 23 12.12.2001 Fach 3 Gr. 1 S. 1796; *H. Baumhoff*, Aktuelle Entwicklungen bei den internationalen Verrechnungspreisen. IStR Heft 1 2003 S. 1; *W. Schmidt/J. Gröger*, Neue Dokumentationspflichten und "Strafzuschläge" bei Geschäftsbeziehungen mit Auslandsbezug oder: "Zuckerbrot und Peitsche". FR 16/2003 S. 813.

659 *R. Seer*, Kodifikation von Dokumentationspflichten über Verrechnungspreisgestaltung im multinationalen Konzernen? FR 7/2002 S. 383.

660 *F. Wassermeyer*, Einkünftekorrekturnormen im Steuersystem. IStR 2001, 633 ff.

661 Bundesrat-Beschluss zur GAufzV v. 17.10.2003 i. V. m. BMF-GAufzV und BMF-Begründung v.15.08.2003.

662 *S. Schnorberger*, Verrechnungspreis-Dokumentation und StVergAbG - Offene Fragen

Anschließend hat das BMF die Verwaltungsgrundsätze-Verfahren[663] veröffentlicht, mit denen ausführliche Anweisungen i. R. d. Dokumentationserstellung erlassen werden. Nichtsdestotrotz enthalten sowohl die GAufzV als auch die Verwaltungsgrundsätze-Verfahren mehrere Regeln, die sich auf vage Konzepte stützen und offene Fragen bezüglich der Dokumentation hinterlassen.[664] Diese werden i. R. d. Untersuchung angesprochen werden.

§ 2 Vorbemerkungen zu den Methoden

Anders als die brasilianischen Verrechnungspreisvorschriften, die i. R. eines bestimmten Gesetzes sowohl die Verrechnungspreisermittlungsmethoden als auch die Aufzeichnungspflicht erklären, ist die Regelung der Verrechnungspreismethoden in Deutschland aus unterschiedlichen Rechtsquelle abzuleiten.[665] Grds. folgen die deutsche Regelungen den Empfehlungen der OECD-RL und schaffen somit eine im Vergleich zu den brasilianischen Vorschriften viel umfassendere und marktorientierte Durchführung von Verrechnungspreiskontrolle. Soweit die deutschen Regeln sich an den Kompromiss der OECD-RL halten, wird eine international konsequente - i. S. einer Doppelbesteuerungsvermeidung - Steuerplanung möglich. Diese Art „internationale Einheitlichkeitstendenz" zeigt sich z. B. in der steigenden Akzeptanz der Nettomargenmethoden bei der deutschen Finanzverwaltung.[666]

---

und Probleme. DB Heft 23 6.6.2003 S. 1241.

663 BMF. Grundsätze für die Prüfung der Einkunftsabgrenzung zwischen nahestehenden Personen mit grenzüberschreitenden Geschäftsbeziehungen in Bezug auf Ermittlungs- und Mitwirkungspflichten, Berichtigungen sowie auf Verständigungs- und EU-Schiedsverfahren (Verwaltungsgrundsätze-Verfahren). IV B4 – S 1341 – 1/05, 76 S.

664 Vgl. *B. Kaminski/G. Strunk*, Die „Gewinnabgrenzungsaufzeichnungsverordnung" . Teil I. und Teil II. StBp 1 bzw. 2/2004 S. 2ff. bzw. S. 29 ff.; *A. Eigelshoven/A. Nientimp*, Die Dokumentation angemessener Verrechnungspreise nach den Verwaltungsgrundsätze-Verfahren: Eine kritische Analyse. DB Heft 22 3.6.2005 S. 1185 ff.; *H. Baumhoff/X. Ditz/M. Greinert*, Die Dokumentation internationaler Verrechnungspreise nach den „Verwaltungsgrundsätze-Verfahren". DStR 37/2005 S. 1549 ff. *O. Wehnert et ali*, Dokumentation von Verrechnungspreislisten: Ausgewählte Aspekte der Verwaltungsgrundsätze-Verfahren. Teil I und II. IStR 20 bzw. 21/2005 S. 714 ff. bzw. 749 ff. *H.-K. Kroppen/S. Rasch*, Aufzeichnungspflichten für internationale Verrechnungspreise – Verwaltungsgrundsätze-Verfahren. IWB 10 v. 25.5.2005 Fach 3 Gr. 1 S. 2113 ff.

665 § 1 Abs. 4 AStG; BMF Schreiben v. 23.2.1983 - Verwaltungsgrundsätze 1983, BStBl 1983, 218; OECD-RL; Betriebsstätten-Verwaltungsgrundsätze, BStBl 1999 I S. 1076; Umlageverträge – Verwaltungsgrundsätze, BStBl 1999 I S. 1122; Verwaltungsgrundsätze-Verfahren, IV B4 – S 1341 – 1/05.

666 Vgl. Verwaltungsgrundsätze-Verfahren Tz. 3.4.10.3 b) und d). Darüber *A. Eigelshoven/A. Nientimp*, Die Dokumentation angemessener Verrechnungspreise nach den Verwaltungsgrundsätze-Verfahren: Eine kritische Analyse. DB Heft 22 3.6.2005 S. 1185 f.

Obwohl im zweiten Kapitel über die brasilianischen Verrechnungspreismethoden berichtet wurde, wird i. R. dieser Untersuchung auf eine Analyse der Methoden, die in Deutschland zulässig sind, verzichtet. Dies ist gerechtfertigt, weil die sui generis Regelungen Brasiliens zu einer entsprechenden sui generis Verrechnungspreiskontrolle führen, die sich erst aus den Grunderklärungen der zum einem äußerst ungewöhnlichen und zum zweiten relativ wenig untersuchten Methoden besser verstehen lassen. Im Gegensatz dazu entsprechen die in Deutschland zulässigen Methoden grds. der OECD-RL und wurden mehrmals gründlich untersucht.[667]

§ 3 Voraussetzungen der Dokumentationspflicht

I. Tatbestandmerkmale

1. Normadressat

Ein Steuerpflichtiger mit Geschäftsbeziehungen zu nahe stehenden Personen im Ausland ist verpflichtet, Aufzeichnungen zu erstellen. Materiellrechtlich kommt der Begriff Steuerpflichtiger in der Form eines unbeschränkten, beschränkten oder erweitert beschränkten Steuerpflichtigen (§ 1 Abs. 1, 3, § 1a Abs. 1 Nr. 2, §§ 49 ff. EStG, §§ 1, 2 KStG) vor. Sowohl im EStG als auch im KStG ist der Begriff sehr weit auszulegen und umfasst nicht nur Unternehmen, sondern auch Haftungsschuldner, gesetzliche Vertreter, Organgesellschafter und Mitunternehmerschaften sowie Betriebsstätten (§ 7 GAufzV).[668] § 90 Abs. 3 Satz 4 AO beschränkt den Begriff des Steuerpflichtigen, insoweit von Unternehmen gesprochen wird. Ähnliches ist im § 7 GAufzV zu finden.

Das verknüpft sich mit dem Begriff der „Geschäftsbeziehung" und dem Ausdruck „mit Auslandsbezug", welche sich möglicherweise, da nichts darüber im § 90 Abs. 2 und 3 AO zu finden ist, auf den § 1 Abs. 4 AStG beziehen. Nach Wassermeyer[669] würde sich § 90 Abs. 3 AO unverhältnismäßig weit erstrecken, wenn eine § 1 Abs. 4 AStG analoge Auslegung befürwortet wäre. Beispiel dafür

---

667 U. a. *H. Becker* und *J. Schuch/G. Toifl*, beide in *Becker/Kroppen*, Handbuch Internationaler Verrechnungspreise, O Kap. II bzw. O Kap. III; *Vögele/Borstell/Engler*, Handbuch der Verrechnungspreise. 2004 Kap. D.; ferner *H. Baumhoff/X. Ditz/M. Greinert*, Die Dokumentation internationaler Verrechnungspreise nach den „Verwaltungsgrundsätze-Verfahren". DStR 37/2005 S. 1551 ff.

668 *F. Wassermeyer*, Dokumentationspflichten bei internationalen Verrechnungspreisen: Zum zweiten Entwurf einer Verordnung zu § 90 Abs. 3 AO. DB Heft 29 18.7.2003 S. 1536.

669 *F. Wassermeyer*, Dokumentationspflichten bei internationalen Verrechnungspreisen: Zum zweiten Entwurf einer Verordnung zu § 90 Abs. 3 AO. DB Heft 29 18.7.2003 S. 1536.

wäre ein zinsloses Darlehen eines inländischen Steuerpflichtigen an seine in den USA ansässige Tochter, die mit dem Geld ein Mietshaus errichtet. Der unbeschränkt Steuerpflichtige erfüllt den Tatbestand des § 1 Abs. 1 AStG und hat damit nicht nur im Inland fiktive Zinseinnahmen zu versteuern, sondern auch zwecklose Aufzeichnungen zu einer spezifischen Verrechnungspreisesanalyse zu erstellen. Der Betrag, Zweck und der tatsächliche Zinssatz des Darlehens, so Wassermeyer, können nämlich ohne solche Aufzeichnungen zum Zweck des § 1 Abs. 1 AStG nachgewiesen werden.

Das BFH-Urteil vom 5.12.1990 stellte fest, dass § 1 AStG ausschließlich auf Steuerpflichtige anzuwenden sei, die ein Unternehmen betreiben. Die Reaktion des Gesetzgebers war die Einführung des § 1 Abs. 4 AStG, der nach § 7 GAufzV die Rechtslage nach dem erwähnten Urteil bestätigt. Damit ist gem. Wassermeyers Ansicht[670] begrüßenswerterweise ein *offensichtlicher Verstoß gegen Art. 3 und Art. 5 GG* vermieden.

Der Ausdruck „nahe stehende Person" wird im Text des § 90 Abs. 3 Satz 1 AO unmittelbar mit § 1 Abs. 2 AStG verknüpft. Das wird spätestens durch den definitorischen Rückgriff des § 1 GAufzV auf die Legaldefinition nahe stehender Person des § 1 Abs. 4 AStG geklärt. Beifolgend steht die Figur der nahe stehenden Person in Zusammenhang mit der verdeckten Gewinnausschüttung. Dies liegt vor, *wenn eine Kapitalgesellschaft ihrem Gesellschafter*, mittelbar oder unmittelbar, *einkommenswirksam einen Vorteil außerhalb der gesellschaftlichrechtlichen Gewinnverteilung zuwendet, den sie bei Anwendung der Sorgfalt eines ordentlichen und gewissenhaften Geschäftsleiters[671] einem Nichtgesellschafter unter gleichen Umständen nicht gewährt hätte.*[672] Voraussetzungen der verdeckten Gewinnausschüttung ist ein fremdvergleichswidriger, wirtschaftlicher und gesellschaftsrechtlich veranlasster Vorteil, der eine Vermögens- bzw. Einkommensminderung für die Kapitalgesellschaft darstellt.

Außerdem muss der Gesellschafter eine wesentliche Beteiligung an der Kapitalgesellschaft haben, die unmittelbar oder mittelbar, d. h. mittels einer nahe stehenden Person, mindestens ein Viertel beträgt und die mit Stimm- und Vermögensrechten ausgestattet ist. Davon abweichend reicht statt einer wesentlichen

---

670 *F. Wassermeyer*, Dokumentationspflichten bei internationalen Verrechnungspreisen: Zum zweiten Entwurf einer Verordnung zu § 90 Abs. 3 AO. DB Heft 29 18.7.2003 S. 1536.

671 Mehr dazu s. S. 252 f.

672 *H. Kotschenreuther*, in *Vögele/Borstell/Engler*, Handbuch der Verrechnungspreise. 2004 Kap. A Tn. 111.

Beteiligung die Möglichkeit, einen unmittelbaren oder mittelbaren beherrschenden Einfluss auf die andere Person ausüben zu können.[673]

Subjekte der Dokumentationspflichten sind auch in- oder ausländische Betriebsstätten.[674] Obwohl zwischen Betriebstätte und Stammhaus keine Geschäftsbeziehung besteht, da sie lediglich unselbständige Unternehmensteile sind, gilt die Aufzeichnungspflicht beschränkt und zwar *soweit auf Grund der Überführung von Wirtschaftsgütern oder der Erbringung von Dienstleistungen steuerlich ein Gewinn anzusetzen ist oder soweit Aufwendungen mit steuerlicher Wirkung aufzuteilen sind.*[675] Das Schrifttum sieht diese Geltung der Dokumentationspflicht bei Betriebsstättensachverhalten zu Recht skeptisch an, soweit keine Geschäftsbeziehungen bestehen.[676] Vielmehr kommt es zumindest bei der Angemessenheitsdokumentation darauf an, ob der Betriebsstättengewinn anhand der direkten oder indirekten Methode ermittelt wurde.[677] Die indirekte Methode sieht die Aufteilung des Unternehmengesamtergebnisses nach einem Zerlegungsmaßstab vor und ermittelt somit einzelne unternehmensinterne Geschäftsvorfälle nicht. Die Dokumentation konzentriert sich somit auf die Gewinnverteilungsschlüssel und auf die Rechtfertigung der angewandten Gewinnabgrenzungsmethode. Die direkte Methode betrachtet ihrerseits zum einen die Überführung von Wirtschaftsgütern oder Erbringung von Dienstleistungen und zum anderen die Aufteilung oder Belastung von Aufwendungen. Der erste Fall muss auf Basis von Fremdvergleichsdaten aufgezeichnet werden. Strittig[678] bleibt allerdings, ob bei

---

673 Vgl. *J. Hagen*, Mitwirkungs- und Aufzeichnungspflichten des Steuerpflichtigen bei Sachverhalten mit Auslandsbezug und Rechtsfolgen bei Pflichtverletzung. StBp 2/05 S. 36.

674 § 90 Abs. 3 Satz 4 AO. Über die fehlende rechtliche Grundlage zum Fremdvergleichgrundsatz bezüglich Betriebsstätten und Personengesellschaften s. *B. Kaminski/G. Strunk*, Die "Gewinnabgrenzungsaufzeichnungsverordnung" – Teil I. StBp 1/04 S. 3; Ferner *OECD*, Discussion Draft on the Attribution of Profits to Permanent Establishment – Part I. OECD. August, 2004, S. 6 f.; *H.-K. Kroppen*, Betriebstätte - Quo vadis? IWB 15 v. 10.8.2005 Fach 10 Gr. 2 S. 1870 ff.

675 § 7 GAufzV.

676 *S. Schnorberger*, Verrechnungspreis-Dokumentation und StVergAbG - Offene Fragen und Probleme. DB Heft 23 6.6.2003 S. 1241, 1244; *F. Wassermeyer*, Dokumentationspflichten bei internationalen Verrechnungspreisen: Zum zweiten Entwurf einer Verordnung zu § 90 Abs. 3 AO. DB Heft 29 18.7.2003 S. 1535, 1539; *H. Baumhof/X. Ditz/M. Greinert*, Grundsätze der Dokumentation internationaler Verrechnungspreise nach der Gewinnabgrenzungsaufzeichnungsverordnung. DStR 2004 Heft 05 S. 162 f.; *A. Vögele/M. Brem*, Die neue Rechtsverordnung zu § 90 Abs. 3 AO. IStR 2/2004 S. 52; *R. Seer*, in *Tipke/Kruse*, Kommentar zu AO. 2006, § 90 Tz. 41.

677 Verwaltungsgrundsätze-Verfahren Tz. 3.4.5.1 a) und b) i. V. m. Betriebstätte-Verwaltungsgrundsätze Tz. 2 ff.

678 Vgl. *H. Baumhof/X. Ditz/M. Greinert*, Grundsätze der Dokumentation internationaler Verrechnungspreise nach der Gewinnabgrenzungsaufzeichnungsverordnung. DStR 2004

der Aufteilung oder Belastung von Aufwendungen ebenso ein Fremdvergleichpreis einzusetzen ist, oder ob eine bloße Aufwandszuordnung reicht, indem erbrachte Leistungen, angefallene Kosten und entsprechende Aufteilungsschlüssel aufgezeichnet werden.

Schließlich gilt die Dokumentationspflicht auch für Personengesellschaften, an denen ein Steuerpflichtiger beteiligt ist.[679] Die Aufzeichnungspflicht beschränkt sich jedoch auf Fälle, in denen Geschäftsbeziehungen i. S. d. § 1 AStG bestehen. Das schließt die bloße Entnahme i. R. d. § 4 Abs. 1 AStG aus, soweit es keine Geschäftsbeziehung ist.[680]

2. Auslandsbezug

Die Tatbestandsvoraussetzung des Auslandsbezuges ist i. S. des § 1 Abs. 2 AStG zu interpretieren (§ 1 Satz 1 GAufzV). Einbezogen sind *Transaktionen zwischen nahe stehenden, unternehmerisch tätigen Personen und Gesellschaften (…), die nicht auf der Ebene der (Stamm-) Kapitalausstattung liegen und insofern einer Deutung als „Geschäftsbeziehung" zugänglich sind.*[681] Darunter fallen grundsätzlich die gesamten Varianten der Gestaltung von Verrechnungspreisen, insbesondere Warenlieferungen, Dienstleistungen, Nutzungsüberlassungen, Finanzierungen usw., die den Auslandsbezug betreffen.

Das Element der Grenzüberschreitung[682] (Inland/Ausland) ist von zentraler Bedeutung, obwohl es nicht ausdrücklich in dem Gesetz angesprochen wird. Trotzdem ist unter „Vorgänge mit Auslandbezug" (§ 90 Abs. 1 Satz 1 AO) kaum denkbar, dass der Gesetzgeber Beziehungen zwischen Steuerpflichtigen, die ausschließlich im Ausland geschehen (Ausland/Ausland), einbeziehen wollte.

Heft 05 S. 162 vs. Verwaltungsgrundsätze-Verfahren Tz. 3.4.5.1 a). Ferner *B. Kaminski/G. Strunk*, Die "Gewinnabgrenzungsaufzeichnungsverordnung" – Teil II. StBp 2/04 S. 34.

679 § 7 Satz 2 GAufzV. Über die fehlende rechtliche Grundlage zum Fremdvergleichgrundsatz bezüglich Betriebstätte und Personengesellschaften s. *B. Kaminski/G. Strunk*, Die "Gewinnabgrenzungsaufzeichnungsverordnung" – Teil I. StBp 1/04 S. 3.

680 Ebenso kritisch *F. Wassermeyer, Dokumentationspflichten bei internationalen Verrechnungspreisen: Zum zweiten Entwurf einer Verordnung zu § 90 Abs. 3 AO.* DB Heft 29 18.7.2003 S. 1535, 1539; *H. Baumhof/X. Ditz/M. Greinert*, Grundsätze der Dokumentation internationaler Verrechnungspreise nach der Gewinnabgrenzungsaufzeichnungsverordnung. DStR 2004 Heft 05 S. 163; *R. Seer*, in *Tipke/Kruse*, Kommentar zu AO. 2006, § 90 Tz. 41; *F. Wassermeyer* in *FWB*, Kommentar zum AStG, § 1 Anm. 891 ff.

681 *S. Schnorberger*, Verrechnungspreis-Dokumentation und StVergAbG - Offene Fragen und Probleme. DB Heft 23 6.6.2003 S. 1241.

682 *S. Waldens*, Die neuen Dokumentationsvorschriften für Verrechnungspreise in der Praxis. PIStB Nr. 7 v 1.7.2003 S. 185.

Damit ist erforderlich, dass die Geschäftsbeziehung „zum Ausland" und nicht „im Ausland" und „zum Inland" sind, um unter den Anwendungsbereich des § 1 AStG zu fallen. Andererseits sind inländische Beziehungen mit Auslandsbezug (Inland/Inland/Ausland) von der Dokumentationspflicht betroffen, wie z. B. der Warenverkauf eines inländischen Herstellers an einen ausländischen Kunden über eine nahe stehende inländische Vertriebsgesellschaft.[683]

3. Geschäftsbeziehung

Bei Inkrafttreten des StÄndG 1992 wurde das § 1 Abs.4 AStG a. F. hinzugefügt und damit erstmals erklärt, wann Geschäftsbeziehungen und wann Nichtge-schäftsbeziehungen vorliegen. Davon betroffen sind land- und forstwirtschaftli-che (§ 13 EStG), gewerbliche (§ 15 EStG) Einkünfte, Einkünfte aus selbständi-ger Arbeit (§ 18 EStG) und Einkünfte von Tätigkeiten, die zu Einahme-Überschuss-Einkünften aus Vermietung und Verpachtung (§ 21 EStG) führen. Die Rechtsbeziehung, die zur Begründung des Nahestehens dient, konfiguriert keine Geschäftsbeziehung i. S. des § 1 Abs. 1 und 2 AStG.[684]

Für die Dokumentationsverpflichtung ist die Definition von Geschäfts-beziehungen ein zentraler Anknüpfungspunkt. Die Dokumentationspflicht umfasst neben deutschen und ausländischen Einzelpersonen auch Personen- und Kapitalgesellschaften, die gewerblich oder freiberuflich ein grenzüberschreiten-des, rechtliches oder wirtschaftliches Verhältnis mit nahe stehenden Personen haben und Geschäftsbeziehungen unterhalten. Der i. R. des § 11 StVergAbG neu gefasste § 1 Abs. 4 AStG bezieht alle Einkünfte mit ein, denen eine schuld-rechtliche Beziehung zugrunde liegt, schließt jedoch Geschäftsbeziehungen aus, die gesellschaftsvertragliche Vereinbarungen darstellen. Widersprüchlicherwei-se müssen nach § 4 Nr. 1 Buchst. a bis c GAufzV Aufzeichnungen mit der Darstellung von Beteiligungsverhältnissen auf Anforderung beigebracht werden. Das überschreitet nach der Sicht von Wassermeyer deutlich das Verordnungs-ermessen gem. § 90 Abs. 3 Satz 5 AO.[685]

Der Ausschluss gesellschaftsvertraglicher Vereinbarungen aus der Geschäftsbe-ziehung durch die Anwendung von § 1 Abs. 4 AStG schließt wichtigen Anwen-dungsbereichen der Verrechnungspreisgrundsätze aus. Das könnte dazu führen, dass z. B. Pool-Verträge bei Kostenumlage keine Dokumentationspflicht haben,

683 S. *Waldens,* Die neuen Dokumentationsvorschriften für Verrechnungspreise in der Pra-xis. PIStB Nr. 7 v 1.7.2003 S. 185.
684 *F. Wassermeyer* in *FWB,* Kommentar zum AStG, § 1 Anm. 901, 919 ff.
685 *F. Wassermeyer,* Dokumentationspflichten bei internationalen Verrechnungspreisen: Zum zweiten Entwurf einer Verordnung zu § 90 Abs. 3 AO. DB Heft 29 18.7.2003 S. 1536.

weil dadurch der konzerninterne Transfer von Funktionen und Risiken auf der Grundlage von Anweisungen erfolgen kann, die de facto keine schuldrechtliche Vereinbarung verkörpern.[686] Die Finanzverwaltung hat hingegen die Auffassung vertreten, dass Vereinbarungen über Arbeitnehmerentsendung und Poolvereinbarungen bei Kostenumlagen dem Fremdvergleich entsprechen müssen und damit eine Vorlage- und Beweismittelbeschaffungspflicht besteht. Diese Auffassung wurde nicht ausdrücklich vom BFH bestätigt, wurde jedoch in das neue Gesetz gem. § 1 Abs. 1 Satz 3 GAufzV inkorporiert. Somit setzen Geschäftsbeziehungen kein Leistungsaustausch voraus.[687]

II. Zeitpunkt der Dokumentation

1. Allgemein

§ 90 Abs. 3 S. 5 AO unterscheidet gewöhnliche von außergewöhnlichen Geschäftsvorfällen mit dem Ziel, zeitnahe und nicht zeitnaher Dokumentationserstellung dementsprechend zu regeln. § 90 Abs. 3 S. 8 setzt eine allgemeine und verlängerbare Vorlagefrist von 60 Tagen nach Anforderung der Finanzverwaltung fest. D. h. der Steuerpflichtige kann de jure warten, um seine Verrechnungspreissachverhalte aufzuzeichnen, bis eine Finanzverwaltungsanforderung vorliegt. Abgesehen von der de facto kaum fristgerechten Realisierbarkeit der Aufgabe[688] führen Fälle, in denen keine Aufzeichnungen vor der Anforderung vorliegen, nicht zur Erfüllung der Tatbestandmerkmale der Verletzung der Dokumentationspflicht gem. § 162 Abs. 3 AO. Diese Frist zeigt sich für die ausführliche Erfüllung der Dokumentationspflicht deutlich zu eng. Obwohl die Finanzverwaltung davon ausgeht, dass der Steuerpflichtige die für die Verrechnungspreisbildung wesentlichen Daten sammelt und geordnet verfügbar hält,[689] entspricht das nicht der h. M. im Schrifttum. Der Steuerpflichtige kann auch ohne dokumentiert zu haben angemessene Verrechnungspreise durchgeführt haben.[690] Darüber hinaus darf von dem Steuerpflichtigen h. M. nicht verlangt

---

686 S. *Schnorberger*, Verrechnungspreis-Dokumentation und StVergAbG - Offene Fragen und Probleme. DB Heft 23 6.6.2003 S. 1242; Ferner *B. Kaminski/G. Strunk*, Die "Gewinnabgrenzungsaufzeichnungsverordnung" – Teil I. StBp 1/04 S. 4; und *F. Wassermeyer* in *FWB*, Kommentar zum AStG, § 1 Anm. 911.

687 Vgl. Verwaltungsgrundsätze-Verfahren Tz. 3.4.5.

688 Vgl. u. a. *H. Baumhof/X. Ditz/M. Greinert*, Grundsätze der Dokumentation internationaler Verrechnungspreise nach der Gewinnabgrenzungsaufzeichnungsverordnung. DStR 2004 Heft 05 S. 157, 163 f.

689 Verwaltungsgrundsätze-Verfahren Tz.3.4.9. Ferner *G. Braun/M. Hof*, Die Verrechnungspreisdokumentation vor dem Hintergrund der Verwaltungsgrundsätze-Verfahren. IStR 2/2005 S. 69.

690 U. a. *R. Seer*, in *Tipke/Kruse*, Kommentar zu AO. 2004, § 162 Tz. 68.

werden, dass Aufzeichnungen *auf Vorrat* hergestellt werden.[691] Davon ableitend dürfte die Aufzeichnungsanforderung nicht über das hinausgehen, was der Steuerpflichtige innerhalb der 60-tägigen Frist vernünftigerweise an Aufzeichnungen erstellen kann. Die keineswegs kurze Dokumentationsauflistung des § 4 GAufzV spricht allerdings dagegen die Achtung dieser Bemerkung.

Die Finanzbehörde soll grundsätzlich die Vorlage von Aufzeichnungen gem. § 90 Abs. 3 Satz 5 AO i. V. m. dem durch den Bundesratbeschluss von 17.10.2003 eingeführten § 2 Abs. 1a GAufzV, § 2 Abs. 6 der endgültigen GAufzV-Fassung von 13.11.03 i. d. R. nur für die Durchführung einer Außenprüfung verlangen. Beide Paragraphen sind aber Soll-Vorschriften und lassen der Finanzverwaltung einen Ermessensspielraum. Der Bundesrat begründet die Einführung des § 2 Abs. 6 GAufzV damit, dass die Steuerpflichtigen keineswegs verpflichtet sind, alle in der Verordnung genannten Unterlagen *auf Vorrat* zu erstellen und vorbereiten zu müssen.[692] Inwieweit die Vorschrift dem Steuerpflichtigen Rechtssicherheit schenkt, bleibt zu abwarten.

Die 60-tägige Frist kann auf Antrag des Steuerpflichtigen verlängert werden. Da in der Praxis diese Frist die Verwirklichung der Dokumentationsauflistung der GAufzV kaum ermöglicht, drängt die Frist-Vorschrift den Steuerpflichtigen dazu, ein „lebendes Dokumentationssystem" zu implantieren, das zielgerecht Schwachstellen der Dokumentationserstellung findet, heilt und letztlich teilweise die Ziele der Finanzverwaltung enttäuscht: Einkunftskorrekturen wegen Unzulänglichkeiten i. R. der Verrechnungspreisanalyse.[693]

2. Außergewöhnliche Geschäftsvorfälle

Außergewöhnliche Geschäftsvorfälle müssen ihrerseits zeitnah dokumentiert werden. § 3 Abs. 1 GAufzV weist darauf hin, dass unter zeitnaher Erstellung von Aufzeichnungen außergewöhnlicher Geschäftsvorfälle eine Frist von 6 Monaten nach Ablauf jenes Wirtschaftsjahres zu verstehen ist, in dem sich der Geschäftsvorfall ereignet hat. D. h. die Nichtaufzeichnung innerhalb der 6 Monate führte zur Erfüllung der Tatbestandmerkmale der Verletzung der Mitwirkungs-

---

691 U. a. *R. Seer*, in *Tipke/Kruse*, Kommentar zu AO. 2006, § 90 Tz. 40; *M. Werra*, Zweifelsfragen bei der Dokumentation von Verrechnungspreisen – zum Entwurf der Verwaltungsgrundsätze-Verfahren zur Einkunftsabgrenzung zwischen internationalen Unternehmen. IStR 1/2005 S. 22.

692 Bundesrat-Beschluss zur GAufzV v. 17.10.2003 Bundesrat Drucksache 583/03 S. 1 f.

693 *Y. Hervé/L. von Jesche*, Praxishinweise zu den neuen Dokumentationspflichten bei Verrechnungspreisen. BC Heft 06 2003 S. 127 ff. Ausführlich über Dokumentationssystem s. S. 275 ff.

pflicht gem. § 162 Abs. 3 S. 1 AO, wonach eine widerlegbare Vermutung gestattet wird.[694]

Obwohl die Folgen der Nichterfüllung der zeitnahen Dokumentation deutlich nachteiliger sind als die der allgemeinen Dokumentation von üblichen Sachverhalten, bleibt das entscheidende Konzept von außengewöhnlichen Geschäftsvorfällen nach wie vor äußerst unklar.[695] § 3 Abs. 2 GAufzV erklärt, obwohl nicht ausschließlich, da das Wort „insbesondere" voran steht, dass die folgenden Erscheinungsformen außergewöhnliche Geschäftsvorfälle sind:

- Vermögensübertragungen im Zuge von Umstrukturierungsmaßnahmen;
- wesentliche Funktions- und Risikoänderungen im Unternehmen;
- Geschäftsvorfälle im Anschluss an eine Verrechnungspreisbildung bei erheblicher Änderung der Geschäftsstrategie;
- Abschluss und Änderung langfristiger Verträge (Dauerschuldverhältnisse) von besonderem Gewicht, die sich erheblich auf die Höhe der Einkünfte aus den Geschäftsbeziehungen mit Nahestehenden auswirken.

Fraglich ist, wie z. B. *Umstrukturierungsmaßnahmen* interpretiert werden sollen, da Umstrukturierungen die Beteiligung an einem anderem Rechtsträger betreffen, was seinerseits gerade kein Geschäftsvorfall (§ 1 Abs. 4 AStG) ist.[696] Ähnlich unpräzise bleibt die Definition einer Geschäfts*strategie* und dementsprechend die Frage, wann ihre Änderung *erheblich* sein kann. Ferner weisen die Verwaltungsgrundsätze-Verfahren ebenso ohne nähere Präzisierung darauf hin, dass auch Änderungen langfristiger Verträge von *einigem* Gewicht als außergewöhnliche Geschäftsvorfälle anzusehen sind.[697]

Die Unklarheiten des Konzepts, zum Teil wegen mangelnder Begriffsklarheit, zum Teil wegen nicht ausreichend ausführlicher Auflistung der Fälle, führen zu Rechtsunsicherheit und tragen erhebliches Konfliktpotenzial in sich.

---

694 Dazu s. S. 232 ff.

695 U. a. *H. Baumhof/X. Ditz/M. Greinert*, Grundsätze der Dokumentation internationaler Verrechnungspreise nach der Gewinnabgrenzungsaufzeichnungsverordnung. DStR 2004 Heft 05 S. 157, 161. Über die fragliche Ermächtigung der GAufzV zur Spezifizierung der Begriffe „außergewöhnliche Geschäftsvorfälle" s. *A. Eigelshoven/C. Kratzer*, Rechtsverordnung zu Aufzeichnungspflichten bei der Bestimmung angemessener Verrechnungspreise. IStR 1/2004 S. 33.

696 *F. Wassermeyer*, Dokumentationspflichten bei internationalen Verrechnungspreisen: Zum zweiten Entwurf einer Verordnung zu § 90 Abs. 3 AO. DB Heft 29 18.7.2003 S. 1538.

697 Verwaltungsgrundsätze-Verfahren Tz. 3.4.8.2.

III. Mitwirkungspflicht

1. Allgemein

Die Einführung des § 90 Abs. 3 AO hat direkten Einfluss auf das Ausmaß der Mitwirkungspflicht des Steuerpflichtigen. Bis dahin galt die in der AO verankerte allgemeine Mitwirkungspflicht und die erhöhte oder gesteigerte Mitwirkungspflicht (entsprechend § 90 Abs. 1 und 2 AO). Die Erste bezog sich auf die allgemeine Pflicht des Steuerpflichtigen, binnen seiner sphärenorientierten Mitverantwortung die steuererheblichen Tatsachen, die innerhalb seines Lebens- und Verantwortungsbereichs liegen, vollständig und wahrheitsgemäß offen zu legen und die ihm bekannten Beweismittel anzugeben.[698]

Die erhöhte Mitwirkungspflicht bezieht sich auf grenzüberschreitende Sachverhalte, bei denen die Eingriffsbefugnisse der Finanzbehörden an den Staatsgrenzen enden.[699] Das drückt die sphärenorientierte Mitverantwortung der Steuerpflichtigen soweit aus, als sich bei der an der Staatsgrenze aufgehaltenen Steuerhoheit der Finanzverwaltung die Mitwirkungspflicht zu einer Beweismittelbeschaffungs- und Beweisvorsorgepflicht steigert.[700]

Dieses Wechselspiel i. S. einer „Verantwortungsgemeinschaft" wird von der Kooperationsmaxime innerhalb der Prinzipien des Steuerverfahrens geprägt und beabsichtigt eine kooperative Arbeitsteilung zur Sachaufklärung i. R. einer sphärenorientierten Mitverantwortung zwischen Finanzbehörde und Steuerpflichtigem.[701] Damit wurde die vom Nachteil starrer Beweislastregeln geprägte Rosenbergische Normenbegünstigungstheorie ersetzt.[702] Darin trug einerseits die Finanzverwaltung die objektive Beweislast für alle steuerbegründenden und steuererhöhenden Tatsachen, und andererseits waren unter der Beweislast des Steuerpflichtigen steuerbegünstigende Tatsachen zu belegen.[703]

Infolgedessen hat der Steuerpflichtige mittels seiner Mitwirkungspflicht direkten Einfluss auf die Sachaufklärung und trägt damit, falls die Sachaufklärung wegen seiner mangelnden Mitwirkung scheitert, dementsprechend das in seiner Sphä-

---

698 Vgl. *R. Seer*, in *Tipke/Lang*, Steuerrecht. 2002 § 21 Rz. 172.
699 Vgl. *R. Seer*, in *Tipke/Lang*, Steuerrecht. 2002 § 21 Rz. 173. Wassermeyer benutzt den Ausdruck „gesteigerte Mitwirkungspflichten" i. R. d. § 90 Abs. 3 AO, *F. Wassermeyer* in *FWB*, Kommentar zum AStG, § 1 Anm. 916.
700 Vgl. *R. Seer*, in *Tipke/Kruse*, Kommentar zu AO. 2006, § 90 Tz. 20 ff.
701 *R. Seer*, in *Tipke/Lang*, Steuerrecht. 2002 § 21 Rz. 4.
702 *R. Seer*, in *Tipke/Lang*, Steuerrecht. 2002 § 21 Rz. 217.
703 *G. Engler*, in *Vögele/Borstell/Engler*, Handbuch der Verrechnungspreise. 2004 Kap. D Tn. 37 S. 218.

renverantwortung[704] verankerte Beweisrisiko. Andererseits nimmt der Steuerpflichtige durch die Mitwirkungspflicht auch aktiv an dem Verfahren teil, und es ergibt sich dadurch eine Art Mitwirkungsrecht des Steuerpflichtigen als Verfahrensrechtssubjekt (§§ 89, 91 Abs. 1, 93 Abs. 3 AO).[705]

Die Beweisrisikoverteilung zwischen Finanzbehörde und Steuerpflichtigem korreliert mit dem Mitwirkungsgrad des Steuerpflichtigen. Bis dahin war unter der Beweismittelbeschaffungspflicht des Steuerpflichtigen keine spezielle Dokumentationspflicht außerhalb der tatsächlich vorhandenen Unterlagen zu verstehen.[706] Die neuen Regelungen - § 90 Abs. 3 i. V. m. § 162 Abs. 3 und 4 AO setzten eine Zäsur des status quo und brechen die Diskussion über die Beweislast in der Materie der Verrechnungspreisdokumentationspflicht ab.

2. Beweislast

Die objektive Beweislast trägt, unter Berücksichtigung der sphärenorientierten Beweisrisikoverteilung, die Finanzbehörde. Dies gilt für die Überprüfung des Fremdvergleichs bei Verrechnungspreisen.[707] Für den Fall, dass sich trotz beiderseitiger Bemühungen keine ausreichenden Erkenntnisse über die Angemessenheit oder Unangemessenheit der vereinbarten Verrechnungspreise ermitteln lassen, trägt der Steuerpflichtige keine Beweislast. Die Aufzeichnungsverpflichtung des Steuerpflichtigen hinsichtlich eines Leistungsaustausches zwischen verbundenen Unternehmen schreitet nicht über die Darlegung des

---

704 R. Seer, Verständigungen in Steuerverfahren. 1996 S. 191 ff.; S. Rasch, Konzernverrechnungspreise im nationalen, bilateralen und europäischen Steuerrecht. 2001 S. 312 f.; R. Seer, in Tipke/Lang, Steuerrecht, 17. Aufl., 2002, § 21, Tn. 172.

705 G. Engler, in Vögele/Borstell/Engler, Handbuch der Verrechnungspreise. 2004 Kap. D Tn. 172.

706 U. a. H. Baumhoff, Die Verrechnung von Leistungen zwischen verbundenen Unternehmen mit Hilfe von Konzernumlagen. IStR Heft 23 2000 S. 731; H.-K. Kroppen/A. Eigelshoven, Keine Dokumentationspflichten bei der Bestimmung von Verrechnungspreisen? IWB Nr. 12 27.6.2001 Fach 3 Gr. 1 S. 1745; B. Kraminski/G. Strunk, Pflicht zur Dokumentation als Bestandteil der allgemeinen Mitwirkungspflichten der AO? IWB 14 25.7.2001 Fach 3 Gr. 1 S. 1749; H. Becker, Neues Gesetz zur Dokumentationspflicht? IWB 18 26.9.2001 Fach 3 Gr. 1 S. 1765; H.-K. Kroppen/S. Rasch/A. Roeder, Bedeutende Entscheidung des BFH in Verrechnungspreisfragen. IWB 23 12.12.2001 Fach 3 Gr. 1 S. 1787; O. Wehnert/P. Stalberg, Grundsatzentscheidung des BFH zur Bestimmung von Verrechnungspreisen im internationalen Konzern. IStR Heft 04 2002 S. 141; R. Seer, Kodifikation von Dokumentationspflichten über Verrechnungspreisgestaltung in multinationalen Konzernen? FR 7/2002 S. 380; G. Crezelius, Grenzüberschreitungen bei steuerrechtlichen Dokumentationspflichten. BB 22 2002, S. 1121 und Fn.10. BFH, Beschl. v. 10.5.2001, IS 3/01, NV 2001; BFH, Urteil v. 17.10.2001, IR 103/100, 2001.

707 Vgl. H. Baumhoff/X. Ditz/M. Greinert, Die Dokumentation internationaler Verrechnungspreise nach den „Verwaltungsgrundsätze-Verfahren". DStR 37/2005 S. 1550.

Sachverhalts hinaus. Die fremdübliche Angemessenheit der Verrechnungspreise bleibt gem. der Rechtsprechung[708] unter der Beweissphäre der Finanzverwaltung.

§ 90 Abs. 3 AO scheint gerade dieser Haltung zu widersprechen. Zu beantworten ist, ob die oben erwähnte Betrachtung zutreffend ist, wenn man die Beweislast mit der Reduzierung des Beweismaßes zu Gunsten der Finanzverwaltung mit dem Inhalt des § 90 Abs. 3 AO i. V. m. den Rechtsfolgen des § 162 Abs. 3 und 4 AO konfrontiert. Im Schrifttum[709] ist häufig über die faktische Umkehr der Beweislast zu lesen, obwohl die Finanzverwaltung wiederholt die gegenteilige Auffassung vertreten hat.[710]

Auch wenn Reduzierung des Beweismaßes nicht das Gleiche bedeutet wie die Umkehr des Beweislast, so bedeutet dies nach Wassermeyer, dass *je nachdem, wie man die Reduzierung des Beweismaßes praktiziert, sie jedoch einer Umkehr der Beweislast sehr nahe kommen* kann. *Entscheidend ist deshalb, dass man die Reduzierung des Beweismaßes durch den Grundsatz der Verhältnismäßigkeit und der Unmöglichkeit begrenzt.*[711]

Der Steuerpflichtige hat Aufzeichnungen zu erstellen, die eine Plausibilitätsprüfung i. S. von Vergleichsdaten ermöglichen.[712] Das ist keine objektive Beweislast. Der Steuerpflichtige muss schriftlich seine Verrechnungspreise aufzeichnen, *wobei die Angemessenheit nicht objektiv nachzuweisen, sondern aus der subjektiven Sicht des Stpfl. darzulegen ist.*[713] Somit ist die Rede von einer sub-

---

708 BFH-Beschl. v. 10.5.2001, IS 3/01, NV 2001; BFH-Urteil v. 17.10.2001, IR 103/100, 2001.

709 U. a. *U. Moebus*, Neue Dokumentationspflichten bei Transferpreisen - Irrweg und/oder Irrglaube? BB Heft 27 2003 S. 1413. Fn. 44 S. 1537; *F. Wassermeyer*, Dokumentationspflichten bei internationalen Verrechnungspreisen: Zum zweiten Entwurf einer Verordnung zu § 90 Abs. 3 AO. DB Heft 29 18.7.2003 S. 1536; *H.-K. Kroppen/C. Himmelsbach/A. Dika*, Geplante Strafmaßnahmen bei Verrechnungspreisen nach dem Steuervergünstigungsabbaugesetz. IWB 16 27.8.2003 Fach 3 Gr. 1 S. 1971, *H.-K. Kroppen/S. Rasch*, Die Aufzeichnungspflichten für internationale Verrechnungspreise. IWB 21 12.11.2003 Fach 3 Gr. 1 S. 1978; *H. Baumhof/X. Ditz/M. Greinert*, Grundsätze der Dokumentation internationaler Verrechnungspreise nach der Gewinnabgrenzungsaufzeichnungsverordnung. DStR 2004 Heft 05 S. 157.

710 Vgl. Verwaltungsgrundsätze-Verfahren Tz 4.2.

711 *F. Wassermeyer*, Dokumentationspflichten bei internationalen Verrechnungspreisen: Zum zweiten Entwurf einer Verordnung zu § 90 Abs. 3 AO. DB Heft 29 18.7.2003 S. 1537 ff. Vgl. *S. Rasch*, in *Becker/Kroppen*, Handbuch der Verrechnungspreise. 2003 O Anm. 4 Tz. 5.6.

712 U. a. *L. Wellens*, Dokumentation von Verrechnungspreisen. IStR 18/2004 S. 656.

713 *R. Schreiber*, Pflicht zur Angemessenheitsdokumentation bei internationalen Verrechnungspreisen. IWB 3 09.02.2005 Fach 3 Gr. 1 S. 2107.

jektiven Beweislast anhand objektiver Kriterien.[714] Verletzt der Steuerpflichtige seine Mitwirkungspflicht i. R. des § 90 Abs. 3 AO, so verlagert sich das Beweisrisiko zu Lasten des Steuerpflichtigen und die Finanzverwaltung ist ermächtigt, widerlegbar zu vermuten, dass seine Verrechnungspreise bis auf die für ihn ungünstigste Bandbreitegrenze angesetzt wurden. Obwohl es einer Beweismaßreduzierung entspricht, wird dadurch keine Beweislastumkehr ausgedrückt.[715] Falls diese Vermutung widerlegt wird, steht der Unterschiedsbetrag der verdeckten Gewinnausschüttung nicht fest, und es wird vom Finanzamt eine fremdvergleichskonforme Ermittlung verlangt.[716] Die Schätzung seitens der Finazverwaltung ist der Amtsermittlungspflicht (§ 88 AO) unterworfen, wobei die Schätzung auf eine möglichst hohe Wahrheitsgemäßheit abzielt.[717] Die Rede ist vielmehr von einer *subjektiven* Beweislast, indem der Steuerpflichtige klar darstellen muss, dass er sich *ernsthaft bemüht* hat.

In der BMF-Begründung zu § 1 Abs. 1 GAufzV wird ausdrücklich betont, dass die Aufzeichnungen unter Berücksichtigung internationaler Standards bei Beachtung des Fremdvergleichs die *ernsthaften Bemühungen* des Steuerpflichtigen erkennen lassen müssen und dass diese Verpflichtungen (des § 90 Abs. 3 AO und der entsprechenden GAufzV) *die Beweislast nicht zu Lasten des Steuerpflichtigen umkehren.*[718]

Bemerkenswert ist die Rechtfertigung des Bundesrats für seine Änderung des § 4 Nr. 4 Buchst. d) der vom BMF angefertigten VO zu § 90 Abs. 3 AO.[719] Dabei hat das BMF innerhalb einer Verrechnungspreisanalyse folgendes verlangt:

d) die Darlegung der Vergleichbarkeit herangezogener Preise bzw. Finanzdaten unabhängiger Unternehmen sowie Unterlagen über vorgenommene Anpassungsrechnungen.

Nach der Änderung des Bundesrates lautet die Vorschrift:

d) Aufbereitung der zum Vergleich herangezogenen Preise beziehungsweise Finanzdaten unabhängiger Unternehmen, sowie Unterlagen über vorgenommene Anpassungsrechnungen.

---

714   Vgl. Verwaltungsgrundsätze-Verfahren Tz. 3.4.12.3.
715   Vgl. *F. Wassermeyer* in *FWB*, Kommentar zum AStG, § 1 Anm. 898.
716   *H. Baumhoff,* Aktuelle Entwicklungen bei den internationalen Verrechnungspreisen. IStR Heft 1 2003 S. 2.
717   *G. Engler,* in *Vögele/Borstell/Engler*, Handbuch der Verrechnungspreise. 2004 Kap. F S. 492 Tn. 85.
718   BMF-Begründung zur GAufzV v. 15.08.2003. Bundesrat Drucksache 583/03 S. 7.
719   Bundesratbeschluss zur GAufzV v. 17.10.2003. Bundesrat Drucksache 583/03 S. 2.

In der Änderungsbegründung wird erklärt, dass der Wortlaut der Verordnung in einem Einzelpunkt der im Begründungsteil zum Ausdruck kommenden Motivation widersprach. Obwohl Unterlagen vorzulegen und tatsächliche Entscheidungen zu begründen sind, geht die Pflicht zur Darlegung der Vergleichbarkeit der herangezogenen Preise bzw. Daten zu weit, da der *Eindruck entsteht, dass insoweit dem Steuerpflichtigen die Beweislast aufgebürdet wird.*[720] Genau einer solchen Kontrolle sind die brasilianischen IN SRF nicht unterworfen. Das Ergebnis ist eine Fülle von Widersprüchen und nicht ermächtigten Verschärfungen der brasilianischen Vorschriften, die im zweiten Kapitel untersucht wurden.

Ferner ist der Verstoß gegen die Rechtsstaatlichkeit bei einer evtl. Umkehr der Beweislast zu bemerken. Durch den Besteuerungsakt wird in die Grundfreiheiten (Art. 14 Abs.1, 12 Abs. 1, 2 Abs. 1 GG) durch die Finanzbehörde nachhaltige eingegriffen.[721] Nach dem Grundgesetz hat der Staat die Beweislast für das Vorliegen der Tatbestandvoraussetzungen eines hoheitlichen Eingriffs zu tragen. Letztlich ist das Steuerrecht ein Verwaltungsinstrument dieses Eingriffs.[722]

Stellt der Steuerpflichtige seinen *ernsthaften Bemühen* dar, seiner Mitwirkungspflicht nachzugehen, indem er fristgemäß eine ordnungsgemäße Verrechnungspreisdokumentation erstellt, entsteht die Beweisvermutung, dass seine Verrechnungspreise angemessen sind und somit greift § 162 Abs. 3 AO nicht ein. Umgekehrt wird, wenn die Verrechnungspreisdokumentation nicht ordnungsgemäß erstellt wird, widerlegaber vermutet, dass seine Verrechnungspreise zu höheren inländischen Einkünften geführt hätten als von ihm erklärt (§ 162 Abs. 3 AO). Entscheidend ist die Art und Weise der Festsetzung der Dokumentationsordnungsmäßigkeit. Gem. §§ 1 ff. GAufzV (und gemäß der für den Steuerpflichtig unveribindlichen VerwGr-Verfahren) sind mehrere Anhaltspunkte geschaffen worden, die als Leitlinie sowohl für die Erstellung der Dokumentation als auch zur ihrer Überprüfung dienen. Kontrovers kann es hauptsächlich werden, die Beweiswirkung einer zwar vorhandenen, jedoch nicht ordnungsgemäßen Verrechnungspreisdokumentation zu bestimmen. Der Steuerpflichtige muss i. R.d. §§ 1 GAufzV die Tatsachen aus seiner Wissenssphäre preisgeben und darüber hinaus Informationen beschaffen, die die Fremdvergleichskonformität seiner Verrechnungspreise unterstützen. Die Abwägung solcher Informationen liegt der Analyse der Verwertbarkeit der Aufzeichnungen zugrunde.

Zur Feststellung, ob der Steuerpflichtige seiner Mitwirkungspflicht nachgekommen ist, ist weiter der Grundsatz der Verhältnismäßigkeit zu analysieren.

---

720 Bundesratbeschluss zur GAufzV v. 17.10.2003 Bundesrat Drucksache 583/03 S. 2.
721 *R. Seer*, in *Tipke/Lang*, Steuerrecht. 2002 § 21 Rz. 8.
722 *U. Moebus*, Neue Dokumentationspflichten bei Transferpreisen - Irrweg und/oder Irrglaube? BB Heft 27 2003 S. 1413.

3. Die Verhältnismäßigkeit

Das Prinzip der Verhältnismäßigkeit oder das Übermaßverbot gilt für jede staatliche Maßnahme, d. h. es umfasst grundsätzlich die Legislative, die Judikative und die Exekutive und wirkt für den Bürger freiheitsschützend gegenüber evtl. unvernünftigen staatlichen Maßnahmen i. R. eines bestimmten Zwecks. Dadurch wird eine Rationalität der Zweck-Mittel-Relation gewährleistet.[723]

Was die Mitwirkungspflicht betrifft, so ist häufig strittig, wo die Grenze des Grundsatzes liegt.[724] Um diese Grenze zu bestimmen, sind die Geeignetheit, die Erforderlichkeit und die Zumutbarkeit der Beweismittelbeschaffung für die Besteuerung zu prüfen. Wie im zweiten Kapitel ausführlich untersucht wurde, ist eine ungeeignete Maßnahme jene, die den angestrebten Zweck nicht erreicht. Erforderlich ist die Maßnahme, durch die der Betroffenen am geringsten belastet wird. Unzumutbar ist die Maßnahme, auch wenn sie geeignet und erforderlich ist, wenn sie eine Belastung des Betroffene zur Folge hat, die in keinem Verhältnis zur Bedeutung des angestrebten Zwecks steht. Rechtlich unmöglich bzw. unzumutbar sind beispielsweise für die Literatur ausländische Auskünfte, die gegen Rechtsvorschriften anderer Länder verstoßen.[725] Nach Tz. 9.1.3 Satz 4 Verwaltungsgrundsätze v. 1983 kann sich der Steuerpflichtige nicht darauf berufen, dass es keine tatsächliche Möglichkeit zur Beschaffung von Unterlagen der ausländischen Muttergesellschaft gibt. Folglich hängt es von den Umständen des Einzelfalls ab, ob eine solche Mitwirkungspflicht als unzumutbar oder unverhältnismäßig zu interpretieren ist. Dies gilt insbesondere für die Art der angeforderten Unterlagen, für deren Notwendigkeit bzw. Entscheidungserheblichkeit und für die Möglichkeit, den Sachverhalt mit weniger einschneidenden Maßnahmen aufzuklären.[726]

Damit die Reduzierung des Beweismaßes die Grenze der Umkehr der Beweislast nicht tangiert, muss sie durch das Verhältnismäßigkeitsprinzip begrenzt werden. Darauf deutet sogar § 1 Satz 2 GAufzV hin, soweit die Aufzeichnungen das *ernsthafte Bemühen* des Steuerpflichtigen belegen müssen, seine Geschäftsbeziehungen zu nahe stehenden Personen unter Beachtung des Fremdver-

---

723 *J. Lang*, in *Tipke/Lang*, Steuerrecht. 2002 § 4 Rz. 209.

724 *G. Engler*, in *Vögele/Borstell/Engler*, Handbuch der Verrechnungspreise. 2004 Kap. D S. 209 Tn. 9.

725 Vgl. *J. Hagen*, Mitwirkungs- und Aufzeichnungspflichten des Steuerpflichtigen bei Sachverhalten mit Auslandsbezug und Rechtsfolgen bei Pflichtverletzung. StBp 2/05 S. 33; *G. Engler*, in *Vögele/Borstell/Engler*, Handbuch der Verrechnungspreise. 2004 Kap. D S. 209 Tn. 10.

726 *G. Engler*, in *Vögele/Borstell/Engler*, Handbuch der Verrechnungspreise. 2004 Kap. D S. 210 Tn. 11.

gleichsgrundsatzes gestaltet zu haben. Bei der Angemessenheitsdokumentation wird dies aber problematisch. Der Steuerpflichtige kann nach seinen subjektiven Überlegungen über die Fremdvergleichsangemessenheit im Lichte des hypothetischen Verhaltens eines ordentlichen und gewissenhaften Geschäftsleiters gefragt werden. Von ihm kann jedoch nicht etwas objektiv Unmögliches oder Unzumutbares abverlangt werden.[727] Den Steuerpflichtigen können Schwierigkeiten mit der Verpflichtung zu Aufzeichnungen der Angemessenheit eines vereinbarten Preises ereilen.[728] Beispielweise kann bei einem Geschäftsvorfall der Fremdvergleich undurchführbar sein. Dafür muss die schriftliche Darlegung des Steuerpflichtigen ausreichen, die seine Überzeugung ausdrückt, dass bei dem Geschäft der Vertragspartner einen angemessenen Gewinn hätte erzielen können (Anwendung einer Gewinnvergleichsmethode).[729]

Darüber hinaus dient das Prinzip auch der Abgrenzung der Aufzeichnungsauflistung der GAufzV. In diesem Zusammenhang ist das Prinzip dual zu betrachten.[730] Zum einen muss der Steuerpflichtig nicht alle geforderten Aufzeichnungen erstellen, sondern nur diejenigen, die sachgerecht sind.[731] Zum anderen können bestimmten Aufzeichnungen trotz Sachgerechtigkeit den Einsatz von erheblichen internen und externen Ressourcen erfordern, deren Kosten in Verhältnis zum Umfang der verwirklichten Transaktionen und steuerlichen Auswirkungen unzumutbar erscheinen. Ferner ist verhältnismäßig auch § 6 GAufzV, soweit zwei Geschäftskategorien von der Dokumentationspflicht entlastet werden.[732]

727 F. *Wassermeyer*, Dokumentationspflichten bei internationalen Verrechnungspreisen: Zum zweiten Entwurf einer Verordnung zu § 90 Abs. 3 AO. DB Heft 29 18.7.2003 S. 1538; *R. Seer*, Kodifikation von Dokumentationspflichten über Verrechnungspreisgestaltung in multinationalen Konzernen? FR 7/2002 S. 381.

728 Vgl. *H. Baumhof/X. Ditz/M. Greinert*, Grundsätze der Dokumentation internationaler Verrechnungspreise nach der Gewinnabgrenzungsaufzeichnungsverordnung. DStR 2004 Heft 05 S. 161; ferner *B. Kaminski/G. Strunk*, Die "Gewinnabgrenzungsaufzeichnungsverordnung" – Teil I. StBp 1/04 S. 3.

729 F. *Wassermeyer*, Dokumentationspflichten bei internationalen Verrechnungspreisen: Zum zweiten Entwurf einer Verordnung zu § 90 Abs. 3 AO. DB Heft 29 18.7.2003 S. 1538; *R. Seer*, Kodifikation von Dokumentationspflichten über Verrechnungspreisgestaltung in multinationalen Konzernen? FR 7/2002 S. 381; Dazu auch *H.-K. Kroppen/S. Rasch*, Die Aufzeichnungspflichten für internationale Verrechnungspreise. IWB 21 12.11.2003 Fach 3 Gr. 1 S. 1979.

730 A. *Eigelshoven/C. Kratzer*, Rechtsverordnung zu Aufzeichnungspflichten bei der Bestimmung angemessener Verrechnungspreise. IStR 1/2004 S. 32.

731 Vgl. § 2 Abs. 2 S. 1 GAufzV.

732 Vgl. s. S. 239 f.

IV. Verletzung der Mitwirkungspflichten

1. Schätzung

In der Regelung des § 162 Abs. 3 AO wurde das Instrument der widerlegbaren Vermutung verankert, falls ein Steuerpflichtiger seine Mitwirkungspflichten nach § 90 Abs. 3 AO dadurch verletzt, dass er:

- die Aufzeichnungen nicht oder
- nicht zeitnah i. S. des § 90 Abs. 3 Satz 3 AO nachkommt oder
- im Wesentlichen unverwertbare Aufzeichnungen vorlegt.[733]

In diesen Fällen ist die Finanzverwaltung zur Vermutung ermächtigt, dass seine im Inland steuerpflichtigen Einkünfte, zu deren Ermittlung die Aufzeichnungen i. S. des § 90 abs. 3 dienen, höher als die von ihm erklärten Einkünfte sind. Im Umkehrschluss besteht eine Richtigkeitsvermutung, soweit eine ordnungsgemäße Dokumentation vorliegt.

Anders als die Schätzungsmaßnahmen i. R. d. brasilianischen Vorschriften ist die Schätzung gem. § 162 AO eine gesetzliche Beweismaßreduzierung auf die größtmögliche Wahrscheinlichkeit. Es ist den Finanzbehörden untersagt, durch die Beweismaßreduzierung eine Besteuerung auf bloßen Verdacht durchzuführen. Materiell ist diese Grenze aus den verfassungsmäßigen Grundfreiheiten und der Rechtsstaatlichkeit gem. Art. 20 III GG abzuleiten:

*Der Steuereingriff in Freiheitsgrundrechte ist rechtsstaatlich nur dann legitimiert, wenn zumindest sicher ist, dass **überhaupt** ein steuerlich relevanter Sachverhalt verwirklicht worden ist.*[734]

Die Ermächtigungsgrundlage im Fall der Verletzung abgabenrechtlicher Mitwirkungspflichten war schon in der Gestalt von § 162 Abs. 2 AO zu finden und beabsichtigt, dem Beweisverderber keinen Vorteil zu ermöglichen. Von der Sphärenverantwortlichkeit für die Reduzierung des Beweismaßes abgeleitet ist die Finanzbehörde zur Schätzung verpflichtet, falls mangels Erfüllung der Mitwirkungspflicht die Sachaufklärung scheitert.[735]

---

733 Zu Recht kritisch über die mangelnden Rechtsgrundlagen für die Gleichstellung von wesentlich unverwertbaren und von nicht erstellten Aufzeichnungen im § 1 Abs. 1 S. 4 GAufzV s. *B. Kaminski/G. Strunk,* Die "Gewinnabgrenzungsaufzeichnungsverordnung" – Teil I. StBp 1/04 S. 5.

734 *R. Seer,* in *Tipke/Lang,* Steuerrecht. 2002 § 21 Rz. 214.

735 *R. Seer,* Verständigungen in Steuerverfahren. 1996 S. 191 ff.; *S. Rasch,* Konzernverrechnungspreise im nationalen, bilateralen und europäischen Steuerrecht. 2001 S. 312 f.; *R. Seer,* in *Tipke/Lang,* Steuerrecht, 17. Aufl., 2002, § 21, Tn. 172. Ferner *F. Wassermeyer* in *FWB,* Kommentar zum AStG, § 1 Anm. 882.

Die Anwendung eines niedrigeren Beweismaßes stellt eine wesentliche verfahrensrechtliche Sanktion dar.[736] § 162 Abs. 3 AO verschärft die Schätzung zu Lasten des Steuerpflichtigen, soweit er die Darlegungslast trägt, indem die erklärten Einkünfte i. R. der Verrechnungspreise dem Freundvergleich standhalten müssen. Solange dies nicht widerlegt wird, gilt die Vermutung eines Verstoßes gegen den Fremdvergleichsgrundsatz. Dazu stellt § 162 Abs. 3 Satz 1 AO eine Nichterfüllung der Aufzeichnungspflicht einer mangelhaften Dokumentation, die im Wesentlichen unverwertbar ist, gleich.

Zur Klärung der im Gesetz erwähnten *wesentlichen Verwertbarkeit* von Aufzeichnungen müssen die Aufzeichnungen u. a. einem sachverständigen Dritten *innerhalb angemessener* Frist die Prüfung des Fremdvergleichs ermöglichen.[737] Ferner listete § 6 Abs. 2 2. VO-Entwurf zu § 90 Abs. 3 AO v. 12.6.2003 nicht ausschließlich Merkmale zur wesentlichen Unverwertbarkeit auf. Neben den Voraussetzungen der Klarheit, der Vollständigkeit, der Nachvollziehbarkeit, der Nichtwidersprüchlichkeit, die unter Buchstaben a und b zu finden waren, mussten die Aufzeichnungen gem. Buchstabe c) für die Prüfung der Eignung einer Methode verwendbar und ausreichend sein. Dies verstieß gegen Tz. 1.68 OECD-RL[738] und Tz. 2.4.1 Verwaltungsgrundsätze v. 1983, die die Wahl der Methode in das Ermessen des Steuerpflichtigen stellen. Damit würde der Steuerpflichtige mit der Notwendigkeit konfrontiert werden, aufgrund der potenziellen Zuschläge eine Angemessenheitsprüfung seiner Methode vorzunehmen,[739] um ihre offensichtliche Geeignetheit festzustellen. Die endgültige Fassung der GAufzV berücksichtigt die wesentliche Unverwertbarkeit der Aufzeichnungen nicht direkt. Dazu hat das BMF erklärt, dass dies nicht Gegenstand der Verordnung ist.[740] Somit bleiben die vagen Kriterien zur Bestimmung der Verwertbarkeit der Aufzeichnungen offen und tragen somit Konfliktpotential für die Zukunft in sich.[741]

---

736 A. *Vögele/F. Vögele,* Vorschriften zur Verrechnungspreisdokumentation im SteVergAbG. Heft 13 IStR 2003 S. 467.

737 § 2 Abs. 1 S. 2 GAufzV.

738 OECD-RL Tz. 1.68.

739 *H.-K. Kroppen/S. Rasch,* Entwurf der Rechtsverordnung zu § 90 Abs. 3 AO vom 12.6.2003. IWB 13 9.7.2003 Fach 3 Gr. 1 S. 1962.

740 BMF-Begründung zur GAufzV v. 15.08.2003. Bundesrat Drucksache 583/03 S. 7.

741 Vgl. *H.-K. Kroppen/S. Rasch,* Die Aufzeichnungspflichten für internationale Verrechnungspreise. IWB 21 12.11.2003 Fach 3 Gr. 1 S. 1984. Über die Führungsrolle der australischen Finanzverwaltung innerhalb der PATA-Staaten bei der Bemessung der Dokumentationsqualität s. *S. Borkowski,* Transfer Pricing Documentation and Penalties: How Much is Enough? ITJ Vol. 29 Nr. 2 2003, S. 15 ff. und *ATO,* Tax Ruling 98/11, 1998, S. 19.

Nichtsdestotrotz muss der Steuerplfichtige Fakten aus seiner Wissenssphäre offenlegen und analytisch aufbereiten, sofern diese Auskünfte im Rahmen seiner verhältnismäßigen Möglichkeiten stehen, um den sog. „dealing at arm's lenght"-Charakter seiner Verrechnungspreise darzustellen. Der Katalog der §§ 1 ff. GAufzV dient als bindende Richtschnur dafür. Demgemäß gelten die Vorschriften als Ansatzpunkt, um die Ordnungsmäßigkeit der Dokumentation zu bestimmen. Die Beweiswirkung einer nicht ordnungsgemäßen Verrechnungspreisdokumentation soll sich an dem Grad der Pflichtverletzung messen. Die Palette unterschiedlicher Möglichkeiten ist hierfür sehr breit vorstellbar. Obwohl die Verrechnungspreisregelung die genaue Grenze zwischen verwertbaren und unverwertbaren Aufzeichnungen nicht betrachtet, ist eine Proportionalität zwischen der Folgen der Mängel und deren Folgen zu beachten.[742]

Einerseits sind Kriterien wie die Fristmäßigkeit und das Vorhandensein einer Dokumentation einfach zu bestimmen. Andererseits kann die qualitative Auslegung äußerst strittig sein, ob i. R. einer vorhandenen Dokumentation z. B. die Suche und der Fund von Vergleichsdaten von Dritten (§ 1 Abs. 3, § 4 Nr. 4 GAufzV) *nicht, kaum, gering* oder *sehr* verwertbar sind. Dabei muss beachtet werden, dass eine „geringere" Verwertbarkeit der Aufzeichungen die Folgen des § 162 Abs. 3 und 4 AO nicht nach sich zieht. Vielmehr muss die Wesentlichkeit der Unverwertbarkeit dargestellt werden. Somit dürfen evtl. vorgelegte Aufzeichnungen für die Schätzung seitens der Finanzverwaltung angesichts einer nicht ordnungsgemäßen Dokumentation nicht ohne Begründung und Bewertung außer Acht gelassen werden.

Darüber hinaus ist die Minderung des Beweismaßes zu Gunsten der Finanzbehörden bei Verletzungen der Mitwirkungspflichten an die höchste an Sicherheit grenzende Wahrscheinlichkeit gebunden.[743] Somit bestimmt § 162 Abs. 3 AO zwar die Schätzung innerhalb einer Verrechnungspreisbandbreite zu Lasten des Steuerpflichtigen in Fall von wesentlich unverwertbaren Aufzeichnungen (oder in bestimmten Fällen nicht zeitnah erstellter Aufzeichnungen), diese Schätzung schliesst jedoch die Erstellung einer auf Marktdaten basierten Bandbreiteuntersuchung seitens der Finanzverwaltung nicht aus.

---

742 *G. Engler,* in *Vögele/Borstell/Engler,* Handbuch der Verrechnungspreise. 2004 Kap. F Tz. 89.
743 Vgl. VerwGr-Verfahren 4.4, S. 62.

2. Verwendung der Bandbreite

Als Reaktion auf die Feststellung des BFH[744], dass es keinen richtigen Transferpreis, sondern nur eine Bandbreite davon gibt und dass die Berichtigung des Transferpreises immer zu dem Punkt der Bandbreite erfolgen soll, der für den Steuerpflichtigen am günstigen ist, erkennt die neue Regelung im § 162 Abs. 3 Satz 2 AO zwar einerseits die Preisspanne an. Andererseits setzt sie für Mitwirkungsverletzungsfälle die Ausschöpfung der Preisspanne jedoch zu Lasten des Steuerpflichtigen fest. Das bedeutet eine deutliche Verschärfung der Mitwirkungspflicht, da die Rechtsprechung i. R. der Verletzung der erhöhten Mitwirkungspflicht (§ 90 Abs. 2 AO), wie weiter oben bereit erwähnt, keinen gesetzlichen Grundsatz zur Anwendung der den Steuerpflichtigen benachteiligenden Transferpreise innerhalb der Preisspanne nach altem Recht anerkannt hat. Es bleibt zu prüfen, inwieweit die Folgen dieser diametralen Umkehr - für Vögele/Brem eine *Verrechnungspreisrevolution*[745] - mit dem Prinzip der Rechtsstaatlichkeit vereinbar sind.[746]

Für Schnorberger ist die *pro-fiskalische Extremschätzung* der Finanzverwaltung zu Ungunst des Steuerpflichtigen nur in Sonderfällen anzuwenden.[747] Beispielsweise muss die Finanzverwaltung für den unwahrscheinlichen Fall, dass der Steuerpflichtige trotz Anforderungen nichts vorlegt, *die Vollständigkeit der Verrechnungspreisdokumentation ggf. durch (mehrmals) wiederholte Anforderung von im einzelnen genau konkretisierten Aufzeichnungen zu den wirtschaftlichen und rechtlichen Grundlagen der Verrechnungspreise sicherstellen.*[748]

In diesem Zusammenhang bleibt die Frage unbeantwortet, nach welchen Kriterien die Transferpreise innerhalb der Preisspanne bei dem Ermessensspielraum der Finanzverwaltung festzulegen sind. Vögele/Vögele versuchen eine Parallele zu § 162 Abs. 4 AO zu erkennen, bei dem die Dauer und die Umstände der Verspätung bei der Bemessung der Geldstrafe berücksichtigt werden. Infolgedessen würde bei der Vermutung gelten: je geringer die Fristüberschreitung ist, desto weniger fest wird vermutet. Trotzdem scheitert der Versuch, da er einer gewissen Logik entbehrt, so die Autoren, da die Vorstellung ungerecht ist, dass, je

---

744 BFH-Beschl. v. 10.5.2001, IS 3/01, NV 2001; BFH, Urteil v. 17.10.2001, IR 103/100, 2001.

745 *A. Vögele/M. Brem,* Die neue Rechtsverordnung zu § 90 Abs. 3 AO. IStR 2/2004 S. 48.

746 *U. Moebus,* Neue Dokumentationspflichten bei Transferpreisen - Irrweg und/oder Irrglaube? BB Heft 27 2003 S. 1414.

747 *S. Schnorberger,* Verrechnungspreis-Dokumentation und StVergAbG - Offene Fragen und Probleme. DB Heft 23 6.6.2003 S. 1242.

748 *S. Schnorberger,* Verrechnungspreis-Dokumentation und StVergAbG - Offene Fragen und Probleme. DB Heft 23 6.6.2003 S. 1242.

größer die Verspätung ist, desto weniger Vertrauen der schließlich vorgelegten Dokumentation geschenkt werden soll.[749]

Nicht zuletzt besteht bei der Ermächtigung zu pro-fiskalischen Extremschätzungen das Problem, dass allgemein akzeptierte Standards für die Bestimmung von Fremdvergleichsbandbreiten von Transferpreisen fehlen. Das könnte, zwar nicht formalrechtlich, de facto jedoch zur willkürlichen Schätzung der Einkommenskorrektur und zur Doppelbesteuerung führen, insofern zwei Staaten die gesamten Bandbreite abgreifen.[750]

Zur Zurückhaltung zwingt vor allem das Verbot internationaler Doppelbesteuerung. Es widerspricht völkerrechtlichen Verpflichtungen, wenn die Finanzbehörde durch Ausschöpfen der Bandbreiten Doppelbesteuerungen provoziert.[751]

Eine solche Ausschöpfung der Bandbreite wäre mit Art. 9 OECD-MA unvereinbar. Fraglich ist, *ob die ausländischen Fisci entsprechende Gegenberichtigungen (z. B. in Rahmen des Art. 9 Abs. 2 OECD-MA oder in Rahmen des Verständigungsverfahrens nach Art. 25 OECD-MA bzw. der Schiedskonvention innerhalb der EU) ohne eine sachgerechte fremdvergleichskonforme ökonomische Begründung in dieser einseitig profiskalischen Höhe akzeptieren werden.[752]* Der allgemeine Grundsatz der internationalen Rücksichtnahme ist bei der steuerlichen Rechtsanwendung von der Verwaltung und den Gerichten zu beachten. Dadurch wäre höchstens die „Schiedsrichterlösung" anzuwenden, die den Schätzrahmen bei einer „Mittelwertlösung" einschränkt und so *die Doppelbesteuerungsgefahr zumindest verringert.[753]*

Als unzulässig erscheint der Versuch der Finanzverwaltung, die Flexibilität einer wegen Informationsdefiziten bzw. Intransparenzen der Märkte breiten Bandbreite einzuschränken, ohne dafür ermächtigt zu sein.[754] Bei nur einge-

---

749 *A. Vögele/F. Vögele*, Vorschriften zur Verrechnungspreisdokumentation im SteVergAbG. Heft 13 IStR 2003 S. 467.

750 *S. Schnorberger*, Verrechnungspreis-Dokumentation und StVergAbG - Offene Fragen und Probleme. DB Heft 23 6.6.2003 S. 1244.

751 *R. Seer*, in *Tipke/Kruse*, Kommentar zu AO. 2004, § 162 Tz. 70.

752 *H.-K. Kroppen/C. Himmelsbach/A. Dika*, Geplante Strafmaßnahmen bei Verrechnungspreisen nach dem Steuervergünstigungsabbaugesetz. IWB 16 27.8.2003 Fach 3 Gr. 1 S. 1973.

753 *H.-K. Kroppen/C. Himmelsbach/A. Dika*, Geplante Strafmaßnahmen bei Verrechnungspreisen nach dem Steuervergünstigungsabbaugesetz. IWB 16 27.8.2003 Fach 3 Gr. 1 S. 1973.

754 *A. Eigelshoven/A. Nientimp*, Die Dokumentation angemessener Verrechnungspreise nach den Verwaltungsgrundsätze-Verfahren: Eine kritische Analyse. DB Heft 22 3.6.2005 S. 1189. *H. Baumhoff/X. Ditz/M. Greinert*, Die Dokumentation internationaler

schränkt vergleichbaren Werten von Vertriebsgesellschaften will die Finanzverwaltung die Ermittlung mittels einer in der Praxis üblichen mathematischen
Einengung der Bandbreite als Regel festsetzen,[755] die z. B. bei dem Vergleich
von Nettomargen wie in der Tabelle 5 aussieht.[756]

Tabelle 5

Beobachtete Vergleichsunternehmen	Vergleichswerte (dreijähriger Durchschnitt) in %		
1	-1,2		
2	0,6		
3	2,1		
4	2,2	2. Quartil = 2,2 %	
5	2,3		
6	2,7		Vergleichsspanne
7	3,0	Median = 3,0%	2,2 % bis 3,4 %
8	3,1		
9	3,3		
10	3,4	3. Quartil = 3,4 %	
11	3,8		
12	4,4		
13	5,8		

Bei einer dreijährigen Beobachtung der Nettorenditen von z. B. 13 identifizier-
ten Vergleichsunternehmen wird aus der gesamten Bandbreite eine Interquartil-
Bandbreite ermittelt. Das entspricht der Einengung im Wege des Ausscheidens
von 25% der kleinsten und 25% der größten Werte (1. bzw. 4. Quartil) der
Bandbreite. Das lässt sich rechtfertigen, soweit die Extremenwerte der Ver-
gleichsskala Unternehmen umfassen können, deren Vergleichskriterien oder er-
gebnisbeeinflussende Variabeln möglicherweise nicht auf angemessene Weise
bekannt und angepasst worden sind.

Verrechnungspreise nach den „Verwaltungsgrundsätze-Verfahren". DStR 37/2005 S.
1554.

755 Vgl. *A. Vögele/M. Brem*, in *Vögele/Borstell/Engler*, Handbuch der Verrechnungspreise.
2004 Kap. E Tz. 30; *W Finan/I. The/T. Tontcheva*, Practical Issues in Preparing EU
Transfer Pricing Documentation Applying TNMM on a Pan-European Basis. TMTR
Special Report 12.10.2005 Vol. 14 No. 12 S. 7 ff.

756 Das Beispiel basiert auf dem Verwaltungsgrundsätze-Verfahren Tz. 3.4.12.5 d), S. 43.

Dafür können folgende Schritte zur Berechnung der Quartilwerte folgen:
- 1. Quartil: 13 Unternehmen x 25% = 3,25
- 2. Quartil oder Median: 13 x 50% = 6,5
- 3. Quartil: 13 x 75% = 9,75

Soweit die Quartilwerte keine ganze Zahl ergeben, können die nächst höheren beobachteten Vergleichsunternehmen berücksichtigt werden. Graphisch lässt sich das Verfahren wie in der Abbildung 11 darstellen.

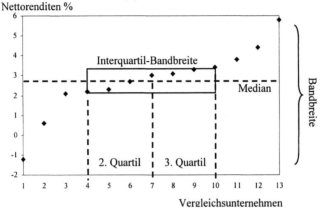

Abbildung 11
Verrechnungspreisbandbreite in 3-Jahresdurchschnitt

Obwohl dieses Ermittlungsverfahren das Ziel verfolgt, eine hinreichende Wahrscheinlichkeit i. R. d. Plausibilitätsprüfung zu erreichen, und international anerkannt wird, fehlt es der Finanzverwaltung an Rechtsgrundlagen, solch eine Prozedere zu verlangen. Somit sind die Verwaltungsgrundsätze-Verfahren hinsichtlich dieser Frage zu weit gegangen.[757] Würde eine uneingeschränkte Vergleichbarkeit bestehen, würde der Steuerpflichtige grds. keine Bandbreite ermitteln müssen, sondern das uneingeschränkte vergleichbare Unternehmen würde für die Fremdvergleichsprüfung reichen. Es verbleibt vielmehr innerhalb des Ermessensspielraums des Steuerpflichtigen zu entscheiden, auf welchen Punkt der *ganzen* Bandbreite seine Verrechnungspreise gesetzt werden[758] und inwieweit er das Risiko seiner Verrechnungspreisplanung begrenzen oder ausdehnen wird,

---

757 Verwaltungsgrundsätze-Verfahren Tz. 3.4.12.5. Vgl. *H. Baumhoff/X. Ditz/M. Greinert,* Die Dokumentation internationaler Verrechnungspreise nach den „Verwaltungsgrundsätze-Verfahren". DStR 37/2005 S. 1554 f. Vgl. BFH-Entscheidung I R 22/04 4.6.05.

758 Vgl. *M. Lenz/W. W. Fischer/M. Schmidt,* Verwaltungsgrundsätze-Verfahren - Konsequenzen für die Dokumentation von Verrechnungspreisen. BB Heft 23 6.6.2005 S. 1258.

indem er den Einsatz der Interquartil-Bandbreite oder ein anderes glaubhaftes Verfahren verwendet. Die Finanzverwaltung ist nicht dazu berechtigt, die Bandbreite zu verengen. Nach § 162 Abs. 3 S. 2 AO darf sie die Bandbreite erst dann ausnutzen, wenn der Steuerpflichtige seine Mitwirkungspflicht nicht erfüllt.

3. Erleichterung für kleinere Unternehmen und für Steuerpflichtige mit anderen als Gewinneinkünften

Für kleinere Unternehmen und Steuerpflichtige mit anderen als Gewinneinkünften gilt gem. § 6 GAufzV der status quo ante weiter. D. h. kleinere Unternehmen und Steuerpflichtige mit anderen als Gewinneinkünften sind dazu verpflichtet, lediglich „vorhandene" Auskünfte zu erteilen und Aufzeichnungen vorzulegen. Damit besteht grds. keine Dokumentationspflicht. Definitorisch umfasst der Begriff *kleinere Unternehmen* solche Unternehmen, deren Summe der Entgelte für die Lieferung von Gütern oder Waren aus Geschäftsbeziehungen mit nahe stehenden Personen 5 Mio. Euro innerhalb eines Wirtschaftsjahres nicht übersteigt und die Summe der Vergütungen für andere Leistungen als die Lieferung von Gütern oder Waren aus Geschäftsbeziehungen mit nahe stehenden Personen nicht mehr als 500 000 Euro beträgt (§ 6 Abs. 2 Satz 1 GAufzV). Somit bezieht sich die Befreiung auf die Transaktionsvolumina und nicht auf die Größe des Unternehmens, was die Bezeichnung des sicheren Hafens (safe harbor) in Frage stellt.

Nach der BMF-Begründung[759] zur GAufzV umfassen solche Geschäftsbeziehungen i. d. R. keine komplexen Sachverhalte, und infolgedessen erstreckt sich die Erleichterung auch auf außergewöhnliche Geschäftsvorfälle. Allerdings muss, so die BMF-Begründung, diese Erleichterung unter dem Vorbehalt stehen, dass *ausreichend* vorhandene Auskünfte *fristgerecht* vorgelegt werden, sonst gilt § 162 Abs. 3 und 4 AO. Das bringt Zweifel an der Dokumentationsbefreiung der Vorschrift mit sich.[760] Die Situation verschlimmert sich, indem § 6 GAufzV auf die Beachtung des § 1 Abs. 1 Satz 2 GaufzV hinweist. D. h. dieselbe Vorschrift befreit bestimmte Steuerpflichtige von der Dokumentationspflicht, und im gleichen Satz setzt sie dafür die Erfüllung mindestens eines Teils der Dokumentationspflicht voraus. Abgesehen von dem m. E. nicht zu rechtfertigenden Desinteresse der Finanzbehörde, klare Vorschriften zu schaffen, droht die

---

759 BMF-Begründung GAufzV v. 15.08.2003. Bundesrat Drucksache 583/03 S. 14 f.
760 Kritisch *H. Baumhof/X. Ditz/M. Greinert,* Grundsätze der Dokumentation internationaler Verrechnungspreise nach der Gewinnabgrenzungsaufzeichnungsverordnung. DStR 2004 Heft 05 S. 162.

vermeintliche[761] Erleichterung ihre Wirkung zu verfehlen, da unklar bleibt, inwiefern bei solchen Fällen dokumentiert werden muss.

V. Der Steuerzuschlag nach § 162 Abs. IV AO

Innerhalb der Sanktionen bei der Verletzung der Dokumentationspflicht hat der Gesetzgeber sich nicht nur an die Schätzungsmöglichkeit zu Lasten des Steuerpflichtigen gehalten, sondern außerdem Zuschläge im § 162 Abs. 4 AO eingeführt. Danach ergibt sich ein Zuschlag i. H. v. 5 bis 10 Prozent des Mehrbetrags der Einkünfte aus den Geschäftsbeziehungen, die sich auf Grund der Schätzung ergeben. Der Zuschlag hat eine Mindesthöhe von 5.000 Euro. Die verspätete Vorlage von verwertbaren Aufzeichnungen i. S. der Frist von 60 Tagen seit der Anfrage zur Vorlage von Aufzeichnungen gem. § 90 Abs. 3 Satz 8 AO verursacht einen Zuschlag von bis zu 1.000.000 Euro, wobei jedoch jeder volle Tag der Fristüberschreitung einen Mindestzuschlag von 100 Euro auslöst.

Der Zuschlag hat einen obligatorischen Charakter, d. h. er ist von der Finanzverwaltung ohne Ermessensspielraum anzusetzen.[762] Ausnahme dazu ist gem. § 162 Abs. 4 Satz 6 AO, wenn die Nichterfüllung der Pflichten entschuldbar erscheint, z. B. höherer Gewalt, oder wenn das Verschulden geringfügig ist. Vergleicht man diese Reduzierung des Ermessensspielraums der Finanzverwaltung mit ihrem Ermessenspielraum i. R. einer Verspätungszuschlagfestsetzung bei der Abgabe einer Steuererklärung, besteht ein Wertungswiderspruch beider Regeln, insoweit die Erste ein Muss- und die Zweite, obwohl im Vergleich ein schwerwiegenderer Pflichtverstoß vorliegt, eine Kann-Vorschrift ist.[763]

Bei der Zuschlagfestsetzung innerhalb der Spanne von 5 bis 10 Prozent des Mehrbetrags der Einkünfte aus den Geschäftsbeziehungen hat die Finanzverwaltung die durch die unterlassene oder verspätete Vorlage von Aufzeichnungen gezogene Vorteile nach § 162 Abs. 4 Satz 4 AO zu berücksichtigen. Schnorberger weist auf die Problematik der sachgerechten Festsetzung dieser Zuschlaghöhe hin, z. B. in den Fällen *größerer steuerlicher Verluste (...) sowie in den typischen Fällen der verdeckten Gewinnausschüttung im Organkreis, bei denen die Vermögensminderung einer Organträgerin kompensiert wird. Die vom Steuerpflichtigen gezogenen Vorteile werden hier häufig (nahe) null sein.*

761 Kritisch B. Kaminski/G. Strunk, Die "Gewinnabgrenzungsaufzeichnungsverordnung" – Teil II. StBp 2/04 S. 33.

762 S. Schnorberger, Verrechnungspreis-Dokumentation und StVergAbG - Offene Fragen und Probleme. DB Heft 23 6.6.2003 S. 1245.

763 S. Schnorberger, Verrechnungspreis-Dokumentation und StVergAbG - Offene Fragen und Probleme. DB Heft 23 6.6.2003 S. 1245.

In diesen Fällen wird der Zuschlag sich nach der Mindestgrenze von 5 % des Korrekturbetrags richten müssen.[764]

Die Strafzuschläge sind materiellrechtlich steuerliche Nebenleistungen i. S. des § 3 Abs. 4 AO. Nach der Ansicht von Schmidt/Gröger[765] stellen die Zuschläge eine Art Annexsteuer dar und sind damit i .S. des § 12 Nr. 3 EStG nichtabzugsfähige Ausgaben und i. S. des § 10 Nr. 2 KStG nichtabziehbare Aufwendungen. Da ein gewerbesteuerlicher Hinweis auf den Zuschlag i. S. einer Abziehbarkeit für den GewSt-Zweck fehlt, *sind die Steuerzuschläge vom Steuerpflichtigen stets aus versteuertem Einkommen zu entrichten.*[766]

Der Zuschlag dient als Strafmaßnahme gegen den Steuerpflichtigen,[767] ist, so Seer[768], allerdings keine *Strafe* im nationalen Rechtssinne.[769] Sie ist eine Art *zivile* Sanktion, inspiriert von den US-Vorschriften,[770] und dient vielmehr als *Druckmittel*[771] der Steuerverwaltung, den Steuerpflichtigen zur angemessenen und fristgerechten Aufzeichnungserstellung zu bewegen.[772] Der Steuerzuschlag des § 162 Abs. 4 AO ist eine Geldleistungspflicht, die durch die Verletzung der Mitwirkungspflicht ausgelöst wird. Er dient der Gleichmäßigkeit der Besteue-

---

764 S. *Schnorberger*, Verrechnungspreis-Dokumentation und StVergAbG - Offene Fragen und Probleme. DB Heft 23 6.6.2003 S. 1245. Vgl. über die Ermessensausübung s. Verwaltungsgrundsätze-Verfahren Tz. 4.6.3 e).

765 *W. Schmidt/J. Gröger*, Neue Dokumentationspflichten und "Strafzuschläge" bei Geschäftsbeziehungen mit Auslandsbezug oder: "Zuckerbrot und Peitsche". FR 16/2003 S. 822.

766 *W. Schmidt/J. Gröger*, Neue Dokumentationspflichten und "Strafzuschläge" bei Geschäftsbeziehungen mit Auslandsbezug oder: "Zuckerbrot und Peitsche". FR 16/2003 S. 822.

767 *H.-K. Kroppen/C. Himmelsbach/A. Dika*, Geplante Strafmaßnahmen bei Verrechnungspreisen nach dem Steuervergünstigungsabbaugesetz. IWB 16 27.8.2003 Fach 3 Gr. 1 S. 1971.

768 *R. Seer*, in *Tipke/Kruse*, Kommentar zu AO. 2004, § 162 Tz. 72.

769 Es wird hier auf die Analyse der Möglichkeit verzichtet, ein Ordnungswidrigkeits- oder Strafverfahren einzuleiten. Ausführlich *K. Sidhu/J. A. Schemmel*, Steuerhinterziehung bei grenzüberschreitenden Gewinnverlagerungen durch Festlegung unangemessener Konzernverrechnungspreise. BB 47/2005 S. 2549 ff.

770 Über die Unterscheidung im US-Recht zwischen civil und criminal penalties s. *R. Seer*, Besteuerungsverfahren: Rechtsvergleich USA-Deutschland,. 2002, Rn. 85 ff., 95. Überblick über die US penalties, s. *H. Becker*, in *Becker/Kroppen*, Handbuch der Verrechnungspreise. 1998 O Anm. 1-39 Tz. 4 Anh. I.

771 *R. Seer*, in *Tipke/Kruse*, Kommentar zu AO. 2004, § 162 Tz. 72.

772 Eine Gegenmeinung vertritt jedoch Hahn in *H. Hahn*, „Penalties" i. S. des § 162 Abs. 4 AO im Lichte des Art. 6 Abs. 1 EMRK. IStR 3/2004 S. 78, 81 f. Vgl. *R. Seer/M. Krumm*, Die sog. Steuerzuschläge des § 162 Abs. 4 AO aus der Sicht des Art. 6 EMRK und der Grundfreiheiten des EGV. IWB 9 10.5.06 Fach 11 Gr. 2 S. 735 ff.

rung, die aus Art. 3 GG abzuleiten ist, und sichert den Steuermassenvollzug ab.[773]

Strittig wird die Regelung unter Berücksichtigung rechtsstaatlicher Prinzipien wie des Rechts auf ein faires Verfahren und die Unschuldsvermutung. Abgesehen von dem nationalen Recht ist es unter der Perspektive des Art. 6 EMRK[774] zu prüfen. Die EMRK und ihre Protokolle[775] haben die Rechtsnatur eines völkerrechtlichen Vertrags. Ungeachtet der Diskussion im Schrifttum über den *quasi verfassungsrechtlichen* Rang der Konvention, indem ein Teil der Rechte der EMRK an den Grundrechten des GG anzuknüpfen wäre, steht dem Bürger mittels individuellen Beschwerden beim EGMR der Weg zur Durchsetzung der Konventionsrechte frei (Art. 34 EMRK).[776] Der EGMR entscheidet über Konventionsverletzungen in einzelnen Fällen, und seine Urteile sind für die Mitgliedstaaten verbindlich (Art. 41 EMRK), wobei der EGMR keine Kompetenz hat, nationale Gesetze oder Rechtsakte aufzuheben.

International wurde das Thema der Vereinbarkeit von Zuschlägen bei fehlender Mitwirkung bei den Verrechnungspreisaufzeichnungen mit Art. 6 EMRK schon bei den Diskussionen des EUJTPF thematisiert. Generell fasst Maisto zusammen, dass die Zuschläge angesicht des Zwecks solcher Verwaltungsmassnahmen nicht als Strafen ("criminal charges") i. S. d. Art. 6 EMRK gesehen werden sollten.[777] Um ein solches Ergebnis zu überprüfen, ist allerdings nötig, die Krite-

---

773 *R. Seer/M. Krumm,* Die Bedeutung des Art. 6 der Europäischen Menschenrechtskonvention für ein steuerverfahrensrechtliches Zuschlagssystem. StuW 4/2006, S. 346.

774 EMRK, Art. 6
„(1) Jedermann hat Anspruch darauf, dass seine Sache in billiger Weise öffentlich und innerhalb einer angemessenen Frist gehört wird, und zwar von einem unabhängigen und unparteiischen, auf Gesetz beruhenden Gericht, das über zivilrechtliche Ansprüche und Verpflichtungen oder über die Stichhaltigkeit der gegen ihn erhobenen strafrechtlichen Anklage zu entscheiden hat. (…)
(2) Bis zum gesetzlichen Nachweis seiner Schuld wird vermutet, dass der wegen einer strafbaren Handlung Angeklagte unschuldig ist.
(3) (…)"

775 Am 4.11.1950 wurde die EMRK in Rom unterzeichnet, welcher z. Z. 46 europäische Staaten angehören. Zu den wichtigsten Zusatzprotokollen zählt das Protokoll Nr. 4 (1963) über das Verbot des Freiheitsentzugs wegen Schulden und das Protokoll Nr. 6 (1983) über die Abschaffung der Todesstrafe.

776 Vgl. *R. Seer/M. Krumm,* Die Bedeutung des Art. 6 der Europäischen Menschenrechtskonvention für ein steuerverfahrensrechtliches Zuschlagssystem. StuW 4/2006, S. 346.

777 *G. Maisto,* Review of Penalty Regimes within the EU Regarding Tansfer Pricing Documentation and Adjustments. EUJTPF 14.11.05 DOC.JTPF/ 011/BACK/2005/EN, S. 12. Ein interessanten Überblick über die Positionen anderer EU Länder gibt die Tabelle auf S. 47f.

rien zu analysieren, die im Laufe der Jahrzente durch den EGMR erarbeitet wurden.

Erstens prüft der EGMR, ob die untersuchte Maßnahme strafrechtlich unter die nationalen Klassifizierungen fällt. In solchen Fällen schliesst sich der EGMR an. Die Erfüllung des ersten Kriteriums würde die folgenden erübrigen. Sollte das nicht zutreffen, überprüft der EGMR mittels autonomer Auslegung die Natur der Sanktion, indem sowohl ein abschreckender als auch ein vergeltender Charakter präsent sein müssen, um auf eine strafrechtliche Natur hinzudeuten. Dieses zweite Kriterium setzt allerdings nicht immer klare Grenzen für die Bewertung von Sanktionen als strafrechtliche Anklage. Parallel zum EGMR hat der EuGH sich mit der Frage auseinandergesetzt, ob eine verschuldensunabhängige Sanktion mit dem Rechtstaatsprinzip vereinbar sei.[778] Als Ergebnis legte der EuGH fest, dass zwar jede Sanktion der Abschreckung dient, indem sie Konsequenzen für die Nichteinhaltung von Pflichten androht, jedoch zusätzlich das Element einer gesellschaftsrechtlichen Missbilligung i. S. eines Unwerturteils nötig sei, um den Strafcharakter zu bilden. Seer/Krumm übertragen diese Kriterien auf die Steuerzuschläge der AO und fassen zusammen, dass diese eher eine „wertneutrale Pflichtenmahnung" darstellen. Die Steuerzuschläge beabsichten vielmehr die Sicherstellungsfunktion für den Steuervollzug in Massenverfahren als eine Art Druckmittel eigener Art zur Erreichung der Gleichmäßigkeit der Besteuerung. Somit würden die Steuerzuschläge keinen Strafcharakter tragen.[779]
Der EGMR fokussiert seinerseits eher nicht auf das Kriterium der Wertneutralität. Vielmehr berücksichtigt er im Zusammenhang mit dem zweiten Kriterium (Präventions- und Repressionscharakter) die Höhe der Steuerzuschläge als drittes Kriterium.[780] D. h. bei geringfügigen Sanktionen reicht ein präventiver Charakter einer Norm nicht aus, einen Strafcharakter zu bilden. Soweit der Zuschlag ein Druckmittel ist, stellt er i. d. R. eine Präventions- und/oder Repressionsmaßnahme dar. Die Schwere der Sanktion ist abhängig von der Höhe der Geldstrafe. Diese fängt nach § 162 Abs. 4 AO bei 5.000 Euro an und kann weit darüber hin-

---

778 EuGH v. 11.7.2002, Rs. C-210/00, EuGHE 2002, I-6453; Nach Vorabentscheidung, vorgelegt vom 7. Senat des BFH (BFH v. 4.4.2000 – VII R 67/98, BFHE 192, 377 (382 f.).

779 R. Seer/M. Krumm, Die Bedeutung des Art. 6 der Europäischen Menschenrechtskonvention für ein steuerverfahrensrechtliches Zuschlagssystem. StuW 4/2006, S. 353.

780 Obwohl der Fall Bendenoun v. France (24.2.94 EGMR 12547/86, Fall 3/1993/398/476) bezüglich der Höhe des Zuschlags oft erwähnt wird, trägt er wenig aus für die Analyse des Zuschlages von § 162 Abs. 4 AO, da in dem Fall der französische Zuschlag mit Haftstrafe bei der Nicht-Zahlung verbunden war und somit nicht mehr eine wertneutrale Sanktion darstellte. Vgl. A. Biegalski/K. Furga/K. L.-Sulecki/F Switala, Additional Tax Liability under Polish VAT Law. International VAT Monitor,/IBFD March/April 2007, S. 109.

ausreichen.[781] Im Schrifttum (Hahn/Suhrbier-Hahn) führte diese Überlegung zum Begriff *Strafzuschlag*. Zusammenfassend *liegt mithin eine Strafe im konventionsrechtlichen Sinne vor. Das hierauf gerichtete Besteuerungsverfahren erfüllt den Begriff einer strafrechtlichen Anklage i. S. des Art. 6. Abs. 1 EMRK, der damit anwendbar ist.*[782] Das Gericht überprüfte im Fall Janosevic[783] die Sanktionen auf die Anwendbarkeit des Art. 6 EMRK konkret nach von den schwedischen Behörden festgesetzten Sanktionen und entschied, dass die Sanktion i. H. v. SEK 161.261 und auf Basis von Zuschlägen i. H. v. 20-40% ohne oberste Grenze so schwerwiegend ist, dass Art. 6 EMRK anzuwenden ist (i. V. m. Art. 35 EMRK). Darüber hinaus kann wohl aus der Höhe der angedrohten (und nicht notwendigerweise tatsächlich eingesetzten) Sanktion ein Zusammenhang zu einem Unwerturteil entstehen, wobei es zu berücksichtigen ist, dass die Grenzen der Sanktionsrahmen eher dem verfassungsrechtlichen Übermaßverbot unterliegen als wirklich eine Frage des Art. 6 EMRK darzustellen. Somit scheint die EuGH-Auslegung m. E. überzeugender, den strafrechtlichen Charakter der Zuschläge ergänzend zu den Kriterien des EGMR einzugrenzen. Auch wenn das Kriterium der Höhe des Steuerzuschlags eher eine Frage des verfasungsrechtlichen Übermaßverbots ist und somit keine Prüfungskompetenz des EGMR gegeben ist, bietet das Kriterium des öffentlichen sozialethischen Unwerturteils einen Ansatzpunkt für die strafrechtliche Klassifizierung von Sanktionen, indem eine wesentlich höhe Sanktion nicht mehr als wertneutral anzusehen ist.

Im Fall Janosevic hat der EGMR zugestanden, dass Steuerzuschläge als Druckmittel für die Effektivität des Steuervollzugs zu akzeptieren sind, insbesonders bei Steuersystemen, auf deren Basis die Mitwirkungspflicht (Informationsbeschafung) des Steuerpflichtigen besteht.[784] Allerdings bleiben Exkulpationsmöglichkeiten conditio sine qua non. Es muss dem Steuerpflichtigen die Möglichkeit gegeben werden, Entlastungsgründe vorzutragen, und zwar vor einem unabhängigen Gericht und vor dem Vollzug der von den Steuerbehörden festgesetzten Steuerzuschläge. Die Bedenken des EGMR gegen den Ausschluss des Suspensiveffekts bei Einsprüchen und Klagen gegen die Festsetzung des Steuerzuschlages gingen im Fall Janosevic in diese Richtung:

781 Über die weit reichende Wirkungsweise der Sanktionsvorschriften s. *A. Eigelshoven/C. Kratzer,* Rechtsverordnung zu Aufzeichnungspflichten bei der Bestimmung angemessener Verrechnungspreise. IStR 1/2004 S. 30 f.

782 *H. Hahn,* „Penalties" i. S. des § 162 Abs. 4 AO im Lichte des Art. 6 Abs. 1 EMRK. IStR 3/2004 S. 78, 81 f. Vgl. *R. Seer/M. Krumm,* Die sog. Steuerzuschläge des § 162 Abs. 4 AO aus der Sicht des Art. 6 EMRK und der Grundfreiheiten des EGV. IWB 9 10.5.06 Fach 11 Gr. 2 S. 735 ff.

783 EGMR v. 23.7.2002 – 34619/97, Rs. Janosevic/Schweden, Sammlung 2002-VII, 40 S.

784 EGMR v. 23.7.2002 – 34619/97, Rs. Janosevic/Schweden, Sammlung 2002-VII, Tz. 100 ff.

the presumptio of innocence should be seen as excluding the execution of criminal sanctions before a court has decided on the liability of the person concerned. Otherwise, the right of the individual to have a criminal charge determined by a court could be sapped of any real meaning. This would apply also to proceedings concerning tax penalties. For the purpose of examining the justification of early enforcement of tax penalties, the Court proposes a balancing exercise between the interests of the State in pre-emptive enforcement and the rights of the individual (...) This proposal, however, does not provide sufficient clarity as to how the presumtio innocentiae should limit the interests of the State. (...) While the special features of tax collection and the problem of tax evasion may provide a respectable reason relating to the general interest which could justify early enforcement, this is not necessarily the case for tax penalties.[785]

Im jeweiligen Einzelfall muss entsprechend § 361 AO i. V. m. § 69 FGO dem Prinzip der Unschuldsvermutung sowie den Bedenken des EGMR bezüglich Steuerzuschläge Rechnung getragen werden.

Auf der Ebene des Doppelbesteuerungsabkommens ist fraglich, ob der Zuschlag Gegenstand eines DBA-rechtlichen Verständigungsverfahrens i. S. des Art. 25 OECD-MA sein kann. Der Nebenleistungscharakter des Verspätungszuschlags wie etwa ein Zinsbetrag, der den Liquiditätsvorteil ausgleichen soll, könnte als Doppelbelastung desselben ökonomischen Gewinns gesehen werden.[786] Das wäre mit der Zielsetzung der OECD-MA, die Doppelbesteuerung von Einkommen und Vermögen zu vermeiden, nicht vereinbar. Für den Zuschlag spricht, dass Annexsteuern grds. gem. Art. 2 Abs. 1 OECD-MA in den Anwendungsbereich eines DBA fallen.[787] Dagegen spricht, dass Sanktionen, und darunter fällt der Zuschlag des § 162 Abs. 4 AO, nicht Gegenstand eines Verständigungsverfahren sein können.[788] Ausnahmsweise anders ist das im DBA-USA, bei dem auch Vorschriften über Zuschläge, Geldstrafen und Verzinsung Gegenstand eines Verständigungsverfahrens nach Art. 25 Abs. 3e DBA-USA sein können.[789] Eine Lösung dafür lässt sich durch die künftige Entwicklung in der Praxis erwarten.

785 EGMR v. 23.7.2002 – 34619/97, Rs. Janosevic/Schweden, Sammlung 2002-VII, S. 37.

786 S. *Schnorberger*, Verrechnungspreis-Dokumentation und StVergAbG - Offene Fragen und Probleme. DB Heft 23 6.6.2003 S. 1245.

787 W. *Schmidt/J. Gröger*, Neue Dokumentationspflichten und "Strafzuschläge" bei Geschäftsbeziehungen mit Auslandsbezug oder: "Zuckerbrot und Peitsche". FR 16/2003 S. 823; H.-K. *Kroppen/C. Himmelsbach/A. Dika*, Geplante Strafmaßnahmen bei Verrechnungspreisen nach dem Steuervergünstigungsabbaugesetz. IWB 16 27.8.2003 Fach 3 Gr. 1 S. 1976.

788 S. *Schnorberger*, Verrechnungspreis-Dokumentation und StVergAbG - Offene Fragen und Probleme. DB Heft 23 6.6.2003 S. 1245.

789 H.-K. *Kroppen/C. Himmelsbach/A. Dika*, Geplante Strafmaßnahmen bei Verrechnungspreisen nach dem Steuervergünstigungsabbaugesetz. IWB 16 27.8.2003 Fach 3 Gr. 1 S. 1976.

VI. Inkrafttreten

§ 162 Abs. 3 und 4 AO ist gem. § 22 Satz 2 EGAO für Wirtschaftsjahre ab dem 1.1.2004 in Kraft getreten, was aber frühestens 6 Monaten nach dem Inkrafttreten der GAufzV erfolgen kann.[790] Der Bundesrat hat am 17.10.2003 dem § 8 GAufzV zugestimmt und hat als Datum für das Inkrafttreten rückwirkend den 30.6.2003 festgesetzt. Damit hat er der BMF-Argumentation Recht gegeben, dass die gesetzlichen Aufzeichnungspflichten selbst (§ 90 Abs. 3 AO) schon gem. § 22 Satz 1 EGAO bereits für alle Wirtschaftsjahre bestanden, die nach dem 31.12.2002 begonnen. Nach dem BMF werden die Aufzeichnungspflichten durch die VO lediglich näher bestimmt. Außerdem haben, nach dem BMF, die Steuerpflichtigen hinreichend Gelegenheiten gehabt, sich über die Inhaltsentwicklung des schon vor dem 30.6.2003 vorliegenden 2. VO-Entwurfs zu informieren. Schließlich, so das BMF, ist der Text der GAufzV von dem Text der 2. VO nicht zu Lasten des Steuerpflichtigen abgewichen.

Ob die Rechtsprechung das auch so sehen wird, bleibt fraglich. Letztlich sind Änderungen zu Lasten des Steuerpflichtigen an zwei Stellen zu finden: erstens unter § 4 Ziff. 4 Buchst. d GAufzV. Obwohl davon durch den Bundesrat zu Gunsten des Steuerpflichtigen abgewichen wurde, war die Vorschrift im 2. VO-Entwurf von 12.6.2003 lediglich in bestimmten Fällen erforderlich (§ 5 Buchst. b 2. VO-Entwurf). Zweitens wurde die in nur bestimmten Fällen erforderliche Information über Geschäftsstrategien des § 5 Buchst. a 2. VO-Entwurf unter den Muss-Katalog des § 4 Ziff. 3 Buchst. a in fine GAufzV geschoben.

§ 4 Grundsatz des Fremdvergleichs

I. Allgemein

Da die Überprüfung von Verrechnungspreisen zu einer Preiskorrektur mit entsprechender Wirkung auf den ermittelten Gewinn führen kann, ist das Institut des Fremdvergleichs zu analysieren. Letztlich soll die zulasten des Steuerpflichtigen zu erstellende Dokumentation dazu dienen, zu einer Erleichterung der Überprüfung und Angemessenheit des Drittvergleichs auf Seiten des Steuerpflichtigen wie auch der Finanzverwaltung zu führen.

Rechtsfiguren für eine Gewinnkorrektur durch die Änderungsmaßgabe des Fremdvergleichs sind die verdeckte Gewinnausschüttung (§ 8 Abs. 3 KStG), die vE, die Berichtigung von Einkünften nach § 1 AStG und die Gesellschafter-

---

790 W. *Schmidt/J. Gröger*, Neue Dokumentationspflichten und "Strafzuschläge" bei Geschäftsbeziehungen mit Auslandsbezug oder: "Zuckerbrot und Peitsche". FR 16/2003 S. 823.

Fremdfinanzierung nach § 8a KStG.[791] Im deutschen Recht liegen i. R. der Verrechnungspreise die Verwaltungsgrundsätze zur Einkunftsabgrenzung zwischen verbundenen Unternehmen dem Fremdvergleich zugrunde sowie die DBA auf der Basis des § 9 OECD-MA.

Grundsätzlich sieht der Fremdvergleich die Überprüfung der Verrechnung konzerninterner Transaktionen zu einem Preis vor, den voneinander unabhängige Dritte unter gleichen oder ähnlichen Verhältnissen vereinbart haben oder vereinbart hätten. Obgleich ein angewendeter marktfremder Preis durch den Fremdvergleich festgestellt werden kann, achtet die OECD-RL schon an ihrem Anfang[792] darauf, dass der angewendete Verrechnungspreis nicht automatisch so wahrgenomen werden darf, als ob das Unternehmen i. R. einer rechtswidrigen Maßnahme eine grenzüberschreitende Gewinnverlagerung unternommen hätte. Vielmehr ist der Umfang der Vergleichbarkeit der preisbeeinflussenden Faktoren zu überprüfen, die über die steuerliche Relevanz, z. B. ökonomische und finanzielle Faktoren, hinausgehen.

II. Merkmale und Vergleichbarkeit

Für die Gegenüberstellung von angewendetem Preis und Marktpreis oder Margen und marktkonformen Margen ist der Unabhängigkeitscharakter der Parteien, deren Verhältnis zueinander untersucht wird, entscheidend. Falls identische oder zumindest vergleichbare Transaktionen zwischen tatsächlich unabhängigen Parteien vorliegen, ist die Vergleichbarkeit gewährleistet. Bedauerlicherweise spiegelt diese Form von direkter, uneingeschränkter[793] Vergleichbarkeit nicht die Mehrzahl der Fälle wider, da eine große Menge von Varianten die Preisfindung beeinflusst, die die Identität jeder Transaktion praktisch vereinzelt. In diesem Zusammenhang ist ein indirekter, eingeschränkter[794] Preis- bzw. Margenvergleich durchzuführen, indem Wertanpassungen durchzuführen sind. Zur Ange-

---

791 Ausführlich u. a. *S. Rasch,* Konzernverrechnungspreise im nationalen, bilateralen und europäischen Steuerrecht. 2001 S. 16 ff., 103 ff., 108 ff. bzw. 113 ff.; *F. Wassermeyer/H. Baumhoff,* Verrechnungspreise international verbundener Unternehmen. 2001. Über die fehlende rechtliche Grundlage zum Fremdvergleichgrundsatz bezüglich Betriebsstätten und Personengesellschaften s. *B. Kaminski/G. Strunk,* Die "Gewinnabgrenzungsaufzeichnungsverordnung" – Teil I. StBp 1/04 S. 3; Ferner *OECD,* Discussion Draft on the Attribution of Profits to Permanent Establishment – Part I. OECD. August, 2004, S. 6 f.; *H.-K. Kroppen,* Betriebstätte - Quo vadis? IWB 15 v. 10.8.2005 Fach 10 Gr. 2 S. 1870 ff. Über 8a KStG s. *A. Crüger/R. Bodenstein,* Fremdvergleich im Rahmen der deutschen Thin-Capitalization-Rules des § 8a KStG sowie der Dokumentationsvorschriften nach § 90 Abs. 3 AO. RIW 7/2005 S. 500 ff.

792 OECD-RL Kap. I Tn. 1.2.

793 Vgl. Verwaltungsgrundsätze-Verfahren Tz. 3.4.12.7 a).

794 Vgl. Verwaltungsgrundsätze-Verfahren Tz. 3.4.12.7 b).

messenheit dieses indirekten Vergleichs sind alle preisbeeinflussenden Umstände zu berücksichtigen, welche das zentrale Problem des arm's length Prinzips sind. Der indirekte Fremdvergleich verlangt die Bereinigung der Unterschiede zwischen den zum Vergleich gestellten Transaktionen. Um diese Korrektur durchzuführen, müssen alle Faktoren der Preisfindung quantifiziert, qualifiziert und - i. R. d. Dokumentationspflicht – auf angemessener Weise aufgezeichnet werden. Grds. gilt es nach der Auffassung der Finanzverwaltung, dass bei mangelnden Aufzeichnungen zur Vergleichbarkeitsprüfung davon auszugehen ist, dass die Bedingungen unvergleichbar sind.[795] Beispielsweise sind preisbeeinflussende Faktoren einer bestimmten Transaktion, die beachtet werden müssen:[796]

- Art, Umfang und Qualität der gelieferten Gegenstände oder erbrachten Leistungen;
- Marktverhältnisse (Angebots- und Nachfragesituation, Kaufkraft; Marktregulierung, etc.);
- Volkswirtschaftliche Rahmenbedingungen;
- Die von den Unternehmen ausgeübten Funktionen und übernommenen Risiken (Risiko- und Chancenfunktionen: Forschung, Produktion, Montage, Marktenführung, etc.);
- Die Marktstufe, auf der die Transaktionen ausgeführt werden (Produzent, Großhändler, Einzelhändler, Kommissionär, Agent, etc.);
- Vertrags- und Lieferbedienungen (Zahlungsmodalitäten, Lieferfristen, Haftungs- und Gewährleistungsfragen, etc.);
- Geschäftsstrategie der beteiligten Unternehmen i. R. einer Preispolitik (Abschöpfung, Marktdurchdringung, etc.).

Da so unterschiedliche Mitwirkungsfaktoren eintreten, wozu auch die unterschiedlichen Ergebnisse der Anwendung von unterschiedlichen Verrechnungspreismethoden zählen, spricht man bei der Prüfung der Übereinstimmung des Verrechnungspreises mit dem Fremdvergleich nicht von einem bestimmten Marktpreis, sondern von einer marktkonformen Preis- oder Margenbandbreite (arm's length range).[797] D. h. die Ermittlung der Verrechnungspreise ist keine exakte Wissenschaft, vielmehr erfolgt sie auf Grund einer Plausibilitätsanalyse und bietet somit in jedem Einzelfall Ermessensspielräume, die i. R. der internationalen Konzernsteuerplanung zur Verfügung stehen.[798] Für die Auswahl eines

---

795   Vgl. Verwaltungsgrundsätze-Verfahren Tz. 3.4.12.7 b).
796   OECD-RL Tz. 1.15-1.35. Vgl. *L. Schmidt*, Angemessene Verrechnungspreise bei konzerninternen Transaktionen. PIStB 2/2002 S. 44;
797   OECD-RL Tz. 1.45 ff.
798   *L. Schmidt*, Angemessene Verrechnungspreise bei konzerninternen Transaktionen. PIStB 2/2002 S. 45.

Punktes der Bandbreite ist grundsätzlich die Anwendung des günstigeren Ober- oder Unterwertes der marktüblichen Preisspanne gestattet.[799]

III. Verwendung von Datenbanken

Für die Verrechnungspreisvergleichbarkeit können Datenbanken benutzt werden.[800] Bedenklich ist allerdings das Finanzverwaltungsvorhaben, erstens die Anwendung der Datenbanken lediglich auf funktions- und risikoarme Unternehmen einzuschränken und zweitens im Falle eingeschränkter Vergleichbarkeit die Festlegung des Preises auf den Median der Bandbreite vorzunehmen.[801] Dies stellt m. E. einen unbefugten Eingriff der Finanzverwaltung in den Ermessensspielraum des Steuerpflichtigen dar, den günstigsten Punkt der Bandbreite auszunutzen, soweit er seine Dokumentationspflicht erfüllt.

Sowohl die Finanzverwaltung als auch der Steuerpflichtige können Datenbanken aufbauen und verwenden, die nicht unbedingt zugänglich sein müssen.[802] I. R. einer Einkommenskorrektur fällt allerdings die Anonymität der angewandten Unternehmen (sog. secret comparables) zu Last des Beweiswertes der Daten und kann ohne weiteres zur Unverwertbarkeit solcher Daten führen.[803] Denn die Schätzung auf Basis von secret comparables und die daraus berechneten Zuschläge[804] sind für den Steuerpflichtigen nicht nachvollziehbar, weil die zugrunde liegenden Daten anonymisierter Unternehmen nicht auf ihre tatsächliche Vergleichbarkeit geprüft werden können. Somit besteht durch die Nutzung solcher nichtzugänglichen Daten die Beeinträchtigung des Rechts auf ein faires Verfahren, indem keine *Waffengleichheit* zwischen Finanzverwaltung und Steuerpflichtigen herrscht.[805]

Für den Einsatz der Datenbankenanalyse ist vorausgesetzt, dass eine Mindestqualität der Datenerfassung i. S. der Transparenz des Datenbestandes, der Da-

---

799 BFH-Urteil v. 17.10.2001, IR 103/00.

800 BFH-Urteil v. 17.10.2001, IR 103/00.

801 Verwaltungsgrundsätze-Verfahren Tz. 3.4.12.5 f. Kritisch *A. Eigelshoven/A. Nientimp,* Die Dokumentation angemessener Verrechnungspreise nach den Verwaltungsgrundsätze-Verfahren: Eine kritische Analyse. DB Heft 22 3.6.2005 S. 1185 ff.

802 *H. Baumhoff,* Aktuelle Entwicklungen bei den internationalen Verrechnungspreisen. IStR Heft 1 2003 S. 3.

803 *H.-K. Kroppen/S. Rasch,* Aufzeichnungspflichten für internationale Verrechnungspreise – Verwaltungsgrundsätze-Verfahren. IWB 10 v. 25.5.2005 Fach 3 Gr. 1 S. 2115. Über die Anwendung von secret comparables i. V. m. dem Zuschlag des § 162 Abs. 4 AO s. S. 240 ff.

804 Dazu s. S. 240 ff.

805 *H. Hahn,* „Penalties" i. S. des § 162 Abs. 4 AO im Lichte des Art. 6 Abs. 1 EMRK. IStR 3/2004 S. 82.

tenauswahl und der Auswertung der Ergebnisse erfüllt wird. Die ausreichende Qualität der Fremdvergleichsdaten wird später für die Plausibilitätskontrolle der angesetzten Preise entscheidend sein.[806] Demzufolge kann ein Vergleich ausschließlich dann vorgenommen werden, wenn sichergestellt wird, dass zwischen der zu beurteilenden Konzerngesellschaft und der dritten Vergleichsgesellschaft eine hinreichende Vergleichbarkeit hinsichtlich ihrer preisbeeinflussenden Faktoren besteht. Die Schwierigkeit, solche Faktoren ausführlich zu beweisen, verursacht eine Reduzierung des Beweiswertes der entsprechenden Daten und führt nicht selten zu Streitigkeiten, wenn i. R. d. Dokumentation versucht wird, die Vergleichbarkeit mit Hilfe von Datenbanken festzustellen.[807] Nichtsdestotrotz können Datenbanken dazu dienen, nützliche – obwohl nicht immer vollkommene - Fremdvergleichsdaten mittels unterschiedlicher Auswahlkriterien zu ermitteln, die zur Durchführung von Anpassungsrechnungen führen können sowie die Ermittlung der Bandbreite ermöglichen.

Die Verwendung von Unternehmensdatenbanken spielt in der Praxis der Angemessenheitsermittlung von Verrechnungspreisen eine zunehmend entscheidende Rolle.[808] Dies erfolgt überwiegend i. R. d. eingeschränkten Vergleichbarkeit, indem mehrere ökonomischen Anpassungen durchzuführen sind, bevor die Daten als vergleichbar bewertet werden dürfen. Wenn der Einsatz von Datenbanken einerseits häufig die einzige zumutbare Möglichkeit für die Praktikabilität der Fremdvergleichsüberprüfung darstellt, sind anderseits die Schwachstellen der Systematik zahlreich und kontroverseerregend.[809] Die kritischsten Punkte können wie folgt zusammengefasst werden:
- Erstens ist das Informationsangebot hinsichtlich deutscher Unternehmen sehr gering und bietet lediglich eine extrem kleine Bilanzdatenfraktion deutscher Unternehmen an. Das stellt eine erheblich Reduzierung der Repräsentativität potenzieller Vergleichsunternehmen dar und kann z. B. dazu führen, dass nur erfolgreiche Unternehmen einer Branche gelistet werden, was dementsprechend auf eine Vergütungsüberschätzung hindeutet. In Ländern wie Großbri-

---

806 BMF-Begründung zur GAufzV 15.08.2003. Bundesrat Drucksache 583/03 S. 9.

807 *H. Baumhoff*, Aktuelle Entwicklungen bei den internationalen Verrechnungspreisen. IStR Heft 1 2003 S. 3.

808 Vgl. Verwaltungsgrundsätze-Verfahren Tz. 3.4.12.4. Für einen instruktiven Überblick über die Datenbanken mit deutschen Bilanzdaten s. *A. Vögele/A. Crüger*, in *Vögele/Borstell/Engler*, Handbuch der Verrechnungspreise. 2004 Kap. E Tz. 405-436; Über die nicht ausreichende Forschung über den Einsatz von Datenbanken zur Bestimmung von Verrechnungspreisen s. *A. Oestreicher/C. Vormoor*, Verrechnungspreisanalyse mit Hilfe von Unternehmensdatenbanken – Vergleichbarkeit und Datenlage. IStR 3/2004 S. 96.

809 Kritisch *A. Oestreicher/M. Duensing*, Eignung von Unternehmensdatenbanken zur Bestimmung der Verrechnungspreise an deutsche Vertriebsunternehmen. IStR 4/2005 S. 136, 143 f.

tannien, Italien, Portugal, Finnland, Frankreich, Griechenland, Spanien, Schweden, Belgien und Dänemark führt die Erfüllung der Veröffentlichungspflicht von Jahresabschlüssen zu erheblich größeren Bilanzdatenbeständen bei den Datenbanken.[810] Um dem entgegenzuwirken, kann man Unternehmensdaten aus verschiedenen Nationalmärkten verwenden, sofern diese Märkte vergleichbar sind. In der Praxis werden Daten aus den EU15-Länder angewandt;[811]

- Diese Praxis verlangt allerdings besondere Aufmerksamkeit der Datenbanknutzer, soweit innerhalb Europas unterschiedliche Vorschriften über Bilanzierung, Bewertung und formale Gestaltung gelten. Um eine Vergleichbarkeit zu erzielen, müssen die Daten zum Teil umgegliedert werden, was einen Verlust an Genauigkeit mit sich bringt;[812]

- Die Datenbanken bieten nur spärliche Informationen über die Unabhängigkeit der Unternehmen und über ihre Transaktionen mit Nahestehenden, Kriterien die zur Ausschließung der Vergleichbarkeit führen können;

- Durch Unternehmensfinanzdaten können vielmehr Informationen über das Gesamtbündel an Transaktionen statt transaktionsspezifischer Informationen erhalten werden. Somit dient das Instrument überwiegend zur Datenbeschaffung i. R. gewinnorientierter Methoden, zum Nachteil der transaktionsbezogenen Methoden;

- Es bestehen erhebliche Ergebnisunterschiede zwischen kleinen und großen Unternehmen. Diese Unterschiede lassen sich durch z. B. Spezialisierung, technische Bedingungen und Kapazitätsgrößenvorteile erklären. Je größer der Umsatz ist, desto geringer sind i. d. R. die Rohgewinnmargen und tendenziell die Bandbreite.[813] In diesem Zusammenhang bleibt die Vergleichbarkeit mit kleineren Unternehmen fraglich, wenn publizierte Daten aus Deutschland überwiegend aus großen Unternehmen stammen, soweit diese unter Veröffentlichungspflicht stehen;

- Indem die Datenbanken keine ausführliche Übersicht von Funktionen und

---

810 Der Bilanzdatenbestand deutscher Unternehmen beispielsweise in der Datenbank Amadeus im Jahr 2000 betrug 2,3% der gesamten deutschen Datensätze. Bilanzdatenbestände aus Frankreich, Griechenland, Portugal und Italien umfassten 100% der Datensätze, in *A. Oestreicher/C. Vormoor,* Verrechnungspreisanalyse mit Hilfe von Unternehmensdatenbanken – Vergleichbarkeit und Datenlage. IStR 3/2004 S. 99.

811 Zur problematischen Relevanz der Variation von Margenbandbreite zwischen der EU15-Länder vgl. *P. Meenan/R. Dawid/J. Hülshorst,* Is Europe One Markt? EU JTPF/007/Back/2004/EN; vs. *A. Oestreicher/M. Duensing,* Eignung von Unternehmensdatenbanken zur Bestimmung der Verrechnungspreise an deutsche Vertriebsunternehmen. IStR 4/2005 Fn. 14.

812 Vgl. *A. Oestreicher/C. Vormoor,* Verrechnungspreisanalyse mit Hilfe von Unternehmensdatenbanken – Vergleichbarkeit und Datenlage. IStR 3/2004 S. 99.

813 *A. Oestreicher/M. Duensing,* Eignung von Unternehmensdatenbanken zur Bestimmung der Verrechnungspreise an deutsche Vertriebsunternehmen. IStR 4/2005 S. 141, 144.

Risiken der Unternehmen liefern, bleibt ihre Anwendbarkeit überwiegend in Bezug auf funktions- und risikoarme Unternehmen beschränkt. Sobald immaterielle Wirtschaftsgüter[814] und erhöhte Risikoübernahme eingesetzt werden, sinkt die Verwertbarkeit datenbankbasierter Studien;

- Analoges gilt hinsichtlich der Wettbewerbsintensität, Geschäftsstrategie, Vertragsvereinbarungen und ähnlicher Rahmenbedingungen mit Wirkung auf Preise und Unternehmensergebnisse, deren Inhalt die Datenbanken nicht anbieten.

Um diese Schwierigkeiten zu umgehen und trotzdem eine zwar eingeschränkte, aber glaubwürdige und akzeptable Vergleichbarkeit zu erreichen, darf der Steuerpflichtige von statistischen Regressionsanalysen sowie sekundären, ergänzenden Informationsquellen (z. B. Internet-Seiten der Vergleichsunternehmen, etc.) Gebrauch machen.[815] Obwohl der Einsatz von Unternehmensdatenbanken zur Angemessenheitsanalyse, wie oben dargestellt, methodisch fragwürdig ist,[816] sind die Alternativen i. S. d. *Prognosen* auf Basis von innerbetrieblichen *Plandaten* noch fragiler, die *mangels Objektivität ein erhebliches Streitpotenzial mit der Finanzbehörde bergen.*[817] Dieses Szenario verschlimmert sich, indem für den „Central Entrepreneur" Fremdvergleichsdaten kaum beschafft werden können und die Nutzung von Plandaten grds. die einzige Lösung bleibt. Diese Situation kann auf gewisse Weise abgemildert werden, indem ein Residualgewinn nach den datenbankbasierten Margen von Produktions- und Vertriebsleistungen ermittelt wird.[818] Nichtsdestotrotz lässt eine Klärung über die am besten geeignete Angemessenheitsermittlung auf sich warten.

IV. Maßstab des ordentlichen Geschäftsführers

Für die Vergleichbarkeitsprüfung ist außer dem tatsächlichen Vergleich auch die abstrakte Reaktion eines ordentlichen und gewissenhaften Geschäftsleiters zu beachten.[819]

---

814 Ausführlich über immaterielle Wirtschaftsgüter, s. *A. Roeder,* in *Becker/Kroppen,* Handbuch der Verrechnungspreise. 2004 O Tz. 6.

815 Auf eine Untersuchung der ökonomischen Anpassungsmöglichkeiten wird hier verzichtet. Vgl. *A. Oestreicher/M. Duensing,* Eignung von Unternehmensdatenbanken zur Bestimmung der Verrechnungspreise an deutschen Vertriebsunternehmen. IStR 4/2005 S. 144.

816 *R. Seer,* in *Tipke/Kruse,* Kommentar zu AO. 2006, § 90 Tz. 36.

817 *A. Eigelshoven/A. Nientimp,* Die Dokumentation angemessener Verrechnungspreise nach den Verwaltungsgrundsätze-Verfahren: Eine kritische Analyse. DB Heft 22 3.6.2005 S. 1187. Vgl. Verwaltungsgrundsätze-Verfahren Tz.3.4.12.6.

818 *M. Lenz/W. W. Fischer/M. Schmidt,* Verwaltungsgrundsätze-Verfahren - Konsequenzen für die Dokumentation von Verrechnungspreisen. BB Heft 23 6.6.2005 S. 1258.

819 Kritisch *S. Rasch,* Konzernverrechnungspreise im nationalen, bilateralen und europäi-

Die Rechtsfigur des ordentlichen Geschäftsführers beruft sich auf das römische Recht und ist infolgedessen in der Rechtsordnung zahlreicher Länder zu finden. In Deutschland trat sie zuerst i. R. des Handel- und Gesellschaftsrechts unter dem Institut „der Sorgfalt des diligens pater familias" im 19 Jh. auf und später, ab 1967, wurde die zivilrechtliche Denkfigur i. R. der Überprüfung der verdeckten Gewinnausschüttung in das Steuerrecht eingeführt.[820]

Nach dem Maßstab eines fiktiven ordentlichen Geschäftsleiters werden die Entscheidungen autonom festgesetzt, d. h. ausschließlich mit der Absicht der Gewinnmaximierung des von dem ordentlichen Geschäftsleiter geführten Unternehmens. Das bezieht sich sowohl auf die Auswahl der Verrechnungspreismethode als auch auf einen evtl. Planungszeitraum (von drei bis fünf Jahren z. B. für die Markteinführung eines Produktes),[821] in dem erhöhten Kosten und Mindererlöse zu erwarten sind, wie sie aber auch von einem ordentlichen Geschäftsleiter durchgeführt würden. Wird die ökonomische Rationalität bei der Preisfindung nicht gewährleistet, sind Korrekturen einzusetzen.

Obwohl der Maßstab des ordentlichen Geschäftsführers grds. dem arm's length Prinzip standhält, wird er in der Praxis so verwendet, dass mehr Wert auf die Form als auf die tatsächliche Fremdvergleichsprüfung der Verrechnungspreise gelegt wird, obwohl das im Schrifttum[822] stark kritisiert wird. Vielmehr sollte darauf i. R. d. Sperrwirkung der DBA für die Vorbereitung der Verrechnungspreisdokumentation geachtet werden. In der Praxis sind Einkommenskorrekturen wegen mangelnder Klarheit und Berücksichtigung von Vereinbarungen zwischen Nahestehenden bewilligt worden, ohne dass der Fremdvergleich überprüft werden musste.[823] Dieser Art Interpretation von form over substance soll sich allerdings bei einer Konfrontation mit Art. 9 DBA-MA nicht durchsetzen.

V. Angemessenheit des Grundsatzes

Das arm's length Prinzip gewährleistet einen fairen Wettbewerb zwischen international verbundenen und nicht verbundenen Unternehmen, soweit versucht wird, die Transaktionen jedes einzelnen Unternehmens als unabhängig anzu-

---

schen Steuerrecht. 2001 S. 48 ff.

820 *H. Becker*, in *Becker/Kroppen*, Handbuch Internationaler Verrechnungspreise. 2000 G Tz. 6 ff.

821 BFH-Urteil 17.2.93 BStBl II, 457.

822 Ausführlich und mit Beispiel *H.-K. Kroppen/S. Rasch*, Interpretation of the Arm's Length Principle under Art. 9 of the OECD Model Tax Treaty: Does the Arm's Length Principle Cover Formal Requirements? ITPJ January/February 2004 S. 26 ff.

823 Finanzgericht München 16.7.2002 6 K 1910/98, Entscheidung der Finanzgerichte 2003, 952.

passen und so zu interpretieren.[824] Damit stellt das Prinzip verbundene und nicht verbundene Konkurrenten auf gleiche Augenhöhe, indem gesellschaftsrechtlich bzw. wirtschaftlich bedingte steuerliche Vorteile und Nachteile beseitig werden und Steuerneutralität erreichet wird.[825] Ferner geht das Prinzip über das steuerrechtliche Argument i. S. der Interessen der nationalen Steuerhoheiten hinaus und tritt mit ökonomischer Rücksicht ein, was ferner zur Förderung des internationalen Handels bzw. der Entwicklung führt, indem das Bedürfnis eines internationalen Konsensus grds. erfüllt wird und zu der Doppelbesteuerungsvermeidung beiträgt. Nicht zuletzt hat das Prinzip seit Anfang des 20. Jahrhunderts überlebt und bis dato geschafft, sich an die schlagartigen weltwirtschaftlichen Änderungen anzupassen.[826] Die OECD-RL berichtet von diesen Aspekten, gibt aber auch zu, dass das Prinzip andererseits zu wünschen übrig lässt.[827] Wichtige Entwicklungsfaktoren werden vernachlässigt, wie z. B. die economy of scales durch optimierte Ressourcenallokation, die mittels konzerninternen Handels geschaffen wird.

Das Fremdvergleichsprinzip erfährt kräftige Kritik von wirtschaftlicher Seite.[828] Volkswirtschaftlich kann argumentiert werden, dass das Verhältnis des freien Wettbewerbs nirgendwo zu finden ist, solange keine vollkommene atomistische Konkurrenz existiert. Obwohl die für das Fremdvergleichsprinzip nötige Konstruktion einer marktüblichen Preisbandbreite selbst Beweis dafür ist,[829] scheint das Argument m. E. trotzdem anachronistisch. Es ist zwar wahr, dass eine vollkommene Konkurrenz nicht zu schaffen ist. Dies rechtfertigt allerdings nicht, dass Maßnahmen zu ihrer Förderung nicht ergriffen werden, mit dem Ziel der mildesten unvermeidbaren Unvollkommenheit. Noch unwahrscheinlicher ist m. E. der Wunsch nach einer Rückkehr zu monopolistischen Herrschaften mit den Konsequenzen ihrer natürlichen (und unstrittigen) Ineffizienz.

Die betriebswirtschaftliche Kritik verlangt nach der Anerkennung der Rationalisierungsvorteile in allen Vertriebsstufen durch eine internationale wirtschaftli-

---

824 Zur Rechtfertigung des Gedankes eines Frendvergleichs, *S. Rasch,* Konzernverrechnungspreise im nationalen, bilateralen und europäischen Steuerrecht. 2001 S. 25 f.

825 *D. Schneider*, Wider Marktpreise als Verrechnungspreise in der Besteuerung internationaler Konzerne. DB 2003, Heft 2, S. 53.

826 OECD-RL Tz. 1.13 f.; vgl. *J. Owens,* Should the Arm's Length Principle Retire? ITPJ May/June 2005 S. 100 ff.

827 OECD-RL Tz. 1.3 ff.

828 *D. Schneider*, Wider Marktpreise als Verrechnungspreise in der Besteuerung internationaler Konzerne. DB 2003, Heft 2, S. 54.

829 Vgl. den Vorschlag zum Alternativemodell zum Fremdvergleichsprinzip in *D. Wendel,* Vereinfachte Einkunftsabgrenzung bei Geschäftsbeziehungen zwischen nahe stehenden Personen. IStR 4/2004 S. 122 ff.

che Einheit (internationale Konzerne).[830] Das reduziert anderseits allerdings die volkswirtschaftlichen Vorteile (z. B. größeres Arbeitsstellenangebot, wirtschaftliche Stabilität, Anpassungsgeschwindigkeit bei Marktänderungen), die durch das Vorhandensein von mehreren kleineren, miteinander konkurrierenden Unternehmen entstehen, und könnte zudem zu einer gefährlichen monopolistischen Marktherrschaft führen, was das vorherige Argument überragt. Die Vorherrschaft von Verteilungskämpfen[831] verursacht tatsächlich bei jedem Grenzübertritt die Gefahr der Gewinnverlagerung einerseits und der Doppelbesteuerung andererseits. Eine mögliche Lösung dafür wäre die Aufhebung des grenzüberschreitenden Elementes. In diese Richtung führt die Verlagerung der Steuerhoheit von der nationalen zu der supranationalen Ebene, womit sich einige Vorschläge der EU zur Reformierung der Unternehmensbesteuerung in der Union befassen.[832] Trotzdem würde auf der Welthandelsebene das Problem unberührt bleiben, solange es i. d. R. weiter unter dem § 9 OECD-MA behandelt wäre.

Diese Problematik übersteigt den Gegenstand dieser Arbeit, ist aber für den Gesamtsinn der Diskussion um die Angemessenheit der i. R. des Fremdvergleichs international eingeführten Dokumentationspflicht relevant. Das ganze führt zu einem erheblichen Prüfungsaufwand, sowohl für den Steuerpflichtigen, dem noch unklar ist, inwieweit er exakt zu dokumentieren hat, als auch für die Finanzverwaltung, soweit z. B. ihr Personal von wirtschaftsfremden Juristen dominiert wird.[833]

§ 5 Vereinbarkeit mit dem EU-Recht

I. Die Grundfreiheiten

Seit einiger Zeit wird die Vereinbarkeit des deutschen Außensteuerrechts im Allgemeinen und der Verrechnungspreisvorschriften im Besonderen mit dem EU-Recht hinterfragt.[834] Zunächst war die Gemeinschaftsrechtsvereinbarkeit des § 1 AStG problematisch, soweit eine diskriminierende Handlung gegenüber den

---

830 *D. Schneider*, Wider Marktpreise als Verrechnungspreise in der Besteuerung internationaler Konzerne. DB 2003, Heft 2, S. 54.

831 Dazu s. erstes Kapitel. Vgl. *D. Schneider*, Wider Marktpreise als Verrechnungspreise in der Besteuerung internationaler Konzerne. DB 2003 Heft 2 S. 55.

832 *H.-K. Kroppen/S. Rasch*, Die Reformierung der Unternehmensbesteuerung in der Europäischen Union. IWB Nr. 21 13.11.2002 Fach 11 Gr. 2 S. 502 ff.

833 *G. Strunk/B. Kaminski*, Pflicht zur Dokumentation als Bestandteil der allgemeinen Mitwirkungspflichten der AO? IWB Nr. 14 25.7.2001 S. 1757.

834 Vgl. *H. Schaumburg*, Außensteuerrecht und europäische Grundfreiheiten. DB Heft 21 v. 28.5.2005 S. 1129.

grenzüberschreitend tätigen Unionsbürgern festzustellen ist.[835] Die Frage nach der Gemeinschaftsrechtskonformität der neuen deutschen Dokumentationsvorschriften ist nach wie vor offen. Die neuen Regelungen:

• der umstrittenen faktischen Beweislastumkehr,
• der Schätzungsbefugnis am oberen Rand des Schätzungsrahmens sowie
• der Zuschläge, die sich ausschließlich auf Sachverhalte im Ausland beziehen,

stellen eine diskriminierende Behandlung des ausländischen EU-Subjektes dar, was direkt zu der Gewährleistungsprüfung der gemeinschaftlichen Grundfreiheiten führt.

Seer betont, dass die Steuergesetzgebungshoheit im Bereich der direkten Steuern bisher bei den Mitgliedstaaten verblieben ist und nur vereinzelt das sekundäre Gemeinschaftsrecht (i. R. der Fusions- und Mutter-Tochtergesellschaftsrichtlinien sowie der Schiedsverfahrenskonvention) eine gewisse Harmonierung im Bereich der direkten Steuer bewirkt hat.[836] Trotzdem müssen sich die nationalen Rechtsnormen inklusive der Steuervorschriften an dem durch den EuGH[837] immer wieder bestätigten Vorrang des Primärrechts *messen lassen*. Hier kommen die gemeinschaftlichen Verträge und die Grundfreiheiten in Betracht.

---

835 BFH-Beschluss v. 21.6.2001, Az. I B 141/00 und u. a. *H.-K. Kroppen/L. Rehfeld*, Vereinbarkeit der deutschen Verrechnungspreisvorschriften mit EU-Recht. IWB 11.12.2002 Fach 11a S. 617; *S. Waldens/F. Balmes*, Neue Dokumentationsvorschriften für Verrechnungspreise und ihre Folgen. PIStB v. 01.05.2003 Seite 124; *T. Rödder*, Deutsche Unternehmensbesteuerung im Visier des EuGH. DStR 2004 Heft 39 S. 1629 ff. Ferner *P. Bauchschatz*, Steuerrechtlicher Gestaltungsmissbrauch und Europarecht. IStR 2002 Heft 10 S. 339 ff.; *F. Vanistendael*, The Compatibility of the Basic Economic Freedoms with the Sovereign National Tax Systems of the Member States. EC Tax Review 2003/3 S. 136 ff.

836 *R. Seer*, Die beschränkte Steuerpflicht aus dem Blickwinkel des Gemeinschaftsrechts. IWB 8.10.2003 Fach 11 Gr. 2 S. 574.

837 U. a. grundlegend: EuGH-Urteil v. 15.7.1964, Rs. 6/64, Slg. 1964, S. 1251, 1269 ff., Costa/ENEL". In Bezug auf das Steuerrecht: EuGH-Urteil V. 16.7.1998, Rs. C-264/96, Slg. 1998, I-4695, Tz. 19 „ICI"; EuGH-Urteil v. 21.9.1999, Rs. C-307/97, Slg. 1999, I-6161, Tz. 58 „Compagnie de Saint-Gobain" ; EuGH-Urteil v. 21.11.2002 Rs. C-436/00 Rn. 36 f. „Eiksskatteverk". Kritisch über die Rolle der EuGH-Urteile s. *S. van Thiel*, Removal of Income Tax Barriers to Market Integration in the European Union: Litigation by the Community Citizen Instead of Harmonization by the Community Legislature. EC Tax Review 2003/1 S. 4 ff. *P. Farmer*, The Court's Case Law on Taxation: Castle Built on Shifting Sands? EC Tax Review 2003/2 S. 80 f.; *L. Hinnekens*, European Court Goes for Robust Tax Principles for Treaty Freedoms. What About Reasonable Exceptions and Balances? EC Tax Review 2004/2 S. 65 ff.

1. Die Niederlassungsfreiheit

Gem. Art. 43 EGV umfasst die Niederlassungsfreiheit für die Gründung und Leitung von Unternehmen, insbesondere die von Gesellschaften in einem Mitgliederstaat durch einen Angehörigern eines anderen Mitgliedstaats.

Somit macht ein Angehöriger eines Mitgliederstaats, der eine Beteiligung an einer Gesellschaft mit Sitz in einem anderen Mitgliederstaat hält, die ihm einen solchen Einfluss auf die Entscheidung der Gesellschaft verleiht, dass er deren Tätigkeit bestimmen kann, von seiner Niederlassungsfreiheit Gebrauch.[838]

Mit dieser Regelung kollidiert § 90 Abs. 3 AO, weil ausschließlich Subjekte mit Geschäftsbeziehungen zu nahe stehenden Personen gem. § 1 Abs. 2 AStG im Ausland durch die Aufzeichnungspflicht und durch die an diese Pflicht geketteten Sanktionen des § 162 Abs. 3 und 4 AO belastet werden. Die Literatur betont, dass § 90 Abs. 3 AO grundsätzlich nicht mit dem Gemeinschaftsrecht vereinbar ist.[839] Genau genommen beschränken Hahn/S.-Hahn die gemeinschaftsrechtliche Widrigkeit der Regelung nur auf den Zuschlag des § 162 Abs. 4 AO.[840] Andererseits würde nach Hahn/S.-Hahn die Dokumentationspflicht und die benachteiligende Schätzung zu Lasten der Steuerpflichtigen das gemeinschaftliche Recht nicht verletzen. Zuerst wäre die Dokumentationspflicht für grenzüberschreitende Geschäftsbeziehungen rechtsgemäß, da nur Vergleichbares gleich behandelt wird, Verschiedenes aber verschieden.[841] Hier betonen die Autoren, dass bei inländischen Konzernverhältnissen die Prüfung bei der Finanzverwaltung sich auf beide beteiligte Unternehmen erstrecken würde. Dies ist anders, wenn einer der Beteiligten im Ausland sitzt. Im Allgemeinen wird diesem Argument widersprochen, da die Finanzverwaltung alternative Instrumente, etwa die internationale Kooperation zwischen den Finanzverwaltungen und die Amtshilferichtlinien,[842] zur Verfügung hat.[843] Die Amtshilferichtlinie ist aller-

---

838 *H.-K. Kroppen/L. Rehfeld*, Vereinbarkeit der deutschen Verrechnungspreisvorschriften mit EU-Recht. IWB 23 11.12.2002 Fach 11a S. 618.

839 U. a. *H.-K. Kroppen/S. Rasch*, Die Aufzeichnungspflichten für internationale Verrechnungspreise. IWB 21 12.11.2003 Fach 3 Gr. 1 S. 1988; *S. Schnorberger*, Verrechnungspreis-Dokumentation und StVergAbG. DB v. 6.6.2003 S.1247; *S. Waldens/F. Balmes*, Neue Dokumentationsvorschriften für Verrechnungspreise und ihre Folgen. PIStB v. 01.05.2003 S. 124; *R. Seer*, in *Tipke/Kruse*, Kommentar zu AO. 2006, § 90 Tz. 48.

840 *H. Hahn/U. S-Hahn*, Mitwirkungspflichten bei Auslandssachverhalten europarechtswidrig? IStR 03 2003 S. 86.

841 Hier vergleichen die Autoren *Höppner*, FS Rädler 1997, 305 ff. (320, 326) und EuGH-Urteil v. 16.7.1998, C-264/96, Rs. Slg. 1998 I-3695, „ICI".

842 EG-RL 77/799/EWG v. 19.12.77.

843 *H.-K. Kroppen/S. Rasch*, Die Aufzeichnungspflichten für internationale Verrechnungspreise. IWB 21 12.11.2003 Fach 3 Gr. 1 S. 1987. Ferner *C. Herbst/M. Brehm*, Tax In-

dings dem nationalen Recht subsidiär (Art. 2 I 2 der Amtshilferichtlinie) und wird erst genutzt, wenn der Steuerpflichtige nach § 90 Abs. 3 AO wegen Unzumutbarkeit oder Unmöglichkeit der Beweisschaffung nicht nachkommen kann.[844] Dazu, so Seer, mangelt es der Amtshilferichtlinie im Vergleich mit § 90 AO noch an Effektivität.

Darüber hinaus wäre nach Hahn/S.-Hahn die Schätzung an der äußersten Bandbreite nicht diskriminierend, da Auslandsfälle nicht schlechter als Inlandsfälle behandelt werden, d. h. auch für Inlandsfälle eine Schätzung an der äußersten Bandbreite zu Lasten des Steuerpflichtig zulässig ist. In ähnlicher Weise fassen Kroppen/Rasch die gemeinschaftsrechtliche Problematik zusammen:

Dass u. E. bereits die in § 90 Abs. 3 AO enthaltene Verpflichtung zur Dokumentation europarechtswidrig ist, gilt erst recht für die an eine Verletzung dieser Pflicht anknüpfenden Sanktionen.[845]

2. Die Kapitalfreiheit

Die nächste Grundfreiheit der EU, die durch die neue Regelung verletzt werden kann, ist die Kapitalfreiheit.

Der EuGH hat erneut fest gestellt,[846] *dass eine unterschiedliche Behandlung von Sachverhalten unter Anknüpfung an die Tatsache, dass ein Beteiligter nicht im selben Mitgliederstaat, sondern in einem anderen Mitgliedstaat ansässig ist, eine Verletzung der Niederlassungsfreiheit gem. Art. 43 EG (EGV) und subsidiär auch der Kapitalverkehrsfreiheit gem. Art. 56 EG (EGV) darstellt.*[847]

Die erwähnte Subsidiarität der Kapitalfreiheit tritt in den Fällen ein, in denen ein mangelnder Einfluss des Anteilseigners gem. seiner direkten oder indirekten Anteile festzustellen ist.[848] Außerhalb der wahrscheinlichen EU-Rechtswidrigkeit

---

formation Exchange Agreement Model - Informationsaustausch mit Steueroasen. IWB 14 v. 27.7.2005 Fach 10 Gr. 2 S. 1857.

844 Vgl. *R. Seer*, in *Tipke/Kruse*, Kommentar zu AO. 2006, § 90 Tz. 30.

845 *H.-K. Kroppen/S. Rasch*, Die Aufzeichnungspflichten für internationale Verrechnungspreise. IWB 21 12.11.2003 Fach 3 Gr. 1 S. 1988.

846 Die Autoren beziehen sich insbesondere auf das EuGH-Urteil v. 21.11.2002 Rs. C-436/00, „Riksskatteverk".

847 *H.-K. Kroppen/L. Rehfeld*, Vereinbarkeit der deutschen Verrechnungspreisvorschriften mit EU-Recht. IWB 23 11.12.2002 Fach 11a S. 620. Gegenmeinung *P. Bauchschatz*, Steuerrechtlicher Gestaltungsmissbrauch und Europarecht. IStR 340.

848 *H.-K. Kroppen/L. Rehfeld*, Vereinbarkeit der deutschen Verrechnungspreisvorschriften mit EU-Recht. IWB 23 11.12.2002 Fach 11a S. 618 f.

erlaubt m. E. die Richtung einer solchen Entscheidung evtl. sogar eine Definitionsgleichgültigkeit der „nahe stehenden Person" des § 90 Abs. 3 AO.

II. Rechtfertigung einer Ungleichbehandlung

Das erste Argument für die Vereinbarkeit der deutschen Dokumentationspflicht mit dem EU-Recht könnte das Prinzip der verfahrensrechtlichen Autonomie der Mitgliederstaaten sein. Obwohl es sich bei der neuen Regelung erkennbar um Verfahrensrecht handelt, fehlt jedoch die Voraussetzung zu seiner Anwendung, die nach einem gemeinschaftsrechtlichen begründeten Anspruch verlangt.[849] Da §§ 90 Abs. 3 und 162 Abs. 3 AO lediglich dem deutschen Steueranspruch beistehen, können die Dokumentationspflicht und die mit ihr verbundenen Sanktionen nicht dadurch gerechtfertigt werden.[850]

Weiter sieht das Gemeinschaftsrecht die Möglichkeit einer Beschränkung von Grundfreiheiten ausschließlich durch zwingende Gründe des Allgemeininteresses vor. Hierunter hat der EuGH[851] bisher drei Rechtfertigungsgründe der Ungleichbehandlung erkannt:

- *Kohärenz der Steuersysteme;*
- *Erfordernis wirksamer Steueraufsicht; und*
- *Missbrauchsabwehr.*[852]

Die „Kohärenz des Steuersystems", auch „Systemkonsequenz" oder „Folgerichtigkeit" genannt, besagt, dass eine Steuerregelung im Zusammenhang mit dem Steuersystem, an das sie gebunden ist, konsequent sein muss. Nach den EuGH-Entscheidungen[853] setzt die Anwendung des Kohärenzarguments voraus, dass

849 *H. Hahn/U. S-Hahn,* Mitwirkungspflichten bei Auslandssachverhalten europarechtswidrig? IStR 03 2003, S. 85. Fener u. a. *T. Rödder,* Deutsche Unternehmensbesteuerung im Visier des EuGH. DStR 2004 Heft 39 S. 1632.

850 *H.-K. Kroppen/S. Rasch,* Die Aufzeichnungspflichten für internationale Verrechnungspreise. IWB 21 12.11.2003 Fach 3 Gr. 1 S. 1987.

851 U. a. EuGH-Urteil v. 15.5.1997, Rs. C-250/95 Slg. 1997, I-2471, „Futura Participations"; EuGH-Urteil v. 6.6.2000, Rs. C-35/98, Slg. 2000, I-4071, „Verkooijen"; EuGH-Urteil v. 19.8.2003, Rs C-168/01,"Bosal", IStR 2003, S. 666.

852 Ausführlich *R. Seer,* Die beschränkte Steuerpflicht aus dem Blickwinkel des Gemeinschaftsrechts. IWB 8.10.2003 Fach 11 Gr. 2 S. 584; *J. Englisch,* Zur Dogmatik der Grundfreiheiten des EGV und ihren ertragsteuerlichen Implikationen. StuW 1/2003 S. 95 ff. *R. Seer,* Die gemeinschaftliche Beurteilung der erweiterten Mitwirkungspflicht bei Auslandssachverhalten. IWB 5 v. 9.3.2005 Fach 11 Gr. 2 S. 676 ff. Ferner *B. Lieber/S. Rasch,* Mögliche Konsequenzen der Rechtssache „Cadbury Schweppes" für die deutsche Hinzurechnungsbesteuerung. GmbHR 24/2004 S. 1575 f.

853 EuGH-Urteil v. 6.6.2000, Rs. C-35/98, Slg. 2000, I-4071, „Verkooijen"; EuGH-Urteil v. 19.8.2003, Rs C-168/01,"Bosal", IStR 2003, S. 666.

ein unmittelbarer Zusammenhang zwischen den Steuervor- und -nachteilen bei dem gleichen Steuerpflichtigen festzustellen sein muss. Anders gesagt:

Anerkannt ist die Wahrung der Kohärenz des nationalem Steuerrechts für solche Fälle, in denen die Gewährleistung eines Steuervorteils durch eine steuerliche Belastung bei demselben Steuersubjekt unmittelbar ausgeglichen wird.[854]

Gerade hier scheitert die Möglichkeit des Argumentes für die Rechtfertigung einer Diskriminierung durch § 90 Abs. 3 AO, da der Vorteil eines eventuell zu niedrigen Preises und der Nachteil eines eventuell zu hohen Preises zwangsläufig bei unterschiedlichen Steuerpflichtigen auftreten. Eine evtl. mittelbare Beziehung zwischen verbundenen Unternehmen ist irrelevant.[855]

Das Erfordernis wirksamer Steueraufsicht wurde von dem EuGH im Fall Futura Participations akzeptiert, *soweit der Mitgliederstaat von dem gebietsfremden Unternehmen einen klaren und eindeutigen Nachweis der im Inland angefallenen Verluste verlangt hat.*[856] Kroppen/Rasch betonen in diesem Punkt, dass *§ 90 Abs. 3 AO für grenzüberschreitende Sachverhalte Dokumentationspflichten statuiert, die über die bei inländischen Sachverhalten bestehende Ermittlungspflichten weit hinausgehen.*[857] Schließlich sind zumindest die Rechtsfolgen des § 162 Abs. 3 AO nicht erforderlich, um eine wirksame Steueraufsicht zu gewährleisten.[858]

Letztlich können belastende Maßnahmen mit dem Ziel der Wahrung der Steuerkontrolle nur dann einen legitimen Grund des Allgemeininteresses darstellen, wenn sie erforderlich sind und nicht bereits auf andere Weise, etwa durch die Amtshilferichtlinien, gewährleistet sein können.[859] Das Argument der Bekämp-

---

854 *H.-K. Kroppen/S. Rasch*, Die Aufzeichnungspflichten für internationale Verrechnungspreise. IWB 21 12.11.2003 Fach 3 Gr. 1 S. 1988.

855 *H.-K. Kroppen/S. Rasch*, Die Aufzeichnungspflichten für internationale Verrechnungspreise. IWB 21 12.11.2003 Fach 3 Gr. 1 S. 1988; *H.-K. Kroppen/L. Rehfeld*, Vereinbarkeit der deutschen Verrechnungspreisvorschriften mit EU-Recht. IWB 23 11.12.2002 Fach 11a S. 621.

856 *R. Seer*, Die beschränkte Steuerpflicht aus dem Blickwinkel des Gemeinschaftsrechts. IWB 8.10.2003 Fach 11 Gr. 2 S. 587, mit Hinweis auf EuGH-Urteil v.15.5.1997, Rs. C-250/95, Slg. 1997, I-2471, Tz. 41-43.

857 *H.-K. Kroppen/S. Rasch*, Die Aufzeichnungspflichten für internationale Verrechnungspreise. IWB 21 12.11.2003 Fach 3 Gr. 1 S. 1987, mit Hinweis auf *Schnitger*, IStR 2003, S. 73, 76.

858 *R. Seer*, in *Tipke/Kruse*, Kommentar zu AO. 2006, § 90 Tz. 48; 2004, § 162 Tz. 82 f.

859 *R. Seer*, Die beschränkte Steuerpflicht aus dem Blickwinkel des Gemeinschaftsrechts. IWB 8.10.2003 Fach 11 Gr. 2 S. 588. Ferner *C. Herbst/M. Brehm*, Tax Information Exchange Agreement Model - Informationsaustausch mit Steueroasen. IWB 14 v.

fung von Steuerumgehung hat sich jedoch durch die EuGH-Entscheidungen[860] als schwer durchsetzbar erwiesen. Dies wird sich möglicherweise bei einer Überprüfung der neuen Regelungen bestätigen. Seer erinnert daran, dass nach den EuGH-Entscheidungen allein die Gründung einer Tochtergesellschaft oder Niederlassung im Ausland mit niedrigerer Besteuerung nicht die Gefahr einer Steuerumgehung impliziere, da die betreffende Gesellschaft zumindest dem Steuerrecht des Sitzstaates unterliege.[861] Ferner greift der von der Bundesregierung zur Rechtfertigung angeführte Regelungszweck, Steuerumgehungen durch Gewinnverlagerung verhindern zu wollen, nicht, da Steuermindereinnahmen als solche grundsätzlich nicht als ein zwingender Grund des Allgemeininteresses anzusehen sind.[862] Eine solche Auslegung scheint zu der neuen Dokumentationspflicht zu passen und führt somit zum Scheitern des Argumentes auch in diesem Fall.[863]

§ 6 Dokumentationsumfang

I. Erforderliche Aufzeichnungen

1. Sachverhaltendokumentation

Der Dokumentationsumfang soll eine Plausibilitätsprüfung durch Vergleichsdaten ermöglichen. Die Überprüfung des arm's length Prinzips durch die neu eingesetzte Dokumentationspflicht erfordert die Unterscheidung zwischen Sachverhaltenaufzeichnungen und Aufzeichnungen, die über den Sachverhalt hinausgehen und im Umfang angemessen sind. Gem. § 90 Abs. 3 Satz 1 AO hat der Steuerpflichtige „über die Art und den Inhalt seiner Geschäftsbeziehungen mit nahe stehenden Personen" Aufzeichnungen zu erstellen. In Satz 2 derselben Vorschrift bekommt die Aufzeichnungspflicht eine erste Erklärung – „Die Aufzeichnungspflicht umfasst auch die wirtschaftlichen und rechtlichen Grundlagen für eine den Grundsatz des Fremdvergleichs beachtende Vereinbarungen von

---

27.7.2005 Fach 10 Gr. 2 S. 1857.

860 EuGH-Urteil v. 28.1.1992, Rs. C-204/90, Slg. 1992, I-249, „Bachmann", Rn.18; EuGH-Urteil v. 12.4.1994, Rs. C-1/93, Slg. 1994, I-1137, „ Haliburton", Rn. 11 f.; EuGH-Urteil v. 21.11.2002, Rs. C-436/00, „Riksskatteverk".

861 *R. Seer,* Die beschränkte Steuerpflicht aus dem Blickwinkel des Gemeinschaftsrechts. IWB 8.10.2003 Fach 11 Gr. 2 S. 587, mit Hinweis auf EuGH-Urteil v. 8.3.2001, Rs C-397/98 verbunden mit Rs. C-410/98, Slg. 2001, I-1727, „Metallgesellschaft".

862 *R. Seer,* Die beschränkte Steuerpflicht aus dem Blickwinkel des Gemeinschaftsrechts. IWB 8.10.2003 Fach 11 Gr. 2 S. 587, mit Hinweis auf EuGH-Urteil v. 16.7.1998, RS C-264/96, Slg. 1998, I-4695, „ICI", Tz. 26.

863 Kritisch *R. Seer/M. Krumm,* Die sog. Steuerzuschläge des § 162 Abs. 4 AO aus der Sicht des Art. 6 EMRK und der Grundfreiheiten des EGV. IWB 9 10.5.06 Fach 11 Gr. 2 S. 427.

Preisen und anderen Geschäftsbedingungen mit den Nahstehenden". Die Aufzeichnungen nach Satz 1 können kurz als „Sachverhaltsdokumentation" und die nach Satz 2 kurz als „Angemessenheitsdokumentation" bezeichnet werden, wobei die Zweite eine Erweiterung der Ersten darstellt. Diese *bezieht sich nur auf den vom Steuerpflichtigen tatsächlich verwirklichten Sachverhalt*[864] und ist grundsätzlich voraussetzungslos anzuwenden. Es wird lediglich eine größere Klarheit zur Abgrenzung vorgeschlagen, insbesondere, was zum Gegenstand der Buchführung und was zum Gegenstand der Aufzeichnungspflicht gehört, i. S. einer Vermeidung sinnloser Doppelaufzeichnung.[865]

Um nach Vergleichbaren Daten suchen zu können, müssen zuerst die Einzelheiten des eigenen Sachverhaltens dargestellt werden. D. h. es muss eine Art Grundinformationen geschaffen werden, die erst erklären, welche Vergleichskriterien auf dem Markt gesucht werden müssen. Dafür muss Art, Inhalt und Umfang der Geschäftsbeziehungen mit Nahestehenden sowie die wirtschaftlichen und rechtlichen Rahmenbedingungen dargestellt werden. Erst nachdem die Sachverhalte abgebildet sind, kann die Suche nach Vergleichsdaten in Rahmen der sog. Angemessenheitsdokumentation stattfinden.

Der Dokumentationsumfang wird hauptsächlich in §§ 2 und 4 der GAufzV erläutert. Um den Aufzeichnungspflichten des § 90 Abs. 3 AO zu genügen, ordnet der Musskatalog[866] des § 4 GAufzV allgemein erforderliche Aufzeichnungen an. Unten werden die Hauptmerkmale kurz kommentiert werden.

a. Allgemeine Informationen über Beteiligungsverhältnisse, Geschäftsbetrieb und Organisationsaufbau

Durch diese Informationen wird u. a. festgestellt, welche Personen nahestehend sind.[867] Darüber hinaus muss ein gesamter Überblick über die betriebswirtschaftlichen Entscheidungsfindungsprozesse bei der Verrechnungspreisbestimmung ermöglicht werden. Dadurch wird durch die Beschreibung der Tätigkeitsbereiche des Steuerpflichtigen eine Bewertung der Transaktionen zwischen verbundenen Unternehmen erleichtert.[868]

---

864 *F. Wassermeyer*, Dokumentationspflichten bei internationalen Verrechnungspreisen: Zum zweiten Entwurf einer Verordnung zu § 90 Abs. 3 AO. DB Heft 29 18.7.2003 S. 1536.

865 *F. Wassermeyer*, Dokumentationspflichten bei internationalen Verrechnungspreisen: Zum zweiten Entwurf einer Verordnung zu § 90 Abs. 3 AO. DB Heft 29 18.7.2003 S. 1536.

866 BMF-Begründung zur GAufzV v. 17.10.2003 Bundesrat Drucksache 583/03 S. 11.

867 Kritisch *A. Eigelshoven/C. Kratzer*, Rechtsverordnung zu Aufzeichnungspflichten bei der Bestimmung angemessener Verrechnungspreise. IStR 1/2004 S. 34.

868 *Y. Hervé/L. von Jesche*, Praxishinweise zu den neuen Dokumentationspflichten bei Ver-

Die Aufzeichnungspflicht bezieht sich nur auf den Zeitpunkt des Beginns des Prüfungszeitraums und stimmt mit der Idee überein, dass die Aufzeichnung über eine Darstellung der Beteiligungsverhältnisse nur auf die konkrete Anfrage (und Prüfungszeitraum) der Betriebsprüfung hinausgehen sollte.[869] Anders wäre es für Großunternehmen besonders problematisch, da sie häufig mehrere Beteiligungsgesellschaften haben und solche Beteiligungen nicht statisch sind, sondern häufig geändert werden. Das würde bei der Erfüllung der Dokumentationspflicht einerseits einen erheblichen bürokratischen Aufwand mit sich bringen, andererseits die Frage aufwerfen, an welchem Stichtag die Listen der Beteiligungsverhältnisse erstellt werden müssten.[870]

Für die Darstellung der Beteiligungsverhältnisse und des Organisationsaufbaus, wonach klar gemacht werden muss, welche Personen nahe stehend sind und wie der Steuerpflichtige in die Konzernstruktur eingegliedert ist, können z. B. Organigramme mit ergänzenden Erläuterungen ein praktisches Instrument sein.[871]

b. Geschäftsbeziehungen zu nahe stehenden Personen

Nachdem die Beteiligungsverhältnisse und der Organisationsaufbau dargestellt wurde, müssen die Geschäftsbeziehungen genauer geklärt werden. Grds. kann dieser Teil der Sachverhaltendokumentation in drei Kriterien unterteilt werden:
- Übersicht über Art und Umfang der Geschäftsbeziehungen, wonach die Transaktionsarten (z. B. Wareneinkauf, Dienstleistung, Darlehen, Umlage, etc.) und ihre entsprechenden Ströme zwischen den Personen dargestellt werden;
- Übersicht der Vereinbarungen, die solchen Leistungsströmen zu Grunde liegen. Obwohl mündliche Verträge grds. gestattet sind, [872] bietet jedoch die schriftliche Form eine höhere Rechtssicherheit.[873] Ferner bleibt auch unklar, inwieweit Vertragskopien übergeben werden müssen und die Erstellung einer separaten Übersicht über diese Verträge die Originale ersetzt.
- Schließlich müssen immaterielle Wirtschaftsgüter aufgelistet werden, die

rechnungspreisen. BC Heft 06 2003 S. 126.

869 *H.-K. Kroppen/S. Rasch*, Entwurf der Rechtsverordnung zu § 90 Abs. 3 AO vom 12.6.2003. IWB 13 9.7.2003 Fach 3 Gr. 1 S. 1961.

870 *H.-K. Kroppen/S. Rasch*, Entwurf der Rechtsverordnung zu § 90 Abs. 3 AO vom 12.6.2003. IWB 13 9.7.2003 Fach 3 Gr. 1 S. 1961.

871 *A. Eigelshoven/C. Kratzer*, Rechtsverordnung zu Aufzeichnungspflichten bei der Bestimmung angemessener Verrechnungspreise. IStR 1/2004 S. 34.

872 Kritisch *H.-K. Kroppen/S. Rasch*, Entwurf der Rechtsverordnung zu § 90 Abs. 3 AO vom 12.6.2003. IWB 13 9.7.2003 Fach 3 Gr. 1 S. 1961.

873 Vgl. *H.-K. Kroppen/S. Rasch*, Interpretation of the Arm's Length Principle under Art. 9 of the OECD Model Tax Treaty: Does the Arm's Length Principle Cover Formal Requirements? ITPJ January/February 2004 S. 26 ff.

dem Steuerpflichtigen gehören und i. R. d. Geschäftsbeziehungen zu Nahstehenden genutzt oder überlassen werden.

c. Funktions- und Risikoanalyse

Hier wird der Ausgleich der wirtschaftlichen Leistungsbeziehung zwischen den verbundenen Unternehmen dargestellt und unter der Faustregel überprüft: *Was betriebswirtschaftlich angemessen ist, kann auch steuerrechtlich vertreten werden.*[874] In diesem Sinn sollen den Anteil der Gewinne die Unternehmen erhalten, die in einer Wertschöpfungskette die wertschöpfungsintensiven Funktionen über einen längeren Zeitraum wahrnehmen. Neben den Wertschöpfungselementen (z. B. Forschung, Beschaffung, Logistik, Produktion, Marketing) innerhalb der Funktionsverteilung ist auch die Risikoverteilung zwischen den Parteien zu berücksichtigen. Das ist in den Fällen besonders relevant, wo z. B. ein Unternehmen einen überproportional hohen Anteil an Risiken trägt. Bei ihm wird im Gegenzug in einzelnen schlechten Jahren im Wesentlich der Konzernverlust anfallen.[875] Infolgedessen gilt die direkte Proportionalität zwischen den ausgeübten Funktionen und übernommenen Risiken einerseits und der geplanten Gewinnmarge andererseits. Anders gesagt: die Höhe der Gewinnmarge eines Unternehmens steht in direkte Verhältnis zu der Funktionsausübung und Risikoübernahme.

Die Funktions- und Risikoanalyse muss in Bezug auf den konkreten Einzelfall erstellt werden. Hilfreich dafür ist die Anfertigung von umfassenden Fragenbögen, welche Konzerninformationen schaffen, die eine tabellarische Erstellung von Funktionen, Risiken und entsprechende Gewichtung (etwa z. B. in Form von Prozenten) in Bezug auf jede Partei erlauben. Beispielsweise könnte die Funktions- und Risikoanalyse zwischen Unternehmen A und dem ihm verbundenen Unternehmen B wie in der Tabelle 6 aussehen (selbstverständlich erlaubt das Modell die Berücksichtigung eines analysierten Unternehmens in allgemeinen Vergleich zu dem Konzern). Die Bestimmung der einzelnen Kriterien ist allerdings fallbezogen zu formulieren.[876]

---

874 *Y. Hervé/L. von Jesche,* Praxishinweise zu den neuen Dokumentationspflichten bei Verrechnungspreisen. BC Heft 06 2003 S. 125.

875 *Y. Hervé/L. von Jesche,* Praxishinweise zu den neuen Dokumentationspflichten bei Verrechnungspreisen. BC Heft 06 2003 S. 125 ff. Vgl. *F. Wassermeyer* in *FWB*, Kommentar zum AStG, § 1 Anm. 882.

876 Ausführlich *A. Vögele/M. Brem,* in *Vögele/Borstell/Engler,* Handbuch der Verrechnungspreise. 2004 Kap. E Tz. 227-322. Vgl. *S. Rasch,* in *Becker/Kroppen,* Handbuch der Verrechnungspreise. 2003 O Anm. 3 Tz. 5.23.

Tabelle 6

Funktionsverteilung:	Gewichtung			
	100:0	75:25	50:50	0:100

Einkauf von Rohstoffen
  Bestimmung der Lieferanten
  Bestimmung der Güter und Menge
  Bestimmung des Preises
  Überwachung der Qualität
  Verantwortung für Fracht und Versicherung
  ...				

Produktion
  Produktionsplanung, -überwachung
  Kontrolle von Rohstoffen
  Terminkontrolle
  Verpackungskontrolle
  Kostenkontrolle
  Qualitätskontrolle
  Maschinenkauf
  Überwachung der Produktionsanlage
  ...				

Transport
  Entscheidung über Transportmittel, -preis
  Entscheidung über Transporteure
  Verhandlung von Vertragsbedingungen
  Zahlung der Transportdienstleistung
  Lieferungskontrolle
  ...				

Lagerhaltung				
F&E				
Immaterielle Güter				
Produktstrategie				
Werbung und Marketing				
Kundenbetreuung				
Buchhaltung und Finanzmanagement				
...				

Indem:

100:0 Unternehmen A erfüllt diesen Funktionsbereich komplett

75:25 Unternehmen A erfüllt diesen Funktionsbereich überwiegend

50:50 Unternehmen A und B übernehmen diesen Funktionsbereich zum gleichen Teilen

25:75 Unternehmen B übernimm dien Funktionsbereich überwiegend

0:100 Unternehmen A übernimmt nicht diese Funktion

Die Risikoanalyse kann ein ähnliches Format übernehmen, und stellt ihrerseits die unterschiedliche Ausprägung der Risikoverteilung zwischen den verbundenen Unternehmen dar (s. Tabelle 7).

Tabelle 7

Risikoverteilung für:	Gewichtung			
	100:0	75:25	50:50	0:100
Lieferungsverspätung				
Produktionsausfall				
Qualitätsmangel				
Währungsschwankung				
Garantieleistung				
Zahlungsausfall				
Einfuhrzölle				
Kredit bei Darlehen				
Haftung				
…				

Darüber hinaus muss zwischen erfolgskritischen (i. d. R. risikoverbundenen) und übrigen Funktionen differenziert werden,[877] soweit die Ersten über den Markterfolg eines Unternehmens entscheidet und die Zweiten ihrerseits eher auftragsausführende Routineaufgaben mit geringem Gewinnpotential umfassen. Das Konzernunternehmen, das das Kernrisiko bzw. Marktrisiko übernimmt, übernimmt die „Strategieträgerschaft" und ist damit der „Central Entrepreneur". Damit trägt es nicht nur die wirtschaftliche, sondern auch die steuerliche Hauptverantwortung. Diese Differenzierung ist i. R. d. durch Verrechnungspreise gewünschten Reduzierung der Konzernsteuerquote relevant.[878] Da der „Central Entrepreneur" einen erheblichen Anteil der erwirtschafteten Gesamtwertschöpfung trägt, *sind ihm im Rahmen der steuerlichen Gewinnabgrenzung alle Gewinnchancen resp. Verlustrisiken, die z. B. aus dem entsprechenden Produkt resultieren, zuzuordnen.*[879] Infolgedessen sind innerhalb der Gewinnallokation i. d. R. die Residualgewinne der Verrechnungspreise bzw. -verluste, die nach der Dotierung der Standardfunktionen verbleiben, der Entrepreneur-Gesellschaft

---

877 *H. Baumhoff,* Aktuelle Entwicklungen bei den internationalen Verrechnungspreisen. IStR Heft 1 2003 S. 5 ff.

878 *M. Burkert,* Funktionsverlagerung im internationalen Konzern – Teil I. IStR 9/2003 S. 321 f.

879 *H. Baumhoff,* Aktuelle Entwicklungen bei den internationalen Verrechnungspreisen. IStR Heft 1 2003 S. 6.

zuzurechnen.[880] Die Funktions- und Risikoanalyse spielt somit eine zentrale Rolle in der Sachverhaltendokumentation, da sie die Ausgangslage für die Suche nach Vergleichsdaten darstellt, die i. R. d. Angemessenheitsdokumentation erfolgen wird.

Darüber hinaus verlangt § 4 Ziff. 3 Buchst. b GAufzV die Beschreibung der Wertschöpfungskette und des Wertschöpfungsbeitrags des Steuerpflichtigen. Kroppen/Rasch kritisieren an § 4 Ziff. 3 Buchst. b 2. VO-Entwurf zu § 90 Abs. 3 AO, der eine Beschreibung der Wertschöpfungskette im Verbund des Steuerpflichtigen mit den nahe stehenden Personen vorsieht, dass *die Wertschöpfung im Verbund aufgrund der komplexen Organisation der Unternehmen nicht vorbehaltlos auf die Bereiche Forschung/Entwicklung, Produktion und Vertrieb aufgeteilt werden kann.*[881] Falls das Unternehmen unter strikten Kategorien einer Wertschöpfungskette zugeordnet wird, entsteht die Gefahr, dass manche tatsächlichen Funktionen und Risiken nicht angemessen angerechnet werden. Problematisch wird es auch, wenn innerhalb der Wertschöpfung Transaktionen mit nicht konzerninternen Unternehmen einbezogen werden. Bei wörtlicher Auslegung des § 4 Ziff. 3 Buchst. b GAufzV sind auch diese Transaktionen, da sie Teil der Wertschöpfungskette sind, zu dokumentieren.[882] Das ist aber unverhältnismäßig und wurde nicht in der endgültigen Fassung des § 4 Ziff. 3 Buchst. b GAufzV verbessert. I. R. d. transaktionsbezogenen Methoden sollen die aus der Funktions- und Risikoanalyse bereits gewonnenen Ergebnisse für die Darstellung des Wertschöpfungsbeitrages ausreichen.[883] Die Wertschöpfungskette gewinnt allerdings an Bedeutung, wenn die Gewinnaufteilungsmethode eingesetzt wird.[884] Das kann der Fall sein, wenn mehrere Parteien wesentliche immaterielle Wirtschaftsgüter einsetzten.

2. Angemessenheitsdokumentation

Problematisch wird es allerdings bei der Betrachtung der Angemessenheitsdokumentation. Nach Schnorberger umfasst die Angemessenheitsdokumentation den Nachweis, dass die zu prüfenden steuerrechtlichen Korrekturnormen (verdeckte Gewinnausschüttung, verdeckte Einlage, § 1 AStG, § 8a KStG) bei dem

---

880 *H. Baumhoff,* Aktuelle Entwicklungen bei den internationalen Verrechnungspreisen. IStR Heft 1 2003 S. 6.

881 *H.-K. Kroppen/S. Rasch,* Entwurf der Rechtsverordnung zu § 90 Abs. 3 AO vom 12.6.2003. IWB 13 9.7.2003 Fach 3 Gr. 1 S. 1962.

882 *H.-K. Kroppen/S. Rasch,* Entwurf der Rechtsverordnung zu § 90 Abs. 3 AO vom 12.6.2003. IWB 13 9.7.2003 Fach 3 Gr. 1 S. 1962.

883 Verwaltungsgrundsätze-Verfahren Tz. 3.4.11.5 S. 35.

884 OECD-RL 3.16-3.18. Vgl. *A. Eigelshoven/C. Kratzer,* Rechtsverordnung zu Aufzeichnungspflichten bei der Bestimmung angemessener Verrechnungspreise. IStR 1/2004 S. 34.

Verrechnungspreis angemessen beachtet worden sind.[885] Es fehlt jedoch Klarheit, *welche Anforderungen in Punkto Schlüssigkeit, Vollständigkeit, Nachprüfbarkeit und objektiver Richtigkeit (...) zu stellen sind.*[886] Der § 1 Abs. 1 Satz 1 GAufzV wiederholt die Angemessenheitsdokumentationspflicht. Nach Wassermeyers Ansicht *mutiert der Grundsatz des Fremdvergleichs zu einem Grundsatz des Fremdverhaltens, ohne dass der Rechtsanwender erfährt, ob beides das gleiche ist, oder welche Unterschiede bestehen.*[887] Der Autor weist dazu auf die Vorschrift des § 2 Abs. 3 Satz 1 und 2 2. VO-Entwurf zu § 90 Abs. 3 AO von 12.6.2003[888] hin. Die Vorschrift wurde unverändert in § 2 Abs. 4 GAufzV übernommen. Diese Ansicht wird in der BMF-Begründung zur GAufzV bestätigt. Dort wird die Aufzeichnungspflicht auch für den Fall betont, dass ein Verlust erkennbar ist. Es ist aufzuzeichnen, *was der Steuerpflichtige unternommen hat, um wie unter fremden Dritten die Verlustursachen so schnell wie möglich zu beseitigen. Gleiches gilt für die Fälle von Preisanpassungen zu Last des Steuerpflichtigen, wie sie unter fremden Dritten unüblich sind.*[889]

Einerseits soll der Steuerpflichtige auf Grund seiner *subjektiven* Einschätzungen § 1 Abs. 1 Satz 1 und 2 GAufzV beachten, andererseits werden von ihm *objektive* Anforderungen an zwei Fronten verlangt. Innerhalb der in § 90 Abs. 3 Satz 2 AO erwähnten rechtlichen und wirtschaftlichen Grundlagen ist die Ist-Beziehung von der Soll-Beziehung zu unterscheiden und abzugrenzen. Die Sachverhaltsdokumentation bezieht sich auf die tatsächlich getroffene Vereinbarung, die Ist-Beziehung. Dieser haben rechtliche Grundlagen zu Grunde zu liegen. Anders ist es bei einer Soll-Beziehung, die sich hypothetisch aus der Handlung eines ordentlichen und gewissenhaften Geschäftsführers ergibt und deswegen keine rechtliche Grundlagen anbietet. Die Soll-Beziehung kann lediglich eine wirtschaftliche Grundlage darstellen. Damit können sich die im Gesetz geforderten rechtlichen Grundlagen i. R. eines Fremdvergleichs nur auf die Ist-Beziehung erstrecken. Die Finanzverwaltung hat zu entscheiden, *ob die tatsäch-*

885 S. *Schnorberger,* Verrechnungspreis-Dokumentation und StVergAbG - Offene Fragen und Probleme. DB Heft 23 6.6.2003 S. 1243.

886 F. *Wassermeyer,* Dokumentationspflichten bei internationalen Verrechnungspreisen: Zum zweiten Entwurf einer Verordnung zu § 90 Abs. 3 AO. DB Heft 29 18.7.2003 S. 1536.

887 F. *Wassermeyer,* Dokumentationspflichten bei internationalen Verrechnungspreisen: Zum zweiten Entwurf einer Verordnung zu § 90 Abs. 3 AO. DB Heft 29 18.7.2003 S. 1536.

888 BMF „Verordnungsentwurf zu Art, Inhalt und Umfang von Aufzeichnungen im Sinne des § 90 Abs. 3 AO" BB 27 2003 S. 1423-1425.

889 BMF-Begründung zur GAufzV 15.08.2003. Bundesrat Drucksache 583/03 S. 10.

liche getroffene Vereinbarung dem wirtschaftlichen Hintergrund ausreichend Rechnung trägt.[890]

Schnorberger erinnert bei der Streitigkeit i. R. der Angemessenheitsdokumentation daran, dass nach § 88 AO die Angemessenheitsbeurteilung als Steuerrechtsanwendung grundsätzlich Aufgabe der Finanzverwaltung ist und eine Anwendung i. S. eines lex specialis der § 90 Abs. 3 Satz 2 AO nicht deutlich sei.[891] Das berührt die Frage der Beweislastträgerschaft, die in der Analyse der Mitwirkungspflicht weiter unten behandelt wird.

Für die Überprüfung des Fremdvergleichsprinzips i. R. d. Dokumentationspflicht kann der Steuerpflichtige Aufzeichnungen von zwei Fronten beschaffen, die insbesondere Vergleichsangaben über Preise, Kostenaufteilungen, Gewinnaufschläge, Bruttospannen,[892] Nettospannen[893] und Gewinnaufteilungen gem. § 1 Abs. 3 Satz 3 GAufzV enthalten. Erstens sind Daten aus vergleichbaren Geschäften, die der Steuerpflichtige selbst oder eine ihm nahe stehender Person mit fremden Dritten abgeschlossen hat (sog. „interner Fremdvergleich"[894]), abzuliefern. Zweitens müssen Daten über vergleichbare Geschäftsbeziehungen beschafft werden, die fremde Dritte miteinander abgeschlossen haben (sog. „externer Fremdvergleich").[895] Für die Angemessenheitsprüfung der Verrechnungspreise darf der Steuerpflichtige sich sowohl an Fremdvergleichsdaten als auch an innerbetrieblichen Daten orientieren, die sich auf Grund der Sachverhaltsdokumentation plausibel erklären lassen.[896] Angewandte Vergleichsdaten, Berechnungen sowie Werteanpassungen müssen aufgezeichnet werden.

Für die Verrechnungspreisanalyse ist gem. § 4 Ziff. 4 Buchst. b GAufzV nach der Begründung der Geeignetheit der angewandten Methode gefragt. Strittig ist,

---

890 *F. Wassermeyer,* Dokumentationspflichten bei internationalen Verrechnungspreisen: Zum zweiten Entwurf einer Verordnung zu § 90 Abs. 3 AO. DB Heft 29 18.7.2003 S. 1537.

891 *S. Schnorberger,* Verrechnungspreis-Dokumentation und StVergAbG - Offene Fragen und Probleme. DB Heft 23 6.6.2003 S. 1243.

892 Vgl. *F. Wassermeyer* in *FWB,* Kommentar zum AStG, § 1 Anm. 879.

893 Über die in der Praxis übliche Suche und Anpasungen von Vergleichsdaten s. *W Finan/I. The/T. Tontcheva,* Practical Issues in Preparing EU Transfer Pricing Documentation Applying TNMM on a Pan-European Basis. TMTR Special Report 12.10.2005 Vol. 14 No. 12 S. 5 ff.

894 Vgl. *S. Rasch,* Konzernverrechnungspreise im nationalen, bilateralen und europäischen Steuerrecht. 2001 S. 124 ff.

895 *W. Schmidt/J. Gröger,* Neue Dokumentationspflichten und "Strafzuschläge" bei Geschäftsbeziehungen mit Auslandsbezug oder: "Zuckerbrot und Peitsche". FR 16/2003 S. 816.

896 Dazu s. S. 225 ff. und 249 ff.

ob diese Vorschrift i. V. m. § 2 Abs. 2 GAufzV nach dem US-amerikanischen Beispiel eine Art „best-method-test" darstellt i. S. einer Erklärung dafür, ob eine bestimmte Methode die beste für eine bestimmte Transaktion ist. Dagegen spricht, dass keine Verrechnungspreismethode favorisiert werden darf, solange der Steuerpflichtige nicht verpflichtet ist, Aufzeichnungen für mehr als eine Methode gem. § 2 Abs. 2 GAufzV zu erstellen.[897] Damit behält der Steuerpflichtige die Wahl der für ihn am besten geeigneten Methode, deren Angemessenheit allerdings begründet werden muss.[898]

3. In bestimmten Fällen erforderliche Aufzeichnungen

§ 5 GAufzV regelt die Aufzeichnungspflicht in bestimmten Sonderfällen, die unter Ziff. 1 bis 5 detailliert erläutert werden (grds. Änderung der Geschäftsstrategie, Umlageverträge, Vereinbarungen mit ausländischen Finanzverwaltungen, Verlustsituationen). Die Vorschrift erlaubt einen erheblichen Interpretationsspielraum, der möglicherweise sogar zu Rechtsunsicherheit führen kann, soweit er einerseits eine Kann-Vorschrift ist und andererseits nichtjuristische Begriffe anwendet.

Es bleibt strittig, ob solche „besonderen Fälle" nicht schon in dem Katalog des § 4 GAufzV aufgefangen wurden. Kaminski/Strunk[899] sehen in diesem Verlangen eine Redundanz zwischen den Ausdrücken *Änderung der Geschäftsstrategie* und *über andere Sonderumstände wie Maßnahme zum Vorteilsausgleich* (§ 5 Nr. 1 GAufzV) sowie dem *Vorteilsausgleich* des § 4 Nr. 4 GAufzV. Das Verlangen von Informationen über Verständigungen mit ausländischen Finanzverwaltungen ist nur dann gerechtfertigt (§ 90 Abs. 3 Satz 6 AO), wenn ein Interesse an einer inländischen Besteuerung vorliegt. In solchen Fällen wird die deutsche Finanzverwaltung grds. schon über die Unterlagen verfügen, da sie beteiligt gewesen ist. Da solche Unklarheiten zu Gunsten des Steuerpflichtigen interpretiert werden müssen, dienen sie m. E. de facto als unverbindliche Richtschnur zur Dokumentationserstellung für die Steuerpflichten. Das mildert im Endeffekt eine mögliche Ausweitung der Dokumentationspflicht ab, schafft allerdings Rechtsunsicherheit.

---

897 *W. Schmidt/J. Gröger,* Neue Dokumentationspflichten und "Strafzuschläge" bei Geschäftsbeziehungen mit Auslandsbezug oder: "Zuckerbrot und Peitsche". FR 16/2003 S. 816.

898 *H.-K. Kroppen/S. Rasch,* Die Aufzeichnungspflichten für internationale Verrechnungspreise. IWB 21 12.11.2003 Fach 3 Gr. 1 S. 1981. *R. Schreiber,* Pflicht zur Angemessenheitsdokumentation bei internationalen Verrechnungspreisen. IWB 3 09.02.2005 Fach 3 Gr. 1 S. 2107 f.

899 Ausführlich *B. Kaminski/G. Strunk,* Die "Gewinnabgrenzungsaufzeichnungsverordnung" – Teil II. StBp 2/04 S. 31.

Ferner ist § 2 Abs. 4 GAufzV hervorzuheben. Hier ergibt sich die nachträgliche Aufzeichnungspflicht bei Dauerschuldverhältnissen. D. h. der Steuerpflichtige hat Informationen zu beschaffen und Aufzeichnungen über Umstandsveränderungen zu erstellen, die nach dem Geschäftsabschluss mit der nahe stehenden Person eintreten und die Dritte für Anpassungen genutzt hätten. Schmidt/Gröger[900] beziehen sich hier auf das Aquavit-Urteil[901], in dem bei der Markteinführung eines neuen Produkts eine Verlustphase in der Anlaufzeit von drei Jahren marktüblich ist (sog. start-up-Kosten). Die Überprüfung der in der Vergangenheit abgeschlossenen Geschäfte ist dann erforderlich, wenn *der Steuerpflichtige aus seinen Geschäftsbeziehungen mit nahstehenden Personen Verluste erzielt, die fremde Dritte nicht auf Dauer hingenommen hätten, oder wenn nachträglich zu Lasten des Steuerpflichtigen Preisanpassungen vereinbart werden.*[902] In der Praxis wird diese Anforderung zum Problem führen, dass erneut das Verhalten Dritter analysiert werden muss, um bestimmen zu können, *ab wann fremde Dritte eine Anpassung der Bedingungen verlangt hätten.*[903] Die Steuerpflichtigen werden natürlich im Gegensatz zur Finanzverwaltung zur Argumentation tendieren, dass die Verluste auch von fremden Dritten getragen worden wären und damit keine Dokumentationspflicht gem. § 2 Abs. 4 GAufzV auftritt.[904]

4. Package-deals und interne Verrechnungspreisrichtlinien

§ 2 Abs. 3 Satz 2 GAufzV erlaubt die Aggregation von sachlich oder zeitlich miteinander verbundenen Transaktionen für gleichartige oder gleichwertige Geschäftsvorfälle. Das gilt auch für ursächlich zusammenhängende Geschäftsvorfälle und für die Fälle, in denen Teilleistungen im Rahmen eines Gesamtgeschäfts abgewickelt werden und es für die Prüfung der Angemessenheit weniger auf den einzelnen Geschäftsvorfall als vielmehr auf die Beurteilung des Gesamtgeschäfts ankommt.[905] Die Leitlinien für die Gruppenbildung müssen

---

900 *W. Schmidt/J. Gröger*, Neue Dokumentationspflichten und "Strafzuschläge" bei Geschäftsbeziehungen mit Auslandsbezug oder: "Zuckerbrot und Peitsche". FR 16/2003 S. 817.

901 BFH-Urteil v. 17.2.1993 – I R 3/92, BStBl II 1993, 457 = 1993, 375.

902 *W. Schmidt/J. Gröger*, Neue Dokumentationspflichten und "Strafzuschläge" bei Geschäftsbeziehungen mit Auslandsbezug oder: "Zuckerbrot und Peitsche". FR 16/2003 S. 817.

903 *H.-K. Kroppen/S. Rasch*, Die Aufzeichnungspflichten für internationale Verrechnungspreise. IWB 21 12.11.2003 Fach 3 Gr. 1 S. 1983.

904 *H.-K. Kroppen/S. Rasch*, Die Aufzeichnungspflichten für internationale Verrechnungspreise. IWB 21 12.11.2003 Fach 3 Gr. 1 S. 1983.

905 Vgl. OECD-RL Tz 1.42 ff.

vorher festgelegt werden, nachvollziehbar sein und dementsprechend dargestellt werden.

Dafür sind in der Praxis beispielsweise interne Verrechnungspreisrichtlinien zu empfehlen, die einen wichtigen Schritt zur Vereinfachung der Dokumentationspflicht darstellen.[906] Bemerkenswert ist, dass diese konzerninternen Verrechnungspreisrichtlinien als Bestandteil der Aufzeichnungen angewendet werden können und, solange sie bei der Preisermittlung tatsächlich befolgt werden,[907] auf geschäftsvorfallbezogene Einzelaufzeichnungen gem. § 2 Abs. 3 Satz 5 GAufzV verzichtet werden kann. Kroppen/Rasch erläutern wichtige Bestandteile, die eine Verrechnungspreisrichtlinie enthalten sollte:

- **Präambel:** Definiert die steuerlichen und außensteuerlichen Ziele, die verfolgt werden, um u. a. Mitarbeiter außerhalb des für die Steuer zuständigen Bereichs zu informieren;
- **Transaktionen:** Die Transaktionsarten werden auf eine begrenzte Zahl reduziert, je nach den wesentlichen Merkmalen jeder Transaktion;
- **Funktions- und Risikoprofil:** Muss transaktionsartbezogen sein und hilft bei der Formulierung von Rahmenverträgen;
- **Beispiele:** Dienen zur Akzeptanz und Verständlichkeit der Richtlinien und erleichtern die konkrete Anwendung der abstrakten Beschreibungen der Transaktionsarten;
- **Verrechnungspreismethoden:** Beziehen sich auf jede der beschriebenen Transaktionsarten und unterscheiden sich deswegen je nach Transaktionsart; und
- **Benchmarks:** Verkörpern die Vergleichsdaten für die verschiedenen Transaktionsarten. Sie sollen auf regionaler Basis hergestellt werden und regelmäßig überprüft werden.[908]

Bei der Formulierung von Verrechnungspreisrichtlinien wird die Notwendigkeit, Aufzeichnungen zu erstellen, auf wenige Fälle minimiert, die von den in der Richtlinie behandelten Transaktionsarten abweichen und dementsprechend seltener eintreten. Solche interne RL stellen eine Art *höchste Aggregationsstufe*[909]

---

906 U. a. *W. Schmidt/J. Gröger,* Neue Dokumentationspflichten und "Strafzuschläge" bei Geschäftsbeziehungen mit Auslandsbezug oder: "Zuckerbrot und Peitsche". FR 16/2003 S. 816; *H.-K. Kroppen/S. Rasch,* Die Aufzeichnungspflichten für internationale Verrechnungspreise. IWB 21 12.11.2003 Fach 3 Gr. 1 S. 1981; *M. Cools.* Increased Transfer Pricing Regulations: What About the Managerial Role of Transfer Pricing? ITPJ, IBFD, July/August 2003, S. 137 f.

907 Verwaltungsgrundsätze-Verfahren Tz. 3.4.13 S. 52.

908 Ausführlich *H.-K. Kroppen/S. Rasch,* Die Aufzeichnungspflichten für internationale Verrechnungspreise. IWB 21 12.11.2003 Fach 3 Gr. 1 S. 1982 f.

909 *A. Eigelshoven/A. Nientimp,* Die Dokumentation angemessener Verrechnungspreise nach den Verwaltungsgrundsätze-Verfahren: Eine kritische Analyse. DB Heft 22

dar und nehmen somit an Bedeutung i. R. d. Praktikabilität der Dokumentationspflichterfüllung zu.

5. Datenzugriff

Bei Bedarf hat die Finanzverwaltung gem. § 90 Abs. 3 Satz 8 AO i. V. m. § 2 Abs. 1 und 6 GAufzV Zugriffsrecht auf die Verrechnungspreisaufzeichnungen. Das steht in direktem Bezug zu § 146 AO, der drei Formen des Datenzugriffs vorsieht: [910] Erstens hat die Finanzverwaltung ausschließlich einen unmittelbaren reinen Lesezugriff, wofür die erforderliche Hard- und Software dem Außenprüfer zu Verfügung zu stellen ist. Die zweite Form sieht den mittelbaren Datenzugriff vor, wodurch die Finanzverwaltung eine Datenauswertung verlangen kann, die durch die Unternehmen oder Dritte ausgeführt werden kann. Danach hat dann die Finanzverwaltung den unmittelbaren Zugriff. Schließlich kann die Finanzverwaltung i. R. einer Außenprüfung verlangen, dass auf einem maschinell verwertbaren Datenträger Daten und alle Informationen, die für ihre Auswertung erforderlich sind, Software ausgeschlossen, gespeichert übergeben werden (sog. Datenträgerüberlassung).

Alle drei Datenzugriffsarten sind gem. § 147 AO auf Daten beschränkt, die für die Besteuerung von Bedeutung sind. Der Zugriff erfasst alle Daten mit steuerlich relevanten Dokumentationsfunktionen. Insbesondere durch die Datenträgerüberlassung, welche einen Datenexport von der Sphäre des Steuerpflichtigen in die Finanzverwaltungssphäre und damit die Möglichkeit einer Datenauswertung anhand eines Analyseprogramms darstellt, sieht Waldens/Balmes in den Vorschriften des § 147 i .V. m. § 90 Abs. 3 AO ein *trojanisches Pferd* für zukünftige Außenprüfungen.[911] In diesem Zusammenhang ist die formelle Fassung der Aufzeichnungen zu erklären.

6. Aufbewahrungsort, -sprache und -frist

Es liegt innerhalb des Ermessensspielraumes des Steuerpflichtigen, ob die Aufzeichnungen in schriftlicher oder elektronischer Form aufbewahrt werden. Über den Aufbewahrungsort wird in den Vorschriften nichts gesagt, und es lässt sich infolgedessen annehmen, dass die Aufbewahrung auch im Ausland geschehen kann, soweit die Vorlagefrist und § 146 Abs. 2 AO eingehalten werden. Es ist davon auszugehen, dass die Aufzeichnungen sowohl in Deutschland als auch in

---

3.6.2005 S. 1188.

910 S. *Waldens/F. Balmes,* Neue Dokumentationsvorschriften für Verrechnungspreise und ihre Folgen. PIStB Nr. 5 1.5.2003 S. 126.

911 S. *Waldens/F. Balmes,* Neue Dokumentationsvorschriften für Verrechnungspreise und ihre Folgen. PIStB Nr. 5 1.5.2003 S. 126.

EU-Ländern möglich ist. Fraglich ist allerdings die Aufbewahrung der Aufzeichnungen in Nicht-EU-Ländern. Eine wichtige Rolle hat etwa der Aufbewahrungsort in der EuGH-Entscheidung „Futura Participations und Singer" v. 15.5.1997 gespielt.[912] In diesen Fall ging es darum, dass Voraussetzung für den steuerlichen Abzug eines Betriebsstättenverlustes einer ausländischen Kapitalgesellschaft der Nachweis in Form einer Buchführung im Betriebsstättenstaat war.[913] In der Praxis wird die Dokumentation i. R. einer Weltstrategie bei einer Verrechnungspreisdokumentation nicht selten zentral, d. h. evtl. im Ausland, angefertigt und gelagert.[914]

Die Aufzeichnungssprache ist Deutsch, kann aber gem. § 2 Abs. 5 Satz 2 GAufzV auf Antrag eine Fremdsprache sein. Bei der Bewilligung bzw. Nichtbewilligung des Antrages wird, je nach konkreten Umständen des Falles (z. B. Komplexität des Falles, Sprachfertigkeit der Prüfungsdienste), abgewogen, ob die Bewilligung sachgerecht erscheint und die Prüfung beschleunigt und die Erfüllung der Dokumentationspflicht praktikabler werden kann. Obwohl die Frage von Kroppen/Rasch, wann dieser Antrag gestellt werden soll, in der endgültigen Fassung der GAufzV gem. § 2 Abs. 5 Satz 3 mit der Formulierung *spätestens unverzüglich nach Anforderung der Aufzeichnungen* (unklar) beantwortet wurde, ist nichts über die Möglichkeit zu finden, ob die Antragstellung die 60-Tage-Frist aufhebt oder ob man einen Antrag in Voraus stellen kann.[915] Nichtsdestotrotz ist eine Verfehlung der 60-Tage-Frist als Folge einer nicht zeitnahen Entscheidung der Behörde über den Antrag nach dem Verhältnismäßigkeitsprinzip zu entschuldigen.[916] Da es international häufig vorkommt, dass Dokumente in englischer Sprache akzeptiert werden, ist diese Dokumentationssprache für Unternehmen, die eine regionale oder globale Dokumentation durchführen, zu empfehlen,[917] unter dem Vorbehalt der einzelnen nationalen Vorschriften.

---

912 EuGH-Entscheidung v. 15.5.1997 Rs. C-250/95, Slg. 1997, I-2471 in FR 1997, 567.

913 *W. Schmidt/J. Gröger,* Neue Dokumentationspflichten und "Strafzuschläge" bei Geschäftsbeziehungen mit Auslandsbezug oder: "Zuckerbrot und Peitsche". FR 16/2003 S. 816.

914 *H.-K. Kroppen/S. Rasch,* Entwurf der Rechtsverordnung zu § 90 Abs. 3 AO vom 12.6.2003. IWB 13 9.7.2003 Fach 3 Gr. 1 S. 1963.

915 *H.-K. Kroppen/S. Rasch,* Entwurf der Rechtsverordnung zu § 90 Abs. 3 AO vom 12.6.2003. IWB 13 9.7.2003 Fach 3 Gr. 1 S. 1963.

916 *H.-K. Kroppen/S. Rasch,* Die Aufzeichnungpflichten für internationale Verrechnungspreise. IWB 21 12.11.2003 Fach 3 Gr. 1 S. 1985.

917 *H.-K. Kroppen/S. Rasch,* Die Aufzeichnungpflichten für internationale Verrechnungspreise. IWB 21 12.11.2003 Fach 3 Gr. 1 S. 1985. Dazu ohne weitere Klarheit zu schaffen: Verwaltungsgrundsätze-Verfahren Tz. 3.4.16.

II. Vorwegauskunft

Der Einsatz von APA als oberstes Rechts- und Planungssicherheit schaffendes Instrument i. R. d. international steigenden Aufzeichnungspflichten hat sich in jüngster Zeit rasch verbreitet.[918] 1991 haben die USA[919] diese Art formeller Absprachen zwischen Steuerpflichtigen und Finanzverwaltung bezüglich der Verrechnungspreise zuerst benutzt. Nachdem sich mehrere Staaten (s. Tabelle unten) in ähnliche Richtung entwickelten, wurden die OECD-RL ergänzt und bekamen ausführliche Erläuterungen über die Vorab-Vereinbarungen der Verrechnungspreisgestaltung.[920] Viele wichtige Handelspartner Deutschlands (Australien, Belgien, China, Frankreich, Großbritannien, Italien, Japan, Kanada, Korea, Niederlande, Spanien und USA), auf die im Jahr 2003 insgesamt 57% des deutschen Außenhandelsvolumens entfallen sind, verfügen mittlerweile über spezielle Vorschriften, die das APA-Verfahren regeln (s. Tabelle 8).[921]

Das deutsche Recht bietet das sog. unilaterale APA in Form der verbindlichen Zusage (§§ 204 ff. AO).922 Ein bilaterales APA lässt sich im Zusammenhang mit der Führung eines Verständigungsverfahrens verwirklichen. Die am meisten bevorzugte Form von APA ist die bilaterale, indem mindesten zwei Finanzverwaltungen einbezogen werden (von den hier erwähnten Ländern sehen lediglich Belgien und Italien kein bilaterales APA vor, obwohl m. E. der Weg des Verständigungsverfahrens – etwa wie in Deutschland - offen bleibt). Solch eine Präferenz führt in manchen Länder sogar dazu, das der Steuerpflichtige es rechtfertigen muss (z. B. weil die ausländische Finanzverwaltung nicht teilnehmen will – m. E. ein exogener Grund – oder weil das Risiko von Einkommensanpassungen im Ausland sehr gering ist und deswegen die entsprechende verbundene Person das Verfahren nicht anfangen will – ein endogener Grund), wenn statt eines bilateralen ein unilaterales APA beantragt wird (Australien, Frankreich,

---

918 Vgl. *S. Schnorberger*, Zur zukünftigen Bedeutung von Advance Pricing Agreements über Verrechnungspreise. DB Heft 42 15.10.2004 S. 2234 f.; *M. Markham*, The Advantages and Disadvantages of Using an Advance Pricing Agreement: Lessons for the UK from the US and Australian Experience. Intertax Vol. 33, Issue 5 2005 S. 214; und *J. M. Calderón*, European Transfer Pricing Trends and the Crossroads: Caught Between Globalization, Tax Competition and EC Law. Intertax Vol. 33 Issue 3 2005 S. 107 f.

919 Bemerkenswert über die jährlichen Statistiken der IRS über das APA-Programm, s. *S. C. Wrappe/K. Chung/R. J. McAlonan Jr./K. Longley*, The Little Engine that Could: the 2004 IRS APA Programme Annual Report. TPTP 05/05 S. 2 ff.

920 OECD-RL Tz. 4.124-4.166.

921 *S. Grotherr*, Internationaler Vergleich der Verfahren für Advance Pricing Agreements (Teil I). IWB 10 25.5.2005 Fach 10 Gr. 2 S. 1824. *L. Coronado/S. Fukushima/E. Sun*, China and Japan's breakthrough Bilateral APA: a Closer Look. TMTR 6.7.2005 Vol. 14. No. 5 S. 214 ff.

922 Ausführlich *R. Seer*, vor § 204 AO, in *Tipke/Kruse*, Kommentar zur AO, 1997.

Tabelle 8

Land	Zeitraum	abgeschlossene APA		
		unilateral	bilateral und multilateral	insgesamt
Australien	1991-2004	78	53	131
Belgien	1999-2000	15	k. A.	15
China	1998-2003	130	1	130
Frankreich	1999-2003	-	9	9
Großbritannien	1999-2000	-	23	23
Italien	2004	1	-	1
Kanada	1993-2004	10	62	72
Japan	1987-2003	38	209	247
Niederlande	2002	64	4	68
Spanien	1997-2002	-	3	3
USA	1991-2003	227	265	492

Quelle: *S. Grotherr*, Internationaler Vergleich der Verfahren für Advance Pricing Agreements (Teil I). IWB 10 25.5.2005 Fach 10 Gr. 2 S. 1825; *L. Coronado/S. Fukushima/E. Sun*, China and Japan's breakthrough Bilateral APA: a Closer Look. TMTR 5 6.7.2005 Vol. 14. No. 5 S. 214 ff. TMTR, 2005. Stand: Januar 2006

Großbritannien, Kanada, Spanien und USA).[923] Der wesentlichere Nachteil des unilateralen APA liegt darin, dass keine doppelbesteuerungsschützende Funktion entsteht. Das Gegenteil bietet das bilaterale APA, indem zwei Finanzverwaltungen mitwirken und eine gemeinsame und beide Seiten bindende Lösung erzielen. Multilaterale APA sind i. d. R. mehrere bilaterale APAs, die koordiniert werden.[924] In diesem Zusammenhang spricht die Literatur sogar von der Entstehung eines pan-europäischen APA-Models,[925] das sich m. E. nach den Ergebnissen der Dokumentationsdebatte der JTPF einrichten lassen könnte.

---

923 Vgl. *M. Markham*, The Advantages and Disadvantages of Using an Advance Pricing Agreement: Lessons for the UK from the US and Australian Experience. Intertax Vol. 33, Issue 5 2005 S. 220; *S. Grotherr*, Internationaler Vergleich der Verfahren für Advance Pricing Agreements (Teil I). IWB 10 25.5.2005 Fach 10 Gr. 2 S. 1827.

924 Über das pan-europäische Airbus-Prestigeprojekt s. *L. Delorme/C. Rolfe/S. Schnorberger/J. M. Ortega*, Airbus' APA: Using Multilateral Agreements to Solve Complex Transfer Pricing Issues. TMTR 21.7.2004 Vol. 13 Nr. 6 S. 276 ff.

925 *JTPF*. Secretariat Discussion Paper on Alternative Dispute Avoidance and Resolution Procedures. 16.3.2005, Tz. 36 ff.; Vgl. *J. M. Calderón*, European Transfer Pricing Trends and the Crossroads: Caught Between Globalization, Tax Competition and EC Law. Intertax Vol. 33 Issue 3 2005 S. 108.

Die Entscheidung über die Anwendung von APA soll nach der Abwägung zwischen Vor- und Nachteilen im Einzelfall vollzogen werden.[926] Unter den größten APA-Vorteilen sind:

- Rechts-, Planungs- und Anwendungssicherheit der Verrechnungspreismethoden, indem die Verrechnungspreise im Voraus festgelegt werden und somit ein investitionsförderndes Steuerklima geschaffen wird;
- Vermeidung von Steuernachzahlungen, Schätzungen, Bußgeldern, Steuerzinsen und Zuschlägen;
- Lösung von Konflikten in einem Kooperations- und Konsensklima statt post factum streitgeprägte Umstände;
- kürzere und günstigere Betriebsprüfungen, sowie Vermeidung von Rechtsmitteln und sonstigen Verfahren;
- die Möglichkeit, das APA zu verlängern (sog. „rollover") und somit mit niedrigen Kosten die Vorteile länger auszunutzen.

Nachteile der APA sind hingegen:

- mangelnde Sicherheit bei der Vermeidung der wirtschaftlichen Doppelbesteuerung i. R. d. einseitigen APA;
- interne und externe Kosten, die möglicherweise die Dimensionen von Betriebsprüfungs- und Aufzeichnungskosten erreichen;
- lange Verfahrensdauer;[927]
- erheblicher Personalbedarf in der Finanzverwaltung;
- eventuelle Erhöhung der Betriebsprüfungsintensität bezüglich der Einhaltung der APA;
- reduzierte Flexibilität des Unternehmens, seine Geschäftsstrategien umzuwandeln, ohne die Bindungswirkung des APA zu verlieren;
- die in einigen Staaten beschränkte zeitliche Wirksamkeit des APA.

Anders als Engler[928] betont, erscheinen a) die freiwillige Preisgabe von internen Daten zur intensiven Prüfung ohne die Sicherheit, dass das APA erfolgreich abgeschlossen wird, und b) die Unsicherheit der Wahrung der Vertraulichkeit der

---

926 Vgl. OECD-RL Tz. 4.143-4.159; *G. Engler*, in *Vögele/Borstell/Engler*, Handbuch der Verrechnungspreise. 2004 Kap. F Tz. 351 f.; *M. Markham*, The Advantages and Disadvantages of Using an Advance Pricing Agreement: Lessons for the UK from the US and Australian Experience. Intertax Vol. 33, Issue 5 2005 S. 215 ff.; *L. Delorme/C. Rolfe/S. Schnorberger/J. M. Ortega*, Airbus' APA: Using Multilateral Agreements to Solve Complex Transfer Pricing Issues. TMTR 21.7.2004 Vol. 13 Nr. 6 S. 277 f.; *JTPF.* Secretariat Discussion Paper on Alternative Dispute Avoidance and Resolution Procedures. 16.3.2005, Tz. 20-34.

927 Ausführlich *S. Grotherr*, Internationaler Vergleich der Verfahren für Advance Pricing Agreements (Teil I). IWB 10 25.5.2005 Fach 10 Gr. 2 S. 1833 ff.

928 *G. Engler*, in *Vögele/Borstell/Engler*, Handbuch der Verrechnungspreise. 2004 Kap. F Tz. 352.

Unternehmensdaten m. E. nicht als Nachteile des Verfahrens, weil der Steuerpflichtige der Dokumentationspflicht nach wie vor unterstellt ist.

Inhalt und Umfang eines APA umfassen grds. die gleichen Unterlagen, die i. R. d. Dokumentationspflicht zu schaffen sind.[929] Damit allerdings die dynamische Fähigkeit des Unternehmens, sich an die Änderungen des Marktes anzupassen, erhalten bleibt, sollte das APA wesentliche Bedingungen (sog. critical assumptions)[930] auflisten. Darunter fallen kritische Annahmen, die wesentlich oder gar nicht geändert werden dürfen, ohne dass das APA angepasst wird oder seine Wirkung verliert, umgekehrt müssen flexiblere Rahmenbedingungen geschafft werden.[931] Darüber hinaus sind sui generis Bestandteile eines APA auch Bestimmungen über den jährlichen Bericht hinsichtlich der APA-Einhaltung, die zeitliche Geltung, sowie Bedingungen für seine Verlängerung, Änderung und Kündigung.

Die internationale Tendenz zur steigenden Anwendung von APA und seine erhöhte Rechts- und Planungssicherheit ist viel versprechend und lässt sich teilweise dadurch erklären, dass immer größere Verrechnungspreiskorrekturen stattfinden (Tabelle 9 zeigt ausgewählte bekannte Klagen).[932] APA können jedoch als *a minority sport*[933] betrachtet werden, weil in der Anfangsphase es sich nur großen Gruppen leisten. Es ist allerdings zu erwarten, dass immer häufiger kleinere Unternehmen zu den vorteilhaften Maßnahmen greifen und dass ihnen der Zugang erleichtert wird.[934]

---

929 Vgl. *G. Engler*, in *Vögele/Borstell/Engler*, Handbuch der Verrechnungspreise. 2004 Kap. F Tz. 336; ferner *M. Prysuski/S. Lalapet*, New Chinese APA Implementation Rules – A Milestone in Chinese Transfer Pricing. TPTP 11/04 S. 3 f.

930 Für eine Liste davon s. *S. C. Wrappe/K. Chung/R. J. McAlonan Jr./K. Longley*, The Little Engine that Could: the 2004 IRS APA Programme Annual Report. TPTP 05/05 S. 8.

931 Vgl. OECD-RL Tz. 4.150.

932 Über die frühere Skepsis hinsichtlich APA: *Are you better off being in bed with the IRS or should they be kept at arm's length?*, *M. Zall* (1998), zitiert in *M. Markham*, The Advantages and Disadvantages of Using an Advance Pricing Agreement: Lessons for the UK from the US and Australian Experience. Intertax Vol. 33, Issue 5 2005 S. 229. Von unter 200 Millionen in 1995 überschritten 2001 die Verrechnungspreiskorrekturen in Frankreich 1,4 Milliarden Euro, in *C. Maucour/P-Y. Bourtourault*, Chances and Risks of the APA Process in France. Intertax Vol. 31 Issue 8/9 2003 S. 298.

933 *K. Sparkes*, APAs in the United Kingdom. TPTR 1999 Vol. 29 S. 13.

934 Vgl. *France: Ministry Proposes Creating Unilateral APAs, Small Taxpayer Accords, Advance PE Rulings*. TMTR 24.11.04 Vol. 13 Nr. 14 S. 766; *JTPF*. Secretariat Discussion Paper on Alternative Dispute Avoidance and Resolution Procedures. 16.3.2005, Tz. 39 ff.

Tabelle 9

Unternehmen	Land/Jahr	Einkom-mens-anpassung in Mio. US-$	Steuerbelastung inkl. Strafen und Zuschläge in Mio. US-$
Coca-Cola[1]	Japan 1998	116	41
DHL[2]	USA 2002	992.2	n. v.
Pepsi Co Inc.[2]	USA 2002	1,400	n. v.
DIC Finance[3]	Japan 2003	421.7	90,2
GlaxoSmithKline[3]	Japan 2003	548.2	n. v.
UPS[4]	USA 2003	419	6
GlaxoSmithKline[5]	USA 2004	7,800	n. v.
Clorox Co.[5]	USA 2004	552.5	n. v.
Motorola[6]	USA 2004	1,400	500
Funai Electric Co. Ltd.[7]	Japan 2005	357	n. v.
Sony Corp.[7]	Japan 2005	193.8	n. v.
TDK Corp.[7]	Japan 2005	192	n. v.
Merril Lynch Japan Securities Co. Ltd.[8]	Japan 2005	120	n. v.
Kyocera Corp.[8]	Japan 2005	225.9	n. v.
Honda Motor Co.[9]	Japan (Brasilien) 2005	234	n. v.

[1] *Lawyer Says Adjustments Can Be Avoided If NTA Cannot Find Secret Comparables.* TMTR 11.3.1998 Vol. 6 Nr. 23.

[2] *Section 482 Allocation Cases Plummet Analysis of U.S. Court Records Shows.* TMTR 21.1.2004 Vol. 12 Nr. 17, S. 801.

[3] *Japan's National Tax Administration Targets Transfers of Financial Service Firm Profits.* TMTR 11.6.2003 Vol. 12 Nr. 3, S. 99.

[4] *First Half of 2004 Shows Eightfold Increase in Allocations; Cases Filed Double from 2003.* TMTR 21.7.2004 Vol. 13 Nr. 6, S. 253; und *First Half of 2003 Shows Decrease in Number of Section 482 Court Challenges.* TMTR 23.7.2003 Vol.12 Nr. 6, S. 206.

[5] *First Half of 2004 Shows Eightfold Increase in Allocations; Cases Filed Double from 2003.* TMTR 21.7.2004 Vol. 13 Nr. 6, S. 253.

[6] *C. Netram,* Motorola Faces US $1.4 Billion U.S. Transfer Pricing Adjustment. Tax Analysts 16.8.2004 WTD 158-6.

[7] *T. Aritake,* Sony, Funai, TDK Receive NTA Assessment for Transactions with Related Overseas Manufactures. TMTR 7.6.2005 Vol. 14 S. 179.

[8] *Merril Lynch Japan Expecting Order for Tax Surcharge from Profit Transfer.* TMTR 3.30.2005 Vol. 13. Nr. 4 S. 1126.

[9] *T. Aritake,* Japan, Brazil Competent Authorities Poised to Take Up Honda Motor Co. Case. TMTR 9.11.2005 Vol. 14 No. 14 S. 537.

Stand: Januar 2006

Von einem Massenverfahren kann allerdings nicht die Rede sein, weil das Problem der Ressourcenknappheit der Finanzverwaltungen ungelöst bleibt. Für die APA-Überprüfung dürfen die Finanzverwaltungen nicht zu Stichprobenkontrollen nach dem Zufallsprinzip greifen, vielmehr wird eine intensive, nicht nur juristische, sondern auch wirtschaftliche Prüfung verlangt. Die Bildung von Spezialisteneinheiten, die durch „APA-Gebühren" finanziert werden, könnte evtl. das Problem umgehen.[935]

III. Dokumentationssystem

Zur ordnungsgemäßen Erfüllung der Dokumentationspflicht ist die Implantierung einer systematischen Prozedur conditio sine qua non für die Nachhaltigkeit der gesamten Verrechnungspreispolitik eines Konzerns. Die vielfältigen von der Literatur[936] empfohlenen Modelle von Dokumentationssystemen tragen grds. ähnliche Ansätze, die von der Struktur der §§ 4 und 5 GAufzV abgeleitet werden.

Das Schema stellt schrittweise dar, wie die Dokumentationserstellung erfolgen sollte. Das Ziel der Implementierung eines Dokumentationsverfahrens ist es, „Unzulänglichkeiten aufzudecken" durch die Systematisierung von Prozeduren und Einkommensanpassungen wegen unangemessener Verrechnungspreise zum Scheitern zu verurteilen. Dafür werden anfängliche Informationen beschafft, etwa durch Interviews und Beantwortung von Fragebögen durch Personen aus den unterschiedlichen betroffenen Konzernabteilungen, die einen genauen Blick in die Konzernstruktur, -organisation und –betrieb erlauben werden. In dieser Phase sind die Voraussetzungen der Dokumentationserleichterung für kleinere Unternehmen zu überprüfen. Auf den gesammelten Informationen aufbauend wird die Darstellung der Sachverhalte transparent gemacht. Dazu gehört, dass die Konzernorganisation die Position der nahe stehenden Personen i. R. d. Konzernstruktur einordnet. In dieser Phase werden sowohl die betriebenen Geschäfte mit verbundenen Personen beschrieben als auch Leistungsströme offengelegt. Eingesetzte immaterielle Wirtschaftsgüter sind aufzulisten. Schließlich erlauben die bis zu diesem Punkt gesammelten Informationen den Aufbau der Funktions-

---

935 Auf weitere Untersuchung über APA-Gebühren wird hier verzichtet. Vgl. dazu die US-Gebühren (*user fee*) zwischen US$ 5,000 und 25,000; und den kanadischen Kostenersatz (z. B. Reise- und Unterkunftskosten für das Steuerverwaltungspersonal – sog. *user charge*). Dazu *S. Grotherr*, Internationaler Vergleich der Verfahren für Advance Pricing Agreements (Teil I). IWB 10 25.5.2005 Fach 10 Gr. 2 S. 1836.

936 *Y. Hervé/L. von Jesche*, Praxishinweise zu den neuen Dokumentationspflichten bei Verrechnungspreisen. BC Heft 06 2003 S. 129 ff.; *M. Lenz/W. W. Fischer*, Verrechnungspreisdokumentation in Deutschland – Erste Praxiserfahrungen. BB Heft 38 20.9.2004 S. 2043 ff.; *A. Vögele/M. Brem*, in *Vögele/Borstell/Engler*, Handbuch der Verrechnungspreise. 2004 Kap. E Tz. 29 ff.

und Risikoanalyse. Diese Stufe führt nicht selten zur Rückkehr in die Informationsbeschaffungsphase und reagiert ferner empfindlich auf Änderungen der besonderen Fälle.

Abbildung 12

Implementierung der Verrechnungspreisdokumentation

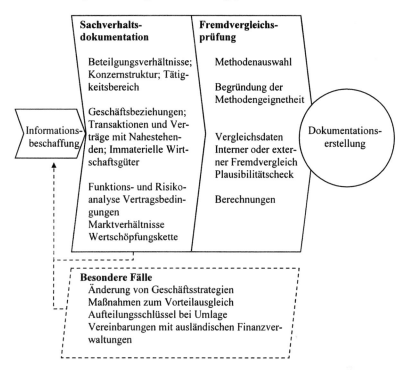

Der Abschluss der Sachverhaltsdokumentation rüstet den Steuerpflichtigen mit Daten aus, die die Auswahl einer geeigneten Methode sowie die interne oder externe Suche nach Vergleichsdaten unterstützen. Schließlich müssen die geschaffenen fremdvergleichenden Daten untersucht werden, um die Angemessenheit der Verrechnungspreise zu untermauern. Demzufolge überschreitet man den Zwischenstatus der Dokumentationsanalysen, und es können die endgültigen einschlägigen Unterlagen für Betriebsprüfungszwecke erstellt werden. Hier wird nicht lediglich eine starre Aufzeichnungssammlung erstellt, sondern ein lebendes System geschaffen. Unter einem *lebenden* Dokumentationssystem sind schließlich organisatorische Rahmenbedingungen zu verstehen, die die Dokumentationserstellung in Zukunft fortlaufend ermöglichen und gleichzeitig den betrieblichen Aufwand möglichst niedrig halten.[937] Ähnlich empfehlen Kroppen/Rasch i. R. einer strategischen Dokumentationsverwaltung die Vorbereitung einer mit den Verrechnungspreisrichtlinien koordinierten Matrix, *die auf der einen Seite allen nahe stehenden Personen und auf der anderen alle unterschiedlichen Arten der Transaktionen aufzeigt, z. B. Warentransfer, Dienstleistungen, Darlehen, Lizenzen, Kostenumlagen, etc. Diese Matrix muss dann den genauen Betrag für jede Art dieser Transaktionen beinhalten.*[938]

Obgleich die Durchführung solcher Aufzeichnungssysteme eine aufwändige Aufgabe darstellt, ist sie für eine erfolgreiche Bewältigung der Vorschriften unverzichtbar.

§ 7 Abschließende Bemerkung

Die Einführung von Dokumentationssystemen kann eine große Hilfe für die Unternehmen sein, negativen Konsequenzen in zukünftigen Betriebsprüfungen zu vermeiden. Es geht in erster Linie um „compliance", d. h. um die Einhaltung von Vorschriften. Dokumentationsysteme können jedoch auch dazu dienen, das Management zu unterstützen, indem interne Verfahren für die Festsetzungen und Aufzeichnungen von Verrechnungspreisen kreiert werden. Obwohl eine Vielzahl von Fragen auch weiterhin ungeklärt bleibt, sollen die Unternehmen alle Maßnahmen einsetzen, die in die Richtung einer gewissen Planungssicherheit i. R. der Verrechnungspreisstrategie führen können. Die internationale Betrachtung des Themas ist in dem Zusammenhang sehr wichtig, soweit sie nicht nur häufig als Maßstab für die inländische Rechtsumsetzung dient, sondern auch per se internationale Sachverhalte umfasst und für eine erfolgreiche Problemlösungsstrategie einen erheblichen Beitrag leistet.

---

937 *Y. Hervé/L. von Jesche,* Praxishinweise zu den neuen Dokumentationspflichten bei Verrechnungspreisen. BC Heft 06 2003 S. 129.

938 *H.-K. Kroppen/S. Rasch,* Die Aufzeichnungspflichten für internationale Verrechnungspreise. IWB 21 12.11.2003 Fach 3 Gr. 1 S. 1985.

Zusammenfassende Erkenntnisse des Rechtsvergleichs und Ausblick

Das Bedürfnis nach neuern Kontrollmechanismen des Staates (Verrechnungspreiskontrolle) kann die Handlung des Staates bis an die Grenzen seines rechtlichen Spielraums drängen. Diese Grenzen sind allerdings durch vorher gesetzte Normen etabliert worden und müssen im Namen des Rechtsstaates beachtet werden. Letztlich ist dies der Sinn und Zweck solcher Normen, die als Verfassungsgarantien festgeschrieben worden sind. Von dieser gemeinsamen Grundüberzeugung ausgehend haben sich das deutsche und das brasilianische Verrechnungspreisrecht auf sehr unterschiedliche Weise entwickelt. Nichtsdestotrotz scheint die deutsche Entwicklungsvariante ihren eigenen Verfassungsgarantien deutlich treuer geblieben zu sein. Die brasilianischen Verrechnungspreisregeln stellen in diesem Zusammenhang eine weltweit einzigartige „Verrechnungspreisraubpolitik" dar, indem die in der Verfassung verankerten Besteuerungsgewaltbeschränkungen deutlich überschritten wurden und das internationale Gleichgewicht i. S. d. OECD-MA nicht beachtet. Das lässt sich daran zeigen, dass sowohl der Gesetzgeber verfassungswidrige Vorschriften als auch die Finanzverwaltung   Vorschriften über ihren Ermessensspielraum hinaus verabschiedet haben. Konsequenterweise tragen die Verrechnungspreisvorschriften Brasiliens in wesentlichen Punkten keine rechtsstaatliche Legitimität. Weder der fiskalische Zweck noch die (in diesem Fall fragliche) Förderung von Investitionen können die Verstöße gegen die Verfassungsgarantien rechtfertigen. An dieser Stelle kann das deutsche Beispiel i. S. einer engeren qualitativen Kontrolle bei der Gesetzgebung mittels tatsächlicher Überprüfung von Vorschriftsentwürfen, Öffnung für die öffentliche Debate von Entwurfe sowie die Überprüfung von der GAufzV durch den Bundesrat deutlich zur Nachbesserung der brasilianischen Verhältnise beitragen. Die brasilianischen Regeln wurden keiner Arten von Angemessenheitsprüfungen unterworfen.

Obwohl die Dokumentationspflicht in Brasilien im internationalen Vergleich früh eingeführt wurde, schließt die mit ihr verknüpfte Verrechnungspreispolitik das Land von der Praxis aller anderen Industriestaaten mit Verrechnungspreiskontrollen aus. Das fördert weder internationale Geschäfte, von denen das Land entscheidend abhängt, noch die Expansion von international verbundenen Unternehmen, sei es brasilianische im Ausland oder ausländische in Brasilien. Die Entstehung der brasilianischen Vorschriften und gravierender die Aktivität der Finanzverwaltung führte dazu, dass das Land unter allen anderen Länder mit Verrechnungspreisvorschriften am schlechtesten abschneidet. Die Vermeidung einer Doppelbesteuerung scheint keineswegs eine Sorge der brasilianischen Finanzverwaltung oder des Gesetzgebers zu sein. Deutschland seinerseits hat deutlich länger gebraucht, um Dokumentationsvorschriften einzuführen (2003). Das gilt nicht nur im Vergleich zu Brasilien (1996), sondern auch im Allgemeinen internationalen Vergleich. Nichtsdestotrotz hat Deutschland es dann so gründlich gemacht, dass es innerhalb küzester Zeit zu einem Vorreiter der internationalen Entwicklung des Themas geworden ist.

Die brasilianische de facto Nicht-Anerkennung des Fremdvergleichs i. S. d. DBA-MA führt zur Doppelbesteuerung und letztlich zur Erosion des Abkommenszwecks. Diese Erosion könnte letztlich zum Abbau des internationalen Abkommensnetzwerks Brasiliens und damit gerade nicht zur Internationalisierung brasilianischer Konzerne sowie zur Erhöhung der internationalen Investition im Land führen. Die jüngste Kündigung des DBA-Brasilien seitens Deutschlands belegt diese Entwicklung.

Der Ermessensspielraum der brasilinischen Finanzverwaltung ist unverhältnismäßig ausgedehnt worden. Darüber hinaus erfüllt die Finanzverwaltung ihre aufklärende Funktion nicht, soweit sie lediglich zum fiskalischen Zweck agiert. Das wird dadurch deutlich, dass die illegitime – weil nicht rechtstaatliche – fiskalische Ausnutzung der Systemschwäche seitens der vollziehenden Gewalt in Gang gebracht wird. Präziser drückt sich das u. a. aus durch:

- das beschränkte Verständnis und die mangelnde Aufmerksamkeit des Gesetzgebers für gesetzgeberische Prozesse;
- die teilweise widersprüchliche und extrem langsame Rechtsprechung;
- die Nicht-Berücksichtigung von Verfassungsverstößen bei Verwaltungsentscheidungen;
- die Duldung von „Schein"-Änderungsmöglichkeit i. S. d. widerlegbaren Vermutungen, deren Praktikabilität sich de facto als unmöglich erweisen;
- die aus dem Zusammenhang solcher Faktoren resultierende Reaktion des Steuerpflichtigen, sich an die Vorschriften zu halten - trotz offensichtlicher Rechtswidrigkeiten.

Ein Rechtsstaat verlangt Verantwortung der Staatsgewalten. I. R. der brasilianischen Verrechnungspreisvorschriften ließ sich dies nicht bestätigen. Der Gesetzgeber ließ sich mittels grober, unvollkommener und irreführender Argumentationen zur Verabschiedung verfassungswidriger Vorschriften verleiten. Die Exekutive formulierte diese Argumentationen, vollzieht das daraus entstandene verfassungswidrige Recht und verabschiedet weitere dementsprechend verfassungswidrige Vorschriften. Die Judikative reagiert mit bedrohlicher Verspätung auf den Geist der Zeit. Dies lässt sich beispielsweise in zwei Zusammenhängen feststellen. Die Rechtsprechung unterscheidet zwar die Verfassungsbeschränkungen der Besteuerungsgewalt, setzt jedoch nicht immer klare und systematische Kriterien zu ihrer Überprüfung. Ferner erkennt die Judikative nicht durchgängig den rechtlichen Vorrang der Abkommen. Aus dieser Perspektive bieten die deutschen Kontrollmechanismen der Gesetzgebung und der Rolle des Judikativs durch Präzedenzfälle – auch wenn die oft zu lange Verfahrensdauer auch in Deutschland deutlich Verbesserungsspielraum hat und nicht selten Anspruchsreaktionen seitens der Steuerpflichtigen eindämmen – klare Hinweise zur Verbesserung des brasilianischen Systems, ohne die verfassungsverankerten Grundwerte zu gefährden, sondern diese zu verstärkern.

Wie in anderen Bereichen des brasilianischen Rechtes, z. B. den Sozial- und Sicherheitsrechten, erlebt auch das Steuerrecht das m. E. abscheuliche und demokratiebedrohende „Phänomen der Banalisierung der Rechtswidrigkeit zu Ungunst des Bürgers", d. h. gravierende Verstöße gegen jene Grundrechte, die letztlich Merkmale des Staates verkörpern und die den staatlichen Eingriff beschränken, um diesen dann beschränkten Eingriff zu legitimieren. Die Aktivitäten der staatlichen Institutionen Brasiliens deuten nur einen geringen Willen an, ihre verfassungsrechtlichen Zuständigkeiten sowohl formell als auch materiell zu erfüllen. Viel intensiver gehen sie ihren sekundären Zielen nach. Das lässt sich davon ableiten, dass das Verhalten der Finanzverwaltung eine rein fiskalische Priorität verfolgt und die Justiz eine extreme Zurückhaltung praktiziert, wenn es darum geht, ihre Strukturen zu modernisieren und ihre Effizienz prüfen und verbessern zu lassen. Ebenso wichtig wie eine rechtstreue Rechtsprechung ist es auch, innerhalb einer absehbaren und zumutbaren Zeitspanne eine rechtsverbindliche Entscheidung zu erlangen. So wichtig eine moderne und international orientierte Verfassung sein mag, Rechtssicherheit entsteht erst mit der absehbaren Sicherheit ihrer Befolgung. Das ist das Grundelement, um Wettbewerbsverzerrungen zu vermeiden. Entweder darf der Bürger mit den Verfassungsgarantien und Besteuerungsbeschränkungen rechnen, oder sie garantieren nichts.

Ferner muss die brasilianische Legislative konsequenter sein, indem das neue Recht höchst freiheitsschonend und systemkonsequent formuliert wird, um somit Massenklagen zu verhindern. Das Gesetz 9.460/96 stellt – und das ist eine zentrale Erkenntnisse dieser Arbeit - genau das Gegenteil davon dar. Die verfassungsrechtliche Rettung der brasilianischen Vorschriften hätte die Möglichkeit sein können, die gesetzlich verankerten Margen nach Marktverhältnissen zu ändern. Es wurde jedoch so gesetzlich gestaltet und von der Finanzverwaltung praktiziert, dass keine Massenlösung entstehen konnte. Indem solche Änderungen nur ad hoc und auf Antrag in Frage kommen (und ferner in den vergangenen Jahrzehnten nie erstattet wurden), ist die Verfassungs- und Systemkonformität der Regeln nicht gegeben. Brasilien kann sein Recht innovativ gestalten, um seinen eigenen Weg zur Entwicklung zu finden. Das schließt allerdings im Gebiet der verfassungsverankerten Garantien und der Sperrwirkung der Abkommen Rückschritte aus. Die Verrechnungspreisvorschriften des Gesetzes 9.430/96 wollten innovativ sein, stellten allerdings stattdessen einen Rückschritt der brasilianischen Rechtsstaatlichkeit dar. Das möglicherweise größte Menschheitserbe umfasst die modernen Bürgerrechte, die seit 1789 kontinuierlich entwickelt und kumuliert wurden. Sie dulden nicht - und erfahrungsgemäß dürfen sie es nicht tun -, dass ein moderner Staat sie ignoriert. Es ist höchste Zeit, dass Brasilien sich entscheidet, ob es sich weiter in der Grauzone der weniger seriösen Republiken bewegen wird, oder ob es den Sprung zu einem tatsächlichen modernen Bürgerstaat vollendet. Die Verrechnungspreispolitik kann einen Beitrag dafür leisten.

Wie dargestellt, tragen die gegenwärtigen brasilianischen Verrechnungspreisvorschriften erhebliche Rechtswidrigkeiten in sich. Ihre Anpassung in der Form des Gesetzentwurfs stellt zwar ein bedeutendes Verbesserungspotential der Rechtslage in die Richtung eines internationalen Standards dar, sie bleibt allerdings in mehreren Aspekten rechtssystematisch fehlerhaft und schafft keine angemessene Rechtssicherheit. Obwohl die Entwicklung insofern zu begrüßen ist, als es vorwärts geht, lässt sich ein Kompromiss zwischen der gegenwärtigen und den vorgeschlagenen Vorschriften sowohl rechtlich als auch wirtschaftlich nicht begründen. Deswegen sollte darauf verzichtet werden. Vielmehr lässt sich empfehlen, die deutliche Schwäche der gegenwärtigen Rechtsgestaltung vollständig zu beseitigen und von der internationalen Erfahrung Gebrauch zu machen. Die teilweise absurden Rechtsmissbräuche der gegenwärtigen Vorschriften dürfen nicht eine „negative pädagogische Wirkung" ausüben: pädagogisch, weil der Steuerpflichtige mit der nur teilweisen Befolgung der Verfassungsregeln rechnen darf und extreme Verstöße gerichtlich zu mildern hoffen darf, mithin nur „Grundrechtskrümel" gestreut werden; negative, weil das System so konzipiert ist, dass die mühselige rechtliche Verwirklichung der Grundrechte und der verfassungsverankerten Besteuerungsbeschränkungen tendenziell aufgegeben wird. Der Gesetzentwurf 4.695/01 sollte die festen Gewinnmargen, wenn nicht vollständig abschaffen, so doch auf die fakultative Funktion von sicheren Häfen beschränken. Die 5%ige Toleranzspanne zwischen Vergleichspreis bzw. -margen und Verrechnungspreis bzw. -margen für auf marktkonformem Grund ermittelte Vergleichspreise sollte durch das Modell einer international akzeptierten Preis- bzw. Margenspanne ersetzt werden. Den Zusammenhang zwischen Mitwirkungspflicht und den Folgen ihrer Verletzung sollte klar, systematisch und ausführlich dargelegt werden. Die Verhältnismäßigkeit bei diesem Zusammenhang sollte gewahrt werden, indem i. R. der Folgen ein Progressionsvorbehalt zur Mitwirkung zwingt. Ferner ist die Gestattung von APA klar zu formulieren, um tatsächliche Planungs- und Rechtssicherheit auf internationalem Standard anbieten zu können. Schliesslich verstößt die de lege ferenda Kontrolle der Verrechnungspreise nach dem OECD-Standard nicht gegen das Prinzip der engen Legalität, soweit das DBA-Netzwerk Brasiliens das at arm's length Konzept der OECD-MA trägt. Die DBA werden im brasilianischen Recht allgemein gem.

Art. 5 CF und mit Hilfe von Ergänzungsgesetzen gem. Art. 98 CTN umgesetzt und über einfache Gesetze eingeordnet.

Die Evolution des deutschen Rechts i. R. der Verrechnungspreise hat mit der jüngeren Einführung der Aufzeichnungspflicht nicht nur die Aktualisierung der deutschen Vorschriften nach dem weltweit zu beobachtenden Trend geschafft, sondern auch einen ganz neuen Horizont in Hinsicht auf die Mitwirkungspflicht des Steuerpflichtigen eröffnet. Zu ersten Mal sind umfassende Dokumentationspflichten in dem Gesetzestext zu finden, die außerdem noch mit entsprechenden Sanktionen verbunden sind. Die Verlagerung von Pflichten und Beweisrisiken von der Finanzbehörde auf die Steuerpflichtigen impliziert eine Vielfalt von Faktoren, die schwerwiegende Folgen nach sich ziehen. In erster Linie wird von der Einführung der Aufzeichnungspflicht erwartet, dass die Feststellung eines marktfremden Verrechnungspreises und seine entsprechende Korrektur für die Finanzbehörde einfacher nachzuvollziehen sein wird, insofern die prinzipielle Informationsbeschaffung und Dokumentationserstellung Pflicht des Steuerpflichtigen geworden ist. Es wird weiter angenommen, dass keine Beweislastumkehr zu Last des Steuerpflichtigen eintritt. Das lässt sich bis auf die Festsetzung von Zuschlägen unstrittig bestätigen. Für den Steuerpflichtigen stellt die Dokumentationspflicht einen erheblichen Aufwand von Zeit und Kosten dar. Gleichwohl erhält der Steuerpflichtige die Chance, auf gesicherten Grundlagen mit den Steuerbehörden verhandeln zu können, weil eine ordentliche Dokumentation erstens die Gefahr einer erheblichen Verrechnungspreisanpassung mindert und zweitens das Risiko der Zuschläge abwendet, wobei die Erhebung von Zuschlägen noch unter der Perspektive des EMRK betracht werden muss. Dabei können interne Verrechnungspreisrichtlinien für die Prozessvereinfachung und Standardisierung der Dokumentationsdurchführung als effiziente Instrumente dienen. Dazu zählen die sich rasch verbreitende APA.

Die deutsche Regelung hat auch Nebenwirkungen, wie etwa ihren Einfluss auf die Gestaltung des Geschäftsmodells der Unternehmen. Hierdurch können sich die Unternehmen gefördert fühlen, eine Vereinfachung der grenzüberschreitenden Beziehungen durchzuführen, beispielsweise durch den Ersatz eines Eigenhandels mit einem Kommissionär oder eines Vollherstellers mit einem Auftragsfertiger etc. Offen bleibt auch die Konformität der neuen Regelung mit dem EU-Recht, die mit den möglichen Rechtfertigungen für eine Ungleichbehandlung nicht zu vereinbaren ist und damit einen Streit bei dem EuGH vorprogrammiert.

Ein Vergleich zwischen den brasilianischen und den deutschen Verrechnungspreis-Vorschriften und zwischen den jeweils geforderten Dokumentationen dazu lässt sich nur sehr eingeschränkt durchführen, weil zum einen zumindest de facto das arm's length Prinzip nicht in beiden Ländern gleichermaßen angewendet wird – und weil zum anderen Brasilien sich erheblich von den allgemeinen OECD-Standards entfernt hat. Nichtsdestotrotz ist schwer vorstellbar, dass das südamerikanische Land sich nicht auf Dauer an die Praxis seiner wichtigsten Handels- und Investitionspartner anpassen wird. Obwohl die deutsche Erfahrung mit der Verrechnungspreisdokumentationspflicht erst nach Brasilien angefangen hat, ist ihre Gestaltung – abgesehen von kleineren Ausnahmen – im Einklang mit dem internationalen Stand der Materie und trägt somit unvergleichbar geringeres Konfliktpotential als die brasilianischen Regeln. Diese müssen vielmehr dringend berichtigt werden, wobei das deutsche Beispiel einen entscheidenden Einfluss haben könnte.

In einer breiteren internationalen Perspektive gewinnt das PATA Documentation Package an Bedeutung, nicht nur, weil seine Mitgliedsstaaten das Thema Dokumentation bei Verrechnungspreisen auf einer fortgeschrittenen Stufe entwickelt haben. Hier wird das Thema aus dem Bereich einer einzelnen Steuerhoheit auf einen ganzen Block von Handelspartnern mit vielfältigen Steuerhoheiten übertragen. Das PATA Documentation Package unterscheidet sich jedoch von der OECD-RL, da viel präzisere und punktuellere Aufzeichnungen vorgesehen werden. Die europäische Initiative der JTPF ist eine nicht-gesetzgeberische Lösung, die erheblich zur Vereinfachung des Dokumentationsaufwandes und zur Effizienzerhöhung der Informationsbeschaffung beitragen kann. Trotzdem ist es derzeitig zu früh, um zu spekulieren, wie die Mitgliedsstaaten die vorgeschlagene Dokumentation umsetzen werden. Davon hängt die tatsächliche Verwirklichung der verfolgten Ziele ab. Der Möglichkeit, die Aufzeichnungspflicht in dem Mercosul-Binnenmarkt wettbewerbsfördernd zu gestalten, muss nachgegangen werden. Entscheidend dafür ist in erste Linie die Umkehrung der brasilianischen Vorschriften zum arm's length Prinzip. Darüber hinaus sind Fragen über die Unternehmensvergleichbarkeit sowie der Verfügbarkeit von Vergleichsdaten zu klären. Ferner sollte von der PATA- und JTPF-Erfahrung gelernt und ein Verrechnungspreisdokumentationsmodell des Mercosuls erstellt werden. Die Weigerung, das Thema konsequent anzugehen und unverzüglich Lösungen zu erarbeiten, birgt eine schwer benachteiligende Last zu Ungunsten des Staatenblocks. Im internationalen Vergleich sollte auch berücksichtigt werden, dass die führenden Industriestaaten Asiens (z. B. China, Indien, Malaysia, Taiwan, Thailand, Südkorea) über Verrechnungspreisvorschriften verfügen, die gegenüber den Vorschriften der Mercosulstaaten (Brasilien als gravierendster Fall) einen weiten Schritt voraus sind. Dies ist um so verhängnisvoller, wenn man bedenkt, dass die asiatischen Staaten häufig als Konkurrenten des Mercosuls gegenüber Nordamerika, Europa und Japan auftreten. In diesem Zusammenhang könnte der Mercosul seinen Vorsprung als Staatenblockorganisation durch eine zielorientierte Maßnahme im Vergleich zu Asien ausnutzen und i. R. d. Verrechnungspreispolitik steuerliche Wettbewerbsvorteile erzielen.

Zum Schluss bleiben mehrere Fragen offen, was zu der Natur einer dynamischen Problematik gehört. Dazu gehört z. B. die Einbeziehung von Nicht-OECD-Mitgliedern in die Anwendung und Erweiterung der OECD-RL und sogar die künftige Erweiterung der OECD-RL auf das Thema von Funktionsverlagerung. Es bleibt deutlich, dass eine Vereinbarung über eine praktikable Verrechnungspreisdokumentation mit der Vermeidung von Doppelbesteuerung nur durch eine internationale Zusammenarbeit der Finanzverwaltungen und der Steuerpflichtigen bei der Formulierung klarer und grenzüberschreitend konsistenter Dokumentationsvorschriften zu erreichen ist.

Literaturverzeichnis

Accioly, Hildebrando/Silva, Geraldo Eulálio do Nascimento. Manual de direito internacional público. 13ª Edição, São Paulo : Saraiva, 1998, 554 S.

Adonnino, Pietro. La pianificazione fiscale internazionale. In Uckmar, Victor. *Corso di diritto tributario internazionale.* II Edizione, Padova : Cedam, 2002, S. 57-88.

Almeida, Paulo Roberto de. O Mercosul no contexto regional e internacional. São Paulo : Aduaneiras, 1993, S. 14.

Amaral Júnior, José Levi Mello do. Os tratados no ordenamento jurídico brasileiro. RJV N°. 11 Abril/2000, 15 S., in www.planalto.gov.br 10.4.05.

Andersen, Ulf. Germany Adopts Legislative Requirements to Prepare Transfer Pricing Documentation and Penalty Provisions, and Issues Draft Documentation Regulations. TNI, WTD, Tax Analysts 28.7.2003, S. 327.

APPEAL Panel Says Drug Affiliates May Use More Flexible Method for Pre-2000 Returns. TMTR 9.29.2004 Vol. 13, No. 10 S. 573.

APPEALS Council Says Drug Firms May Apply More Flexible Method for Imported Product. TMTR 11.5.2005 Vol. 14 No. 1 S. 13.

Aritake, Toshio. Japan, Brazil Competent Authorities Poised to Take Up Honda Motor Co. Case. TMTR 9.11.2005 Vol. 14 No. 14 S. 537.

Aritake, Toshio. Sony, Funai, TDK Receive NTA Assessment for Transactions with Related Overseas Manufactures. TMTR 7.6.2005 Vol. 14 S. 179.

Ascoli, Giuseppe. Italy, in *Transfer Pricing in the Absence of Comparable Market Prices.* Cahiers de droit fiscal international. IFA, Deventer : Kluwer, 1992, S. 445 ff.

ATO. Tax Ruling 98/11. Australian Tax Office, 1998, 82 S. in http://law.ato.gov.au/atolaw

Aujean, Michel. Steuerkoordination in Wirtschaftsunionen und gemeinsamen Märkten. IStR 16/2005 S. 560-562.

Balzani, Francesca. Il transfer pricing. In Uckmar, Victor. *Corso di diritto tributario internazionale.* II Edizione, Padova : Cedam, 2002, S. 413-480.

Barreto, Paulo Ayres. Imposto sobre a Renda e Preços de Transferência. São Paulo : Dialética, 2001, 191 S.

Bartelsman, Eric J. Why Pay More? Corporate Tax Avoidance through Transfer Pricing in OECD Countries. Munich : CESifo, 2000. - 20 S.

Baumhoff, Hubertus. Aktuelle Entwicklungen bei den internationalen Verrechnungspreisen. IStR 01 2003, S. 1-6.

Baumhoff, Hubertus. Die Verrechnung von Leistungen zwischen verbundenen Unternehmen mit Hilfe von Konzernumlagen (Teil I) - Anmerkungen zum BMF-Schreiben vom 30. 12. 1999 aus Sicht der Beratungspraxis. IStR 22 2000, S. 693-704.

Baumhoff, Hubertus. *Die Verrechnung von Leistungen zwischen international verbundenen Unternehmen mit Hilfe von Konzernumlagen (Teil II) - Anmerkungen zum BMF-Schreiben vom 30. 12. 1999 aus der Sicht der Beratungspraxis.* IStR 23 2000, S. 731-736.

Baumhoff, Hubertus. *Einkünftsabgrenzung bei international verbundenen Unternehmen,* in Mössner, Jörg M. *Steuerrecht international tätiger Unternehmen.* 2. Auflage, Köln : Schmidt, 1998, S. 344-493.

Baumhof, Hubertus/Ditz, Xavier/Greinert, Markus. *Die Dokumentation internationaler Verrechnungspreise nach den „Verwaltungsgrundsätze-Verfahren".* DStR 37/2005 S. 1549-1556.

Baumhof, Hubertus/Ditz, Xavier/Greinert, Markus. *Grundsätze der Dokumentation internationaler Verrechnungspreise nach der Gewinnabgrenzungsaufzeichnungsverordnung (GAufzV).* DStR 2004 Heft 05 S. 157-164.

Bauchschatz, Peter. *Steuerrechtlicher Gestaltungsmissbrauch und Europarecht - Teil II.* IStR 2002 Heft 10 S. 333-342.

Bechara, Carlos H. T. *Brazil. The Tax Treatment of Management Fees.* ITPJ, IBFD, November/December 1998, S. 271-275.

Becker, Helmut/Kroppen, Heinz-Klaus. *Handbuch Internationale Verrechnungspreise.* Köln : Schmidt. Losebl. 1997 bis Dezember 2004.

Becker, Helmut. *Neues Gesetz zur Dokumentationspflicht?* IWB 18 26.9.2001, Fach 3 Gr. 1 S. 1765-1768.

Bell, Kevin A. *EU Joint Transfer Pricing Forum to Report on Arbitration Convention, Mutual Agreement Procedures.* TNI, WTD, Tax Analysts 21.7.2003, S. 207.

Bergami, Davide/Iorio, Antonio. *La Ue <sorveglia> i prezzi infragruppo.* Diritto&Diritti 09/09/2002.

Bertolucci, Aldo Vicenzo. *Preços de Transferência: Aspectos Fiscais.* Caderno de Estudos, FIPECAFI, vol. 12 n° 23, Jan./Junho 2000, S.

Biegalski, Adam/Furga, Karina/Lariski-Sulecki, Krzytof/Svitala, Filip. *Additional Tax Liability under Polish VAT Law.* International VAT Monitor,/IBFD March/April 2007, S. 106-112.

Blowfield, Michael. *Corporate Social Responsability: reinventing the meaning of development?* International Affairs Vol. 81 Nr. 3, May 2005, S. 515-524.

BMF. *Begründung. Verordnung zu Art, Inhalt und Umfang von Aufzeichnungen im Sinne des § 90 Abs. 3 der Abgabenordnung (Gewinnabgrenzungsaufzeichnungsverordnung – GAufzV), v. 15.08.2003.* Bundesrat Drucksache 583/03 16 S.

BMF. *Beschluss v. 21.6.2001.* IB 141/00, DStR 01, S. 1290 ff.

BMF. *Grundsätze für die Prüfung der Einkunftsabgrenzung zwischen nahestehenden Personen mit grenzüberschreitenden Geschäftsbeziehungen in Bezug auf Ermittlungs- und Mitwirkungspflichten, Berichtigungen sowie auf*

Verständigungs- und EU-Schiedsverfahren (Verwaltungsgrundsätze-Verfahren). IV B4 – S 1341 – 1/05, 76 S.

BMF. *Schreiben v. 23.2.1983*, BStBl 1983, 218 ff.

BMF. *Verordnungsentwurf zu Art, Inhalt und Umfang von Aufzeichnungen im Sinne des § 90 Abs. 3 AO, v. 12.6.03.* BB Heft 27/2003 S. 1423-1425.

Bolzoni, Marco. *Politiche di transfer pricing nella pianificazione fiscale e nelle strategie aziendali.* A&FO n. 5/2003 Transfer Pricing, S. 13-18.

Bolzoni, Marco/De Biasio, Augusto. *L'analise dei processi nelle organizzazioni integrate.* A&FO n. 5/2003 Transfer Pricing, S. 99-114.

Bolzoni, Marco/Della Carità, Antonio. *Definizione dei prezzi di trasferimento: metodo basati sulla transazione.* A&FO n. 5/2003 Transfer Pricing, S. 43-57.

Bolzoni, Marco/Zona, Tiziana. *L'analise funzionale e la scelta del "best method".* A&FO n. 5/2003 Transfer Pricing, S. 73-80.

Borges, Alexandre/Cezaroti, Guilherme. *O método PRL de cálculo dos preços de transferência e a IN SRF N°. 243/02.* RDDT, dezembro 2003, S. 20-27.

Borkowski, Susan C. *Transfer Pricing Documentation and Penalties: How Much is Enough?* ITJ Vol. 29 Nr. 2 2003, S. 1-37.

Borstell, Thomas. *OECD-Richtlinie 1995/96.* In Vögele, Alexander. *Handbuch der Verrechnungspreise : Betriebswirtschaft, Steuerrecht, OECD- und US-Verrechnungspreisrichtlinien.* München : Beck, 2002, Kapitel B Rz. 161ff.

Braun, Georg/Hof, Markus. *Die Verrechnungspreisdokumentation vor dem Hintergrund der Verwaltungsgrundsätze-Verfahren.* IStR 2/2005 S. 69-72.

Bundesrat. *Beschluss. Verordnung zu Art, Inhalt und Umfang von Aufzeichnungen im Sinne des § 90 Abs. 3 der Abgabenordnung (Gewinnabgrenzungsaufzeichnungsverordnung – GAufzV), v. 17.10.2003.* Bundesrat Drucksache 583/03 2 S.

Burkert, Manfred. *Funktionsverlagerung im internationalen Konzern - Management der Steuererfolgen in Deutschland - Teil I.* IStR 9/2003 S. 320-324 und *Teil II* IStR 10/2003 S. 356-360.

Calazans, Fernanda Junqueira. *Brazil. Transfer Pricing Rules: Application to Financial Institutions.* ITPJ September/October 2005 S. 228-234.

Calazans, Fernanda Junqueira. *Treaty of Offshore Remittances of Consideration for Technical Services.* ITPJ September/October 2005 S. 235-244.

Calderón, Jose M. *European Transfer Pricing Trends and the Crossroads: Caught Between Globalization, Tax Competition and EC Law.* Intertax Vol. 33 Issue 3 2005 S. 103-116.

Campomori, Federico/Ceserani, Paolo. *Transazioni intercompany.* Fiscali News No. 9/2001 5.3.2001.

Cannon, Phillippa/Camara, Francisco de Sousa. *Will Brazil Derail Madeira Investment Route?* TNI 1999 WTD 157-3.

Caramel, Laurence. *Quand le Brésil deviendra la ferme du monde.* Le Monde Economie 23.05.05.

Cardoso, Fernando Henrique/Faletto, Enzo. *Dependency and Development in Latin America*, 1979.

Cini, Micelle/McGowan, Lee. *Competition Policy in the European Union*. The European Union Series. New York : St. Martin Press, 1998, 250 S.

Cools, Martine. *Increased Transfer Pricing Regulations: What About the Managerial Role of Transfer Pricing?* ITPJ, IBFD, July/August 2003, S. 134-140.

Coronado, Luis, Fukushima, Setsuko/Sun, Eileen. *China and Japan's breakthrough Bilateral APA: a Closer Look.* TMTR 6.7.2005 Vol. 14. No. 5 S. 214-216.

COUNCIL *Rules Against Pharma Company's Use of RPM for Pre-2000 Ingredient Imports.* TMTR 20.7.2005 Vol. 14. No. 6 S. 230.

Crezelius, Georg. *Grenzüberschreitungen bei steuerrechtlichen Dokumentationspflichten.* BB 22 2002, S. 1121-1124.

Crüger, Arwed/Bodenstein, Roland. *Fremdvergleich im Rahmen der deutschen Thin-Capitalization-Rules des § 8a KStG sowie der Dokumentationsvorschriften nach § 90 Abs. 3 AO.* RIW 7/2005 S. 500-503.

BRAZIL *Changes Transfer Pricing Safe Harbor.* TNI, WTD, Tax Analysts 22.1.04 15-5.

da Silva, David Roberto R. Soares. *Brazil's Industrial Sector Asks Government to Amend Tax Incentives.* TNI, WTD, Tax Analysts 15.2.05, NTI, WTD 30-2.

Dagnese, Napoleão. *Is Brazil 'Developed' Termination of the Brazil-Germany Tax Treaty.* Intertax Volume 34 4/2006 S. 195-198.

Dagnese, Napoleão/Ayub, Carlos Eduardo. *Besonderheiten der brasilianischen Verrechnungspreispraxis.* IWB Nr. 6 v. 23.3.2005 F. 8 Gr. 2 S. 167-180.

Dagnese, Napoleão/Kras, Margarethe/Mank, Katharina, *Dokumentation von Verrechnungspreisen - Kann der Mercosur der Europäischen Union folgen?* IWB 19 11.10.2006 Gr. 2 Fach 10 S. 1921-1928.

Dagnese, Napoleão/Marchant, Diego Alejandro Costa. *Preços de transferência e sua harmonização no direito comunitário europeu e mercosulino.* RDTI 3/2006 S. 157-183.

DANCING *to the Right Tune: A Comparative Discussion of Negotiations with Revenue Authorities.* TNI, WTD, Tax Analysts 27.4.1998, S. 1367.

de Bourmont, Rubechi. *Verrechnungspreise im deutsch-französischen Umfeld: Wie sollten sich Konzerne auf eine Betriebsprüfung vorbereiten?* IStR 14 2002, S. 495-501.

della Rovera, Antonella/Mejnardi, Chiara. *Il transfer pricing nel commercio elettronico.* A&FO n. 5/2003 Transfer Pricing, S. 137-154.

Deloitte & Touche. *Gross Profit Margin of Brazilian Companies.* São Paulo, May 2003 Survey, 19 S.

Deloitte Touche Tohmatsu. *Strategy Matrix for Global Transfer Pricing,* 2005-2006 69 S.

Delorme, Laurence/Rolfe, Chris/Schnorberger, Stephan/Ortega, José Maria. *Airbus' APA: Using Multilateral Agreements to Solve Complex Transfer Pricing Issues*. TMTR 21.7.2004 Vol. 13 Nr. 6 S. 276.

Distaso, Marcello. *Italy. Confidentiality of Taxpayer Information*. ITPJ, IBFD 2000, S. 47-53.

Duarte, Sérgio. *Transfer Pricing – análise das questões relativas às limitações constitucionais*. ITD 11/2003, S. 1-5.

Duarte, Sérgio. *Mudanças nas regras de benefícios à exportação – IN n° 382/04*. ITD 1/2004, S. 2-3.

Eggers, Winfried. *Die neuen OECD-Guidelines zu den internationalen Verrechnungspreisen - Entstehungsgeschichte und Hintergründe*. DStR 10 1996, S. 393-399.

Eigelshoven, Axel. *Bestimmung angemessener Verrechnungspreise in Italien*. IStR 22 2002, S. 783-788.

Eigelshoven, Axel/Kratzer, Carsten. *Rechtsverordnung zu Aufzeichnungspflichten bei der Bestimmung angemessener Verrechnungspreise*. IStR 1/2004 S. 30-36.

Eigelshoven, Axel/Nientimp, Axel. *Die Dokumentation angemessener Verrechnungspreise nach den Verwaltungsgrundsätze-Verfahren: Eine kritische Analyse*. DB Heft 22 3.6.2005 S. 1184-1189.

EINIGUNG *beim Steuervergünstigungsabbaugesetz*. GmbHSTB 4 2003, S. R002.

Englisch, Joachim. *Zur Dogmatik der Grundfreiheiten des EGV und ihren ertragsteuerlichen Implikationen*. StuW 1/2003 S. 88-97.

Escorel, Clarisse/Paul, John. *Patent and Technology Licensing in Latin America*. Les Nouvelles, June 2005 S. 81-86.

EU-COMMISSION. *Federative Republic of Brazil - European Community. Country Strategy Paper 2001-2006 and National Indicative Programme 2002-2006*. REV30 13Jun02 CSP clean, 44 S.

EU-COMMISSION. *Proposal of a Code of Conduct on transfer pricing documentation for associated enterprises in the EU*. 7.11.2005 COM 2005, 543 final 21 S.

EU-COMMISSION. *Towards an International Market Without Tax Obstacles. A Strategy for Providing Companies with a Consolidated Corporate Tax Base for Their EU-wide Activities*. COM 2001, 582 final, v. 23.10.2001. Abrufbar in www.europa.eu.int 600 S.

EU-RAT. *Entschließung des Rates und der im Rat vereinigten Vertreter der Regierungen der Mitgliedstaaten zu einem Verhaltenskodex zur Verrechnungspreisdokumentation für verbundene Unternehmen in der Europäischen Union*. 10509/1/06 REV 1, 20.06.2006, 17 S.

EUROPEAN *Commission Announces Transfer Pricing Forum Participants*. WTD, Tax Analysts 19.7.2002, 140-21.

Farmer, Paul. *The Court's Case Law on Taxation: Castle Built on Shifting Sands?* EC Tax Review 2003/2 S. 75-81.

Feddersen, Christoph. *Seminar E: Zur Zulässigkeit steuerrechtlicher Maßnahmen zur Förderung von Exporten im Rahmen der Welthandelsorganisation – Der Streit um die Foreign Sales Corporations.* IStR 2001 17 S. 551-559.

Fernandez, Albertina M. *Transfer Pricing.* Tax Bits Int'l, Volume 5, Issue 45 in TNI December 27, 1999.

Fernandes, Edison Carlos. *Sistema tributário do Mercosul.* 3ª Edição, São Paulo : Revista dos Tribunais, 2001, 342 S.

Ferraz, Anna Cândida da Cunha. *Processos informais de mudança da constituição: mutações constitucionais e mutações inconstitucionais.* São Paulo : Max Limonad, 1986.

Fiastri, Michelangelo. *Transfer pricing: l'esperienza statunitense, il contenzioso con il Giappone e la realtà italiana.* Milano : Studio Santoro Nr. 2 2001.

Finan, Willina F./The, Imelda/Tontcheva, Teodora. *Practical Issues in Preparing EU Transfer Pricing Documentation Applying TNMM on a Pan-European Basis.* TMTR Special Report 12.10.2005 Vol. 14 No. 12.

FIRST *EU Arbitration Case Concluded, Involved French, Italian Electrolux Affiliates.* TMTR Vol. 12 Nr. 8 August 20, 2003, S. 320 ff.

FIRS *Half of 2004 Shows Eightfold Increase In Allocations; Cases Filed Double from 2003.* TMTR 21.7.2004 Vol. 13 Nr. 6, S. 253.

FIRST *Half of 2003 Shows Decrease In Number of Section 482 Court Challenges.* TMTR 23.7.2003 Vol.12 Nr. 6, S. 206.

Fischbach, Norbert. *Die steuerliche Behandlung von Lizenzgebühren und Vergütungen für technische Dienstleistung in Brasilien aus deutscher Sicht.* IWB Nr. 16 22.8.01, Fach 8 Gr. 2 S. 127-147.

FIVE *Developing Nations Reserve Position on OECD Policy on Correlative Adjustments.* TMTR 14.1.1998 Vol. 6 Nr. 19.

Flick, Hans/Wassermeyer, Franz/Baumhoff, Hubertus. *Außensteuerrecht : Kommentar.* Köln : Schmidt. FWB-Losebl. Stand Oktober 2005.

FORUM *Moving Toward Two-Part System as Preferred EU Documentation Approach.* TMTR 30.3.2005 Vol. 3 Nr. 22, S. 1130.

FRANCE: *Ministry Proposes Creating Unilateral APAs, Small Taxpayer Accords, Advance PE Rulings.* TMTR 24.11.2004 Vol. 13 Nr. 14 S. 766.

Fris, Pim. *The Transfer Pricing Agenda for Europe.* ITPJ, IBFD, July/August 2003, S. 131-133.

Frotscher, Gerrit. *German Tax Bill Breaks New Ground with Extensive Transfer Pricing Requirements.* TNI, WTD, Tax Analysts 16.4.2003, 78-3.

Furtado, Celso. *Formação Econômica do Brasil.* 8ª Edição. São Paulo : Nacional, 1968, 261 S.

GERMANY *to Allow Tax Treaty with Brazil to Expire, Gives Transfer Pricing Disputes as Reason.* TMTR 27.4.2005 Vol. 13 Nr. 24, S. 1230.

Galli, Carlo. *Italy. The Taxation of Companies in Europe.* GET-II, IBFD Binder 3, Suppl. No. 152, August 2000; No. 162, April 2002; 168, April, 2003.

Giardina, Gabriele. *Transfer Pricing and the Traditional Methods: A Comparative Analysis.* DPTI 2002. S. 719-770.

Giovannini, Piero. *Il transfer pricing e la normativa anti-elusione in Italia.* Il Commercialista Telematico, Oktober 2003.

Gordon, Lincoln. *A Segunda Chance do Brasil a Caminho do Primeiro Mundo.* São Paulo : Senac, 2002, 415 S.

Goulart, Josette. *Novartis e Bristol ganham causa contra União.* Valor Econômico 8.7.04 E1.

Goulder, Robert. *AICPA Tax Division Meeting: PATA to Modify Proposed Transfer Pricing Documentation Package.* TNI, WTD, Tax Analysts 4.11.2002, S. 625.

Grau, Amparo/Herrera, Pedro M. *The Link Between Tax Coordination and Tax Harmonization: Limits and Alternatives.* EC Tax Review 2003/1 S. 28-36.

Grotherr, Siegfried. *Internationaler Vergleich der Verfahren für Advance Pricing Agreements (Teil I).* IWB 10 25.5.2005 Fach 10 Gr. 2 S. 1823-1836.

Grotherr, Siegfried. *Überlegung zur Ausgestaltung von speziellen Verfahrensregelungen für Advance Pricing Agreements.* IStR 10/2005 S. 350-359.

Grund, Fabíola Fernandez. *Brasilien: Änderung im Steuerrecht.* IStR 2002 19 S. 655-656.

Guerra, Roberto Cordeiro. *La disciplina del transfer pricing nell'ordinamento italiano.* RDT Vol. X Nr. 4 Aprile 2000, S. 423-442.

Haddad, Roberto. *How Brazil Taxes International Services.* ITR October 2003, S. 38-41.

Haddad, Roberto/Carramaschi, Bruno. *Taxes rise for bringing talent into Brazil.* ITR June 2004, S. 34-36.

Hagen, Jürgen. *Mitwirkungs- und Aufzeichnungspflichten des Steuerpflichtigen bei Sachverhalten mit Auslandsbezug und Rechtsfolgen bei Pflichtverletzung.* StBp 2/05 S. 33-39.

Hahn, Hartmut. *Mitwirkungs- und Dokumentationspflichten im Licht des Verfassungs- und Europarechts,* in Vögele, Alexander et al. *Handbuch der Verrechnungspreise : Betriebswirtschaft, Steuerrecht, OECD- und US-Verrechnungspreisrichtlinien.* München : Beck, 2004, Kap. A Tz. 271-338.

Hahn, Hartmut. *„Penalties" i. S. des § 162 Abs. 4 AO im Lichte des Art. 6 Abs. 1 EMRK.* IStR 3/2004 S. 78-83.

Hahn, Hartmut/ Suhrbier-Hahn, Ute. *Mitwirkungspflichten bei Auslandssachverhalten europarechtswidrig? Neukonzeption der §§ 90 Abs. 3 und 162 Abs. 3 und 4 AO StVergAbG.* IStR 03 2003, S. 84-86.

Hammer, Richard M. *Monitoring the OECD Transfer Pricing Guidelines.* TMIJ 6.13.2003, Vol. 32 Nr. 6, S. 315-316.

Heintschel von Heinegg, Wolff. *Die völkerrechtliche Verträge als Hauptrechtsquelle des Völkerrechts*, in Ipsen, Knut. *Völkerrecht*. 5. Auflage, München : Beck, 2004.

Henselmann, Klaus. *German Firms Get Acquainted with Transfer Pricing Documentation Rules*. TNI, WTD, Tax Analysts 7.7.2003, S. 41.

Herbst, Christian/Brehm, Mark. *Tax Information Exchange Agreement Model - Informationsaustausch mit Steueroasen*. IWB 14 v. 27.7.2005 Fach 10 Gr. 2 S. 1853-1863.

Hervé, Yves/von Jesche, Lars. *Praxishinweise zu den neuen Dokumentationspflichten bei Verrechnungspreise*. BC 2003, 06 S. 125-128.

Hey, Johanna. *Steuerplanungssicherheit als Rechtsproblem*. Köln : Schmidt, 2002, 894 S.

Hinnekens, Luc. *European Court Goes for Robust Tax Principles for Treaty Freedoms. What About Reasonable Exceptions and Balances?* EC Tax Review 2004/2 S. 65-67.

Hobster, John/Thilbeault, Crystal/Tomar, Rahul/Wright, Deloris R. *Practical implications of the PATA Documentation Package*. ITPJ, IBFD, May/June 2003, S. 83-89.

Hülshorst, Jörg/Dagnese, Napoleão. *Japan erweitert Definition des verbundenen Unternehmens im Rahmen grenzüberschreitender Transaktionen*. IWB Transfer Pricing News, Nr. 6 v. 23.3.2005 S. 266-267.

IBFD. *Italy. Court Ruling on Transfer Pricing and Marketing* Intangibles. TNS, IBFD 2000, S. 15.

IMPOSTO *de Renda/Contribuição Social*. Boletim IOB N° 47/2003 und 48/2003, S. 1-12 bzw. 1-9.

Ipsen, Knut. *Völkerrecht*. 5. Auflage, München : Beck, 2004, 1.314 S.

IRS *announces finalization of transfer pricing documentation*. TNI, WTD Tax Analysts 17.3.2003, S. 1672.

Jachmann, Monika. *Die Fiktion im öffentlichen Recht*. Berlin : Duncker & Humblot, 1998, 1309 S.

Jacobs, Otto H. *Internationale Unternehmensbesteuerung. Deutsche Investitionen im Ausland; ausländische Investitionen im Inland*. München : Beck, 2002. - XLV, 1495 S.

JAPAN'S *National Tax Administration Targets Transfers of Financial Service Firm Profits*. TMTR 11.6.2003 Vol. 12 Nr. 3, S. 99.

JAPAN *Willing to Hold Talks with Brazil Regarding Taxation of Honda Subsidiary*, TMTR 21.7.2004 Vol. 13 Nr. 6, S. 263.

Jenkins, Rhys. *Globalization, Corporate Social Responsability and Poverty*. International Affairs Vol. 81 No. 3 May 2005, 525-540.

JTPF. *Secretariat Discussion Paper on Alternative Dispute Avoidance and Resolution Procedures*. 16.3.2005, DOC: PTPF/003/2005/EN 32 S.

JTPF. *Report on the Activities of the EU Joint Transfer Pricing Forum in the Field of Documentation Requirements.* EU JTPF 27.5.2005 DOC: JTPF/020/REV4/2004/EN 41 S. In http://europa.eu.int

JTPF/IBFD. *Survey of Transfer Pricing Documentation Requirements in EU Member States and the Candidate Countries. Final Report.* Doc. JTPF/009/BACK/REV1/2003, IBFD, 2003, 67 S. In http://europa.eu.int

Kaminski Bert/ Strunk, Günther. *Die "Gewinnabgrenzungsaufzeichnungsverordnung" – Eine Würdigung* - Teil I, StBp 1/04 S. 1-10.

Kaminski Bert/ Strunk, Günther. *Die "Gewinnabgrenzungsaufzeichnungsverordnung" – Eine Würdigung* - und Teil II 2/04 S. 29-35.

Kaminski Bert/ Strunk, Günther. *Dokumentationspflicht bei Verrechnungspreisen – erste Analyse des Entwurfs der Rechtsverordnung zu §90 Abs.3 AO.* RIW Heft 8 August 2003 S.561 570.

Kessler, Wolfgang/Schmalz, Andrea. *Wege zur Harmonisierung der Körperschaftsteuer in der EU.* PIStB Nr. 08 01.08.2002, S. 210.

Kotschenreuther, Heiko. *§ 1 Außensteuergesetz.* In Vögele, Alexander. *Handbuch der Verrechnungspreise : Betriebswirtschaft, Steuerrecht, OECD- und US-Verrechnungspreisrichtlinien.* München : Beck, 2002, Kapitel A Rz. 101 ff.

Krabbe, Helmut. *Abkommen Brasilien,* in Debatin, Helmut/Wassermeyer, Franz. *Kommentar zu Doppelbesteuerungsabkommen.* München : Beck, Band II, EL 81 Mai 2000.

Kroppen, Heinz-Klaus. *Betriebstätte - Quo vadis?* IWB 15 v. 10.8.2005 Fach 10 Gr. 2 S. 1865-1878.

Kroppen, Heinz-Klaus/Eigelshoven, Axel. *Keine Dokumentationspflichten bei der Bestimmung von Verrechnungspreisen?* IWB 12 27.6.2001, Fach 3 Gr. 1 S. 1745-1748.

Kroppen, Heinz-Klaus/Himmelsbach, Christian/Dika, Avni. *Geplante Strafmaßnahmen bei Verrechnungspreisen nach dem Steuervergünstigungsabbaugesetz.* IWB 16 27.8.2003, Fach 3 Gr. 1 S. 1965-1976.

Kroppen, Heinz-Klaus/Rasch, Stephan. *Aufzeichnungspflichten für internationale Verrechnungspreise – Verwaltungsgrunsätze-Verfahren.* IWB 10 v. 25.5.2005 Fach 3 Gr. 1 S. 2113-2118.

Kroppen, Heinz-Klaus/Rasch, Stephan. *Die Aufzeichnungspflichten für internationale Verrechnungspreise.* IWB 21 12.11.2003, Fach 3 Gr. 1 S. 1977-1988.

Kroppen, Heinz-Klaus/Rasch, Stephan. *Die Reformierung der Unternehmensbesteuerung in der Europäischen Union.* IWB 21 13.11.2002, Fach 11 Gr. 2 S. 495-506.

Kroppen, Heinz-Klaus/Rasch, Stephan. *Entwurf der Rechtsverordnung zu § 90 Abs. 3 AO vom 12.6.2003.* IWB 13 9.7.2003, Fach 3 Gr. 1 S. 1955-1963.

Kroppen, Heinz-Klaus/Rasch, Stephan. *Interpretation of the Arm's Length Principle under Art. 9 of the OECD Model Tax Treaty: Does the Arm's Length*

Principle Cover Formal Requirements? ITPJ January/February 2004 S. 26-29.

Kroppen, Heinz-Klaus/Rasch, Stephan/Roeder, Achim. *Bedeutende Entscheidung des BFH in Verrechnungspreisfragen.* IWB 23 12.12.2001, Fach 3 Gr. 1 S. 1787-1796.

Kroppen, Heinz-Klaus/Rehfeld Lars. *Vereinbarkeit der deutschen Verrechnungspreisvorschriften mit EU-Recht.* IWB 23 11.12.2002, Fach 11a S. 617-621.

Kroppen, Heinz-Klaus/Reis, Silke. *Neuer Entwurf zu Dokumentationsvorschriften für Verrechnungspreise innerhalb der PATA-Länder.* IWB 18 25.9.2002, Gr. 2 S. 1623-1626.

Kubaile, Heike. *Neuregelungen bringen weitere Nachteile für Outbound Investitionen.* PStB 7/2003.

Kumar, Rajeev. *Global Tax Harmonisation: Need and Approaches.* TPTP 07/04 S. 18-20.

Landes, David. *The Wealth and Poverty of Nations.* London : Abacus, 1999, 650 S.

Lanteri, Nunzio. *Transfer Pricing: in cerca di certezze.* Milano : Studio Santoro, Circolare Nr. 6 1999.

LAWYER *Says Adjustments Can Be Avoided If NTA Cannot Find Secret Comparables.* TMTR 11.3.1998 Vol. 6 Nr. 23.

Lenz, Martin/Fischer, Wolfgang Wilhelm. *Verrechnungspreisdokumentation in Deutschland – Erste Praxiserfahrungen.* BB Heft 38 20.9.2004 S. 2043-2047.

Lenz, Martin/Fischer, Wolfgang Wilhelm/Schmidt, Michael. *Verwaltungsgrundsätze-Verfahren - Konsequenzen für die Dokumentation von Verrechnungspreisen.* BB Heft 23 6.6.2005 S. 1255-1259.

Leonardos, Gabriel Francisco. *Tributação da transferência de tecnologia.* Rio de Janeiro : Forense, 2001, 316 S.

Lieber, Bettina/Rasch, Stephan. *Mögliche Konsequenzen der Rechtssache „Cadbury Schweppes" für die deutsche Hinzurechnungsbesteuerung.* GmbHR 24/2004 S. 1572-1578.

Lira, Marcelo/Derenusson, Cláudia/Marques, Elena C. *Analysis of Transfer Pricing Rules in Connection to Legislation on Taxation of Profits of Foreign Subsidiaries of Brazilian Parent Companies.* ITPJ March/April 2002 S. 65-66.

Lupi, Raffaello. *Manuale giuridico professionale di diritto tributario.* Roma : IPSA, 2001, 845 S.

Maisto, Guglielmo. *Generalbericht.* In *Transfer Pricing in the Absence of Comparable Market Prices.* Cahiers de droit fiscal international. IFA. Deventer : Kluwer, 1992, 703 S., S. 19-75.

Maisto, Guglielmo. *Il transfer pricing nel diritto tributario italiano e comparato.* Padova : CEDAM, 1985.

Maisto, Guglielmo. *Italy.* TTTTP, IBFD, TP Binder 2, Suppl. No. 29, September 2001; No. 30, March 2002.

Maisto, Guglielmo, *Review of Penalty Regimes within the EU Regarding Tansfer Pricing Documentation and Adjustments.* EUJTPF 14.11.05 DOC.JTPF/011/ BACK/2005/EN, 50 S.

Malan, Paulo. *Exposição de Motivos da Lei n°. 9.430/96.* Congresso Nacional, 1996.

Manganelli, Andrea. *Italy. Transfer Pricing Documentation Issues.* ITPJ, IBFD 1998, S. 187-188.

Markham, Michelle. *The Advantages and Disadvantages of Using an Advance Pricing Agreement: Lessons for the UK from the US and Australian Experience.* Intertax Vol. 33, Issue 5 2005 S. 214-229.

Mattos, Sérgio. *Transfer Pricing in Brazil.* São Paulo : Atlas. 1999, 158 S.

Maucour, Cyril/Bourtourault, Pierre-Yves. *Chances and Risks of the APA Process in France.* Intertax Vol. 31 Issue 8/9 2003 S. 298-299.

Mayr, Siegfried/Frei, Robert. *Reform der Unternehmensbesteuerung in Italien (I).* IWB Nr. 19 8.10.2003, Fach 3 Gr. 2 S. 525 - 532.

Mayr, Siegfried/Frei, Robert. *Reform der Unternehmensbesteuerung in Italien (II).* IWB Nr. 20 22.10.2003, Fach 3 Gr. 2 S. 533 - 538.

McCorquodale, Robert/Dixon, Martin, *Cases and Materials on International Law.* Oxford : University, 2003, 628 S.

McDaniel, Paul R. *The Impact of Trade Agreements on Tax Systems.* Intertax, Vol. 30, Issue 5 2002 S. 166-171.

Meenan, Peter/Dawid, Roman/Hülshorst, Jörg. *Is Europe one Market? A Transfer Pricing Economic Analysis of Pan-European Comparable Sets.* EU-Commission DOC: JTPF/007/BACK/2004/EN; und TMTR 23, 2004.

Melchior, Jürgen. *Das Steuervergünstigungsabbaugesetz im Überblick.* DStR 18 2003, S. 709-713.

Mello, Celso de Albuquerque. *Direito constitucional internacional.* Rio de Janeiro : Renovar, 2000, 399 S.

MERRIL *Lynch Japan Expecting Order for Tax Surcharge from Profit Transfer.* TMTR 3.30.2005 Vol. 13. Nr. 4 S. 1126.

Moebus, Ulrich. *Neue Dokumentationspflichten bei Transferpreisen - Irrweg und/oder Irrglaube?* BB 27 2003, S. 1413-1414.

Mössner, Jörg M. *Steuerrecht international tätiger Unternehmen.* 2. Auflage, Köln : Schmidt, 1998, 1.117 S.

Mueller, Jean. *Mitteilung der EU-Kommission zur Unternehmensbesteuerung in der EU.* IWB 22 28.11.2001, Fach 11 Gr. 2 S. 475-478.

Mulder Nanno/Martins, Joaquim Oliveira. *Trade and Competitiveness in Argentina, Brazil and Chile: not as easy as A-B-C.* Paris : OECD, 2004, 232 S.

Musselli, Andrea/Musselli, Alberto Carlo. *Transfer pricing: i prezzi di trasferimento internazionali. Disciplina nazionale e direttive OCSE. Norme dei paesi più industrializzati.* Milano : Il Sole 24 Ore, 2003, 375 S.

Netram, Christopher. *Motorola Faces US $1.4 Billion U.S. Transfer Pricing Adjustment.* Tax Analysts 16.8.2004 WTD 158-6.

NEUREGELUNG des *Steuervergünstigungsabbaugesetzes im Überblick.* GmbHStB, 5 2003, S. 126-129.

NEW *Anti Avoidance Rules.* In www.fisco.it 27.03.1999.

OECD. *Discussion Draft on the Attribution of Profits to Permanent Establishment – Part I.* OECD. August, 2004, S. 6 f.

OECD. *Estudo Econômico do Brasil.* OECD 2001, 15 S.

OECD. *Transfer Pricing Guidelines for Multinational Enterprises and Tax Administrations.* OECD : Paris, 2001, 194 S.

OECD/CCNM. *Borderless Co-operation: The Role and Programmes of the OECD's Centre for Co-operation with Non-Members.* 14 S.

Oestreicher, Andreas. *Neufassung der Verwaltungsgrundsätze zur Prüfung der Einkunftsabgrenzung durch Umlageverträge zwischen international verbundenen Unternehmen.* IStR 24 2000, S. 759-768.

Oestreicher, Andreas/Duensing, Matthias. *Eignung von Unternehmensdatenbanken zur Bestimmung der Verrechnungspreise an deutsche Vertriebsunternehmen.* IStR 4/2005 S. 143 f.

Oestreicher, Andreas/Vormoor, Christoph. *Verrechnungspreisanalyse mit Hilfe von Unternehmensdatenbanken – Vergleichbarkeit und Datenlage.* IStR 3/2004 S. 95-106.

Oliver, J. David B. *Transfer pricing and the EC Arbitration Convention.* Intertax Vol. 30 Issue 10 2002 S. 340-341.

Ossi, Gregory J./Chung, Kerwin/Sidher, Sajeev K. *The Search for Consistency: a Global Approach to Transfer Pricing.* TMIJ 6.13.2003, Vol. 32 Nr. 6, S. 283-314.

Owens, Jeffrey. *Should the Arm's Length Principle Retire?* ITPJ May/June 2005 S. 99-102.

PATA. *Transfer Pricing Documentation Package.* IR 2003-32, 8 S. in IRS Digital Daily, www.irs.gov/businesses/international/index.html.

Peña, Javier Lasso/van Staden, Jérôme. *The Treatment of Outbound Service Fee Payments Under the Brazilian Double Tax Conventions.* Part One. Intertax 2000 Vol. 28 Issue 10 S. 372-381.

Peña, Javier Lasso/van Staden, Jérôme. *The Treatment of Outbound Service Fee Payments Under the Brazilian Double Tax Conventions. Part Two.* Intertax 2000 Vol. 28 Issue 11 S. 440-452.

Pethke, Ralph. *Die Nordamerikanische Freihandelszone im Vergleich mit dem Europäischen Wirtschaftsraum.* Heidelberg : Recht und Wirtschaft, 2002, 480 S.

Pfeiffer, Roland/Dagnese, Napoleão. *Verschärfung der Verrechnungspreisgesetze in Argentinien.* IWB Nr. 15 11.8.2004 F. 8 Gr. 2 S. 32-33.

Piazza, Marco. *Guida alla fiscalità internazionale. Tassazione dei Rediti Prodotti in Italia e all'Estero.* Milano : Il Sole 24 Ore, 1999, 765 S.

Pozzo, Alberto. *L'applicazione della normativa sul transfer pricing contenuta nell'originaria formulazione dell'art. 76, 5° comma.* DPTI 2000, Parte Seconda S. 31.

Prysuski, Martin/Lalapet, Srini. *New Chinese APA Implementation Rules – A Milestone in Chinese Transfer Pricing.* TPTP 11/04 S. 3-5.

Rasch, Stephan. *Konzernverrechnungspreise im nationalen, bilateralen und europäischen Steuerrecht.* Köln : Schmidt, 2001, 366 S.

Rasch, Stephan/Roeder, Achim. *Neues Verrechnungspreisgesetz in Deutschland.* IWB 9 14.5.2003, Fach 3 Gr. 1 S. 1933-1934.

Rehkugler, Heinz/Vögele, Alexander. *Quantitative Verfahren der Prüfung von Verrechnungspreisen - Perspektiven und offene Fragen.* BB 38 2002, S. 1937 – 1945.

Rezende, Condorcet/Brigadão, Gustavo A. M. *Brazil. The Tax Treatment of Transfer Pricing.* Binder 1, TP IBFD, Suppl. No. 23, September 1998; No. 23, September 1998; No. 24, March 1999; No. 28, March 2001. 87 S.

Rocha, Valdir de Oliveira. *Planejamento fiscal: teoria e prática, 2° Vol.* São Paulo : Dialética, 1998, 175 S.

Rödder, Thomas. *Deutsche Unternehmensbesteuerung im Visier des EuGH.* DStR Heft 39 S. 1629-1672.

Rolle, Giovane. *Il quadro normativo nazionale e internazionale.* A&FO n. 5/2003 Transfer Pricing, S. 19-28.

Rolle, Giovanni/Zona, Tiziana. *Il transfer pricing e i servizi infra-gruppo.* A&FO n. 5/2003 Transfer Pricing, S. 125-136.

Roman, Francesco. *Considerazioni sul transfer price nei gruppi di imprese e sulla sua rilevanza dopo la riforma della legislazione penale tributaria contenuta nel D. Lgs. N. 74/2000.* Diritto & Diritti 13.4.2001.

Romero, Carlos dos Santos/Almeida, Alex/Derenusson, Cláudia. *Brazil. New Rules on the Resale Minus Method.* ITPJ July/August 2001 S. 133-135.

Sacchetto, Claudio. *Le fonti del diritto internazionale tributario,* in Uckmar, Victor. *Corso di diritto tributario internazionale.* II Edizione, Padova : Cedam, 2002, S. 43-55.

Sammarco, Massimiliano/Pérez, Guillem Domingo. *Los Precios de transferencia en España y en Italia.* Togas X - Derecho General y Entorno Fiscal & Mercantil. Madrid 18.4.2001.

Samtleben, Jürgen. *Erster Scheidsspruch im Mercosur – wirtschaftliche Krise als rechtliche Herausforderung?* EuZW 2000 03 S. 77-80.

Samuelson, Paul A. *Where Ricardo and Mill Rebut and Confirm Arguments of Mainstream Economists Supporting Globalization.* JEP 1 August 2004, vol. 18, no. 3, S. 135-146.

Samuelson, Paul A./Nordhaus, William D. *Economics.* 18th Edition. New York : McGraw-Hill, 2005, 777 S.

Schaumburg, Harald. *Außensteuerrecht und europäische Grundfreiheiten.* DB Heft 21 v. 28.5.2005 S. 1129-1135.

Schaumburg, Harald. *Internationale Verrechnungspreise zwischen Kapitalgesellschaften.* Köln : Schmidt, 1994, 208 S.

Schaumburg, Harald. *Internationales Steuerrecht. Außensteuerrecht, Doppelbesteuerungsrecht.* Köln : Schmidt, 2003, 1378 S.

Schaumburg, Harald/Schulz, Markus, Die *Kündigung des Doppelbesteuerungsabkommens Deutschland-Brasilien und ihre Konsequenzen nach nationalem deutschen Steuerrecht.* IStR 23/2005 S. 794-798.

Schmidt, Jan Peter. *Neue Impulse durch institutionelle Reformen - der Mercosur ist wieder auf Kurs.* EuZW 5/2005 S. 139-142.

Schmidt, Lutz. *Angemessene Verrechnungspreise bei konzerninternen Transaktionen.* PStB. 2/2002 S. 40-48.

Schmidt, Wolfgang/Gröger, Johannes. *Neue Dokumentationspflichten und "Strafzuschläge" bei Geschäftsbeziehungen mit Auslandsbezug oder: "Zuckerbrot und Peitsche".* FR 16/2003 23.8.2003, S. 813-876.

Schneider, Dieter. *Wider Marktpreise als Verrechnungspreise in der Besteuerung internationaler Konzerne.* DB 2 10.1.2003, S. 53 – 58.

Schnitger, Arne. *Die erweiterte Mitwirkungspflicht und ihre gemeinschaftsrechtlichen Grenzen.* BB 7 2002, S. 332-338.

Schnorberger, Stephan. *Das Problem unangemessener Verrechnungspreise im internationalen Konzern.* Aachen : Mainz, Wissenschaftsverl., 1998, 359 S.

Schnorberger, Stephan. *Verrechnungspreis-Dokumentation und StVergAbG - Offene Fragen und Probleme.* DB 23 6.6.2003, S.1241 – 1247.

Schnorberger, Stephan/Willmanns, Jobst. *Eichel will Preissysteme kontrollieren.* Handelsblatt Nr. 214 06.11.02, S. 02.

Schnorberger, Stephan. *Zur zukünftigen Bedeutung von Advance Pricing Agreements über Verrechnungspreise.* DB Heft 42 15.10.2004 S. 2234-2235.

Schoueri, Luís Eduardo. *Preços de transferência no direito tributário brasileiro.* 1ª Edição. São Paulo : Dialética, 1999, 207 S.

Schoueri, Luís Eduardo. *Preços de transferência no direito tributário brasileiro.* 2ª Edição. São Paulo : Dialética, 2006, 319 S.

Schoueri, Luís Eduardo/Ribeiro, Ricardo P. *Brazil. New Witholding Taxes on Imported Services.* ITPJ September/October 2004,S.196-205.

Schoueri, Luís Eduardo/Rocha, Valdir de Olivera, *Tributos e preços de transferência.* São Paulo : Dialética, 1999, 350 S.

Schreiber, Rolf. *Aufzeichnungspflichten für internationale Verrechnungspreise. Notwendigkeit und Zweifelsfragen.* Stbg 10/03 S. 474-488.

Schreiber, Rolf. *Pflicht zur Angemessenheitsdokumentation bei internationalen Verrechnungspreisen.* IWB 3 09.02.2005 Fach 3 Gr. 1 S. 2105-2112.

Shaw, Malcolm. *International Law.* 5th Edition, Cambridge : Cambridge University, 2002, 1.287 S.

SECTION *482 Allocation Cases Plummet Analysis of U.S. Court Records Shows.* TMTR 21.1.2004 Vol. 12 Nr. 17, S. 801.

Seer, Roman. *Besteuerungsverfahren: Rechtsvergleich USA – Deutschland.* Heidelberg : Verl. Recht und Wirtschaft, 2002, 164 S.

Seer, Roman. *Die beschränkte Steuerpflicht aus dem Blickwinkel des Gemeinschaftsrechts.* IWB 19 8.10.2003, Fach 11 Gr. 2 S. 573-588.

Seer, Roman. *Die gemeinschaftliche Beurteilung der erweiterten Mitwirkungspflicht bei Auslandssachverhalten.* IWB 5 v. 9.3.2005 Fach 11 Gr. 2 S. 673-680.

Seer, Roman. *Erläuterung zu § 162 AO,* in Tipke/Kruse. *Kommentar zu AO,* 103 März 2004.

Seer, Roman. *Erläuterung zu § 90 AO,* in Tipke/Kruse. *Kommentar zu AO,* 109 Mai 2006.

Seer, Roman. *Kodifikation von Dokumentationspflichten über Verrechnungspreisgestaltung in multinationalen Konzerne?* FR 7/2002 S. 380-384.

Seer, Roman. *Verständigungen in Steuerverfahren.* Köln : Schmidt, 1996, 562 S.

Seer, Roman. *Vor § 204 AO,* in Tipke/Kruse. *Kommentar zu AO.* Köln : Schmidt 1997.

Seer, Roman/Krumm, Marcel, *Die Bedeutung des Art. 6 der Europäischen Menschenrechtskonvention für ein steuerverfahrensrechtliches Zuschlagssystem.* StuW 4/2006, S. 346-357.

Seer, Roman/Krumm, Marcel, *Die sog. Steuerzuschläge des § 162 Abs. 4 AO aus der Sicht des Art. 6 EMRK und der Grundfreiheiten des EGV.* IWB 9 10.5.06 Fach 11 Gr. 2 S. 735-746.

Setchell, Matthew. *OECD Transfer Guiding Guidelines Likely to Be Modified, Officials Says.* TNI, WTD, Tax Analysts, 12.4.2002.

Sidhu Karl/Schemmel, Jan Alexander, *Steuerhinterziehung bei grenzüberschreitenden Gewinnverlagerungen durch Festlegung unangemessener Konzernverrechnungspreise.* BB 47/2005 S. 2549-2552.

Smith, Adam. *The Wealth of Nations.* (1776) Bantam : New York, 2003 1231 S.

Sparkes, K. *APAs in the United Kingdom.* TPIR 1999 Vol. 29.

Streinz, Rudolf. *Europarecht.* 5. Auflage, Heidelberg : Müller, 2001, 437 S.

Strunk, Günther/Kaminski, Bert. *Pflicht zur Dokumentation als Bestandteil der allgemeinen Mitwirkungspflichten der AO?* IWB 14 25.7.2001, Fach 3 Gr. 1 S. 1749-1760.

Tavolaro, Agostinho T. *Tributos e Preços de Transferência*, in Schoueri, Luís Eduardo/Rocha, Valdir de Olivera. *Tributos e Preços de Transferência*. São Paulo : Dialética, 1999, S. 23-50.

Tebechrani, Alberto/Campos, Fortunato Bassani/Campos, José Maria/Silva, Afredo da. *Regulamento do Imposto de Renda*. 29ª Edição. Diadema : Resenha, 2004.

Thiel, Servaas van. *Removal of Income Tax Barriers to Market Integration in the European Union: Litigation by the Community Citizen Instead of Harmonization by the Community Legislature*. EC Tax Review 2003/1 S. 4-19.

Thoemmes, Otmar. *A Europe à deux vitesses for Enterprise Taxation?* Intertax Vol. 32 Issue 11 2004 S. 536-537.

Tipke, Klaus/Kruse, Heinrich W. *Kommentar zu AO*. Köln : Schmidt. Losebl. § 90 und § 162.

Tipke/Lang. *Steuerrecht*. 16. Auf. Köln : Dr. Otto Schmidt, 1998, 996 S.

Tôrres, Heleno. *Pluritribitação internacional sobre as rendas de empresas*. 2ª Edição. São Paulo : Revista dos Tribunais, 2001, 846 S.

Torres, Ricardo Lobo. *O princípio arm's length, os preços de transferência e a teoria da interpretação no direito tributário*. RDDT, setembro 1999, S. 122-135.

Tovaglieri, Ilena. *Prezzi di trasferimento e approccio quantitativo: comparables e indici di bilancio*. A&FO n. 5/2003 Transfer Pricing, S. 81-98.

Tovaglieri, Ilena/Della Carità, Antonio. *I metodi basati sugli utili*. A&FO n. 5/2003 Transfer Pricing, S. 65-72.

Tucha, Thomas. *Der Einsatz von Unternehmensdatenbanken im Rahmen von Verrechnungspreisanalysen: Möglichkeiten und Grenzen*. IStR 21 2002, S. 745-752.

Turri, Giovanni. *Il reddito d'impresa nei rapporti internazionali*. Diritto&Diritti, Januar 2003.

Uckmar, Victor. *Corso di diritto tributario internazionale*. II Edizione, Padova : Cedam, 2002, 1.226 S.

Valente, Gianpaolo. *La comparabilità delle transazioni*. A&FO n. 5/2003 Transfer Pricing, S. 29-42.

Valente, Gianpaolo/Mattia, Salvatore. *L'"Adeguata" documentazione secondo l'OCSE*. A&FO n. 5/2003, S. 115-124.

van Herksen, Monique. *European Transfer Pricing Law and Developments*. TMTR Report Supplement 14.9.2005 Vol. 14 No. 10 S. 3.

Vanistendael, Franz. *The Compatibility of the Basic Economic Freedoms with the Sovereign National Tax Systems of the Member States*. EC Tax Review 2003/3 S. 136-143.

Varsano, Ricardo. *A evolução do sistema tributário brasilieiro ao longo do século: anotações e reflexões para futuras reformas*. IPEA, 1996, Texto para discussão N° 405, 34 S.

VIGOROUS *Enforcement Expected in Latin America in 2005.* TMTR 24.11.2004 Vol. 13, Nr. 14 S. 759.

Vogel, Klaus. *Transnationale Auslegung von Doppelbesteuerungsabkommen.* IStR 15/2003 S. 523-529.

Vögele, Alexander et al. *Handbuch der Verrechnungspreise : Betriebswirtschaft, Steuerrecht, OECD- und US-Verrechnungspreisrichtlinien.* München : Beck, 2004, 2336 S.

Vögele, Alexander/Bader, William. *Systematik der Schätzung von Verrechnungspreisen.* IStR 10 2002, S. 354-360.

Vögele, Alexander/Brem, Markus. *Die neue Rechtsverordnung zu § 90 Abs. 3 AO: Systematik zu Aufbau und Struktur der Verrechnungspreisdokumentation.* IStR 2/2004 S. 48-53.

Vögele, Alexander/Crüger, Arwed. *Datenbanken für Transferpreisstudien in Deutschland.* IStR 17 2000, S. 516-521.

Vögele, Alexander/Vögele, Florence. *Vorschriften zur Verrechnungspreisdokumentation im SteVergAbG - Erste Antworten auf wesentliche Fragen.* IStR 13 2003, S. 466-468.

Waldens, Stefan. *Cash Pooling als Instrument der Konzernfinanzierung - Teil 1.* PIStB Nr. 02 01.02.2003, S. 049.

Waldens, Stefan. *Die neuen Dokumentationsvorschriften für Verrechnungspreise in der Praxis.* PIStB Nr. 07 1.07.2003, S. 185.

Waldens, Stefan/Balmes, Frank. *Neue Dokumentationsvorschriften für Verrechnungspreise und ihre Folgen.* PIStB Nr. 05 01.05.2003, S. 124.

Wassermeyer, Franz. *Dokumentationspflichten bei internationalen Verrechnungspreisen: Zum zweiten Entwurf einer Verordnung zu § 90 Abs. 3 AO.* DB 29 18.7.2003, S. 1535 - 1540 .

Wassermeyer, Franz. *Einkünftekorrekturnormen im Steuersystem.* IStR 20 2001, S. 633-639.

Wassermeyer, Franz/Baumhoff, Hubertus. *Verrechnungspreise international verbundener Unternehmen.* Köln : Schmidt, 2001, 595 S.

Wheatley, Jonathan. *Brazilian business caught in a judicial web.* Financial Times, Ft.com 23.5.05.

Webber-Grellet, Heinrich. *Rechtssicherheit im demokratischen Rechtsstaat.* StuW 3/2003 S. 278-285.

Weggenmann, Hans R. *Auswirkungen der Kündigung des DBA-Brasilien und Handlungsempfehlungen.* RIW 7/2005 S. 519-524.

Wehnert, Oliver/Stalberg, Peter. *Grundsatzentscheidung des BFH zur Bestimmung von Verrechnungspreisen im internationalen Konzern.* IStR 04 2002, S. 141-144.

Wehnert, Oliver et ali, *Dokumentation von Verrechnungspreislisten: Ausgewählte Aspekte der Verwaltungsgrundsätze-Verfahren.* Teil I und II. IStR 20 bzw. 21/2005 S. 714-720 bzw. 749-756.

Wellens, Ludger. *Dokumentation von Verrechnungspreisen.* IStR 18/2004 S. 656.

Wendel, Dirk. *Vereinfachte Einkunftsabgrenzung bei Geschäftsbeziehungen zwischen nahe stehenden Personen.* IStR 4/2004 S. 122-125.

Werra, Matthias. *Zweifelsfragen bei der Dokumentation von Verrechnungspreisen – zum Entwurf der Verwaltungsgrundsätze-Verfahren zur Einkunftsabgrenzung zwischen internationalen Unternehmen.* IStR 1/2005 S. 19-23.

Wilke, Kay-Michael. *Internationale Verrechnungspreise aus der Sicht der Rechtsprechung.* PIStB Nr. 05 01.05.2002, S. 143.

Wolf, Joseph Marc/Almeida, Alexandre. *Brazil. Transfer Pricing Policy Moving in Line with the OECD.* ITPJ January/February 2002, S. 13 ff

Wrappe, Steven C./Chung, Kerwin/McAlonan Jr., Richard J./Longley, Kirsti. *The Little Engine that Could: the 2004 IRS APA Programme Annual Report.* TPTP 05/05 S. 2-9.

Xavier, Alberto. *Aspectos fiscais de "Cost Sharing Agreements".* RDDT, Agosto 1997, S. 19 - 24.

Xavier, Alberto. *Direito tributário internacional do Brasil, 6° Edição.* Rio de Janeiro : Forense, 2004, 908 S.

Zach, Elfriede. *European Joint Transfer Pricing Forum Holds First Meeting.* TNI, WTD, Tax Analysts 11.10.2002, 200-6.

Zona, Tiziana. *I limiti dei metodi tradizionali.* A&FO n. 5/2003 Transfer Pricing, S. 59-64.

Züger, M. *Conflict Resolution in Tax Treaty Law.* Intertax Vol. 30 Issue 10 2002 S. 342-355.

Anhang I - Art. 18 bis 24 Gesetz 9.430/96

Art. 18 to 24 of Law 9.430/96, changed by art. 2 of Law 9959/00[939]

Section V

Transfer Prices

Goods, Services and Rights Purchased Abroad

Article 18 - Costs, expenses and charges relating to goods, services and rights set out in the import or purchase documentation for operations carried out with a related party shall be deductible upon the determination the corporate income tax (IRPJ) and social contribution on net profit (CSLL) tax bases only up to the amount that does not exceed the price determined by one of the following methods:

I - Comparable Uncontrolled Price Method PIC: defined as the arithmetic mean of prices of goods, services and rights equivalent or similar to goods, services and rights selected within the Brazilian market or in other countries in purchase and sale operations under similar payment conditions;

II - Resale Price Minus Profit Method – PRL: defined as the arithmetic mean of the resale price for the goods, services or rights, less:
a) unconditional discounts granted;
b) taxes and contributions levied on the sales;
c) commission and brokerage fees paid; and
d) profit margin of:
1. Sixty per cent, calculated on resale price after deduct values referred in items above and value added in the country, in hypothesis of goods used in production process;
2. Twenty per cent, calculated on resale price, in all other hypothesis.

III - Production Cost Plus Profit Method – CPL: defined as the average cost of production of equivalent or similar goods, services or rights in the country of origin increased by the taxes and fees applied to the export transaction and by a profit margin of 20% of the total cost.

Paragraph 1 - The weighted arithmetic means referred to in items I and II and the average acquisition cost referred to in item III shall be computed taking into consideration the prices used and costs incurred during the whole period for purposes of determination of the IRPJ tax basis relating to the costs, expenses or charges.

---

939 Inoffizielle Übersetzung Deloitte Touche Tohmatsu, São Paulo.

Paragraph 2 - For purposes of the provisions set forth in item I, only purchase and sale transactions carried out between unrelated buyers and sellers shall be considered.

Paragraph 3 - For purposes of the provisions set forth in item II, only prices adopted in transactions with unrelated buyers shall be considered.

Paragraph 4 - If more than one method is used, the highest amount thus determined shall be deducted, with due regard to the provisions of the next paragraph.

Paragraph 5 - If the amount determined under said methods is higher than the acquisition cost disclosed in the respective documents, the deductibility amount relating to the cost as per said documents shall prevail.

Paragraph 6 - For deductibility purposes, amounts paid by the purchasing company in relation to freight and insurance as well as to taxes levied on imports are included in the purchase cost.

Paragraph 7 - The portion of costs which exceeds the amount determined in accordance with this article shall be added to the IRPJ tax basis.

Paragraph 8 - The deductibility of amortization or depreciation charges relating to the goods and rights will be limited, in each determination period, to the amount calculated based on the price determined by one of the methods under this article.

Paragraph 9 - The provisions set forth under this article are not applicable to the payment of royalties and payment of fees for technical, scientific, administrative or similar assistance, which remain subject to the deductibility rules established by prevailing legislation.

Common Rules for Export Revenues

Article 19 - Income earned in transactions with a related party shall be subject to arbitrarily determined price adjustments when the average sale price of goods, services or rights exported during the income tax period concerned is less than 90% of the average sale price of the same goods, services or rights in the Brazilian market during the same period and under similar payment conditions.

Paragraph 1 - If the legal entity does not sell in the domestic market, the average price referred to above shall be determined from information obtained from other companies selling equivalent or similar goods, services or rights in the Brazilian market.

Paragraph 2 - For comparison purposes the sales price:

I - in the Brazilian market shall be computed net of unconditional discounts granted, of the ICMS tax, of the ISS tax, of the COFINS and PIS/PASEP contributions;

II - in exports shall equal the value obtained after a reduction relating to freight and insurance costs, where such costs have been borne by the exporting company.

Paragraph 3 - Once verified that the sales price of export transactions is lower than the limitation provided for by this article, the revenues from export sales shall be determined by adopting one of the methods established hereunder:

I - Export Sales Price Method PVEx: defined as the arithmetic mean of the sales price of exports made by the same company to other customers, or by another Brazilian exporter of equivalent or similar goods, services or rights during the same tax period and under similar payment conditions;

II - Wholesale Price in the Country of Destination Less Profit Method PVA: defined as the arithmetic mean of the sales price for equivalent or similar goods in sales made in the wholesale market of the country of destination, under similar payment conditions, reduced by the taxes included in the price of the country of destination and by a profit margin of 15% of the wholesale price;

III - Retail Price in the Country of Destination Less Profit Method – PVV: defined as the arithmetic mean of the price of equivalent or similar goods in sales made in the retail market of the country of destination, under similar payment conditions, reduced by the taxes included in the price and by a profit margin of 30% of the retail price;

IV - Acquisition or Production Cost Plus Taxes and Profit Method – CAP: defined as the arithmetic mean of the acquisition cost or production cost of exported goods, services or rights, increased by taxes paid in Brazil and by a profit margin of 15% of the total costs plus taxes.

Paragraph 4 - The arithmetic means referred to in the preceding paragraph shall be computed based on the respective IRPJ tax determination period.

Paragraph 5 - In the event that more than one method is applied, the lowest amount determined shall be used for the adjustment, with due regard to the provision set forth in the next paragraph.

Paragraph 6 - If the amount determined under the methods mentioned in paragraph 3 is lower than the sales price disclosed in the export documents, the amount relating to the revenue recognized as per said documents shall prevail.

Paragraph 7 - The portion of revenues determined under this article which exceeds the amount registered in the company's books shall be added to net profit for purposes of determining the IRPJ tax basis, as well as the deemed or arbitrarily determined profit.

Paragraph 8 - For purposes of paragraph 3, only purchase and sale transactions carried out between unrelated buyers and sellers shall be considered.

Article 20 - Under special circumstances, the Ministry of Finance may change the percentages referred to in articles 18 and 19 and items II, III and IV of paragraph 3.

Determination of Average Prices

Article 21 - The average costs and prices referred to in articles 18 and 19 shall be determined based on:

I - official publications or reports from the government of the country of origin of seller or buyer, or a declaration of such country's tax authorities if the country concerned has signed a double taxation or information exchange treaty with Brazil;

II - market research conducted by a recognized, technically qualified firm or institution or technical publication, which specifies the industry sector, the period, the companies researched and the profit margins, and which identifies, for each company, the data collected and analyzed.

Paragraph 1 - The publications, research or technical reports under this article shall be accepted as evidence only if carried out in compliance with internationally accepted appraisal methods and provided they are concurrent to the Brazilian IRPJ tax period in question.

Paragraph 2 - Profit margins other than those stipulated by articles 18 and 19 shall be accepted provided that the taxpayer provide evidence of their adequacy based on technical publications, research or reports prepared in conformity with the provisions set forth by this article.

Paragraph 3 - The technical publications, research and reports referred to in this article may be rejected by the Federal Revenue Service if deemed to be inconsistent or unreliable.

Interest

Article 22 - Interest paid or credited to a related party, which arises from a loan agreement which has not been registered with the Central Bank of Brazil, shall be deductible upon computing the IRPJ tax basis only up to the amount not exceeding the Libor rate for six-month US dollar deposits increased by an annual spread of 3% or applicable prorated percentage.

Paragraph 1 - With respect to a loan to a related party, a lender resident in Brazil shall recognize at least the amount determined as provided for under this article as financial income.

Paragraph 2 - For purposes of the limitation established hereunder, the interest payments shall be calculated based on the agreement value translated into the equivalent Brazilian currency amount at the foreign exchange rate, published by the Central Bank of Brazil, prevailing on the final date for calculation of such interest.

Paragraph 3 - The interest amount which exceeds the deductibility limit and the difference in interest income determined in accordance with the provisions set forth in the preceding paragraph shall be added to the legal entity's IRPJ tax basis, or to its deemed or arbitrarily determined profit.

Paragraph 4 - Interest rates stipulated in agreements registered with the Central Bank of Brazil shall be accepted.

Related Party – Concept

Article 23 - For purposes of articles 18 through 22, a related party of a Brazilian company is:

I - its non-resident head office;

II - its non-resident branch or branch related entity (sucursal);

III - a non-resident individual or legal entity which has a capital participation and is deemed to be a controlling or affiliated party as provided for by paragraphs 1 and 2 of article 243 of Law no. 6404 enacted on December 15, 1976;

IV - a non-resident legal entity which is deemed to be its controlled or affiliated entity as provided for by paragraphs 1 and 2 of article 243 of Law no. 6404/76;

V - a non-resident legal entity in which the same shareholder has at least a 10% capital participation in that entity and in the Brazilian company or holds administrative or equity control of both companies;

VI - a non-resident individual or legal entity which, together with a Brazilian resident company, holds a capital participation in a third company which renders these parties controlling or affiliated parties as provided for by paragraphs 1 and 2 of article 243 of Law no. 6404/76;

VII - a non-resident individual or legal entity which is associated with the Brazilian company in a consortium or joint venture as established under Brazilian law;

VIII - a non-resident individual which is a relative up to the third degree, spouse or common-law spouse of any officer, partner or direct or indirect controlling shareholder;

IX - a non-resident individual or legal entity which is an exclusive agent, distributor or concessionaire in Brazil for the purchase and sale of services, goods or rights;

X - a non-resident individual or legal entity which has an exclusive agent, distributor or concessionaire in Brazil for the purchase and sale of goods, services, or rights;

Countries imposing Low Taxation

Article 24 - The rules for the transfer prices, costs and interest rates under articles 18 through 22 are also applicable to transactions carried out by an individual or legal entity resident or domiciled in Brazil with any individual or legal entity, whether related or unrelated, resident or domiciled in a jurisdiction that imposes no taxation on income or a taxation at a rate of less than 20%.

Paragraph 1 - For purposes of the end of this section, the tax legislation of said country shall be considered, being applicable to individuals or legal entities, according to the nature of the entity with which the transaction has been carried out.

Paragraph 2 - In case of an individual resident in Brazil:

I – the amount determined under one of the methods under article 18 shall be treated as acquisition cost for purposes of computing a capital gain on the sale of goods or rights;

II – for purposes of computation of the capital gain on the operation, the price corresponding to the goods or rights sold shall be determined in accordance with the provisions set forth by article 19;

III – the price of services rendered determined in accordance with the provisions set forth by article 19 shall be treated as taxable revenue;

IV – interest charges determined in accordance with article 22 shall be considered as taxable revenue.

Anhang II – IN SRF 243/02

Regulatory Instruction no. 243/02, issued by the SRF of November 11, 2002[940]

Published in the Federal Official Gazette (DOU) of November 13, 2002

Provides for the prices to be adopted in operations relating to purchase and sale of goods, services and rights carried out between individuals or legal entities resident or domiciled in Brazil and individuals or legal entities resident or domiciled abroad deemed to be related parties.

THE FEDERAL REVENUE SERVICE SECRETARY, in the capacity conferred upon him by article 209, item III of the Internal Statute of the Federal Revenue Service (SRF), approved by Administrative Ruling (Portaria) no. 259 of August 24, 2001 issued by the Ministry of Finance (MF), and in view of the provisions set forth by articles 18 to 24 and 28 of Law no 9.430, of December 27, 1996, by article 2 of Law no. 9959, of January 27, 2000, by articles 3 and 4 of Law no. 10451, of May 10, 2002, by article 46 of Provisional Measure (MP) no. 66, of August 29, 2002, and by Administrative Ruling no. 95 issued by the MF on April 30, 1997, hereby establishes that:

Article 1 - For purposes of the income tax and Social Contribution on Net Profit (CSLL) legislation, the deductibility of costs of imported goods, services and rights and the recognition of revenues and earnings deriving from exports, in transactions carried out by individuals or legal entities resident or domiciled in Brazil with individuals or legal entities resident or domiciled outside of Brazil deemed related parties, shall be determined in accordance with the provisions of this Regulatory Instruction.

Paragraph 1 – In this Regulatory Instruction, the word "resident" will be applied to an individual or legal entity resident or domiciled in Brazil, and the term "non-resident", to an individual or legal entity resident or domiciled outside of Brazil.

Paragraph 2 – The rules governing the tax treatment relating to transactions carried out by legal entities domiciled in Brazil with an individual or legal entity resident or domiciled outside of Brazil, are applicable, to the extent deemed possible, to transactions carried out by individuals resident in Brazil with an individual or legal entity resident or domiciled outside of Brazil.

---

940 Inoffizielle Übersetzung - Deloitte Touche Tohmatsu, São Paulo.

Related Parties

Article 2 – For purposes of this Regulatory Instruction, a related party of a Brazilian company is:

I – its head office resident or domiciled abroad;

II – its branch or branch related entity (sucursal) resident or domiciled abroad;

III – an individual or legal entity resident or domiciled abroad which has a capital participation and is deemed to be a controlling or affiliated party as provided for by paragraphs 1 and 2 of article 243 of Law no. 6404 enacted on December 15, 1976;

IV – a legal entity resident or domiciled abroad which is deemed to be its controlled or affiliated entity as provided for by paragraphs 1 and 2 of article 243 of Law no. 6404/76;

V – a legal entity resident or domiciled abroad in which the same shareholder has at least a 10% capital participation in that entity and in the Brazilian company or holds administrative or equity control of both companies;

VI – an individual or legal entity resident or domiciled abroad which, together with a Brazilian resident company, holds a capital participation in a third company which renders these parties controlling or related parties as provided for by paragraphs 1 and 2 of article 243 of Law no. 6404/76;

VII – an individual or legal entity resident or domiciled abroad which is associated with the Brazilian company in a consortium or joint venture as established under Brazilian law;

VIII – an individual resident or domiciled abroad which is a relative up to the third degree, spouse or common-law spouse of any officer, partner or direct or indirect controlling shareholder;

IX – an individual or legal entity resident or domiciled abroad which is an exclusive agent, distributor or concessionaire in Brazil for the purchase and sale of services, goods or rights;

X an individual or legal entity resident or domiciled abroad which has an exclusive agent, distributor or concessionaire in Brazil for the purchase and sale of goods, services or rights.

Paragraph 1 – For purposes of item V, the legal entity domiciled in Brazil and a legal entity resident or domiciled abroad are deemed to be under:

I – joint corporate control, when the same individual or legal entity, irrespective of residence or domicile, has rights with respect to each company under conditions that ensure prevalence over corporate resolutions and power to elect the majority of its officers;

II – joint administrative control, when:

a) the position of Chairperson of the Board or President-Director of both companies are held by the same person;

b) the positions of Chairperson of the Board of one company and President-Director of the other company are held by the same person;

c) the same person holds a management position with decision-making power in both companies.

Paragraph 2 – In the case of item VII, the companies will be deemed to be related only for the duration of the consortium or joint venture under which the association occurs;

Paragraph 3 – For purposes of item VIII, the common-law spouse of a controlling officer, partner or shareholder of the company domiciled in Brazil will be a person living with him/her as a spouse, as set forth by Law no. 9278 of May 10, 1996.

Paragraph 4 – For purposes of items IX and X:

I – Characterization as a related party only applies to the operations with goods, services and rights with respect to which there is exclusivity;

II – An exclusive distributor or dealer is construed as an individual or legal entity holding an exclusive right with respect to part or the entirety of the country's concerned territory, including Brazil;

III – Exclusivity shall be evidenced by means of a written agreement or, otherwise, by the performance of commercial operations relating to types of goods, services or rights, performed exclusively between both companies, or exclusively through one of them.

Paragraph 5 – The transfer price rules established hereunder are also applicable to the operations carried out by a legal entity domiciled in Brazil via an unrelated appointed person, through which this unrelated appointed person conducts operations abroad with a person deemed related to the Brazilian entity.

Paragraph 6 – The existence of any relationship with individuals or legal entities resident or domiciled abroad with respect to purchase and sale operations performed during the calendar year shall be reported to the Federal Revenue Service (SRF) via the corporate income tax return (DIPJ).

Costs of Goods, Services and Rights Purchased Abroad

Article 3 – Costs, expenses and charges relating to goods, services and rights set out in the import or purchase documentation for operations carried out with a related party shall be deductible upon determination of the corporate income tax (IRPJ) and CSLL tax bases only up to the amount that does not exceed the price determined by one of the methods under articles 8 to 13.

Common Rules for Import Costs

Article 4 – For purposes of determining the price to be used as a parameter for importation of goods, services or rights from a related party resident or domiciled abroad, the importing legal entity may opt for any of the methods referred to in articles 8 to 13, except for the case provided for in paragraph 1, irrespective of any prior notice to the Federal Revenue Service.

Paragraph 1 – The price to be used as a parameter for comparison with the price disclosed in the importation documents, when the goods, services or rights have been purchased for use in or application to the production of other goods, services or rights by the importing party itself shall be determined only on the basis of the methods under article 8, article 12, item IV, b, and article 13.

Paragraph 2 – If more than one method is used, the highest amount thus determined shall be deducted, and the method adopted by the company shall be consistently applied with respect to goods, services or rights throughout the tax computation period.

Paragraph 3 – The deductibility of depreciation, depletion or amortization charges relating to the goods and rights will be limited, in each tax computation period, to the amount calculated based on the price determined by one of the methods under articles 8 to 13, where the utilization of the method referred to in article 12 is forbidden if there were no resale operations.

Paragraph 4 – For purposes of determining the price to be used as a parameter, calculated based on the method established in article 12, the transportation and insurance costs borne by the importing company as well as non-recoverable taxes due on import will be included in the price charged in the import operation.

Paragraph 5 – As for prices calculated based on the methods referred to in articles 8 and 13, the amounts referred in paragraph 4 hereunder may be added to the cost of imported goods, provided that they are also taken into consideration in the adopted price, for comparison purposes.

Article 5 – In case of imports from related parties, after determination of the prices to be used as parameter in accordance with one of the methods applicable to imports, these prices shall be compared to the prices disclosed in the purchase documents:

Paragraph 1 – If the purchase price paid by a related party domiciled in Brazil exceeds the price used as a parameter, in view of the difference between the prices thus compared, the amount resulting from the excess cost, expenses or charges that were treated as non-deductible item for purposes of computing IRPJ and CSLL tax bases, shall be adjusted in the account books by means of a debit entry posted to accumulated results in stockholders equity as per contra to a credit entry posted to:

I – the asset account in which the purchase of the goods, rights or services was recorded and where they remained through the closing or the tax computation period; or

II – the appropriate cost or expense account of the tax computation period in which the value of the goods, rights or services was recorded, upon being written off of the asset account in which their purchase had been originally recorded.

Paragraph 2 – In the case of goods posted to Fixed Assets that generated depreciation, amortization or depletion quotas in the tax year in which they were imported, the excess import price shall be posted to books as explained in paragraph ', item II hereunder. In the event of amount not yet written off, the excess import price shall be credited directly to the asset account, having an entry to the accumulated results account referred to in paragraph 1 as per contra.

Paragraph 3 – Should the legal entity opt to add back to its IRPJ and CSLL tax bases the value of the excess determined in each tax computation period only upon the realization of the asset, right or service through sale or write down at any title, the total excess price determined in the tax computation period in which acquisition took place shall be excluded from its stockholders equity for purposes of determining the equity interest referred to in article 9 of Law no. 9249, of December 23, 1995.

Paragraph 4 – In the hypothesis formulated in paragraph 3 hereunder, the legal entity shall record the value of total excess price in a sub account of the account in which the value of the good, service or right purchased abroad was recorded.

Paragraph 5 – If the purchase price paid by a related party domiciled in Brazil is inferior to the price used as a parameter, no adjustment implying tax effects shall be made.

Article 6 – For purposes of determining the price to be used as a parameter based on the method prescribed by articles 8 and 12, the computed prices will be multiplied, prior to the comparison, by the volumes related to the respective transaction and the results will be consolidated and divided by the total volume, thus determining the weighted average price to be compared with the price booked as cost by the company in its results.

Sole paragraph – For the comparison purposes, the weighted average prices of goods, services and rights purchased by the related party, domiciled in Brazil, shall be calculated by reference to the volumes and amounts corresponding to all purchase transactions carried out during the concerned fiscal year.

Article 7 – The amount expressed in foreign currency upon import of goods, services and rights will be converted into Brazilian reais (R$) at the selling exchange rate established by the opening quotations schedule issued by the Central Bank of Brazil, for the date:

I – of customs clearance, in case of goods;

II – of the recognition of the costs or expense corresponding to the rendering of the service or the acquisition of the right, with due regard to the accrual method of accounting.

Comparable Uncontrolled Price Method PIC

Article 8 – The cost of imported goods, services and rights that is deductible upon the determination of IRPJ and CSLL tax bases may be determined in accordance with the Comparable Uncontrolled Price Method, defined as the arithmetic mean of prices of goods, services and rights equivalent or similar to goods, services and rights selected within the Brazilian market or in other countries in purchase and sale operations under similar payment conditions.

Sole paragraph: Under this method, the price of imported goods, services and rights purchased from a related party shall be compared with the prices of equivalent or similar goods, services and rights:

I sold by same exporter to resident or non-resident unrelated parties;

II purchased by the same importer, from resident or non-resident unrelated parties;

III – in purchase and sale transactions carried out between other resident or non-resident unrelated parties.

Article 9 – The amounts of goods, services or rights shall be adjusted so as to minimize the effects of differences in the business conditions, physical nature and contents on the prices to be compared.

Paragraph 1 – As regards equivalent goods, services and rights, the only adjustments permitted relate to:

I – payment terms;

II – negotiated volumes;

III – liability for product fitness warranty or for the applicability of the service or right;

IV – liability for promotion of the goods, services or rights to the public by means of advertising and publicity;

V – liability for quality control, service and sanitary standards;

VI – agency costs for purchase and sale transactions carried out by unrelated parties, taken into account for the purpose of price comparisons;

VII – packaging;

VIII – freight and insurance.

Paragraph 2 – The payment term differences shall be adjusted for the amount of interest corresponding to the period between the terms granted for payment of the liabilities under consideration, based on the interest rate applied by the supplier when such interest rate is applied consistently with respect to all instalment sales.

Paragraph 3 – With respect to paragraph 2 hereunder, if a rate is not proven to be applied consistently, the adjustment shall be made by reference to:

I – the Special Liquidation and Custody System – SELIC rate for federal bonds, prorated for the period, when both buyer and seller are resident in Brazil;

II – Libor, prorated for the period, for six-month-US-dollar deposits increased by 3% per year as a spread, if one of the parties is non-resident.

Paragraph 4 – The adjustments in view of differences in the negotiated volumes shall be made based on documents issued by the selling company, demonstrating the use of lower prices for higher volumes purchased by the buyer.

Paragraph 5 – For purposes of adjustment for the warranties for product fitness under Section III of paragraph 1, the price may not exceed the value arrived at by dividing total expenditures within the previous tax computation period by the quantity of goods, services and rights under warranty for product fitness within the domestic market over the same period.

Paragraph 6 – Where under paragraph 5 hereunder the goods, services or rights have not yet been sold in the Brazilian market, the cost in local currency shall be accepted corresponding to the same warranty for product fitness provided in another country.

Paragraph 7 – With respect to adjustments by virtue of the provisions set forth in items IV and V of paragraph 1, the price of the goods, services or rights purchased from a related party resident or domiciled abroad which bears the cost of promotion of the goods, services or rights in Brazil may exceed the price adopted by another company which does not bear the same cost limited to the amount spent per unit of the product by the exporting company bearing said liability.

Paragraph 8 – For purposes of paragraph 7 hereunder, in case of advertising and publicity for promotional purposes:

I – relating to a business name or trademark, the costs will be split on a pro rata basis into all goods, services or rights sold in Brazil, in proportion to the volumes and respective values of each type of goods, services and rights;

II – relating to a product, the pro rata split will be effected on the basis of such product volumes.

Paragraph 9 – When data from a purchasing company which has borne agency costs with the purchase of goods, services or rights are used and the price is a parameter for comparison with the price adopted in a purchase transaction with a related party not subject to this cost, the latter price for the goods, services or rights may exceed the former price up to the amount corresponding to the agency cost.

Paragraph 10 – For purposes of comparison, the price of goods, services or rights will be also adjusted to take account of the differences in the cost of materials used in packaging and the freight and insurance charged in each case.

Article 10 – In the case of similar goods, services or rights the prices shall be adjusted to take account of the differences of physical nature and differences in contents in addition to the adjustments provided for under article 9 hereunder, considering the costs relating to the production of the goods, the performance of the service or the constitution of the right exclusively for the parts corresponding to the differences between the models subject to comparison.

Article 11 – If identification of purchase and sale transactions within the same tax computation period is not possible, the comparison may be made against prices adopted for transactions carried out in previous or subsequent periods provided these prices are adjusted for foreign exchange rate variations in the reference currencies from the date of one transaction to the date of the other transaction.

Paragraph 1 – In the case of adjustments to take account of exchange variations, the prices used as parameters for comparison, when derived from transactions carried out in countries for which currency has no exchange rate in local currency, shall be first converted into US dollars and subsequently into Brazilian reais, using as a basis the respective exchange rates for the date of each transaction.

Paragraph 2 – In the event that this article applies, fluctuations in commodity prices shall be taken into account when evidenced by national or international stock market quotations verified during the period.

Resale Price Minus Profit Method – PRL

Article 12 – The cost of imported goods, services or rights that is deductible from IRPJ and CSLL tax bases may also be determined using the Resale Price Minus Profit Method (PRL), defined as the weighted average of the resale price for the goods, services or rights, less:

I – unconditional discounts granted;

II – taxes and contributions levied on the sales;

III – commission and brokerage fees paid; and

IV – profit margin of:

a) twenty percent, in case of resale of goods, services or rights.

b) sixty percent, in case of imported goods, services or rights used in the production process.

Paragraph 1 – The resale prices to be taken into account shall be the prices used by the importing company in retail and wholesale transactions with unrelated individual or corporate buyers.

Paragraph 2 – The average purchase and resale prices shall be weighted as a function of the negotiated volumes.

Paragraph 3 – Upon determination of the weighted average price the total values and volumes relating to existing inventories at the beginning of the tax computation period shall be computed.

Paragraph 4 –For purposes of this method, the weighted arithmetic mean of the price shall be verified by taking into account the resale transactions carried out from the purchase date through the end of the tax computation period.

Paragraph 5 – If the transactions used to determine the average price include cash sales made and instalment sales, the prices relating to the latter shall be taken into account net of interest imputed thereto as computed at the rate applied by the company when such rate is proven to be applied consistently to all instalment sales throughout the term granted for payment.

Paragraph 6 – In the hypothesis formulated in paragraph 5 hereunder, if no evidence is produced that an interest rate is consistently applied, the adjustment shall be made by reference to:

I – the Special Liquidation and Custody System – SELIC rate for federal bonds, prorated for the period, when both buyer and seller are resident in Brazil;

II – Libor, prorated for the period, for six-month-US-dollar deposits increased by 3% per year as a spread, if one of the parties is non-resident.

Paragraph 7 – For purposes of this article:

I – discounts will be deemed unconditional when not dependent on future events, i.e. discounts that are granted on each resale and that appear in the respective sales invoice;

II – taxes, contributions and other charges imposed on sales will be deemed as such when assessed by the government on the sales and included in the price, such as ICMS, ISS, PIS/Pasep and Cofins;

III – commission and brokerage fees shall be understood as amounts paid or amounts payable as such with respect to the sale of goods, services or rights that are subject to examination.

Paragraph 8 – The profit margin under the heading of item IV, "a" shall be applied to the resale price disclosed in the tax invoice excluding – only – any unconditional discounts granted.

Paragraph 9 – The Resale Price Minus Profit method where a twenty-percent gross margin is used shall only be applicable to those cases in which no value is added in the Country to the cost of imported goods, services or rights, that is, cases which represent a mere resale of the said imported goods, services or rights.

Paragraph 10 – The method under item IV, "b" of this article shall be applied in case of imported goods, services or rights that are used in the production process.

Paragraph 11 – In the hypothesis formulated in paragraph 10 hereunder, the parameter price of imported goods, services and rights shall be determined excluding the value added to them in the Country and the gross margin of sixty percent, according to the following methodology:

I – net sale price: the weighted average of sale prices of the finished good produced, less unconditional discounts granted, taxes and contributions levied on the sales as well as commissions and brokerage fees paid;

II – percentage participation of imported goods, services or rights in the finished good produced: the percentage ratio, computed in accordance to the entity's costing system, between the value of the imported good, service or right and the produced good's total cost;

III – participation of imported goods, services or rights in the produced good's sale price: the application of the percentage participation of imported good, service or right in the produced good's total cost, computed according to item II, to the net sale price computed in accordance with item I;

IV – profit margin: the application of the sixty percent rate to the "participation of imported good, service or right in the produced good's sale price", computed according to item III;

V – parameter price: the difference between "participation of imported good, service or right in the produced good's sale price", computed in accordance with item III, and the sixty percent profit margin, computed according to item IV.

Production Cost Plus Profit Method – CPL

Article 13 – The cost of imported goods, services or rights that is deductible from IRPJ and CSLL tax bases may also be determined by use of the Production Cost Plus Profit Method (CPL), defined as the average cost of production of equivalent or similar goods, services or rights in the country of origin increased by the taxes and fees applied to the export transaction and by a profit margin of 20% of the total cost.

Paragraph 1 – The price determination under this method shall take into account exclusively the costs referred to in article 4 incurred in the production of the goods, services or rights, excluding any other costs, even though these costs may affect the profit margin of the wholesaler.

Paragraph 2 – The production cost shall be itemized per component, value and respective suppliers.

Paragraph 3 – Information from the supplying unit may be used as well as information from production units located in the country of origin of the goods, services or rights.

Paragraph 4 – For purposes of determining the price under this method, the following items may be included as part of the cost:

I – the acquisition cost of raw materials, feedstock and packaging materials used in the production of the goods, services or rights;

II – the cost of any other goods, services or rights applied to or consumed in production;

III – the cost of manpower applied to production, including to the cost of direct supervision, maintenance and custody of production facilities and the respective payroll taxes incurred, required, or provided for by prevailing legislation in the country of origin;

IV – the rental, maintenance and repair costs, and depreciation, amortization or depletion charges relating to the goods, services or rights used in production;

V – amounts corresponding to reasonable levels of breakage and loss incurred in production, as provided for by the tax legislation in the country of origin of the goods, services or rights.

Paragraph 5 – Upon determination of the cost of the goods, services or rights purchased by the Brazilian entity, the costs referred to in paragraph 4 hereunder and incurred by the foreign production unit will be considered in proportion to the volume sold to the Brazilian entity.

Paragraph 6 – Where a similar product is used to establish the price, the production cost will be adjusted to reflect the differences between the goods, services or rights acquired and the goods, services or rights used as a parameter.

Paragraph 7 – The profit margin referred to in the heading of this Section shall be applied to the costs computed before taxes and duties collected by the country of origin on the value of goods, services or rights purchased by the Brazilian company.

Income from Export Transactions

Article 14 – Income earned in transactions with a related party shall be subject to price adjustments when the average sale price of goods, services or rights exported during the corresponding IRPJ and CSLL tax computation period is less than 90% of the average sale price of equivalent or similar goods, services or rights in the Brazilian market during the same period and under similar payment conditions.

Paragraph 1 – The average price hereunder shall be obtained by multiplying prices by the volumes of each transaction and the results achieved shall be consolidated and divided by the total volume, thus determining the weighted average price.

Paragraph 2 – If the legal entity does not sell in the domestic market, the average price shall be determined based on information obtained from other companies selling equivalent or similar goods, services or rights in the Brazilian market.

Paragraph 3 – For purposes of this article, only purchase and sale transactions carried out in the Brazilian market between unrelated buyers and sellers shall be considered.

Paragraph 4 – For comparison purposes the sales price:

I – in the Brazilian market shall be computed net of unconditional discounts granted, of the ICMS tax, of the ISS tax, of the Cofins and PIS/Pasep contributions, of other charges assessed by the government, of the freight and of the insurance costs borne by the selling company.

II – in exports shall equal the value obtained after deducting freight and insurance costs, where such costs have been borne by the exporting company.

Common Rules for Export Revenues

Article 15 – The value of goods, services or rights shall be adjusted so as to minimize the effect on the prices to be compared by differences in business conditions, physical nature and contents.

Paragraph 1 – In the case of equivalent goods, services or rights, only adjustments relating to the following shall be allowed:

I – payment terms;

II – negotiated volumes;

III – liability for product fitness warranty or for the applicability of the service or right;

IV – liability for promotion of the goods, services or rights to the public by means of advertising and publicity, pursuant to provisions set forth in article 9, paragraphs 7 and 8;

V – liability for quality control, service and sanitary standards;

VI – agency costs for purchase and sale transactions carried out by unrelated parties, taken into account for the purpose of price comparisons;

VII – packaging;

VIII – freight and insurance;

IX – credit risks.

Paragraph 2 – The payment term differences shall be adjusted for the amount of interest corresponding to the period between the terms granted for payment of the liabilities under consideration, based on the interest rate applied by the supplier when such interest rate is applied consistently with respect to all instalment sales.

Paragraph 3 – With respect to the paragraph 2, if a rate is not proven to be applied consistently, the adjustment shall be made by reference to:

I – the Special Liquidation and Custody System (Selic) rate for federal bonds, prorated for the period, when both buyer and seller are resident in Brazil;

II – Libor, prorated for the period, for six-month-US-dollar deposits increased by 3% per year as a spread, if one of the parties is non-resident.

Paragraph 4 – The adjustments in view of differences in the negotiated volumes shall be made based on documents issued by the selling company, demonstrating the use of lower prices for higher volumes purchased by the buyer.

Paragraph 5 – For purposes of adjustment for the warranties for product fitness under Section III of paragraph 1, the price may not exceed the value arrived at by dividing total expenditures within the previous tax computation period by the quantity of goods, services and rights under warranty for product fitness within the domestic market over the same period.

Paragraph 6 – Where under the hypothesis formulated in paragraph 5, the goods, services or rights have not yet been sold in the Brazilian market, the cost in local currency shall be accepted corresponding to the same warranty for product fitness provided in another country.

Paragraph 7 – With respect to adjustments by virtue of the provisions set forth in items IV and V of paragraph 1, in order to compare the price of the goods, services or rights sold to a related party resident or domiciled abroad which bears the cost of promotion of the goods, services or rights to the price charged by another company which does not bear the same cost, such burden shall be deducted, by product unit, from the price charged by the company that bears such costs.

Paragraph 8 – The rule under paragraph 7 hereunder shall also be applied with respect to agency charges to the sale of goods, services or rights.

Paragraph 9 – The prices of goods, services or rights shall also be adjusted to take account of the differences in the cost of materials used in the packaging and the freight and insurance charged in each case.

Paragraph 10 – For purposes of item IX of paragraph 1, the adjustments for credit risks shall be:

I – allowed only with respect to the transactions carried out between buyer and seller domiciled in Brazil;

II – made based on the percentage resulting from comparing total losses and total credits relating to the previous calendar year.

Article 16 – The average price charged on exports and the parameter price shall be obtained by multiplying the prices by the quantities relating to each operation and the results thus obtained shall be added and divided by the total quantity, giving rise, therefore, to the weighted average price.

Article 17 – In the case of similar goods, services or rights, in addition to the adjustments provided for under article 16, the prices shall be adjusted to take account of the differences of physical nature and differences in contents considering the costs relating to the production of the goods, the performance of the service or the constitutions of the right exclusively for the parts corresponding to the differences between the models subject to comparison.

Article 18 – If identification of sale transactions within the same tax computation period of the prices under examination is not possible, the comparison may be made with prices adopted for transactions carried out in previous or subsequent periods provided these prices are adjusted for foreign exchange rate variations in the reference currency from the date of one transaction to the date of the other transaction.

Sole paragraph In the event that this article applies, fluctuations in commodity prices shall be taken into account when evidenced by national or international stock market quotations verified during the period.

Article 19 – Once verified that the sales price of export transactions is lower than the limitation provided for by article 14, including the adjustments referred to under articles 15 to 18, the revenues from export sales shall be determined by adopting one of the methods under articles 23 to 26.

Paragraph 1 – For purposes of application of the methods referred to in this article, the weighted arithmetic means shall be computed with respect to the tax computation period, unless the company is using data from other periods, in which case the arithmetic means shall be related to the respective period.

Paragraph 2 – In the circumstances described in paragraph 1, the prices determined in foreign currency shall be adjusted to take into account variations in the foreign exchange rate of the reference currency, determined between the transaction dates.

Article 20 – In the event that more than one method is applied, the lowest amount determined shall be used for the adjustment, with due regard to the provision set forth in the sole paragraph hereunder, and the method giving rise to said lower revenue shall be applied by the Company, consistently, to each good, service or right, during the entire tax computation period.

Sole paragraph – If the amount determined under said methods is lower than the sales price disclosed in the export documents, the amount relating to the revenue recognized as per said documents shall prevail.

Article 21 – The portion of revenues determined under this Regulatory Instruction which exceeds the amount registered in the company's books shall be added to net profit for purposes of determining IRPJ and CSLL tax bases, as well as taken into consideration upon computing the deemed or arbitrarily determined profit.

Sole paragraph – Upon computing the exploitation profit [profits generated by tax exempt activities], the amount to be added shall be taken into consideration in the corresponding revenues, whether or not said revenues are eligible to the tax incentive.

Article 22 – The sales revenue deriving from exports of goods, services and rights expressed in foreign currency will be converted into Reais at the purchase exchange rate established by the opening quotations schedule issued by the Central Bank of Brazil, for the date:

I – of shipment, in case of goods;

II – of the effective provision of the service or transfer of the right.

Paragraph 1 – The date of the effective provision of the service or transfer of the right is the date to recognize the revenue as earned, deemed as the moment at which title thereto arises, when it shall be accounted for on an accrual basis.

Paragraph 2 – In case the taxpayer has opted for the deemed profit taxation regime, on a cash basis, the revenue shall be construed as earned on an accrual basis.

Export Sales Price Method PVEx

Article 23 The revenue from export sales may be determined on the basis of the Export Sale Price Method (PVEx), defined as the weighted average of sale prices charged on exports effected to other clients by the entity itself, or by another domestic exporting entity, for equivalent or similar goods in sales made during the same IRPJ tax basis computation period, under similar payment conditions.

Paragraph 1 – For purposes of this method, only the sales to customers unrelated to the Brazilian entity shall be taken into account.

Paragraph 2 – The adjustments referred to under articles 15 to 18 are applicable to the prices that are used as a parameter, under this method.

Wholesale Price in the Country of Destination Less Profit Method PVA

Article 24 The revenue from export sales may be determined on the basis of the Wholesale Price in the Country of Destination Less Profit Method (PVA), defined as the weighted average of the sale prices for equivalent or similar goods in sales made in the wholesale market of the country of destination, under similar payment conditions, reduced by the taxes included in the price, collected in the country of destination, and by a profit margin of 15% of the wholesale price.

Paragraph 1 – The taxes to be deemed included in the price are those which bear a similarity to the ICMS and ISS taxes, and Cofins and PIS/Pasep contributions.

Paragraph 2 – The profit margin to which this article refers shall be applied to the gross wholesale price.

Paragraph 3 – The adjustments under articles 15 to 18 are applicable to the prices used as a parameter.

Retail Price in the Country of Destination Less Profit Method PVV

Article 25 – The revenue from export sales may be determined on the basis of the Retail Price in the Country of Destination Less Profit Method (PVV), defined as the weighted average of the price of equivalent or similar goods in sales made in the retail market of the country of destination, under similar payment conditions, reduced by the taxes included in the price and by a profit margin of 30% of the retail price.

Sole paragraph – The rules contained under paragraphs 1 and 2 of article 24 and the adjustments under articles 15 to 18 shall be applicable to this method.

Acquisition or Production Cost Plus Taxes and Profit Method CAP

Article 26 – The revenue from export sales may be determined on the basis of the Acquisition or Production Cost Plus Taxes and Profit Method (CAP), which is defined as the weighted average of the acquisition cost or production cost of exported goods, services or rights, increased by taxes paid in Brazil and by a profit margin of 15% of the total costs plus taxes.

Paragraph 1 – Amounts paid for freight and insurance by the purchasing company are included in the purchase cost with respect to exported goods, services and rights.

Paragraph 2 – The portion of deemed IPI credit granted as reimbursement of Cofins and PIS/Pasep contributions corresponding to the exported goods shall be excluded from the purchase and production costs.

Paragraph 3 – The profit margin under this article shall be applied to the outstanding amount, after exclusion of the portion of the deemed credit described under paragraph 2 hereunder.

Paragraph 4 – The price with respect to direct exports made by the producer itself, determined using this method, may be deemed a parameter for the price charged by the entity in exports carried out through a trading company, where no additional adjustment relating to the trading company's profit margin need to be made.
Interest

Article 27 – Interest paid or credited to a related party, which arises from a loan agreement which has not been registered with the Central Bank of Brazil, shall be deductible upon computing IRPJ and CSLL tax bases only up to the amount not exceeding the Libor rate for six-month US dollar deposits increased by an annual spread of 3% or applicable prorated percentage.

Paragraph 1 – With respect to a loan to a related party, a lender resident in Brazil shall recognize at least the amount determined as provided for above as financial income.

Paragraph 2 – For purposes of the limitation established hereunder, the interest payments shall be calculated based on the agreement value translated into the equivalent Brazilian currency amount at the foreign exchange rate, published by the Central Bank of Brazil, prevailing on the final date for calculation of such interest.

Paragraph 3 – The interest amount which exceeds the deductible limit and the difference in interest income determined in accordance with the provisions set forth in paragraph 2 hereunder shall be added to the IRPJ tax basis, or the deemed or arbitrarily determined profit, and the CSLL tax basis.

Paragraph 4 – Interest rates stipulated in agreements registered with the Central Bank of Brazil shall be accepted.

Paragraph 5 – In the case of interest payments in which the paying individual or legal entity bears the withholding income tax burden imposed thereon, the amount thereof shall not be taken into account for purposes of the deductible limit.

Paragraph 6 – The computation of interest referred to in this article may be made based on agreements or set of financial operations with identical dates, rates and terms.

Paragraph 7 – For purposes of this article, operations are deemed financial if resulting from agreements, including those relating to investment of funds and capitalization of credit lines, executed with an individual or legal entity resident or domiciled abroad and that were not registered with the Central Bank of Brazil, which remittance or transfer of the principal was carried out in foreign currency or by means of an international transfer of Brazilian currency.

Paragraph 8 – For purposes of the limits referred to in this article and in paragraph 1 hereunder, the Libor rate to be used is the one prevailing on the date on which the agreement's initial term commenced, and shall be changed at each 183 days, up to the date on which the term for computation of interest ends.

Miscellaneous

Concept of Similarity

Article 28 – For purposes of this Regulatory Instruction, two or more goods under conditions in which they are used for their intended purposes shall be deemed to be similar when such goods, concurrently,

I – have the same nature and the same function;

II – may substitute for each other in their intended function; and

III – have equivalent specifications.

Supplemental Documentary Evidence

Article 29 – In addition to the documents regularly issued by companies in their purchase and sale operations, evidence of prices to which this Regulatory Instruction refers may also be produced by way of:

I – official publications or reports from the government of the country of origin of seller or buyer, or a declaration of such country's tax authorities if the country concerned has signed a double taxation or information exchange treaty with Brazil.

II – market research conducted by a recognized, technically qualified firm or institution or technical publication, which specifies the industry sector, the period, the companies researched and the profit margins, and which identifies, for each company, the data collected and analyzed.

Paragraph 1 – The publications, research or technical reports under this article shall be accepted as evidence only if carried out in compliance with internationally accepted appraisal criteria and provided they are concurrent to the Brazilian entity's IRPJ tax computation period.

Paragraph 2 – Price publications acceptable as evidence comprise:

I – national stock market quotations;

II – quotations from internationally recognized stock markets, such as those in London, United Kingdom, and Chicago, United States of America.

III – research conducted under the auspices of multilateral entities, such as the Organization of Economic Cooperation and Development (OECD) and the World Trade Organization (WTO).

Paragraph 3 – With regard to research relating to a period other than that referring to the price used by the company, the amount determined shall be adjusted to take account of the variation in the foreign exchange rate for the reference currency from one period to another.

Paragraph 4 –The technical publications, research and reports referred to in this article may be rejected by the Federal Revenue Service if deemed to be inconsistent or unreliable.

Capturing New Markets

Article 30 – Exports to a related party carried out for purposes of capturing a market in a country for the goods, services or rights produced in Brazil may be transacted at average prices lower that 90% of the average prices used in Brazil, irrespective of any adjustment to the underlying revenues, provided that:

I – the goods, services or rights exported have not been traded in the country of destination by the exporting company or by a related party located elsewhere;

II – the goods, services or rights are resold to consumers at a price which is lower than other equivalent or similar goods, services or rights traded within the country of destination;

III – the exports are made in compliance with the conditions established in a specific export plan previously approved by the SRF's General Taxation Coordination (Cosit);

IV – the export plan demonstrates that the related party resident in the country of destination shall not earn a profit from the transaction and, if a loss is anticipated for the Brazilian company due to the lower price charged, it should disclose the period of time within which profitability is expected to be achieved.

Paragraph 1 – For comparison purposes, the adjustment rules set forth in articles 15 to 18 are applicable to the prices of equivalent or similar goods, services or rights under item II;

Paragraph 2 – The export plan under this article should contain:

I – the business name of the related party in charge of distributing the goods, services or rights in the country of destination, including the respective business address;

II – the volume of each good, service or right exported in order to capture the market;

III – the distribution methods in the market of destination;

IV – the local companies through which the distribution shall be made;

V – the margins, in terms of percentage, contracted with dealers;

VI – the period in which the plan shall be implemented, informing the respective commencement and conclusion dates;

VII – a forecast of expenditures in connection with the promotion of exported goods, services or rights, in the country of destination.

Paragraph 3 – Only export plans with implementation terms of 12 months or less shall be approved.

Paragraph 4 – The provisions set forth in this article are not applicable to the case of goods, services or rights exported to a country imposing low taxation, or to countries with internal legislation imposing secrecy, as defined under article 39.

Special Kinds of Transactions

Article 31 – The adoption of prices of goods, services or rights used in special kinds of purchase and sale transactions, such as liquidation of inventory, discontinuance of operations or sales made subject to government subsidies shall not be allowed as a parameter.

Changes in Percentages

Article 32 – The percentages under articles 12, 13, 14, 24, 25 and 26 may be altered by resolution of the Minister of Finance.

Paragraph 1 – Changes in the percentages under this article shall be of general, sectoral or specific nature, ex officio or in compliance with a request from an entity representing an industrial sector with respect to the goods, services or rights traded by the represented companies, or upon request from a concerned company.

Paragraph 2 – The rules applied to the inquiry procedures provided for by Decree no. 70235 of March 6, 1972 – Tax Administrative Proceeding, as amended by articles 48 to 50 of Law no. 9.430 of December 27, 1996, shall be observed in the applications for changes in percentages filed by business sector or by company.

Article 33 – Cosit shall examine applications for changes in percentages under paragraph 2 of article 32, and shall make proposals to the Secretary of the Federal Revenue Service, on a case-by-case basis, to be submitted for approval by the Minister of Finance.

Paragraph 1 – In the case of a refusal, the decision shall be reported in the application; if approved, the decision shall be published in its entirety in a Ministerial Administrative Ruling in the Federal Official Gazette.

Paragraph 2 – The publication procedure for decisions awarded by the Minister of Finance described in paragraph 1 shall also be applicable to cases of partial approval.

Paragraph 3 – If an application is approved, Cosit shall disclose whether it agrees to the period of time suggested by the applicant, or otherwise propose a time period which it deems appropriate.

Article 34 – Applications for changes in percentages made by trade associations or by a company shall contain information about the period during which the proposed margins will be effective and shall be submitted accompanied by the following documents:

I – a statement of the production cost of goods, services or rights, issued by the non-resident supplier;

II – a statement of annual total of purchases and sales per type of good, service or right which is the subject of the application;

III – a statement of amounts paid as freight and insurance, with respect to the goods, services or rights;

IV – a statement of the deemed IPI credit granted as reimbursement of PIS/Pasep and Cofins contributions, corresponding to the goods which are the subject of the application.

Paragraph 1 – The statements shall be supported by the following documents:

I – Copies of the purchase documents relating to goods, services or rights, the tax collection documents on imports and other charges computed as cost, relating to the previous calendar year;

II – Copies of the fiscal documents evidencing payment of taxes and duties levied on exports charged in the exporting country;

III – Copies of the sales fiscal documents issued in the last calendar year for transactions between the non-resident related party and the unrelated wholesale companies acting as distributors of the goods, services or rights which are the subject of the applications;

IV – Copies of the sales fiscal documents issued to consumers by retailers located in the country of destination of the goods, services or rights, which disclose the respective prices charged.

Paragraph 2 – The documents described in paragraph 1 shall not be annexed to the application, but shall be kept on file for presentation at the fiscal domicile of the applicant company or the company represented by the applicant trade association whenever so required by Cosit.

Paragraph 3 – In addition to the documents referred to in this article, applications for changes in percentages may be justified on the basis of the documents referred to in article 29.

Exemption from Providing Evidence

Article 35 – A legal entity which realized pre IRPJ and CSLL taxes net profits deriving from revenues from export sales to related companies, in an amount equivalent to a minimum of 5% of the total revenue from said exports may demonstrate the adequacy of prices charged in referred exports, during the same period, exclusively with the documents relating to the operation itself.

Paragraph 1 – For purposes of this article, the net profits corresponding to exports to related parties shall be determined in accordance with the rules set forth in article 187 of Law no. 6404 of December 15, 1976 and in the income tax legislation.

Paragraph 2 – Upon determination of the net profits corresponding to said exports, shared sales cost and expenses will be prorated based on the respective net revenues.

Article 36 – A legal entity whose net revenue originating from exports during the calendar year does not exceed 5% of the total net revenue realized in the same period may demonstrate the adequacy of prices charged in referred exports exclusively with the documents related to the operation itself.

Sole paragraph – The net revenue originating from exports shall include revenues from sales made to individuals or legal entities resident or domiciled in countries imposing low taxation.

Article 37– The provisions set forth by articles 35 and 36:

I – do not apply to sales transacted with related or unrelated party domiciled in a country or dependency imposing low taxation, or with internal legislation imposing secrecy, as defined under article 39;

II – do not entail definitive acceptance of the revenue amount recognized on the basis of the price adopted, which may be adjusted, if deemed inadequate, via ex officio procedures on the part of the SRF.

Margin of Difference

Article 38 – When in transactions with related parties, the adjusted price used as a parameter is either in excess of or lower than the price disclosed in import or export documents by a difference of up to 5%, the price shall be deemed acceptable.

Sole paragraph – In this case, no price adjustment shall be required from the company for purposes of computation of IRPJ and CSLL tax bases.

Country Imposing Low Taxation or with Legislation Imposing Secrecy

Article 39 – The rules for the transfer prices of goods, services and rights and for interest rates under this Regulatory Instruction are also applicable to transactions carried out by an individual or legal entity resident or domiciled in Brazil with any individual or legal entity, whether related or unrelated, resident or domiciled in a country or dependency that imposes no taxation on income or a taxation at a rate of less than 20% or, yet, with an internal legislation that imposes secrecy with respect to the legal entities' capital composition or ownership.

Paragraph 1 – With respect to a country or dependency imposing low taxation, the tax legislation to be considered is the one applicable to individuals or legal entities of the given country, according to the nature of the entity with which transactions were undertaken.

Paragraph 2 – In the case of a Brazilian resident individual:

I – the value determined by the methodology provided for under articles 8 to 13 shall be deemed as the cost basis for purposes of calculating capital gains on the sale of an asset or right;

II – the price related to the sale of an asset or right for purposes of calculating the capital gain shall be determined in accordance with the provisions set forth by articles 14 to 26.

III – the price of services rendered as determined by articles 14 to 26 shall be deemed to be taxable revenues.

IV – the interest payments determined according to article 27 should be deemed to be taxable revenues.

Paragraph 3 – For purposes of this article, the effective tax rate, in the jurisdiction of the individual or legal entity, shall be determined by comparing the total tax paid on profits by legal entities and the withholding tax on the distribution of such profits, with profits determined in accordance with Brazilian tax law before imposition of such taxes.

Paragraph 4 – For purposes of characterizing a foreign country or dependency as imposing low taxation, imposition of taxes on earned income and on capital shall be separately considered.

Inspection Procedures

Article 40 – The entity subject to inspection procedures shall provide to SRF's Tax Auditors (AFRF) responsible for the inspection:

I – the identification of the methodology it has adopted;

II – the documentation used to support the determination of the price adopted and the corresponding computation of the parameter price, and including the documentation that supports the fact that the entity is released from providing evidence of its prices adequacy, pursuant to articles 35 and 36.

Sole paragraph – If the methodology is not described and the documents required by item II are not submitted, or if upon submission of the documents are incomplete or unreliable as evidence of transfer pricing, the AFRF in charge of the inspection may determine the price, based on other information available, by applying one of the accepted methods under this Regulatory Instruction.

Article 41 – The determination of the transfer prices under this Regulatory Instruction shall be effected on an annual basis, on December 31, except in the hypotheses of commencement or discontinuance of activities and suspicion of fraud.

Article 42 – Cosit has jurisdiction over the response to inquiries about transfer prices under this Regulatory Instruction.

Article 43 - The transfer price rules under this Regulatory Instruction are not applicable to the payment of royalties as well as fees for technical, scientific, administrative or similar assistance.

Article 44 – SRF Regulatory Instruction no. 32, of March 30, 2001 is hereby formally revoked, without discontinuance of its normative effectiveness.

Article 45 – This Regulatory Instruction is effective as from its publication date.

EVERARDO MACIEL

Bochumer Schriften zum Steuerrecht

Herausgegeben von Roman Seer

www.peterlang.de

Steffen Alexander Lindenthal

Mitwirkungspflichten des Steuerpflichtigen und Folgen ihrer Verletzung

Unter besonderer Berücksichtigung der Dokumentationspflichten bei Verrechnungspreisen

Frankfurt am Main, Berlin, Bern, Bruxelles, New York, Oxford, Wien, 2006.
XVIII, 284 S.
Trierer Studien zum Internationalen Steuerrecht.
Herausgegeben von Gabriele Burmester. Bd. 1
ISBN 3-631-55074-X · br. € 54.70*

Mitwirkungspflichten im Besteuerungsverfahren sind von zentraler Bedeutung für Steuerpflichtige. Neben der Darstellung von Inhalt, Reichweite und Grenzen der Mitwirkungspflichten werden in dieser Arbeit auch deren Verhältnis zum Straf-, Verfassungs- und Europarecht und die Rechtsfolgen einer Mitwirkungspflichtverletzung untersucht. Schwerpunkt bilden die Dokumentationspflichten in grenzüberschreitenden Verrechnungspreisfällen, die wegen ihrer Praxisrelevanz für die Verhinderung von Einkommensverlagerungen in das niedrig besteuernde Ausland in den letzten Jahren in den Fokus von Rechtsprechung, Finanzverwaltung und Literatur geraten sind. Eine Analyse der Rechtslage vor 2003, insbesondere des Urteils des Bundesfinanzhofs vom 17.10.2001, erfolgt ebenso wie eine Untersuchung der darauf folgenden Gesetzesentwicklung unter Berücksichtigung der Verwaltungsgrundsätze-Verfahren und Literaturauffassungen.

Aus dem Inhalt: Verhältnis der Mitwirkungspflichten zum Straf-, Verfassungs- und Europarecht · Mitwirkungspflichten in innerstaatlichen und grenzüberschreitenden Sachverhalten · Dokumentationspflichten bei Verrechnungspreisen · Folgen einer Mitwirkungspflichtverletzung

Frankfurt am Main · Berlin · Bern · Bruxelles · New York · Oxford · Wien
Auslieferung: Verlag Peter Lang AG
Moosstr. 1, CH-2542 Pieterlen
Telefax 00 41 (0) 32 / 376 17 27

*inklusive der in Deutschland gültigen Mehrwertsteuer
Preisänderungen vorbehalten

Homepage http://www.peterlang.de